候補者ジェレミー・コービン

「反貧困」から首相への道

DIDATE

MY CORBYN'S
PROBABLE
H TO POWER

EX NUNNS

候補者ジェレミー・コービン

「反貧困」から首相への道

アレックス・ナンズ 著／藤澤みどり 荒井雅子 坂野正明 訳

岩波書店

THE CANDIDATE
Jeremy Corbyn's Improbable Path to Power
Second Edition

by Alex Nunns

First published 2018 by OR Books, New York and London.
This Japanese edition published 2019
by Iwanami Shoten, Publishers, Tokyo
by arrangement with OR Books LLC, New York
through The English Agency (Japan) Ltd., Tokyo.

目　次

＊本書の原注については、小社ウェブサイト内の本書紹介ページをご覧ください。
https://www.iwanami.co.jp/book/b440429.html

プロローグ　二〇一七年六月七日

「政治が、元あった箱の中には戻ることはありません」
――ジェレミー・コービン

ジェレミー・コービンのテレビはとても小さい。北ロンドン・イズリントンにあるコービン労働党党首の自宅に、党首夫妻と側近たちが集まり、二〇一七年総選挙の最初の指標となる出口調査の公表を待っている。どんな結果が出てくるか誰も知らない。その場の人々も、他の誰もと同様に、テレビで見て初めて知ることになる。しかし、積み上げた本の山の上に置かれたそのテレビはあまりにも小さく、コービンと戦略責任者のシェイマス・ミルンは、気遣わしげにそのニュースを待つ間、テレビのすぐ前に立たざるを得ない。

決定的瞬間となる午後一〇時〔投票時間は午前七時〜午後一〇時〕が近づいている。コービンはその場にいる人々にそれぞれ一枚の紙を渡し、労働党の結果予想を書くように頼んであった。首席補佐官のキャリー・マーフィーが最も楽観的で、仲間をおもしろがらせようと何週間も「私たちが一〇番地〔首相官邸〕に入ったら」何をするかという話ばかりしていたぐらいだ。他の者たちの予測は、経験と、保守党の地滑り勝利を示した労働党内部の世論調査に影響され、もっと控えめである。

しかし、どんな結果が出てくるかわからないという事実そのものが、党首と執行部の功績だ。四月一八日に解散総選挙が求められたときには、ほとんど全部の時事解説者が労働党を無いも同然と見なしていたのだ。テリーザ・メイのギャンブルは「かつてどんな政治家が取り掛かったもののうちでも、最も確実な賭けだ」と、ジョナサン・フリードランドは『ガーディアン』紙に書いた。その時点までに、コービンは、ほぼ全部のメディアによって二年近くも嘲笑と歪曲の対象にされていた。自党の議員や党内の別の分子たちから陰険に傷つけられ、脅かされてさえいた。世論調査は、保守党が、労働党に対してダブルスコアのリードを広げているとまで示唆していた。

この後に行われたのは、英国史上、どの政党が実施した選挙運動のなかでも、最も注目すべきものの一つだった。いくつかの世論調査によれば、七週間の選挙戦の間に、労働党の支持率は最大で一五ポイント改善している。しかし、これらの予期された増加が現実となるかを明らかにするのは、公式の出口調査だけだ。

画面の中のビッグベン〔国会議事堂の大時計〕が午後一〇時を打つ。全員の視線が小さなテレビに集中する。「それではお伝えします。第一党は保守党です」とキャスターのデイヴィッド・ディンブルビーが告知する。「ただし、保守党は絶対多数を獲得していません」

激しく息を吸い込む音がする。

「ハング・パーラメント！」とミルンが叫ぶ〔議院内閣制の政治体制において、小選挙区制で選挙した結果、過半数を得た政党がない状態〕。

四時間後、コービンの選挙区の開票作業が行われている地元の体育館。詰めかけた報道陣がコービンの到着を待っている。すでに人騒がせな誤報もあって、メディアが歓声に向かって駆けつけると、オフィシャル・モンスター・レイビング・ルーニー党〔風刺を目的に、突拍子もない政策を掲げて候補者を立て、抗議票を集める泡沫政党。一九八三年創立、議員ゼロ〕の候補者が到着しただけだった。しかし、戸口に立った武装警官の存在は、時の人の入場が迫っている合図だ。

笑みをたたえたコービンが建物に大股で入って来ると、歓声が炸裂する。別の党の人々まで加わる。猛烈な逆風に立ち向かった非凡な選挙運動の成果への承認である。これはまた、コービンがこの選挙を通して保ち続けた尊厳あるやり方への反響でもある。マイクとカメラを手に押し寄せたジャーナリストの間を抜けようとするコービンに、記者の一人が叫ぶ。「ジェレミー、あなたが次期首相ですか?」わずか数時間の間に、彼の威信は計り知れないほど大きくなっている。

イズリントン北選挙区の議席を争う全候補者が壇上に揃うのを待って、選挙管理委員が票数を読み上げる。自由民主党の候補は四九四六票、保守党は六八七一票、そして「ジェレミー・バーナード・コービン、労働党、四万八六票」。大きな歓声が沸き上がる。コービンは驚いて眉を上げ、われ知らず顔をほころばせる。とてつもない結果だ、得票率七三%とは。前回の総選挙より一万人も多くの人がコービンに票を投じている。

「イズリントン北選挙区の代議に九度選ばれたことはたいへんな名誉であり、労働党の候補である私に投じてくださった、その票数の大きさを非常に名誉に思うとともに、身の引き締まる思いです」とコービンは受諾演説で述べる。そして、より大きな状況に話を転じると、こう言明する。「政治は変化しています。政治が、元あった箱の中には戻ることはありません……人々は、緊縮政治はもうたくさんだ、公共支出の削減も……若者たちにふさわしい機会を与えないことについても、うんざりだと言っている……人々は希望に投票しているのです」(原注1)

政治は変化していた。労働党は二〇一七年六月の総選挙で勝たなかったものの、直近の選挙に比べて一九四五年以来最大の得票数増を成し遂げ、一九九七年(同年五月、ブレア党首率いる労働党(ニューレイバー)が総選挙で地滑り勝利した)以来、初めて議席を上積みするという驚くべき結果を残した。しかしそれらの数値は、目に見えない、手で触って確かめることのできない、何かもっと重大なものの反映だった。

選挙は新しい時代精神を活性化した。投票日の前夜、ジェレミー・コービンは、全国を回ったマラソン行脚の最後となる集会のために、地元イズリントンに戻ってきた。集会はユニオン・チャペルの中で行われることになっていたが、最も非凡な光景はその外側で起きた。労働党の真っ赤な選挙戦《バトル》バスは、支援者で埋まった道に沿い、会場に向かって這うように進んだ。群衆は車道にもはみ出し、ロンドンの大通りを遮断している。労働党党首の帰還を歓迎するために、木に登っている者たちも、街灯に登っている者たちさえもいた。しかし、より注目に値するのは、たいして熱心でもないタイプの人々の反応だった――飲み物を持ったままパブから出て来て、自然発生的にこの選挙のテーマ曲となった「オー、ジェレミー・コービン」のコーラスに加わる者たち、地下鉄へ向かう道すがら立ち止まり、バスの到着に拍手する者たちだ。雰囲気は、時代遅れの党利党略の政治というより、音楽フェスティバルか、ドラマチックなスポーツ試合の決勝戦のようだった。

これは普通の選挙キャンペーンではなかった。政治的な「常識」の転換を示す兆しだった。数百万の人々が、特に若者が、過去三〇年以上にわたって政治エリートが提供してきた選択肢の限られた品書きには、もはや満足できなくなっていた。このような新しい展開には説明が必要だ。硬い牡蠣殻のようになっていた英国政治が、どのようにして割れ開いたかの物語は、この二年前にあった、この選挙以上に途方もない出来事、すなわちコービンの労働党党首選に遡る。この二つの衝撃的な結果はどちらも、同じ潜在的な現象の表出だった。そのヒントは、見たいと望めば見えるところにあった。

第一章　不承不承の党首誕生

二〇一五年九月一二日

「私たちの多くが、それまでの自分の人生で最も驚くべき一〇〇日間を経験しました」
――ジェレミー・コービン

「うわっ」と、ジョン・マクドネル〔労働党の政治家、コービンの選挙参謀〕が沈黙を破って言う。部屋にいる人はみなジェレミー・コービンの勝利を予想していたが、これほどの大差とは思っていなかった。「選挙に勝てない」左翼候補は今、四人が出馬した党首選で五九・五%を獲得した。

候補者と選挙キャンペーン責任者は、ウェストミンスターにある広々としたエリザベス二世会議センターの三階に四〇分間、缶詰にされ、党首選結果の事前通知を今か今かと待っていた。ニュースが漏れ出ないよう、携帯電話とiPadを取り上げられ、世間話をするほかなかった。夏の間中、全国を回った政見討論会《ハスティングズ》〔選挙運動の一環として行われる政見集会の一形式で、全候補者が、会場の有権者からの質問に回答する形式が多い。事前に原稿を用意する演説と異なり、即応力や議論の一貫性、説得力が試される〕の舞台裏で数限りない時間をつぶしてきた候補者と関係者にとって、話すことはもうあまりない。この消耗戦が始まったとき、コービンは、ブックメーカーの賭け率二〇〇対一〔一ポンド賭けて、勝てば二〇〇ポンドの配当〕の、まったく勝ち目のない泡沫候補だった。そして今日、二〇一五年九月一二日、労働党の党首になろうとしている。

労働党書記長のイアン・マクニコルが運命の数字を読み上げると、敗れたライバル候補――アンディ・バーナム、イヴェット・クーパー、リズ・ケンドール――がコービンを祝福する。コービンとマクドネルも、それに応えて、同志らしい正々堂々とした選挙だったと礼を言う。抱擁し合ったりもするが、何もかも控えめだ。しかし内心では、勝利者はみな喜びを爆発させそうになっている。勝利の大きさに「心底驚いて」いるのだ。

一時間ほど後、階下の大会議場で結果が公式に発表されると、大きく分かれた聴衆の反応に、この先の困難がうかがえる。場内の一部からは盛大な歓声。文字どおり椅子から飛び上がり、叫びながら、こぶしを宙に突き上げる人々。百戦錬磨の労働組合員が立ち上がり、「Jez we did, Jez we did!（ジェズ、やった、やった！）」とコールする。コービンの選挙キャンペーン・チームが陣取った一画には、高揚感と、とても信じられないという思いがある。数分前、コービンが六〇％を獲得したという噂が席の間を走った――しかし支持者は、そんなことがあるわけがないと取り合わなかった。支持者の中には、最後の最後まで、選挙が不正工作されたり、発表直前に中止されたりしかねないと考える人もいた。「こんなことが起きるのを連中が許すなんて想像もできなかった」と一人が言った。

しかしそれは起きた。そして、コービンをこきおろしてきた人々もまた、信じられずにいる。歓喜の島の周りに落胆の海が広がる。議員たちの多くは、いかにも右派らしくホールの右手に陣取っていて、石のように押し黙って座り、時折のしかめ面が心の内を図らずも明かしている。党の職員は、自分たちの知る党の死を象徴する黒服を着用し、それにふさわしい不機嫌で悲しげな顔だ。到底信じられないという面持ちの労働党支持ジャーナリストの一人は座ったまま、この光景を見て、繰り返し頭を振っている。

この日のために息子たちから贈られた、本人らしくないスマートなダークブルーのジャケットを着込んでて――ヨーロッパ大陸の反緊縮派政治家の外見にならってネクタイは締めていない――コービンが行った勝利演説は、これから党が、場内にいる人々が代表するものから脱却していくことを予感させる。国の政治を変革するチャンスに奮い立って、夏の間に大挙して労働党に加わった新党員を歓迎すると、コービンは強調する。さまざまなことに触れながら、勇気を与える言葉で演説を締めくくる。「不平等である必要はない、不公正である必要はない、貧困は必然ではない。物事は変わりうる、そして変わっていくだろう」

コービンがステージから降りるやいなや、報道陣が殺到する。新党首に気を配るのが仕事のはずの党職員は虚脱状態らしい。「ほら、しっかりしてくれ、みんな！」コービンの選挙キャンペーンの広報担当者が職員に声をかけ、それから殺到するパパラッチを自ら押しのけると、コービンの顔の前にマイクを突き出すテレビのリポーターには構わず、新党首を通らせる。

やがて建物を出たコービンは、近くのパブで行われるチーム・コービンの祝勝会に向かう。途中のタクシーの中で束の間、一息入れながら、コービンと盟友マクドネルは二人とも心得顔だ。「一体全体、どうしてこうなったのかな？」

サンクチュアリー・パブは大混乱だ。コービンの選挙キャンペーンにボランティアで働いた人は一万六〇〇〇人。それがみなこの建物の中に押し込まれているみたいだ。店長は、公衆衛生安全法に抵触して営業許可証を取り上げられてしまうと言って、パニックしている。コービンが到着すると、歓声と喝采とハグの嵐。ドアから押し入ろうとするテレビ報道陣がいる。窓越しの撮影に挑む局もある。

部屋の片方の端に小さなアンプとマイクが設置されている。コービンは椅子の上に立ってスピーチする。「私たちの多くが、自分の人生で最も驚くべき一〇〇日間を経験しました」。誰かが、コービンの師である故トニー・ベン〔労働党の政治家、一九二五―二〇一四〕の姿がプリントされたキッチンタオルを渡す。コービンはそこに引用されているベンの言葉を読み上げる。「希望は進歩の燃料であり、恐れは、誰もが自分を閉じ込める牢獄だ」。感極まって泣き出す人が数人。

奥に座っていた米国人一家に誰も気づいていない。ただ静かにランチを食べに来ていたのに、騒々しいパーティーのただ中に放り込まれてしまっている。「米国からおいでの方々、お騒がせして申し訳ありません」とコービンは言う。「米国の良き友に敬意を表したい」。部屋中でどこからともなく「USA、USA、USA!」のコール。反帝国主義者の当選を祝う社会主義者の一群からは、最も起きそうもないコールだ。「そんなコールを耳にしようとは誰にも予想外だ!」とコービンは笑う。

　落差の大きい日だ。コービンと支持者が喜んでいるころ、巨大なデモがロンドン中心部をくねくねと進んでいる――安全な場所を必死で求めた末に、地中海で溺れて命を落とした人々の恐ろしい光景を見て呼びかけられたデモだ。ふつうなら、コービンは間違いなく参加しているはずだ。しかし、選挙キャンペーンのスタッフは、コービンは行くべきではないと案じていた――政党の党首に予想される行動ではないし、どちらにしても、影の内閣《シャドー・キャビネット》(一八ページ参照)の組閣のための仕事が山ほどある。とはいえコービンは命令されるほうではない。チームに前もって知らせないまま、先ほどのエリザベス二世会議センターでの勝利演説で、こう宣言していた。「党首としての最初の行動の一つは、今日の午後、デモに行き、難民のしかるべき待遇への支持を示すことになります」

　大した発言だった。三時間半後、コービンは議事堂前広場で数万人の前に立ち、「難民を歓迎する」と表明する。見ているマクドネルは、盟友の「勇気と根性と大胆さ」を誇りに思う。新党首のこの日三番目の演説が終わりに近づくと、ステージの裏では、真っ赤な「チーム・コービン」のTシャツを着た若いボランティアの一団が人垣を作って、高揚した支持者や自撮りしようとする人々の群れの中をコービンが素早く抜けられるよう、そして未来に向かえるよう、道を作る――(原注1)勇気と根性と大胆さが大いに求められることになる未来に。

バックベンチャーから党首へ

　ジェレミー・コービンは一体どのようにして労働党党首になったのか。コービンは、三二年にわたり、後方席の平議員《バックベンチャー》として自ら信じる行動をとってきた、まったく隅に追いやられた政治的伝統の体現者だった。党首になろうなどという野望もなく、なると予想もしていなかった。コービンが結末で労働党党首になる、もっともらしい物語をひねり出すより、タイプライターのキーをランダムに叩いてシェークスピア全集を書き上げる有名な猿の方が、まだしも想像がつきやすいほどだ〔無限の猿定理。ゼロに近い可能性を表すたとえ〕。その後、その主人公がクーデターを一蹴し、党首選の挑戦を退け、世論調査での二五ポイント差を跳ね返して、党首として総選挙で四〇％の得票率を獲得するという筋書きに真実味を持たせるには、シェークスピアその人に匹敵する書き手が必要だっただろう。

しかし、コービンの台頭はありそうもないことであったとはいえ、説明がつかないわけではない。大半の時事解説者や労働党議員の多くが信じているらしい、党の政治的神経衰弱の結果ではなかった。コービンを党首に押し上げたのは、むしろ一つの政治運動の流れであり、それが彼の周りに結集し、ダムを決壊させ、奔流となったのだ。

そこには三本の別々の支流が流れ込んでいた。最大の支流は党そのものを流れていた――党員がニューレイバー〔トニー・ブレアら近代化推進派《モダナイザー》の派閥とその政策。労組と距離をおき、公共事業の私営化などを推進。市場経済と福祉の両立をめざした。第三の道、中道〕にはっきりと反対するようになっていたのだ。第二の流れは労働組合に源があり、一五年にわたる左傾化がその頂点に達したものだった。最後の流れは、広範な左派の活動家と社会運動にその源があり、その中で最も強い流れは緊縮財政に反対する運動だった。

合流する前、三本の支流はそれぞれ別々の時期に別々の流れを刻んでいた。しかし、それらは全て、今日の支配的な経済イデオロギー――マーガレット・サッチャーが遺したもの――への抵抗から生まれたものだ。全てを変えたのは二〇〇八年の金融危機で、このとき、サッチャーの経済システムがものの見事に内側から崩れ去った。ニューレイバーを支えてきたファウスト的契約――金融街《シティー・オブ・ロンドン》は、政府にいくらか見返りをやる条件で、ますます大きなリスクを冒すことを許される――の正体が、破滅的な賭けであることが、突然、白日の下にさらされた。

これは労働党員に深く影響を与えたが、それが感じ取られるようになるまでには時間がかかった。二〇一〇年、デイヴィッド・ミリバンドが党首選の最有力候補だった時には、党員は依然としてブレア派であるように見えたが、ふたを開けてみれば、弟のエド・ミリバンドが労働組合員の票のおかげで兄を破った。しかし二〇一五年までに党は変貌していた。救世主の顕現のような劇的な瞬間はなく、ただ、目立たないまま左に寄っていったのだ。部分的には、エド・ミリバンドの、より急進的な政策に惹かれて新たに加入した人々がいたからだった。しかし大部分はただ旧態依然のやり方が失敗したと悟ったためだった。その変貌全体の基盤には、保守党による緊縮財政の実体験があり、それが、より頑強な、闘争的政治への渇望を生んだ。

二〇一五年の総選挙敗北は大きな衝撃だった。しかし労働党右派が待ち望み、左派が恐れたような落胆と後退に向かう代わりに、党員は活発化し、それ以前の五年間の左傾化傾向が強まった。党の既得権益層《エスタブリッシュメント》はこれに虚を衝かれた。特にブレア派は、総選挙敗北を、反革命ののろしを上げて党を取り戻す機会と見ていたのだ。しかし、金融危機と私営化と戦争の傷跡のついたニューレイバーの政治プロジェクトに戻りたいという願望はなかった。党員は、トニー・ブレアが開発した統制術――党員を政策決定から締め出し、党機構を不正操作した――にほとほと嫌気がさしていた。エド・ミリバンドのおかげで党の風通しはいくらかよくなっていた。再び窒息するのはご免だった。

労働党議員は、党員たちのこうした思いの変化に気付いていなかった。議会労働党は、裾野の党員から乖離し、自分たちだけの島国根性に凝り固まっていた。それは、当初、ミリバンドの後任争いをしていた凡庸な立候補希望者たちにも見てとれた。二〇一五年の党首選挙が始まると、議会労働党の政治的重心の位置にしたがって議論が大きく右に引っ張られ、埋められるべき真空が左側に生じた。

しかし、二〇一五年五月、労働党左派自身は、自らの歴史上最も弱い立場にいると信じていた。マクドネルはこれを、「一番暗い闇、夜明け前の真っ暗闇《ダーケスト・アワー》」と表現した。(原注2) 党首選に左派候補を出せないかのようにさえ見えた。ジャーナリストのオーウェン・ジョーンズのような有力な左派論客は「粉砕」されるのを恐れて、左派は党首選に加わるべきでないと論じたぐらいだ。(原注3)

しかし、コービンが予想に反して壇上に押し上げられた瞬間から、左派のメッセージは党員と共鳴した。コービンの勝利にまつわる最も根強い神話の一つは、それがどういう方法でか外部から党に押し付けられたとするものだ。これは根も葉もない話だ。コービンは、投票用紙に名前が載ってから数週間のうちに、党員の間でのリードを奪った。コービンの選挙キャンペーン・チームが労働党員に対する電話での聞き取り調査を始めると、結果は「信じられないほどよかった」(原注4)。コービンは、全国で労働党選挙区支部の推薦指名をつかみとり、選挙戦突入後一カ月の時点で最多の推薦指名を獲得していた。これらは全てマスコミ取材の射程外で起きており、コービンはまだ一般市民には知られていなかった。

党首選の投票結果は、党が根本的に変貌したという指摘を裏付けるものだった。コービンは新党員から大きな支持を得た。しかし最も注目すべきことは、二〇一〇年以前に加入した党員の間で一九ポイントのリードを収めたことだ(原注5)。トニー・ブレアとゴードン・ブラウンが党首だったニューレイバー時代に、労働党を政治的本拠としていた人々だ。今やそうした古参党員も「新たな政治」を求めていた。

党内部のこの大きな変化も、もし労働組合の中での展開がなかったら、表に出る道筋を決して見つけられなかっただろう。労働組合による推薦のおかげで、コービンは労働組合員の票の過半数を獲得し、また選挙キャンペーンにとって決定的に重要な資金とスタッフを得た。しかし最も重要なのは、組合の支持が正統性をもたらしたことだ。組合――特に二つの巨大組合ユナイト〔英国とアイルランドの最大労組、組合員数一四二万。民間企業および運輸業〕とユニゾン〔英国で二番目に大きい労組、組合員数一二六万。公共部門労働者〕――が支援しているなら、もはやコービンを勝ち目のない泡沫候補と片付けるわけにはいかなくなる。

組合がコービンを支持するのは、別に何ら注目すべきことではないと思われるかもしれない。何と言ってもコービンは、想像し得る限り、最も労働組合寄りの候補者だった。しかし実は、これはかなり稀な展開だった。組合というのは用心深い生き物である。組合にとっての重大事は影響力の最大化だ。万に一つのチャンスを支援するなど、一番やりそうもないことだった。

組合はなぜ支持したのか。それぞれの組合の中で、活動家からの草の根のプレッシャーがあった。ユニゾンをはじめとする一部の組合では、この下からの力が大きく影響した。

一方で、より大きな歴史的プロセスが進行してもいた。戦後、労働組合は英国の資本主義に組み込まれ、産業の運営で交渉テーブルに席を与えられ、ときには政府によってパートナーとして扱われた。組合は強力になったが、こうした協調組合主義《コーポラティスト》的取り決めは、妥協的な、活気のない組織を生んだ。サッチャーはこの全てをずたずたにした。一九八〇年代、組合は追い払われ、悪者にされ、破壊された。サッチャーが解き放った攻撃的な形の新しい資本主義は、組合を必要としなかった。一九九七年に政権に就いたブレアは、何の救いにもならなかった。これは労働党の政治に影響を及ぼした。旧来の協調組合主義体制のもとでは、組合と労働党右派の間に親和的関係が醸成されていた。しかし、この同盟が突然、足をすくわれた。ニューレイバーの組合に対する見方には軽蔑が透けて見えた。資本からのけ者にされ、自らの党の内部で追い落とされ、組合にはもはや党右派につく理由がなくなった。二〇一〇年の党首選で、変化をもたらす候補としてエド・ミリバンドを支持し、党を大きく揺さぶった。保守党の政権返り咲きとともに勢いを増した反緊縮運動にリソースを注ぎ込んだ。新しいタイプの書記長たちは、労働党エスタブリッシュメントにあまり肩入れせず、守らねばとも思わず、コービンのような人物を党首に推薦指名するよう求める草の根の圧力をはねつける可能性が低かった。

しかしこれは物語の一部にすぎない。党内部の反対勢力としての新たな役割で、組合はブレア派との白兵戦になった。二〇一三年、スコットランドのファルカーク選挙区での些細な揉め事が重大な全国的騒動に拡大した。不可思議な一連のミスと計算違いの末に、二〇一四年、党首選挙のまったく新しい規定が採用された――当時は誰も夢にも思わなかったが、この規定がコービンに道を開くことになる〔五六ページ補注参照〕。

三ポンド・サポーター

二つの規定変更が二〇一五年の党首選に重大な影響

を及ぼすことになった。最大の影響は、議員から不釣り合いな票の重みを奪ったことだ。以後、一人の議員の票は、一般党員の票と同じ価値しかなくなった。従来の規定では、議会労働党内で十分な支持がない場合、どんな党首候補に対しても議会労働党が実質的な拒否権を持っていた。組合は他の変更を認める見返りに、その規定の廃止を引き出した。労働党党首の選出方法は、巧まずして、根本的に民主化されていたのだ。

しかしメディアの注目が集まったのは重要度の低い改革のほうだった――三ポンドに設定された登録料を払えば、党員以外でも二〇一五年党首選に投票できる「登録サポーター」制度だ。この制度は、労働党という壁のすぐ外側に中道票が埋まっている、と想像したブレア派のアイデアだった。党内部の選挙で投票する機会を提供すれば、そういう人々が流入して、労働組合員と党活動家の影響力を薄め、ニューレイバーの船を再浮上させるだろうと考えたのだ。控えめに言って、誤った判断だった。登録サポーターが二〇一五年の党首選に及ぼした影響は、誇張されているとはいえ(登録サポーター票は全投票数の四分の一であり、党員を上回るほどではなかった)、八四%という信じられない高率でコービンに投票した。

「三ポンド・サポーター」はもう一つ、数値化しにくい影響をもたらした――これがコービン支持のうねりを盛り上げた三つ目の大きな支流に関わっている。広範な左派の社会運動の活動家や運動家、ゆるやかなネットワークでつながった進歩派の参加が、コービンの選挙キャンペーンに特徴的な性格を与えた。集会、ソーシャルメディアの活気、突然舞台に登場した大勢の若者たち――これは運動による政治のように見えた。

過去五年間の左派のダイナミズムは全て、金融崩壊の後始末のために採用された政策に対する抵抗から生じていた――こうした政策は、危機に対して最も責任がない人々に最大の打撃を与えていた。危機を生んだ経済イデオロギーと同様、これは国際的な現象だった。エリートに対する怒りが広がり、ヨーロッパ全土でも米国でも、左右両派の運動や政党の成長となって表出した。左派では、ギリシャのシリザ(急進左派連合)やスペインのポデモス、米国のバーニー・サンダースが台頭した。英国では、初め「オキュパイ」運動やUK

アンカット〔二〇一〇年に創設された抗議グループ。現法制下では違法ではないが、倫理的に疑問の多い大企業の税逃れに注目を集めるために、税逃れをしているとされる企業の直営店で営業時間中に座り込みをする等の直接民主行動を実施。UKアンカットに刺激された同様のグループが北米・欧州各地に生まれている〕)、地域単位の「公共サービスを守れ」運動、そして労組が組織した巨大デモにおいて見られた。こうして動き出した有権者の一部は、二〇一五年の総選挙を前にして緑の党に押し寄せたが、単純小選挙区制によって道を阻まれた。ヨーロッパ大陸では左派の新党が、競合する既成の社会民主主義政党を踏み台にして表舞台に躍り出たのに対して、英国の反緊縮運動は、労働党の内部に、自らを表現する機会を突然、見出した。

三ポンド支払えば投票できる機会が提供されて党首選参加のハードルは下がったものの、運動家が応じるかどうかは定かではなかった。その多くは、イラク戦争で恥にまみれた労働党政府を軽蔑するようになっていた。信頼を獲得できる可能性があったのは、自身の長年の運動のおかげで公約に疑念をもたれない候補だけだった。しかし、それだけではまだ足りなかった。コービンの立候補をきっかけに驚くほどのうねりが起きたのは、党員の間でコービンが首位に立ち、労働組合によって彼の挑戦が現実味を帯びるようになった後だった。人々は、コービンが勝つ可能性があるように見えたから加わったのだ。そして集まった人々が生み出した弾みがコービンの勝利を確実にした。

国の政治を実際に変えられる貴重なチャンスがあるという高揚感には伝染性があった。いつもの顔ぶれの枠を超えて、ウイルスのように爆発的《バイラル》に広がり、初めて政治に関わる若者、学生、アーティスト、反体制の運動家、オンライン署名者へと広がった。そして、ブレア時代に党を離れたが、今、労働党の真の価値体系と見えるものに党を立ち帰らせるために戻ってきつつあった社会主義者が彼らと手を組んだ。

こうした新党員が、全国の公民館や教会、広場での集会で、あるいはフェイスブックのグループやツイッターのハッシュタグを通して、既存の党員や労働組合員と接点をもったとき、新しい政治運動が誕生した——コービン運動だ。そこで際立っていたのは、自ら歴史を作ろうとする願いだった。運動は行動を望んだ――ボランティアに名乗り出る、メッセージを発信して説得する、電話で聞き取り調査する、友だちを勧誘する、イベントに参加する、政策を提案する、投票する、変化を求める勢力を築く。観客政治に嫌気がさしていた人々の集まりだった。これが、コービンとその選挙キャンペーンのもつ参加の精神と実践に共鳴した。

　この運動には、前の世代にはなかった強力なツールがあった――ソーシャルメディアだ。そのおかげで根本的な変化があった。ソーシャルメディアがなければ互いの存在に気付かなかったかもしれない人同士の間に一体感を醸成したのだ。これがコービン現象を猛烈な勢いで拡大させ、さらにインターネット外の世界での活動の触媒となった。また、以前なら壊滅的な打撃になりかねなかった新聞からの攻撃を、支持者を奮い立たせる機会に変えた。

　オンラインでは、チーム・コービンはライバルを大きく引き離していた。ソーシャルメディアを、単に広報の媒体とみなすのではなく、関わろう、議論しよう、参加しようと呼びかけることによって、このテクノロジーのもつ民主的な潜在力を解き放とうとした。チーム・コービンの戦略は、コービンのソーシャルメディア担当者の言葉を借りれば、人々に「選挙キャンペーンの消費者ではなく参加者のように」感じてもらうことに向けられていた。(原注6)

「運動であって、人ではない」、これは、コービン支持者が共有した非公式のスローガンの一つだった。その「人」自身がたびたび強調したように、「私」ではなく「私たち」だった。「私たちの選挙キャンペーンは――これは私の、ではなく、私たちのキャンペーンで、大勢の人が一緒に――いろいろなことを変えています。私はたまたま、キャンペーンを代表して発言するように頼まれた立場にいるだけです」とコービンは言っている。(原注7)

　しかし、運動はまた、人を作りもした。コービンは党首選の間を通じて自信を深めていった。全国各地の大集会は、この不承不承の候補者を、党首の「器にする」のに貢献した。「もっとも、よく言われる意味で、ではないけどね」と友人のジョン・ランズマンは言う。

　コービンは否定するかもしれないが、彼の個人的資質がなければ、運動が離陸できた可能性ははるかに低かっただろう。皮肉なことに、猛スピードで前進できたのは、自分を前面に押し出したがらない彼の姿勢のためだった。コービンは、ただ左派に対する義務感から立候補した。要件である三五人の議員推薦をかき集められたのは、議員がコービンを脅威とみなさなかったからにほかならない。マクドネルのようなもっと押しの強い人物だったら、面前でぴしゃりと扉を閉められただろう。「ジェレミーは政界で一番いい人間だ。だから敵がいない」。それが、コービンを左派候補にすべきと言い切った同盟者のセールストークだった。(原注8)

その後の数カ月間にコービンが達成した大きな成果は、労働党左派をゲットーから解放し、党全体と、さらにその外にアピールしたことだった。コービン流の社会主義——旧来の労働党のイメージだったトップダウン型の国営化には批判的で、その代わりに、協同組合的《コーポラティブ》な管理を主張する——は新世代に新鮮に響いた。コービンの反緊縮財政のメッセージは、ヨーロッパ全域で左派を奮起させていた怒りと波長を同じくしていた。党を民主化し、党員にパワーを委ねるというコービンの約束は、広く訴えられる開放性と、高揚を生み出せる急進性の両方を備えていた。

コービンが提示することになったビジョンは、一方で、現代的であると同時に、労働党の中心的価値観への回帰のようにも感じられるものだった。対立候補はコービンに、一九八〇年代から頭が変わっていない先祖返りした「強硬左派《ハード・レフト》」(三七ページ参照)の役割をあてたが、コービンの政策には、当人の言葉を借りれば「いやになるほど穏健」な面があった。(原注9)経済政策は、一九八三年総選挙時の社会民主党(SDP)——労働党を離党した右派が結成——の提案より右寄りと判断されてもおかしくないぐらいだった。(原注10)

労働党議員のクライブ・ルイスは、コービンを「キリスト教社会主義者、ただしキリスト教抜き。倫理的社会主義者」と評する。コービンが社会福祉法案(第八章参照)に反対した唯一の候補者となったのは、党首選の決定的に重要な瞬間だった。労働党員の大半にとって倫理——政府は意図的に貧困を悪化させるべきではない——にかかわるこの問題で、コービンは党員と同じ意見をもっていた。一方、議会労働党は倫理基準を放棄したようだった。議員と党員との亀裂がコービンに広く支持を集める契機となり、コービンの人柄がそれを後押しした。コービンは左派によくある不屈の決意を体現していたが、それが個人的な温かみや寛容さと相まって、人を惹きつけた。

コービンが従来の党首に期待される特徴を示さないので、批判する側は戸惑うばかりだ。コービンには、トニー・ベンのような人を鼓舞する演説のうまさがあるわけではなく、トニー・ブレアのような目端が利いて人をそらさない表現力もない。しかし、心に深く抱いている共通の価値観を明確に表明して聴衆との結びつきを生む稀有の能力がある。コービンに近しい仲間の一人によれば、「彼はイデオローグじゃない。戦略家でもない。組織を作る人間でもない」。コービンが示しているのは、他の強みに基づいた別のタイプのリーダーシップだと、この支持者は言う。誠実さ、原則を守る姿勢、倫理的な力。コービンは一つの模範だ。そして縁の下で助力を惜しまない人でもある。

金融危機が起こした地殻変動

歴史の道筋を決めるのは人々だが、その状況を自ら選ぶことはできない。二〇〇八年の金融危機は、地上の建物が大きく揺れはしたものの倒壊には至らなかった地震のようなものだった。以来、梁や壁は傾き、コンクリートの粉が天井から落ち、構造の一部は崩れたままだ。コービンは、この不安定な歴史的瞬間の産物だった。

途中、さまざまな作用とチャンスの曲折を経たにせよ、左派が、自らのどん底状態を宣言した三カ月後に労働党党首の座を獲得できたのは、こうした、ただならない時代だからこそだった。それは驚くべき勝利だったが、早すぎたようにも見えた。コービンは、自分には制御不能な党の党首になった。上層部の守旧派は、草の根レベルで大挙して入ってきた何万人もの新党員に恐れをなした。二〇一六年夏のコービンに対するクーデターの失敗は、労働党は機能不全だと有権者に宣伝した。どちらの側も自分の思い通りにするほどの力はないが、相手の野望を妨害する程度の強さは持ち合わせていた。

保守党が労働党のごたごたにつけこむ誘惑に、どうして抗えようか。二〇一七年四月、コービンにとって一見この上なく荒涼とした状況を背景に、テリーザ・メイ首相は解散総選挙を行うと決断した。労働党は世論調査で二〇ポイントの差をつけられていた。国民投票で政治的景色が変わっていた。保守党は、EU離脱《ブレグジット》の党へとイメージを一新してUKIP《ユーキップ》（UK独立党）〔欧州連合懐疑主義を掲げる右派ナショナリスト政党。一九九三年設立〕を呑み込み、右派を統一していた。メイ首相はちやほやするマスコミとの長い蜜月を楽しんでいた。

しかし、コービンを前面に押し出した深部の地殻変動が語られることはなかった。主流メディアの意見がそれを否定していたために、労働党はどこからともなく現れたかのようだった。二〇一七年六月総選挙での労働党の驚くべき成果は、その二年前の出来事を頑なに理解するまいとしていた人々全員をあぜんとさせた。

かつての混沌とした時代の反響がある――その時代には、政治・経済の正統教義では、変化した世界にも、足元の地面が動いたために歪みが生じた党にも、対応できないように見えていた。なれあい政治の外側から、およそあり得ない人物が公式野党〔英庶民院（下院）野党第一党。政策議論の質を高め、与党下野後の政権交替を滞りなく行うために、公式野党党首は影の首相として影の内閣《シャドー・キャビネット》を組閣する。公式予算も計上される〕の党首になった。マーガレット・サッチャーは、新時代をとりあげる助産婦ではなく、麻酔をかけずに帝王切開をする外科医だった。ぐらぐらと揺れ動いているように見えているのは、サッチャーが打ちたてた、その正統教義だ。

左派の党首としてコービンが向き合っている障害は、サッチャーが直面していたものより桁違いに大きい。一つの歴史的時代が別の時代に道を譲ろうとしているのだとしても、コービンが、あるいは左派が成功を収められる保証はない。選挙での勝利は、二〇一五年に先行きを見通したときにどれほど手ごわいタスクに見えたにせよ、容易な部分だ。政府を使ってエリートから権力をもぎ取ろうとすればいつでも、間違いなく猛烈な抵抗に遭う。しかし、そうした稀有のチャンスが訪れているとき、選択肢はただ一つ、そのチャンスをつかむのみだ。コービンの台頭が何かを示しているとすれば、政治が予測可能なのは、それが不可能になるまでってことだ。

第二章　絶体絶命の窮地——ミリバンド労働党の総選挙敗北

二〇一五年五月七日

「分析として多くの労働党関係者にアピールしますね——労働党の敗因は、左に寄りすぎたからだという見解は」
——ヘレン・ルイス（『ニュー・ステーツマン』誌副編集長）

二〇一五年五月七日午後九時五九分、総選挙投票日の晩。労働党党首のエド・ミリバンドは、自分の選挙区のあるドンカスターで、出口調査の結果が出るのを落ち着きなく待っている。自分が首相になると考えている。ロンドンの労働党本部も、ミリバンドが首相になると考えている。全国の労働党支持者の家々でも、ミリバンドが首相になると考えている。多くの政治評論家でさえ——選挙後に一悶着はあるとしても——ミリバンドが首相として登場する可能性が高いと考えている。

選挙は接戦だった。世論調査では労働党と保守党が拮抗していた。けれども足し算はミリバンドに有望に見える。保守党の方がいくらか多く議席を獲得したとしても、他党と連立政権を作り上げられる可能性は労働党の方が高い。

ビッグベンが午後一〇時を打つ。「保守党が第一党に」という速報がBBCワンに流れる。この世の終わりというわけではない。すると、キャスターのデイヴィッド・ディンブルビーが言う。「それでは数字です……出口調査は驚きです」。映像が切り替わり、ホログラムのようなデイヴィッド・キャメロンの姿が、三一六議席と書かれた台の上に立っている。ミリバンドのホログラムは、もっと小さく、遠くにある。台には二三九とある。トップからはるか後方だ。

何十万人もの労働党支持者がみな胸を衝かれている。時間が止まりかけ、空気が薄い。しばらくの間、世界は意味を失っている――まるで、衛星信号が乱れたときの画素化した映像のように。しかしディンブルビーはまだ話している。これは現実だ。労働党は議席を失ったのだ。

一夜明けた通称カレッジ・グリーンはハイテク・ジャングルだ――ひしめく大小のテントの下に、絡まったケーブルやスタジオ照明、マイク、ラップトップが乱雑に置かれている。世界のメディアが集結した議事堂裏のこの狭い芝生の一角は、機密指定された政府の実験施設さながらの屋外放送総合施設と化し、頭上を軍用ヘリまで飛びかう。メディアは政党間で連立政権交渉が延々と何日も続くことを予想し、長丁場に備えていた。ＢＢＣに至っては、大きな二階建ての仮設テレビスタジオまで建てている――議事堂の方に突き出した大きな丸窓以外は真っ黒で、ウェストミンスターに不時着した宇宙船のような外見を呈している。

すべて無用の長物だ。前夜の出口調査から変わったことと言えば、保守党が三三〇とさらに議席数を伸ばし、労働党は二三二議席止まりとさらに落ち込んだだけだ。保守党は絶対過半数を獲得している。スコットランド国民党（ＳＮＰ）（左派ナショナリスト政党）が五六議席と躍進したおかげで、スコットランドでは労働党はわずか一議席にとどまっている。

ＢＢＣのラジオ・ファイブ・ライブのテントスタジオでは、この選挙結果が労働党にとって何を意味するかを二人の男が論じている。一人は党左派のベテラン議員ジェレミー・コービン――イズリントン北選挙区で、六〇％の得票率、次点との得票差を二万一一九四票に増やし、八回連続の当選を果たした。もう一人はトニー・ブレアの元情報操作専門家《スピンドクター》アラスター・キャンベル、国際法違反の戦争を売り込んだことでよく知られる人物だ。

両者の意見が一致する点は多くないが、ただ一点、驚くべき一致がある。労働党はすぐに党首選を行うべきではないという点だ。党がこの敗北の持つ意味を理解し、徹底的な政策議論を行うのに一年か二年必要だとコービンは考えている。キャンベルも、〔政策ではなく〕人格《パーソナリティ》を比べ合う党首選に陥るのは悪手だと同調している。コービンがそうした選挙戦に加わることになるとは、ましてや勝利を収めるとは、両者ともまったく予感していない。

「あのときの遭遇について言うとすれば」とキャンベルは後に振り返る。「コービンは感じがよく、誠実だということだ」。しかしブレアのスピンドクターは、コービンが「労働党の敗因は十分左翼でなかったことだ」という立場を「すぐに打ち出し始めている」のに苛立っている。実はコービンの分析はもっと焦点が絞られている。コービンにとって真の問題は緊縮財政政策であり、労働党がそれに反対していないことだ。ジョージ・オズボーン財相の決定によってひどい格差と貧困が生み出されていたにもかかわらず、影の財相エド・ボールズは「基本的に、労働党の政策における唯一の違いは、単に自分の経済戦略なら、財政赤字を減らすのにもっと時間がかかると言っているだけだった」。

二〇一五年五月八日にラジオでこう論じたコービンは、当時、政界‐メディア界の意見の潮流に逆らって泳いでいた。だが間もなく、逆向きの波の頂点に乗ることになる。(原注1)

敗因

二〇一五年の総選挙の結果が、議論にこれほど格好の土壌を提供した理由の一つは、結果が、相反するダイナミクスを持った選挙区・地方・国レベルの闘いの入り乱れたものだったからだ。単純小選挙区制という選挙制度のために、結果には歪んだ側面があった。忘れられがちだが、労働党の得票率は、実際には、わずか一・五ポイントとはいえ増加した。ところがスコットランドでのSNPの目覚ましい躍進のために、二六議席を失う結果となった。イングランドにおいて労働党は得票率三・六ポイント増で一五議席を加えたが、これに対して、保守党は一・四ポイントの増加で二一議席増となっていた。

保守党が過半数を獲得したことはいわば瓢箪から駒であって、自由民主党〔二〇一〇～一五年、保守党と連立を組んだ中道政党）が大幅に支持を失った結果だった。改選前に自民党が議席をもっていた選挙区のうち、三分の二で保守党が次点となっていた。（原注2）保守党が過半数を確保するには二三議席上積みする必要があったところに、自民党の現職が落選して二七議席が保守党に転がり込んだ。（原注3）もしもこれが昨日までの連立相手を食い荒らす、情け容赦ない保守党の戦略の結果だったのなら、話はもっと面白かっただろう。しかし事実は、こうした選挙区の大半で保守党の得票率はほとんど増えていなかった――ただ単にライバルが姿を消しただけだった。（原注4）

なかでも残酷きわまりない皮肉は、保守党が獲得できたいくつかの議席は、労働党が自民党から票を奪ったからだった。つまり労働党が得票を増やしたことが保守党の過半数獲得に貢献したことになる。（原注5）労働党は、自分たちが自民党の最大のライバルだった選挙区で議席を獲得したが、そうした議席は、保守党が自民党から奪った議席に比べて少なかった。（原注6）

保守党が議席を獲得したのは自民党の凋落のためだった。労働党が議席を失ったのはＳＮＰの躍進のためだった。奇妙なことに、この激変の中で、二大政党の闘いは拮抗していた――労働党が保守党から奪ったのは一〇議席、保守党が労働党から奪ったのは八議席。両党はほぼ同数の得票を交換した。（原注7）仮に自民党とＳＮＰが横ばいだったとしたら、保守党が前回僅差で勝ち取った議席を労働党から守ることに成功しているため、労働党の過半数獲得はならず、結果はまたもや「ハング・パーラメント」になっていただろう。

誰が誰から票を奪ったかという基本事実をさらに細かく見ていくと、ますます混沌としてくる。労働党が自民党から奪った票は保守党よりはるかに多く、ＵＫＩＰ《ユーキップ》に奪われた票は保守党よりはるかに少なかったことを考えると、労働党が保守党と互角だったのは、一見、不可思議だ。世論調査会社 Survation の分析によると、二〇一〇年に自民党に投票した人のうち、二〇一五年に労働党に投票したのが三一％だったのに対して、保守党に流れたのは一七％だった（自民党に投票した人の一部が、同党が保守党と連合を組んだことを罰するために、なぜ保守党への投票を選んだのかは、生命の大いなる神秘の一つだ）。また、二〇一〇年の得票と比べて、労働党がUKIPに奪われたのは五％だが、保守党は、労働党より多数の得票のうち一二％を奪われている(原注8)。保守党にとっては、こうした投票先の変更は議席減につながらなかった――労働党と保守党の接戦選挙区での趨勢により相殺されたからだった(原注9)。

労働党がUKIPに奪われた票は、多くの人が恐れたほどではなく、おそらく一つも議席減につながっていない(原注10)。UKIPが労働党の支持に確かに食い込んだところでは、右派と、驚くべきことに左派と、両方に食い込んでいた(原注11)。二〇一〇年に労働党に投票したが、二〇一五年に投票先をUKIPに変えた人々は、自分は移民問題を懸念しているが、これ以上公共支出を削減すべきでないとも考えていると言っている。この人たちは労働者階級に属する傾向があり、労働党がもう自分たちのような人間の代表ではなくなったと語っている(原注12)。労働党はまた緑の党にも票を奪われており、緑の党は初めて一〇〇万票ラインを超えた(原注13)。

労働党にとって逃れようのない事実は、総得票で成果を上げられなかったことに尽きる。保守党より六・五ポイント低い結果に終わっている――保守党が全国で〇・八ポイントとわずかながらでも増やしたのは、与党としては立派だった。労働党はなぜ及ばなかったのか。それをめぐって、まもなく多くの説が出されることになる。とりわけ、断固として自らの見解を党に押し付けようとする一つの集団があった。

ニューレイバーの見果てぬ「夢」

二〇一五年の総選挙での労働党の衝撃的な敗北をめぐって競合する解釈が出され、党首選の議論が過熱して、夏中ずっと激しい闘いが繰り広げられた――口火を切ったのは、ブレア派が推し進めた我田引水の誤った説だった。ブレア派はその解釈で党を取り戻すことができると期待していたが、逆に反発を呼び、労働党エリートへの異議申し立てが実を結ぶ下地が作られた。

選挙に続く数日から数週間、新聞でも電波媒体でも、ブレア派は一つの言葉を中心に新たな正統教義を確立しようとした――「夢」である。「夢をもつ」有権者にアピールできなかったのが労働党の敗因だというのだ。突撃を率いたのは、誰あろうトニー・ブレアだった。ブレアは、二〇一五年五月一〇日の『オブザーバー』紙に「労働党は、共感と思いやりの党であると同時に、大胆な希望と夢のための党でなければならない」と寄稿した。(原注14)元外相デイヴィッド・ミリバンドはあるインタビューの中で、「労働党は、夢と包摂の政治を取り入れることができない限り……勝利しない」と述べ、影の教育相トリストラム・ハントは、労働党には「個人の夢を中心にして築く、包摂的な未来のビジョン……」が必要だと書いた。元内相アラン・ジョンソン〔ブレア時代からミリバンド時代まで閣僚職を歴任。労組書記長出身で、左派から右派に移動した政治家の一人〕は、労働党の問題は、「国民の人生の夢の問題」だとBBCに語った。「わが党は、夢を描く党として国民にアプローチできなくなっている」というのだ。(原注15)そう言えばデイヴィッド・キャメロンも「夢を持つ国」について熱く語った(ただし、それは二〇一二年のことで、キャメロンは保守党だが)。(原注16)

かねてから、エド・ミリバンドの「穏健左派《ソフト・レフト》」〔三七ページ参照〕路線は大失敗するとの予想を言い立てていたブレア派は、自分たちの時代が再び到来したと考えた。「勝てる労働党はどう作られるかに関するブレア派の分析は、基本的にその正しさが証明された」と『ニュー・ステーツマン』誌の副編集長ヘレン・ルイスは五月一〇日、BBCの『アンドリュー・マー・ショー』で語った。「分析として多くの労働党関係者にアピールしますね――労働党の敗因は、左に寄りすぎたからだという見解は」とルイス。「間違いなくもっと耳にするようになるはずです。夢について」。ほら来た。(原注17)

彼らにとって「夢」とはどういう意味だったのだろうか。実のところ、それはニューレイバーへの回帰を表す隠語にほかならなかった。しかし政治家は、文の中でのその言葉の使い方を知っている必要があり、そのためそんな政治家の大半にとって、「夢を持つ」は中流階級の暮らし方と同義語となった。アンドリュー・マーの番組の同じ回で、影の産業相チュカ・ウムンナはこう言った。「敗因はと言えば、私の見るところでは、労働党は、自活できない人々――弱者、貧困層――への共感と、その他の人々の成功したいという大胆な希望ややる気や夢とを融合させたとき、成果を上げ、最も成功しています……中間収入層の有権者に、

夢のある選択肢を十分提供できなかったのが敗因です」(原注18)

夢の中身を具体化しようとするほど、ばかばかしく響いてしまう恐れがあった。トリストラム・ハントがその不運に見舞われたのは、労働党がどのような人々に訴えるべきか、生き生きと描いてみせたときだった。「〔老舗百貨店〕ジョン・ルイスで買い物するカップルや、〔中流向けスーパーの〕ウェイトローズで買い物することを夢見る人々」(原注19)。これはマーケティング業界が使う意味での「夢見る」だった――この場合「夢の商品」とは、欲しいが手の届かない商品を指す(原注20)。この考えは進歩派の政治の本質に反していた。進歩派の政治はふつう、手を携えてみなの状況を変え、可能性を発揮できるようにする政治であって、安売りスーパーのアルディで買い物するのを恥ずかしく思わせるようなものではない。これがハントの口から出たとなると、ことのほか勇ましい選挙戦略だった。ハントの選挙区があるストーク・オン・トレントで採用したら、議員の座を失ってもおかしくなかった。ウェイトローズは、「住民に十分、高級市場志向がない」という理由で、この町に支店を開かなかったと報じられていたのだから(原注21)。

戸別訪問で実際に有権者と接していた多くの労働党員にとっては、敗因として、夢を持つ中流階級有権者に偏狭に執着しているのは、どこか違うと感じられた。それも道理だった――実際、違っていたからだ。中流階級での労働党の得票はブレア政権下の二〇〇五年からほぼ一定で、ミリバンドの下では、ゴードン・ブラウン時代と比べて、わずかに回復さえしていた。一方で、二〇一〇年の劇的な崩壊以降、労働党は、労働者階級の有権者の支持を回復できていなかった。

下院の図書館に収められたデータによると、社会階層「A・B」(世論調査会社は、それぞれ上位中流・中流階級にあたるとしている。ただし、こうした階層を階級の代用として用いることには批判がある)では、二〇〇五年――労働党が勝利した総選挙――の労働党の得票率は二八%で、二〇一五年には、大敗したにもかかわらず、依然として二七%だった(原注22)。「C1」の有権者(下位中流階級とされる)は、二〇〇五年には三二%が労働党に投票し、二〇一五年にも三〇%が投票した。しかし、「C2」の有権者(熟練労働者階級)の労働党支持率は、二〇〇五年には四〇%だったものが二〇一五年には三〇%に落ち、さらに「D・E」(労働者階級および無職の人々)では、四八%の得票率が三七%にまで落ち込んだ。影の大臣(無任所)ジョン・トリケットが五月一三日の時点ですでに書いていたとおり、労働党が「夢」を軽視したために中間収入層の有権者を遠ざけたという議論には「一片の証拠も」なかった。「労働党は中流階級の有権者の間では回復したが、労働者階級の有権者の間で驚天動地の衰退をみた、というのが真実だ……先週木曜日の総選挙で労働党が確保した支持層は、党史上、群を抜いて中流階級だった」のだ。(原注23)

「夢」が労働党の敗因かどうかを調べる、さらにシンプルな方法があった。投票直後に実施された調査で、労働党に投票しなかった理由を尋ねたものだ。回答者のうち、最大の理由二つのうちの一つに、「労働党は、夢や成功、身を起こしたいと考えている人々に敵対的だったから」を選んだのはわずか九%にすぎず、七つの選択肢の中で最も少なかった。当初労働党への投票を考えたが保守党に投票した人(ウェイトローズの支店がある街に住む人々もいるに違いない)の間でさえ、この説明は最下位だった。(原注24)労働党が負けたのは、夢を持つ有権者にアピールできなかったからだという見解は裏付けを欠くものだった。(原注25)

ブレア派の処方箋

選挙後のブレア派の出し物のテーマ曲は「夢」だったわけだが、レパートリーは他にもあった。最高のパフォーマンスを披露したのは、二〇一五年八月『オブザーバー』紙に寄稿したトニー・ブレアだった。「労働党の敗北について発表されたさまざまな世論調査やフォーカスグループの証拠を全て分析すれば、みな同じことを言っている」とブレアは前置きし、以下のように述べた。

労働党の敗因は、反企業的で、左に寄りすぎているとみなされたことにある。ミリバンドがSNPの支援を受けてダウニング・ストリート一〇番地(首相官邸)に入るのを国民は恐れた。さらに、ミリバンドに信頼できる財政赤字削減計画がなかったこともあった。人々が保守党に投票したのは、ミリバンドが〝マイルド緊縮〟派だったからではなく、反対に、厳しい経済的決断に断固取り組む姿勢に見えなかったからだ。それが証拠だ。まっコービン支持者連中《コービニスタ》とどう違うというのか。まったく違わないではないか。(原注26)

もちろん正直者のブレアを嘘つき呼ばわりする人など誰ひとりいない。しかし、証拠とブレアによるその要約は――今度ばかりは――若干違う。何事にも初めてというのはあるものだ。

第一に、労働党が支持を失ったのは、反企業として通っていたからだという主張からみてみよう。投票日直後に実施された世論調査が、労働党は大企業や銀行に対して厳しすぎると思うか、それとも甘すぎると思うかを尋ねている。厳しすぎると答えた人は一九%で、四一%は甘すぎると考えていた。人々は大差で、労働党が企業寄りになるのではなく、今より企業寄りでなくなるべきだと考えていた。(原注27)ただ、大半の人にとって、企業に対する党の姿勢は優先事項ではなく――尋ねられた一三項目のうち、重要度は一〇番目にすぎなかった。(原注28)

第二に、「労働党の敗因は……左に寄りすぎていると見られたことにある」という主張はどうだろう。実は、有権者は労働党が特に左寄りだとは考えていなかった。英国選挙研究のエド・フィールドハウス教授の調査分析によれば、保守党のほうが労働党より、中道から離れて〔右に寄って〕いると認識されていた。(原注29)それでも保守党が過半数を確保したという事実は、政治評論家の好きなお決まりの表現とは裏腹に、選挙の勝利が必ずしも中道基盤で獲得されるわけではない証拠だ。最も中道寄りと有権者が見なしていた政党は自民党だったが、同党の支持は崩壊した。(原注30)

ジェーン・グリーン教授&クリス・プロッサーによる英国選挙研究のさらなる学術研究は、人々が労働党をどれほど左寄りと見ているかを基準に、労働党に投票する確率を調べた。研究の結論は明白だった。「総合的に言って、私たちのデータによれば、二〇一五年総選挙では、労働党が、より左寄りだと考えているときに投票する確率がより高かった」。必ずしも労働党が左に寄ればよりよい成果を上げられるわけではない、と論じているものの、党が中道だと見られたときには「支持は本当に落ち込む」と執筆者は指摘している。「労働党は左翼すぎて有権者を惹きつけなかったという議論にはほとんど証拠がない」(原注31)。さらに、党の公式選挙調査が明らかにしたように、エネルギー価格凍結や邸宅税といった、同党の最も左翼的な政策が最も人気が高かった(原注32)。

英国全体についてブレアの主張が誤りだとすれば、スコットランドに当てはめた場合は、完全にただの独りよがりだった。英国一の選挙学者ジョン・カーティス教授によれば、労働党支持の膨大な部分を奪ったのは、SNPが二〇一四年のスコットランド独立住民投票の間に、平等主義のスコットランドというビジョンを打ち出すことができたからだった(原注33)――つまり労働党は左から追い抜かれたのだ。労働党の失った二六議席は、ほとんどすべてスコットランドでの崩壊によるものだったのだから、党の問題は左翼すぎたことだと論じるのはおかしな話だった(原注34)。

「ミリバンドがSNPの支援を受けてダウニング・ストリート一〇番地に入るのを国民は恐れた」というブレアの第三の主張には、もう少し証拠があるように見える。ある世論調査では、イングランドとウェールズの有権者の六〇%が「SNPが政権入りするようなことになれば大いに心配」と答えている(原注35)。この問題が人々の頭にあったのは間違いないが、投票に影響したかどうかははっきりしなかった(原注36)。接戦選挙区で投票意思がどう変化したかを深く分析すると、「SNP脅威」論は「目くらまし」だとグリーン&プロッサーは論じている(原注37)。

労働党の敗因は「信頼できる財政赤字削減計画がなかった」からだというブレアの四番目の主張はどうだろう。有権者が財政赤字を優先事項と見なしていたのは本当だ――ある世論調査では、問題の重要度で四番目に来ていた(原注38)。しかし話はそこで終わらない。有権者は、一一ポイントの差で、財政赤字削減や減税、官僚的な無駄の削減よりも、生産性の向上と投資による経済成長を望んでいたのだ(原注39)。労働党は「公共支出削減のペースを早め……財政赤字をもっと早く減らすべきか」、それとも「公共支出削減のペースを遅らせ……公共サービスを守るべきか」という質問では、後者を選んだ人のほうが多かった。(原注40) 労働党への投票を考えたが投票しなかった重要な集団では、二四ポイント差で、公共支出削減を遅らせることを選んだ人が多かった。(原注41) この集団が労働党に投票しなかった理由が何であれ、「信頼できる財政赤字削減計画」がないとされていたことではなかったわけだ。(原注42)

最後に、人々が「保守党に投票したのは、ミリバンドが〝マイルド緊縮〟政策派だったからではなく、反対に、彼が厳しい経済的決断に断固取り組む姿勢に見えなかったからだ」というブレアの五番目の主張について。厳密に言えば、保守党に投票した人がさらなる緊縮財政に賛成していたのは本当だった。(原注43) しかし、もっと広範な有権者の間では大きく異なっていた。アシュクロフト卿による選挙当日の大規模な世論調査によれば、緊縮を継続すべきだと考える有権者は四六％だったが、それを上回る五四％が、緊縮を止めるべき時だ、あるいは、そもそも緊縮は最初から必要なかったと考えていた。(原注44)

保守党に投票した人々――大半は緊縮財政に賛成――と、それ以外の政党を支持した人々――大多数が緊縮財政に反対――との間で、有権者が大きく割れていたのは重要な事実だった。(原注45) 労働党の敗北に対するブレア派の反応は、労働党は保守党に投票した有権者を獲得するために保守党の緊縮財政政策を模倣すべき、と論じるものだった。しかし、そうした戦略は代償なしにはあり得ない。ニューレイバーは直感的に常に右に寄ろうとしていて、これは、従来の労働党投票者が他に行き場がない場合には安全策だった。しかし二〇一五年の総選挙では、経済的に恵まれない層の票をめぐって、ＵＫＩＰや緑の党、そして最も打撃が大きかったＳＮＰとの競合に直面したことが明らかになった。(原注46)

少なくとも、労働党がいかにしてこのジレンマをくぐり抜けていくかが議論されるべきだった。しかし選挙直後の数週間に議論されたのは、ブレア派の処方箋だけだった。労働党議員エミリー・ソーンベリーの見立てによると、これがジェレミー・コービンの台頭に貢献する反応を招いた。「［二〇一五年の］総選挙の後、労働党右派が党を右に引っ張る好機として選挙結果を利用しようとしている感じがありました」とソーンベリーは言う。「保守党が勝ったのだから保守党の言うことは何でも正しくて、労働党の言うことは何でも間違っているという感じがあって、私たちは胸に手を当ててどうして自分たちは左なのかよくよく考えるべきだ、とでもいうような……感じでした。みんなそれがほんとに嫌だった。馬鹿にされた気がした(原注47)」

二つの真実

労働党の二〇一五年選挙での敗北の背後には、重くのしかかる二つの真実があった。一つは、有権者が経済問題で党を信頼していなかったこと。もう一つは、労働党が誰を、また、何を代表しているのかわからなくなっていたことだ。経済について労働党が最もよいと考える有権者はわずか二三％にとどまり、一方、保守党が最もよいと考える有権者は四一％だった——優先順位の高い問題の中では最も差が大きい(原注48)。しかしこれは、ブレア派が印象操作しているように、労働党が反緊縮だという神話や財政赤字に関する政策や、反企業だとされているレトリックのせいではなかった。

現実はもっとシンプルだった。有権者が経済で労働党に不信感を持っていたのは、二〇〇八年の経済崩壊の責任が労働党にあると考えていたからだ。当時は野党だった保守党が経済運営能力に関して世論調査でリードを奪ったのもこの年だった。その後、二〇一〇年から一五年にかけての保守自民連立政権の議会会期中に、二つの重要なことが起こった。第一には、保守党が——メディアの力を借りて——金融危機は労働党に責任があるばかりか、支出過剰にも原因があると市民に思い込ませるのに成功したことだ。第二には、影の財相エド・ボールズが、さらなる削減が必要だとする保守党の立場に徐々に歩み寄り、信頼を得ようとして、保守党の言い分に信憑性を与えてしまったことだ。ボールズがそう動くにつれて、世論調査によれば、労働党は経済で信頼を失い、保守党の信頼度が高まった。両党の差が開き始めたのは経済が若干上向く前だった(原注49)。

金融危機についての労働党に対する非難に合理的な根拠があったとすれば、それはニューレイバーの戦略の中心教義に関係があった。金融街《シティー》に迎合した結果、銀行規制に「手加減」が加えられたのだ。とは言え、仮に労働党に責任があったとしても、その大部分は、たまたま当時政権を担っていたからにすぎなかった。

「重要な問題に関して政党の地位を再編する出来事というものがある」とジェーン・グリーン＆クリス・プロッサーは書いている。「二〇〇八年の経済崩壊は、二〇年以上前に為替相場メカニズム（ＥＲＭ）危機が保守党に為したのと同じことを労働党に為した。どちらの党が経済で信頼し得るか、一般市民の見方を根本的に変えたのである」[原注50]。これを何よりも如実に示したのは、ＢＢＣが投票日前に放送した選挙特番『クエスチョン・タイム』の一場面で、ミリバンドが労働党は政権時代にそれほど支出していないと述べたところ、スタジオの有権者は嘲笑したのだ。だからこそデイヴィッド・キャメロンは、「残念ながら、もう金がない」という労働党の元財務首席副大臣リーアム・バーンの非常にばかげた手紙を、選挙戦中、事あるごとに振りかざしたのだ[原注51]（二〇一〇年総選挙で敗退、下野した労働党閣僚が、同職を引き継ぐ保守党閣僚に残したメモ。同様の状況下で保守党政治家から労働党政治家にあてられたメモの故事にそったジョークだったが、オズボーン財相が予算削減を主張する時にこのメモをたびたび利用した）。

ミリバンドとボールズはニューレイバーの経済運営を踏襲しなかったから排除されたのではなく、何も変わらないと有権者に見られたから罰せられたのだった。あれほど大きな崩壊の直後なら、やむを得なかったかもしれない。けれども、経済について明確で、まったく異なるメッセージを提供できなかったがためにそうならざるを得なくなった。だから多くの労働党員にとって、選挙敗北後、数週間のうちに、党エリートがニューレイバーの正統教義への回帰を議論したのは筋が通らないように思われた。

二番目の重大な真実は――一番目にも関係があるが――、労働党が誰、あるいは何を代表しているのか、もはや有権者にわからなくなっていたことだ。労働党が何をしようとしているのかよくわからない、と回答した人が五六％もいた。よくわかると言った人は三三％にとどまった。これとは対照的に、保守党が何を代表しているかわかる人は六八％だった[原注52]。労働党に投票した人でさえ、党が政権に就いていたら何をしていたかよくわからなかった。アシュクロフト卿の調査のフォーカスグループでは、「労働党は『よそよそしく』、心に響くものや独自のものを何も提供できなかった」

という不満がしばしば聞かれた。その結果として、党への期待感の欠如が感じ取られた。「労働党に投票した人で、熱い思いを持ってそうしたと言った人はほとんどいなかった」とアシュクロフト卿は指摘する。「何らかの熱意があったとすれば、保守党を追い出せるという見通しに対してだった」(原注53)。支持者を活性化することが自動的に過半数につながるわけではないかもしれないが、ある政党に対して忠実な有権者でさえ活気づけられるものを何も見出せないなら、広く一般市民がそれを見出せる可能性は低い。この点をさらに浮き彫りにすることだが、二〇一五年に労働党に投票しなかったが、投票を考えると言った人の七〇%は、英国が間違った方向に向かいつつあると考えていた(原注54)。おそらくは変化を求めていたであろうこうした人たちは、労働党が変化を届けてくれるとは考えなかったのだ。

この二つの重大な真実には関連があると考える有権者が一般党員に増えていた。労働党は経済政策で揺れているから、独自のものを何も提供できなかったのだ。ならば、保守党の緊縮財政政策に反対する強い姿勢を取れば、明確なメッセージを持てる。これは、三つの理由で、成功する可能性があるように思われた。

第一に、五年にわたる削減を経て、一般市民の間に、反緊縮に対する支持がすでにあった(原注55)。この感情は、労働党が反緊縮の論陣を張ろうとしなかったにもかかわらず、ひとりでに生まれていた。この主張を強く押し出せば、労働党はこの多数派にアピールし、訴えをさらに広げることができる。こうした人々が大勢で、中流階級の進歩派との連合へと融合していけば、強力な選挙勢力を形成できる。

第二に、労働党の〝失われた〟有権者は、ほとんどが緊縮財政の影響をこうむる側の人々だった。二〇一五年の総選挙で、保守党は、緊縮政策および限られた経済回復を背景に、富裕層では支持を獲得したが、支出削減の影響をまともに受けた人々の間では票を減らした(原注56)。労働党は、自党の得票結果がその鏡像になることを期待していたかもしれない。しかし、保守党が「経済回復の恩恵をすでにある程度感じている(豊かな人々、すなわち社会階層A・Bの間で最もよくある感覚)」と述べた人のうち六四%の票を拾い上げたのに対して、労働党は、こうした恩恵を感じることも感じられるようになると期待することもない人（主に社会階層D・E）のうち四三％の票しか集められなかった[原注57]。ジョン・カーティス教授の指摘のとおり、労働党が「相対的に裕福な層、『夢をもつ』中流階級有権者の票獲得に失敗したというよりも、労働党の選挙戦のアキレス腱は、保守党の経済業績に懐疑的な人々に、労働党なら魅力ある選択肢を提供できると説得できなかったことだったように思われる[原注58]」。

最後に、もし棄権者を参加させることができたら、労働党は他党より格段に大きな恩恵を受けるはずだ[原注59]。二〇一五年には有権者の三分の一が投票しないことを選んだ――この数は労働党の全得票を上回る。労働党が最も票を獲得すべき有権者層で投票率が最も低かった。主に労働者階級である社会階層D・Eの投票率は五七％だけだったのに対し、A・Bでは七五％だった。階級によるこうした投票率の差は、不変の法則ではなく最近の現象だ。一九八七年以前、労働者階級の人々の投票率は、中流階級の人々とまったく変わらなかった。投票率の差が生じ始めた時期は、主流をなす政治が階級を語らなくなり、重要な社会変革が目標とされなくなった時期と一致していた。労働者階級の人々の間に、労働党はもはや自分たちの利益を代表していないという感覚が広がったことは、長年、研究で指摘されていた。政治家が「みな似たり寄ったり」なら、どうしてわざわざ投票に行かなくてはならないのかと多くの人が疑問をもっていた[原注60]。

緊縮財政によって打撃を受けたグループで、労働党が保守党に対して大きくリードしていたグループがもう一つあった。一八～二四歳群だ。この年齢層の人たちは、生活費の危機の方が財政赤字より大きな問題だと考えていた[原注61]。しかし、投票した人はわずか五二％にすぎなかった。一方で、保守党の勝利は六五歳以上の人々によって達成された――この年齢層では七九％が投票に行った[原注62]（労働党は、実は五〇歳以下では二〇一五年の選挙に勝利を収めているが、高齢者層で大敗した[原注63]）。

世論調査会社 Ipsos MORI によれば、自らを労働党支持者と定義する人のうち三〇〇万人近くが投票しなかった[原注64]。この人たちは、投票する理由を提供される必要があった。さらなる支出削減でさらなる困難を約束されても、投票に行く理由にはならなかった。もし変化の見通しを提示されれば投票したかもしれない。棄権者を動かす戦略を成功させるのは難しいが、試す価値はあるように見えた。(原注65)

もちろん、労働党に打撃を与えた二つの重要な真実――経済に関する不信と党が何を代表するのかが明確でないこと――だけが全てではない。これまでに述べたことは、選挙敗北の総合的な説明というより、敗北の政治がどう形成されたかのまとめだ。労働党が窮地に陥る要因となった問題は、特に移民、福祉、そしてミリバンドに対する有権者の見方など、他にもあった――ただし、この三つのどれについても、全体像はふつう考えられているよりもっと複雑だったが。(原注66)

選挙後、労働党が直面する課題が途方もない規模になったことは疑いなかった。二〇一五年の不振によって、次の選挙で過半数を獲得するには九四議席の上積みが必要になった。さらに事態を困難にしたのは、奪還に行くべき接戦議席がかなり少なくなったことだ。(原注67)しかし、労働党に厳しい条件が積み上げられたために、何か劇的なことをする必要があるという感覚が強まった。労働党は、保守党が定めた経済というピッチで負け試合を戦ってきた。試合のやり方そのものを変えられなければ、再び敗北を喫することになるだろう。

第三章　絶望からどこへ？――「求む、反緊縮候補」　二〇一五年五月

「これは一九五一年にアトリー政権が倒れて以来、英国の社会主義者が直面したなかで一番暗い闇、夜明け前の真っ暗闇だ」
――ジョン・マクドネル

「計算してみたんだが――私とジェレミーで――、得られそうな議員推薦の数は一九か二〇どまりだ」とジョン・マクドネルは言う。総選挙後の火曜日、エド・ミリバンドが労働党党首を辞任し、マクドネルは、後任党首選挙で左派候補が出馬要件である三五人の議員〔議会労働党の一五％〕の推薦を確保できる「可能性はかなり低い」と説明している。

マクドネルが話をしているのは、労働党左派の新しい統括組織「左派プラットフォーム」の会合だ〔二〇一五年五月一二日〕。もともとは、誕生する可能性があった労働党主導の連立政権にどんな要望を出すか、合意を形成するために招集されていたのだが、保守党が勝利したため、代わりに、党内での左派の絶望的な立場を議論している。

左派候補が議員推薦数のハードルをクリアできる可能性はほとんどないが、少なくとも誰かやってみるべきだという強い意見が参加者から出る。失敗に終わるに決まっている議員推薦集めであっても、憂慮すべきスピードで右に走る選挙後の議論へのブレーキとして作用し得る。しかし、二〇〇七年と二〇一〇年に投票用紙に名前を載せられなかったマクドネルは、二〇一三年の軽い心臓発作の後で健康上の心配もあり、自分

は出ないと言う。会合は、ジェレミー・コービンと同僚議員のケルビン・ホプキンズに他の候補探しを委任する。それから議題は「議会外闘争」という、もう少し有望な領域に移っていく。(原注1)

左派の長きにわたる凋落

これまでで最大の成功を収める前夜、労働党左派は、自分たちが党左派の歴史上最も弱い地点にいると認識していた。この食い違いの中に、ジェレミー・コービンの勝利のドラマがある——ぼろをまとった一文無しから富豪への物語(富豪は抜きで、ぱっとしない見た目はあいかわらずだが)、〝政治はドラマ〟を地で行くシナリオだ。しかし、二〇一五年五月に左派が自らの弱さを確信していたことは、単なる泣かせる皮肉ではない。これこそが、コービンの立候補を可能にした筋書きの、とびきり意外な展開にほかならない。左派が脅威と判断されていたら間違いなくぴしゃりと閉ざされていたはずのドアが開かれたのだ。そしてまた、弱かったからこそ、およそありそうもない不承不承の党首候補を選んだのだ——やがて、あらゆる予想を裏切って、これが理想的なキャスティングだったことが明らかになる。

労働党左派は、かつて労働運動の中にあって強力な勢力だった——主流だったことは一度もないが、しばしばダイナミックだった——しかし、二〇一五年五月には見る影もなく凋落していた。「存在しなくなっていたように思えた」とオーウェン・ジョーンズは振り返る。「内輪では、労働党の中では左派はもう終わった、かくなる上は新党結成やむなし、と言い出す人々もいた」

左派の長きにわたる凋落は、トニー・ベンを台頭させた草の根の反乱の衰退とともに、三五年前に始まっていた。ベン派運動の中心は、一九七三年に設立された組織「労働党民主化キャンペーン」(CLPD)だった。(原注2) CLPDの使命は、議会労働党から権力をもぎとって、一般党員の手に渡すことだった。二つの大きな勝利として、国会議員候補再選定の義務付け——現職議員は各選挙の前に地元の党員の支持を得る必要がある——の導入(この制度は一九九〇年に廃止された)と、党首および副党首選挙の選挙人団制度(五六ページ補注参照)を獲得した。
　選挙人団制度が設けられるとすぐ、ベンはそれを梃子に、一九八一年の副党首選でデニス・ヒーリーに挑んだ。これがベン派の反乱の頂点であり、ベンが得票率わずか〇・八ポイント差で勝利に届くところまで迫った歴史的闘いだった(このベンの副党首選を仕切ったのは、当時CLPDの若手活動家で今や古株となり、後にコービン支援グループ「モメンタム」を創設したジョン・ランズマンだった)。副党首選で、左派議員の主要組織トリビューン・グループは二つに分裂した。ニール・キノック(後の党首、党首任期は一九八三〜九二年)が率いた一派はベン派と対立し、右派と提携した——この連携が後にニューレイバーにつながっていく。一方、ベンと仲間は、議員の社会主義者キャンペーン・グループを創設した。二派はそれぞれ、「穏健左派《ソフト・レフト》」(トリビューン)、「強硬左派《ハード・レフト》」(キャンペーン・グループ)と、あからさまに呼ばれた。この分裂の遺産が数十年にわたって尾を引いている(原注3)。
　ベン派の運動が一九八一年を境に退潮していくにつれて、キャンペーン・グループは議会で政治的に孤立した。規模も影響力も縮小していった。二〇〇七年にトニー・ブレアが首相を辞任したとき、三五三人の労働党議員のうち、キャンペーン・グループに所属する議員はわずか二四人になっていた(原注4)。この年、ゴードン・ブラウンが無投票で後任党首となった理由も説明がつこうというものだ。キャンペーン・グループの二議員——マイケル・ミーチャーとジョン・マクドネル——が立候補を模索したが、二人とも投票用紙に名前を載せる要件である四五人の議員推薦を集めることができなかった(原注5)。時事解説者は口々に、喜々として左派の死を宣言した。「悲壮ですね」とBBCの政治トークショー『ジス・ウィーク』でキャスターのアンドリュー・ニールは、レギュラー出演者のダイアン・アボット(キャンペーン・グループ労働党議員)に言った。「キャンペーン・グループが四五人の支持を集めることさえできないとは(原注6)」(その三年後、アボットは議員推薦を「借りて」党首選に出馬したが、選挙運動は不調に終わった)
　二〇〇七年、党首選出馬に向けた準備の間に、マクドネルは草の根レベルで左派を再建しようと試み、一年近く、あちこちに足を運んで無数の会合で話をしていた。マクドネルが生み出したエネルギーの多くが、「労働党代表委員会」（LRC）に流れ込んだ。二〇〇四年にマクドネルやジェレミー・コービンらによって設立されたLRCは、いくつかの労働組合が提携し、本格的な勢力となる構造を備えていた。(原注7) しかし、その後の数年間、労働党左派月刊誌『労働党ブリーフィング』の編集権をめぐる不可解な闘争――結果的に同じ誌名の二つの版が同時に存在することになった――など、官僚手続的な些末な紛争にはまり込んだ。オーウェン・ジョーンズはこう振り返る。「二〇一三年にLRCの総会に行くと、情けなくなるほどの出席者の数だった。年齢差別するわけではないが、全体に年配者が多かった……ジョン［・マクドネル］がこっちを向いて言った。『葬式みたいだ』」。LRC全国委員会委員のマイケル・コールダーバンクにとって、LRCは「新しい聴衆に訴える力がなかった。訴える政策はあったんだ……だが組織的な広がりがなかった」。

CLPDは依然として、党内で規約の変更を中心にコツコツと取り組み、総会の動議を準備し、党の統治機構《パーティー・マシーン》の不正を明るみに出していた。これは非常に重要な取り組みだった。しかし、CLPDは左派の間では頼りになる存在だったとはいえ、一九七〇年代から八〇年代にかけてそうだったような、ダイナミックな要素とは程遠かった。それでも、党内の選挙に立候補して勝利を重ね、党首脳部にとって目の上のこぶとなっていた「中道・左派草の根連盟」を支える原動力だった。

そうこうするうちに、インターネット上で存在感を増してきた労働党左派の新世代が、オンラインに通じた労働党左派の新世代が、オンライン上で存在感を増してきた。二〇一一年、「赤い労働党《レッド・レイバー》」――オーガナイザーのジェイムズ・ドランによれば「生意気で前向きなベン派のソーシャルメディア・プロジェクト」――が、ささやかなフェイスブックのページを立ち上げた。これがヒットし、数年のうちに二万人の登録者を集め、党の公式ページを除けば、労働党関連のフェイスブックページの中で最大になった。(原注8) レッド・レイバーの中心にいたのは、「二一世紀に……向かって進む」ためにLRCを離れたベン・セラーズのような人々だった。セラーズによれば、成功の秘訣は、レッド・レイバーが「党に真剣にかかわっていると常に見られていたから」だという。「でもレッド・レイバーは、右派や左派が設定したようなルールでプレーするつもりはなかった。熱心な左派でも熱心な右派でもなかった――見るからにポピュリストで、わかりやすかった」(原注9)。しかし、二万人のフォロワーは大きいとはいえ、フェイスブックで「いいね」をクリックするのは、従来型の組織に年間党員費を支払うのと比べれば、参加のハードルはずっと低かった。

コービン主義《コービニズム》到来の前夜、CLPD、LRC、そしてレッド・レイバーが、労働党左派の組織的中枢だった。それぞれ難点はあったが、活動家の拠り所はこの三つしかなかった。これでは自信が湧かないという人々もいた。「活動的な党員だったが、労働党左派についてはとても悲観的だった」と、この三つのグループ全てにかかわったマックス・シャンリーは言う。「みんなどうしようもなく役立たずだと思っていた」(「後悔してるよ」と彼は付け加える。「間違っていた」)

後知恵でみれば、事態は見かけほど荒涼としたものではなかった。レッド・レイバーには楽観的なオーラがあり、クリエイティブな若手活動家の仲間がいた。CLPDとLRCのどちらにもメーリングリストやノウハウ、そして全国の選挙区支部がもっている連絡先の一大ネットワークなど、重要な資産が保たれていた。三つの組織は後にコービンの選挙戦で融合し、それぞれのグループの異なるカルチャーが選挙キャンペーンの個々の部分を形作った。キャンペーン組織にはCLPDの組織化のスキルが注入された。政治的重心はLRCに負うところが大きい。そして、レッド・レイバーは、実質的に「コービンを党首に」ソーシャルメディア・チームとなる。しかし、そこに至るまでの間、三つのグループの最も貴重な貢献は、ともかくやり続ける断固とした意思だった。シャンリーの言葉を借りれば、左派が「党内で正統な勢力」であり続けることが重要だった。「役立たずの勢力みたいだったかもしれないが、正統な勢力だった」

同じことが、議会の社会主義者キャンペーン・グループにも言えた。かつて一員だった元議員のアラン・シンプソンにとって、同グループは、大幅に衰退したとはいえ、議会労働党の中で「真の政治的思考にとって唯一の駆け込み寺」であり続けた――「開かれた、より大きな、より良いチャンスが常にあると語ろうとする」議員の集まりだった。(原注10) 議会労働党内の居場所に指先だけでしがみついていたときは、無駄な骨折りのように思えることもままあった。多くの同僚議員から煙たがられ、それならまだましで、広義の左派の仲間からは、すでに失われた党に今でも忠誠を誓っていると思われていた。しかし、議会内の政治的〝成分〟としてグループを維持することで、顕微鏡で見なければわからないほど極小の復活の可能性を守り続けた。今、振り返ってみて初めて、その粘り強さの重要性が正しく評価できる。

二〇一五年まで持ちこたえた左派に、突然、一筋の希望の光が地平線から差し込んだ。失望の総選挙だったが「十数人」の新人左派議員が誕生し、ランズマンによれば、議会左派の「質が上がり、この先長く頼りにできる若い連中」が加わったのだ。しかし議席を失った議員たちもおり――後にコービンの秘書官になるケイティ・クラークもその一人だった――左派は「相変わらず議会労働党の中で非常に弱い立場にいた」。

ジョン・マクドネルが五月一二日に左派プラットフォームの会合で、悲観的な予想を披露していた時に直面していたのはこうした状況だった。「あの段階では、ジェレミーも私も、左派からは絶対に誰も投票用紙に名前を載せられないと、強く言い張った」と彼は後に振り返る。「競馬予想は私にきかないでくださいよ」(原注11)

求む、反緊縮候補

二〇一五年夏のコービン現象は、さまざまな活動の星雲が融合したものだった。肉眼で見えるようになった最初の要素の一つは、党首選への反緊縮候補の立候補を求めるオンライン署名だった。これは、コービン現象の爆発的拡大の大部分と同じように、草の根からの自発的なプロジェクトだった。だが、きっかけをつくったのは左派の新人議員たちだ。

党首選の議論の当初の方向性を懸念した新人議員のグループによる、「将来を考え、予算削減のアジェンダに異議を申し立てるとともに、大企業との対峙をいとわず、緊縮政策に代わるオルタナティブを提示する新たな党首」を求める公開書簡が、五月一五日、『ガーディアン』紙に掲載された。(原注12) 一〇人の議員――リチヤード・バーゴン、クライブ・ルイス、レベッカ・ロング＝ベイリー、ケイト・オザモー、キャット・スミスなど、その大半がコービン支持者としてなじみの名前になる――が署名した書簡は、誰か特定の同僚に立候補を求めたものではなく、単に、反緊縮を掲げて立候補するという考えへの支持を表明したものだった。[原注13] 新人議員の介入として異例だったにもかかわらず、ニュースで大きく取り上げられることはなかった――しかし、一人の労働党員に大きな影響を与えた。ウェスト・サセックスのワージングに住むアロマセラピストのミシェル・ライアンが行動を起こすきっかけになったのだ。[原注14]「目に飛び込んできて」と彼女は言う、「『いい考えだ。支持しなきゃ』と思ったんです……『党員は後押しすべきだ』って」

ライアンは、参加していた労働党寄りの新しいフェイスブックのページに投稿して、議員と連帯して自分たちも手紙を書いてはどうかと党員に提案した。すぐに、ケントのオーピントンに住む鉄道員のレベッカ・バーンズから書こうという申し出があり、一緒に活動し始めた。「仕事のシフトが終わった時点から手紙を書き始めて、家に帰る電車の中で、携帯で書きあげた」とバーンズは言う。「電車での帰り道がとても生産的だった。一二分しかかからなかったし」[原注15]

ライアンとバーンズはレッド・レイバーに手助けを求め、呼びかけを拡散した。ランカシャーに住むレッド・レイバーのオーガナイザー、ナオミ・フィアランと協力して、キャンペーン・ネットワークNPOの「三八　度《ディグリーズ》」〔二〇〇九年創設の英国の政治運動NPO。この名称は、軟弱な左翼を揶揄する用語として使われる「雪片(snowflake)」が集合して雪崩となる角度から取られた〕が主催するページに署名集めの文章を掲載した。「労働党党首選挙に、反緊縮候補者の立候補を求めます」というタイトルで、五月二〇日、署名集めが開始された。[原注16]

ライアンが「三銃士」と呼ぶ三人は、ソーシャルメディアで署名運動を拡散し始めた。フィアランにはレッド・レイバーのネットワークがあったが、ライアンもバーンズもツイッター初心者だった。「『まったくひどい候補者ばっかり』とか『〔立候補が確実視されていた〕アンディ・バーナムは嫌いだ』とか言ってる人がいたら、そういう人に向かってツイートすることから始めた」とライアンは言う。「文句を言ってる人がいたら誰でも――一日中、ツイッターを読み漁ってばかりいた」。ジョン・マクドネルがリツイートしてくれたとき、三人組は感激した。ジェレミー・コービンが署名したとき、ライアンはそれほどわくわくしなかった――あまりよく知らなかったのだ。(原注17)

この署名集めは、オンライン上で反緊縮候補を求める要望の表明として、主要なものになった。五〇〇〇筆の署名が集まった――後のコービンの動員の規模に比べれば少ないが、潜在的な支持をうかがわせた。マクドネルは後に、自分が探知する前に好機の可能性を見出した「集合知」だと語った。(原注18)

重要なのは、ライアンもバーンズも、労働党主流の一般的な党員だったことだ。そういう二人がこうした行動に突き動かされたことは、夏の間、党を席巻する現象の前触れだった。「自分のことを強硬な左派だとかは思ってもいなかった」と、二〇一〇年の党首選に発言権を得るために労働党に加わったライアンは言う。「〔党首選では〕エド・ミリバンドに投票した。コービンに投票するのは、あのときダイアン・アボットに投票した人だろうと考えている人は多いと思うけど」

バーンズのほうは、一九九〇年代に初めて党に加わり、ブレア時代に離党した。その後、「勤務していた駅の一つで機械に取って代わられて」活動的な労働組合員になった。二〇一五年の総選挙の前に、ミリバンドの政策のいくつかに刺激されて、再び労働党に加わった。「こう思った。『支持しよう、労働党が在るべき場所に戻り始めているから』って」

ライアンもバーンズも、二〇一五年の党首選で最初はアンディ・バーナムを支持していた。しかし、バーナムが邸宅税を〝妬みの政治〟と形容したとき、ライアンはもうご免だと思った。(原注19)「ぞっとした」と言う。「富に課税できないなら、格差に取り組むことなんかできない」。(原注20)バーンズも同じ反応だった。「アンディ・バーナムはけっこう好きだった。今もけっこう好きだけど、バーナムが〝妬みの政治〟とか何とか言ったことがあって、思った。『ほんと? そんなこと、納得できない』って。全然、〝妬みの政治〟なんかじゃない」

党首選の有力候補者たちが、党員とは反対の方向へ突進しているという感覚が新人議員たちに公開書簡を書かせ、ライアンとバーンズが行動を起こすきっかけを作った。この感情は党首選が進むとともに強まっていく。

右派の模索

総選挙の敗北からコービンが党首選への立候補を表明するまで一カ月近くあった。左派候補が出てこないため、党首の座を目指す候補にとっては、先を争って右に寄るのを邪魔する歯止めは何もなくなっていた。何が何でもブレア主義という雰囲気の中で議論は窒息寸前になり、労働党左派が心底うんざりしたばかりでなく――党首選は大失敗だという見方が広がった。時事解説者のスティーブ・リチャーズによれば、党首選は「空疎なナンセンスのお祭り騒ぎ」だった(原注21)。労働党は「スフレのように、ぺしゃんこにしぼんで」しまったというのが、『ガーディアン』紙のアーディティヤ・チャクラボッティの思いだった(原注22)。

立候補を考えていないブレア派議員を探す方が難しいぐらいだった。いち早く立候補宣言したリズ・ケンドールのほか、チュカ・ウムンナ、ダン・ジャーヴィス、トリストラム・ハント、メアリー・クリーをめぐって推測が渦巻いた。舞台裏で名前が聞こえていた他の三人――キャロライン・フリント、ステラ・クリーシー、ベン・ブラッドショー――は後に副党首選に立候補した。こうした議員はみな基本的に同じ政策を掲げており、ブレア派がなぜ候補者を一人に絞れなかったのか理解に苦しむほどだ。

ブレア派の大本命と目されていたのはウムンナだった。ブックメーカーはすぐに賭け率二対一で最有力とした(原注23)。二〇一〇年にエド・ミリバンドの積極的支持者だったウムンナはこの五年間に右に寄り、衰退の道をたどるブレア主義を支持して、みなを当惑させていた(原注24)。二〇一五年五月一〇日、BBCのアンドリュー・マーの番組の総選挙後最初の回に出て、その評判にさらに磨きをかけた――敗退したミリバンドに追い打ちをかけるためだけに出演していたピーター・マンデルソン上院議員と並んで、ゲストとして登場したのだ。マンデルソンはいかにも彼らしいスタイルで、ウムンナに対して、意味のない持って回った支持を表明した。

「少々待たなければならないが、行くだろうと思うね」(原注25)。選挙結果にすでに意気消沈していた多くの労働党員にとっては、情けない光景だった。

ウムンナとケンドールは、大急ぎで店開きをしたことで、「まるで死体から宝飾品を剝ぎ取る親族のような振る舞い」だと言われた(原注26)。ところが、ウムンナは登場したかと思ったとたんに不可解にも出馬を取りやめたため、ブレア派は最も有望な候補者を失ってしまった。知名度の低いケンドールが、やはり知名度の低いクリーとハントを相手にブレア派の王座を争うことになった。三人の競争はさらに大きな影響を及ぼした。ブレア派候補者集団の引力によって、党首選全体が右に引っ張られたのだ。

ブレア派は理想の悪役だった。イデオロギー的には、死後硬直のあらゆる兆候を示していた。思考は柔軟性を失い、表現も堅苦しくなっていた。かつては未来と結び付けられていたブレア派だったが、今では、戦争と金融危機と党の退化という汚点の付いた過去を思い起こさせた。しかし理想の悪役なら、見かけ倒しでなければならない。議員推薦集めの過程で、ブレア派が減退した勢力であることが露呈した。一人を投票用紙に載せるだけの支持しか集められず、しかもほとんど余裕がなかったのだ(ケンドールが集められた議員推薦は四一人で、出馬要件を六人しか上回っていなかった)。際立った候補者が立たなかったことは――真価のわからないケンドールに頼らざるを得なかった事実が如実に示していたように――、残っていたブレア派議員の質の低下を反映していた。そして、これほど多くの候補が最後まで争った光景は、内部選挙の不正工作という身の毛もよだつ――しかし当事者たちは不当と申し立てる――評判を誇る党内派閥にしては、体裁の悪いものだった。

非常に重要なのは、こうした脆弱さが、ブレア派に残された最後の資産――メディアの手助け――によって半ば隠されていたことだ。ケンドールは、最大限ブレア派的なセールストークで新聞の関心を得ていた。五月末、経験豊かな政治ジャーナリストのマイケル・クリックによる予言的ツイートに、メディアの感触が凝縮されていた。「党首選についての私の法則――最も新鮮かつ／または最も若い候補者がふつうは勝つ

――に基づけば、リズ・ケンドールに賭けておくべきだ」。[原注27] 議員推薦集めの期間、事の進展は「ウェストミンスター町内会」だけにとどまるため、評論家筋の――実は通用しない――政治的通念への確固とした反証はなかった。このため、党内でより広くアピールしたいと考えていた二人の挑戦者、イヴェット・クーパーとアンディ・バーナムをはじめとするケンドールのライバルたちは、ケンドールを過大評価した。彼らはそれに対抗しようと、これみよがしに右に寄った。

クーパーはブラウン派の旗手だった。[原注28] 五月一九日、最初の政策発表で、党の選挙公約が反企業的すぎると攻撃し、労働党は「政府の最近の法人税減税に反対するわけにはいかない」と論じた。それ以外は空疎なことしか言わなかった。「信頼に足る、共感的かつ創造的な、日々の生活の現実と結びついた」党になるとか、「左とか右とかいう古臭いレッテルを超越する」とか、あるいは〔他の女性候補に子どもがいなかったことから〕議論を呼んだ「家族がよりよい生活ができるようにする」とかいったことだ。[原注29]

バーナムがたどった道は、さらに劇的で影響が大きかった。政治生活を始めたころはブレア派と見られていたバーナムだったが、ミリバンドの下で影の保健相を務め、国民保健サービス(NHS)私営化のさまざまな側面に反対して組合や党員に支持されていた。最もましな候補者として左寄りの票を勢いよく吸い上げると予想されていた一方で、労働党右派と、イングランド北西部の地盤地域でも支持を集めていた。このように一見広くアピールしていたので、ウムンナの出馬取りやめ以後、最有力候補になった。

議員の中での最大の支援者二人――選対本部長のマイケル・ダガーと、公共支出大幅削減の信奉者として影の財相になるつもりだったレイチェル・リーブズ――に尻をたたかれたバーナムは、右に急傾斜した。[原注30] バーナムは、ミリバンドがニューレイバーと袂を分かったのは「間違いだった」と宣言した。[原注31] さらに邸宅税をこき下ろし、保守党が計画していた生活保護給付の上限引き下げに対して――それが何万もの子どもたちを貧困に陥らせる証拠があるにもかかわらず――支持を示した。[原注32] 自らの選挙戦には労働組合からの資金は受け入れないと述べて、わざわざ労働組合から距離を置いた。議員推薦の争奪戦という狭い領域の中では、この位置取りはうまくいっているように見えた。議員からの支持の約束を取り付け、新聞でも好意的に報道された。バーナムが五月三〇日、選挙戦最初の演説に、金融街《シティー》の大手会計コンサルタント事務所アーンスト・アンド・ヤングを選び、演説の中で実業家を「ヒーロー」と持ち上げ、生活保護受給者は「ただ乗りのようなこと」をすべきでないと述べたのを受けて、『ニュー・ステーツマン』誌は称賛の記事を掲載し、こう宣言した。「バーナムは、経済問題で労働党のメッセージの失敗から学んだことを早々と示し、候補としての立場を固めた」(原注33)

バーナムが、政権党時代の労働党について、「財政赤字削減の優先順位を上げるのが遅きに失し……そのため、金融危機が起きたときに態勢が十分に強力でなかった」と「認めた」ことは他にも一度あった(原注34)。そのときの状況は、党首選初期の最も奇妙な光景だった――誰が労働党の過去の支出を最も強い信念をもって非難できるかを、候補者たちが競い合っていたのだ。勝利に輝いたのは明らかに、BBCの番組『クエスチョン・タイム』でこう言ったトリストラム・ハントだった。「そうだ。景気循環による銀行危機に対処するための上部空間を国家財政に十分残さず、過剰支出になった。だから、銀行危機が起きたとき、必要な余裕がなかったのだ」(原注35)。「必要な余裕」とは数千億ポンドのことだとすると、ハントは、万一銀行に渡す必要が出てきた場合に備えて莫大な黒字を計上することを主張していたようだ。この路線は――ニュアンスはさまざまだったにせよ、ケンドール、クリー、ウムンナも同調したが――経済学的にばかげているだけでなく、公共支出が景気後退を引き起こしたという神話の正当性を認めるものであり、政治的に嗜虐的だった。クーパーだけは、金融崩壊前の比較的小規模の赤字は、英国が金融危機に対処する能力に何の影響も及ぼさなかったと説明した――ただしクーパーは赤字があったこと自体は残念だったとも言った(原注36)。後にコービンの政策顧問となるアンドリュー・フィッシャーは当時、こうした告白によって候補者全員が、保守党のジョージ・オズボーンとデイヴィッド・キャメロンよりも、はるかに右寄りの立場をとったことになると指摘した。とい

うのも、後者は、二〇〇七年の金融危機前夜の労働党の支出計画に匹敵するものを公約していたからだ。(原注37)

候補者にとって、同僚議員の支持の獲得は弾みを生み出し、権威を示すために重要と見られている。バーナムの選挙キャンペーンが、三五人の議員推薦を確保できない危険はまったくなかったが、それでも、推薦数の最大化を狙って「さらに拍車をかける作戦」を展開した。(原注38)バーナムもクーパーも右にすり寄ることで、ケンドールに流れかねない議員を引きつけ、さらに、ブレア派のライバル、ケンドール支援でまとまりつつあるメディアの勢いにブレーキをかけることを期待していた。しかし、これは、幅広い党員の考え方からますます二人を遠ざける推進力を生み出した——議会労働党は、長年の間に、自分たちだけの独特の政治文化を培養していたのだ。

バーナムの打算は当然の帰結に至った。バーナムが右に寄ったために、その左に空間ができたのだ。そこは従来「ソフト・レフト」がいるはずの場所だった。しかし、ソフト・レフトが長年、固有のアジェンダや派閥としての組織的な存在感を確立できなかったことから、労働党の右傾化の展開に納得がいかない(組合と党員の大部分をはじめとする)人々は、他に目を転じる用意ができていた。(原注39)いずれにせよ、ソフト・レフトは、総選挙後、試練から立ち直るべくヨーロッパ屈指のリゾート、イビサ島にいるところを目撃されていたエド・ミリバンドとともに、舞台から逃げ去ったようだった。ソフト・レフトから候補者として志願する者はいなかった。立候補の可能性が最も多く取沙汰されていたリサ・ナンディは、すぐに不出馬を表明した。サディク・カーンはロンドン市長候補選に出馬していた。もしソフト・レフトの候補者が立っていたら、コービンが必要な議員推薦を確保できた可能性は低く、そもそも試みたかどうかさえ疑わしい。

バーナムはソフト・レフトの領分を占めることができたはずだ。今、振り返れば、バーナムがその基盤を放棄したのは破局的な戦略の誤りだった。「バーナムにはそんなものはどうでもよかったんだ」とLRCのマイケル・コールダーバンクは言う。「間違いなくバーナムの負け戦だったよ」。ジョン・ランズマンによれば、バーナムは「あまりに素早く右に倒れ込んだために、自らの信頼性をぶち壊してしまったんだ」。ソフト・レフトの候補としての選択肢もあったのに。バーナムからすれば、左派の信頼を得るより、「ミリバンドの後継」候補という概念を払拭するほうが優先順位が高かった。六月三日に『ニュー・ステーツマン』誌へのコメントで、バーナムの仲間の一人は、バーナムに不満をもつ左派の支持者についてこう言った。「他にどこへ行こうというのか」(原注40)。それはまもなくわかることになる。

夜明け前

左派にとっての問題は、誰が立候補するかだった。活動家の間では、選択肢は、労働党左派の事実上のリーダーであるジョン・マクドネルに決まっていた。マクドネルがすぐ不出馬を表明した事実は問題と言えば問題ではあったが、支持者たちは意気消沈してはいなかった。総選挙後すぐ、レッド・レイバーのオーガナイザー、ジェイムズ・ドランは「ジョン・マクドネルを労働党党首に」というフェイスブックのページを立ち上げた。「人選を間違っていると友だちに言われた」とドランは振り返る。「見方によれば——確かにジョンのことは好きだが、彼はばか者を黙って見過ごす方じゃない。議会にはそういうのが大勢いるから」

マクドネルに代わる名前として、活動家たちは最初、全国炭鉱労働者労組の元委員長、イアン・レイブリーに注目した。労働者階級議員であり、社会主義者キャンペーン・グループのメンバーとして資格は十分だった。個人的に、レイブリーに立候補を強く促していた組合関係者も何人かいた。しかし、総選挙のわずか一週間後、レイブリーは自らの不出馬を表明しただけでなく、アンディ・バーナムへの支持を約束した。これを不満に思ったジョン・ランズマンは、労働党左派のウェブサイト『左派の未来』のブログに、「左派の誰であれ」、バーナムに「本心から支持を表明するのはまったく時期尚早だ」と投稿した。「あまりに早くあまりにわずかなもので妥協してしまえば、影響力を手放すことになる」(原注41)

ランズマンの不満は、左派の候補者を出すために彼が舞台裏で必死に動いていたことから来ていた。「マイケル・ミーチャーやジョン・マクドネルやジョン・

トリケットに話していた」と彼は言う。「それぞれ大きな問題を抱えていて、誰もやりたがらなかった」。ランズマンも当時は知らなかったが、ミーチャーは病気で、この五カ月後に世を去ることになる。マクドネルにも健康上の心配があったが、もし勝てるチャンスがあるとわかっていれば彼が出ていたかもしれないと、つい想像してみたくなる。しかし、マクドネルには、以前にそうだったように、党首選の出馬要件である議員推薦を集められる可能性が低いことが痛いほどわかっていた。「連中が私を投票用紙に載せるはずがない」し、「そもそも〔議会に〕自分がまだいることが驚きだ」と、後に冗談を言った(原注42)。

影の大臣だったトリケットは、理論的には最も有力な選択肢だった。ゴードン・ブラウンの議会担当秘書官で、その後エド・ミリバンドの腹心となったトリケットは、左派と労働党執行部をつなぐ非公式のチャンネルとして、ユニークな役割を築き上げていた。しかし、これは一方で、トリケットと、候補者探しをしていた活動家との間に距離があることを意味した。さらなる緊縮政策を約束した影の政府の一員を務めたトリケットが、反緊縮を訴える、信頼に足る候補になり得るかどうか疑問を持つ人々もいた(原注43)。ＬＲＣとの間には昔ながらの左派同士の緊張関係もあった(原注44)。コービンの勝利後、党首選に立候補しなかった理由を問われたトリケットはこう説明した。「自分が左派を統一できるとは思わなかった。七年間、閣僚席にいたんだ。まったく新しい視点の誰かが必要だった(原注45)」。トリケットは二〇一五年五月一四日に不出馬を表明した。

左派の当初の候補者探しは実を結ばなかった。バーナムが推薦の約束を取り付けるたびに、左派候補の名が投票用紙に載る可能性は減っていった。労働組合のほとんどもバーナムを支持しているかのように見え、左派の挑戦者は誰であれ、支持を引き寄せられる影響力のネットワークを失いつつあるように思われた。絶望しかけたランズマンは、五月一七日のブログへの投稿で、こう宣言した。

> 左派の候補者は出ないだろう……勝てそうな左派の候補者はいなかった（特に、党がコリンズ報告〔五六ページ補注参照〕を受け入れた今となっては）。以

前より大きく左に寄っているわけではない議会労働党で、三五人の議員推薦を得られる可能性があったとしても。トニー・ブレアが意図的に左派を排除し、隅に追いやったことで、少なくとも一世代は、これが当てはまることが確実になった。(原注46)

たとえ誰か見つけることができても、候補者を立てるのは間違いだと考える人々もいた。マクドネルもその一人だった。「私の議論は——ジェレミーも実は同じだったんだが、投票用紙に誰も載せられないというのはあまりにも壊滅的だから、左派の息を吹き返させてくれるだろうってことだった」と彼は言う。「丘のてっぺんまでみんなを連れて行って、その後で『申し訳ない、無理だ』と言うなんて、誰だって絶対やりたくない(原注47)」

一方、オーウェン・ジョーンズは、まず、ソフト・レフトの候補者を支持することを考えた。リサ・ナンディに立候補を促すキャンペーンを始めたが、彼女は立候補しないことになった。するとジョーンズはトリケットとともに、草の根の再建を目指して、「労働党党首選に候補者を出さない」ツアーを計画し始めた。どちらのプロジェクトも、左派はあまりに弱いため、首を出すのはリスクが大きすぎる、とのジョーンズの確信に根ざしていた。「初めは労働党党首選に『左派』候補が出ないことを望んでいた。総選挙後の全体的な意気消沈のさなかでは、左派候補者は潰されてしまう恐れがあると考えた。そんな結果になれば、労働党エリートも英国の右派一般もそれにつけこんで、左派の臨終の儀式を執り行い、我々を無用の物として片付け、金輪際口出しするなとくぎを刺すだろう(原注48)」

内部の人間があきらめていても、活動家たちはまったくそうではなかった。「確かにジョン[・マクドネル]にだいぶせっついた」とベン・セラーズは言う。セラーズはレッド・レイバーを運営した経験から、ニューレイバー型の政治に対する怒りがふつふつと沸いていると確信していた。「左派の候補者を出せたら、理想的な候補者でなくても、その怒りの一部を引き出せると感じていた……古いネットワークだけに頼るのではなくて、ソーシャルメディアを基盤にした新しいネットワークがあるんだとジョンに言っていた」

既存の候補者たちの発言がますますおかしなものになるにつれて、党首選不参加を正当化する理由はどんどん弱まっていった。後にコービンの顧問に就いた人物は振り返る。「私のような人間が〔候補者を立てることを〕本当に強く求めるようになったのは、議論の方向性全体のためでした。諸事万端が『右に寄る必要がある』という感じだった……それで、こう思うようになった。『このままこの方向へ言ったら、我慢できるかどうかわからない。少なくともやってみなくちゃならない』」

左派候補に勝算があると思っている人は一人もいなかった。目的はただ、議論に影響を与えることだった。論点労働組合の思考法を身に付けている人にとって、左派は他は明白だった。候補者欄に名前がなければ、左派は他の候補に対して交渉力を失い、政策の譲歩を確保する手段がなくなる。

この至上命令の背後には、労働党左派が長期にわたって排除されてきたという問題があった。党の方向性に影響を及ぼす他の方法がもしあれば、候補者を立てることは優先されなかったかもしれない。しかし、労働党内の民主主義はブレア時代にあまりにも低下していたため、左派にとって党首選は、自らの声に耳を傾けさせる数少ない残されたチャンスの一つになっていた。セラーズの言葉を借りるなら、もし党首選に左派の席があれば、「党内の左派を立て直し、長いこと持てなくなっていた組織化を提供する」チャンスになる。

五月の第三週には、候補者を望む人々を焦りが襲い始めた。六月一五日の議員推薦集め締切まで、残り時間が少なくなりつつあった。舞台裏では必死の電話が飛び交っていた。「ほとんど誰でもいいと考え始めていた」とランズマンは言う。「新人は無理だろうと感じていたが、キア・スタマー〔新人議員だが元検察庁長官〕のことを考えた。ある時点では、アンジェラ・イーグルのことまで考えた。自分たちはアンジェラを支持できるだろうか。彼女は出馬するだろうか。私は電話をかけて、アンジェラが他の人よりいいからという理由で出馬を求めた……必死だった」

活動家は新人議員に対するこうした不安をもっておらず、出馬を強く働きかけていた。草の根との関係をすぐ築いていたクライブ・ルイスと話した労働党員は多く、ミシェル・ライアンもその一人だ。「実は、立候補してほしいと頼んだ」とライアンは言う。「『党首選に立候補してもらえませんか』とメッセージを送ったら返事が来た。『僕はトイレがどこにあるかすら知らないんだ』って」

CLPDは、「誰かが立候補するように積極的に求めるようになっていた」とランズマンは振り返る。五月二三日から二四日にかけての週末、トリケットにもう一度、働きかけてみることにした。[原注49] CLPDの選択肢だと公に宣言することによって、トリケットを立候補に「徴募する」ことを期待したのだ。[原注50] ランズマンとCLPD事務局長のピート・ウィルズマンがトリケットを訪ねて、個人的に説得してみた。しかしトリケットは態度を変えなかった。[原注51]

一方、ジョン・マクドネルは、LRC発行の『労働党ブリーフィング』誌に、まったく荒涼とした記事を書いていた。冒頭から、「これは一九五一年にアトリー政権が倒れて以来、英国の社会主義者が直面したなかで一番暗い闇、夜明け前の真っ暗闇《ダーケスト・アワー》だ」とあった。

労働党党首選の候補者が、今まで、資本に対して最低限の異議申し立てもできていないということは、労働党が降伏寸前にあるという情けない状態の表れだ。労働党の核を成す原則のうち、脅かされていないものは一つもない……課税を通した富の再分配は「妬みの政治」と非難される。NHSの私営化は、「うまく行く」限り受け入れられる。生活保護給付の上限と移民の待遇の厳格化は、「戸別訪問向きのテーマ」だからと支持される。[原注52]

「みな頭をかきむしっていた。後がなかった」とマイケル・コールダーバンクは振り返る。状況があまりに絶望的で「みな、『なんだって自分はこの党にいるんだろう。大負けしてキャメロンに異議申し立てできなかった上に、間違った教訓を引き出して事態を悪化させようとしているのに』と思っていた」。

CLPDの内部で、突飛な発想が形を取り始めていた。「暫定党首になってくれる人が見つからないものだろうか――党の将来の方向性について議論するために党首になって、二年後にもう一度党首選をやってくれる人」とランズマンは振り返る。「そういう状況になって初めて、ジェレミーのような人のことを考えるようになった」。驚くべきことに、この時点で、ジェレミー・コービンの立候補という発想は「一度も頭に浮かばなかった」とランズマンは言う。「従来の意味での妥当な候補以外には目が向いていなかった。ジョン・マクドネルは当てになる、マイケル・ミーチャーもジョン・トリケットもそうだ。従来の理由でね」

五月二六日、ランズマンは、労組・労働党連絡機構(TULO)主催の労働党新人議員歓迎会に出席した。そこでランズマンは、TULO全国委員のバイロン・タイラーと話した。ランズマン――あらゆることにもかかわらず、楽観的な姿勢を取るようになっていた――はタイラーに歩み寄って言った。「三五人の議員推薦を取り付けられると思うんだが、問題は誰が候補者になるかってことだ」。ランズマンは順に名前を挙げ、それぞれの立候補への問題点を伝えた。タイラーはすぐに返事をした。

「ジェレミーにすべきだ」

「ジェレミー？　ほんとか、バイロン？　どうして？」タイラーの確信ぶりに驚いてランズマンはきいた。

「そうじゃないか、ジェレミーには正しい政策が揃ってる」とタイラーは説明した。「みんな票を入れる。彼は好かれている。尊敬されてもいる。政界で一番いい人間だ。敵がいない」

最後の言葉でランズマンははっとした。「そんなふうに考えたことは一度もなかった」と振り返る。「敵のいない候補を探そうなんて考えたことは一度もなかった……心底納得がいった。ジェレミーを本気で推すことにしたのはこのときからだ」

翌五月二七日、社会主義者キャンペーン・グループ――左派の候補者を立てるかどうかを決定する機関――の二つの運命的会合のうち、最初のものが開かれた。[原注53]ウェストミンスターに集まった議員たちは、候補者を立てることが賢明かどうかを議論した。「屈辱を受けることになり、弱さを露呈してしまうだろうと考えていた人々がいた」とクライブ・ルイスは振り返る。「それで自分がこう言ったのを覚えている。『誰も立てなかったら、もっと弱く見える』」。譲歩を引き出す見返りに、既存の候補を支持するという代替選択肢を議論したが、合意に至らなかった。影を落としていたのは、もし本当に候補者を立てたいという話になったとしても、依然として誰も名乗り出ていないという問題だった。マクドネルとダイアン・アボットは二人とも出馬しないと明言した――アボットはロンドン市長選の労働党の候補になる可能性を探っていたからだった。(原注54)するとと、コービンがためらいがちに提案を出した。

「私が立とうか、どうだろう」

ルイスによれば、「部屋は静まり返った。さまざまな理由で、乗り気でない人たちもいた――ジェレミーがどうなるか心配だというのが理由だった人もいたと思う」。(原注55)結論が出ないまま会合は終わったが、その案が検討されることになった。

労働党左派の中心メンバーとして、コービンはずっと苦労の多い候補者探しのただ中にいた。五月一二日の時点で――議員推薦の数についてはマクドネルと同じように懐疑的になっていた時だが――すでに「党首選に左派の反緊縮候補が出ることが不可欠だ」と言っていた。(原注56)組織化されたグループ――LRC、CLPD、レッド・レイバーなど――はみな同じ見解にたどりついていた。反緊縮候補者を求める署名は数千に上っていた。コービンが解決できる問題が一つあったわけだ。

議員としての自分の役割について確固としたベン派の考え方をもつコービンは(「何かを成し遂げようとしている人がいたら、いつも励まそうと思っている。議員だからといって何でもできるわけじゃない、議員は神じゃない、でも『応援します』と言えば、力になれるかもしれない」)、進み出る務めを感じていた。(原注57)後に動機を説明して、自らの決断を「多様な候補者がいてほしい、党の将来について徹底的な議論をしてほしいという労働党員からの圧倒的な求めに応じたものだ」とした。(原注58)「やってくれと言われて」私心なく前に出たと強調し、「もう個人的な野心をもつ歳じゃない」と言った。(原注59)

コービンは義務感から名乗り出たが、五月二七日の時点では、犠牲は相対的に小さく思われた。ランズマンの楽観主義とは裏腹に、三五人の議員推薦を得られる可能性はごくわずかに見えたからだ。おそらくコービンは名乗り出て、二、三週間、ロビー活動をしたり、メディアに登場したりして緊縮政策の問題を提起する機会とし、投票用紙に名前を載せられなかった時には、党首選のルールが左派に不利になるよう歪められていると示すことになるだろう。

とはいえ、社会主義者キャンペーン・グループでコービンの申し出が沈黙によって迎えられたことは、必ずしもそれをいいアイデアと考える人ばかりではないことを窺わせた。翌週、六月三日に再び会合が予定されていた。その間、コービン立候補の利点をめぐって、労働党左派の中心にいる小さなグループの中で激しい議論が交わされた。CLPDのピート・ウィルズマンは、投票用紙に名前を載せられる希望をつなぐため、コービンは政策議論を監視する目的で二年だけ就任すると公約する必要があると論じた(原注60)。

一方、懐疑派のオーウェン・ジョーンズは、コービンは候補者にふさわしくないと考えた。

ジェレミーとは長年の付き合いで、とてもいい人間だが、左派にとって最良のスポークスパーソンになれるとは思えなかった……彼は左派の外務大臣と呼ばれていた――パレスチナからクルドまで国際的な問題に関心が深かったから……左翼活動家に向かって話をすることに慣れっこになっていたから、党首選の選挙戦中に、左翼政界の外にいる人たちに訴えるような方法で、自分の考えを伝えることができないんじゃないかと心配だった。

ジョーンズは流れに逆らっていた。「要するに、ジェレミーの周りにいろいろな人が集まって、彼を推し始めた」とランズマンは言う。「CLPDやバイロン[・タイラー]を中心に」。議員の間でも、マイケル・ミーチャー、キャット・スミス、クライブ・ルイスなどが強力に支持し、機運が生じてきた。

しかし本人はまだ決心がつきかねていた。六月三日のキャンペーン・グループの重大会合前夜、コービンは、後に選挙戦で幹部になる一人の支援者と会った。その人物はこう振り返る。「下院のテラスに腰かけていた。ジョン[・マクドネル]とジェレミーと他に何人かと話していた。ジョンはまだ、候補者を立てること自体に強く反対していた。ジョンがしばらく他の誰かと話していると、ジェレミーが私に言った。『ジョンは出たがらないし、ダイアンももう出たがらない。私が出るべきだと思うか』。私は『ああ、出るべきだと思う』と言った」

その支援者は、話の間に、コービンにはやる気があるという印象をもった。「投票用紙に名前を載せられる期待はなかったが、私や他の全員と同じように党内の議論の状況にただ絶望していて、それを変えたがっていたと思う」。アボットもマクドネルもいないとなると、議論を変える「役目が自分のところに回ってきたのがわかっていた」。

翌日、キャンペーン・グループの会合に向かう前、コービンは労組ユニゾンのイズリントン支部の労働党リンク委員会の会合で話をする予定だった。(原注61) ユニゾンの活動家でLRCのメンバーであるアンドリュー・ベリーをはじめ、出席者は、この機会をとらえて党首選の問題を持ち出した。「反緊縮の候補者が必要だと訴えると、彼はちょっと謎めいた答えをした――後になってようやく意味がわかった。こんな言い方だった。『まだ時間はある。状況をよく見てみないといけない』」

その後コービンは、運命と出会うために議会へ向かった。時間切れが迫りつつあり、この日のキャンペーン・グループが決定的な会合となる。

【補注】 コリンズ報告

エド・ミリバンド時代の二〇一三年、スコットランドのファルカーク選挙区での候補者選定をめぐり、労組ユナイトとブレア派圧力団体プログレスが対立、警察の判断をあおぐ事態となった(事件要素はなかった)。これを機に、ミリバンドは労組の影響力縮小を決意、元党書記長レイ・コリンズに党内選挙の見直しを依頼した。コリンズは、労組との交渉を経てコリンズ報告をまとめた。

これ以前の党首選は選挙人団制が用いられており、議会労働党(下院議員)と欧州議会議員に票全体の三分の一、提携団体(大部分は労組)に三分の一、党員に三分の一が割り当てられていた。コリンズ報告以降、党首選が一人一票制に民主化されたほか、議員推薦の割合引き上げ(一二・五%から一五%へ)やサポーター制が取り入れられた。

第四章　投票用紙に名前を載せる

二〇一五年六月三〜一五日

「どうしてわざわざやるんです？　正直言って、勝つ見込みはないですよね？」

――マーク・マーデル（BBCラジオ・フォー）

国会議事堂内ウェストミンスター・ホール脇のW1室。ジェレミー・コービンが労働党党首選に立候補すべきかどうかを決定する、社会主義者キャンペーン・グループの会合が開かれている。ドアの外で聞き耳を立てているジャーナリストはいない。スタンバイしているカメラ・クルーもなく、ニュース速報もなく、『ガーディアン』紙オンライン版のライブブログもない。迫りくる運命を不吉に告げる党右派の声もない。実のところ、事実上何の予想もされていない――労働党左派からさえも。左派の大半は、会合が行われていることを知らない。

二〇一五年六月三日。議員推薦集めの締切までわずか一二日間。六月一五日月曜日正午にビッグベンの鐘が鳴るとき、少なくとも三五人の議員推薦を得ていない候補者は、党首選への参加を認められない。他の候補者はすでに一カ月近くキャンペーンを行っている。スタッフ、事務所、資金、戦略がある。総選挙当夜から同僚に支持を訴えてきた候補たちもいる。大半の労働党議員はすでに誰を支持するか決めていた。もし左派が本気で参加するつもりなら、待ったなしの状況だ。

立候補してもいいと伝えて以来、コービンは少数の仲間の意見を聞き、助言を受け、おしなべて熱心な反応を得ている。若手議員のキャット・スミスは、友人であるコービンの立候補を信じて会合に来ている――「私も含めて、みんなでしつこくけしかけたから」。ジョン・ランズマンもコービンが立候補すべきだと肚を決めて来ており、コービンの知らないところでいろいろな人に、会合に出てコービンを支持するよう精力的に説得していた。マイケル・ミーチャーはと言えば「全面的に賛成」だ。

出席者――ジョン・マクドネル、ダイアン・アボット、ケルビン・ホプキンズ、クライブ・ルイスら――には、候補者を立てるよう活動家から強いプレッシャーがかかっている。左派の存在感が必要だ、という見方が大勢だ。問題は名乗り出る人が本当にいるかどうかだ。

議長を務めるマクドネルが、自分は立候補しないとあらためて表明する。「十分やった。もう一度やるつもりはない」。アボットも同じ気持ちで、二〇一〇年に立候補したし、もうその気はないと言う。

マクドネルは机の端に座ったコービンの方を向き、淡々と言う。「きみの番だ」

突然、部屋中の視線がコービンに集まる。「わかった」と彼は同僚たちに言う。「応援してもらえるなら立候補する」

「よし、立ってくれるなら応援する」と返事が来る。

コービンは党首選の候補者になった。(原注1)

とてつもないハードル

ジェレミー・コービンは、何年もかかって作られた大きな歴史的潮流によって労働党党首へと押し上げられた。だが必然は一つもなかった。党首選出馬に必要な議員推薦の確保にぎりぎりまで手を尽くした一二日間、コービンの運命は苛酷にも議会労働党政治の核心ともいうべき制度に握られていた。この局面が、党首選全体で最も困難だった――それこそが狙いだったのだ。党議員の一五％の支持を確保するよう候補者に求める新たに引き上げられた要件――コリンズ報告（五六ページ参照）の結果――は、コービンのような人間がゲームに加わることを妨げるのが目的だった。(原注2)「一五％要件は、アウトサイダー――特に『強硬左派《ハード・レフト》』の人間――を阻む関門として十分安全と判断されていた」と改革にあたったデクラン・マクヒューは書いている。(原注3) 生まれたてのコービン・キャンペーンは、超近代的なデジタル・ロビー活動――ソーシャルメディア時代以前は考えられなかったもの――と旧式の舞台裏の議会ネットワークを組み合わせ、このハードルをクリアした。

仕事の始動は早かった。議員になる前にコービンと一緒に活動し、彼を近しい「親友」議員と考えていたキャット・スミスはiPadで名簿を作り、会合の他の出席者にロビー活動の作業を割り当て始めた。「キャットは即、取りかかった」と活動家のジョン・ランズマンは振り返る。「今でも活動家なんだ、基本的に」。スミスのパートナー、ベン・ソーファは、鉄道労働者組合TSSAで働くIT技術者だった。会合が終わるとスミスは彼に電話した。「ベン、今いい?」とスミス。「ジェレミーのためのウェブサイトがすぐ必要。党首選に出ることになったから」。そしてコービンの方を向き、「Jeremy For Leader か、Jeremy4Leader か、どっちがいい?」ソーファは電話の向こうでドメイン名を登録し、ウェブサイトを作り始めた。キャンペーンの誕生だった。

「本当にわくわくした」とスミスは振り返る。「あのとき、すべてがカチッとはまった気がした……始動させれば、運営の仕方は私もベンもわかってるし、ジェレミーもわかってる。みんなわかっている。『さあ、やろう、それっ』って感じだった」

グループが最初に計画したこと――コービン立候補の発表を翌日まで待つこと――は、興奮さめやらぬダイアン・アボットのツイートですぐ台無しになった。コービンの電話が鳴り始めた。ジャーナリストからの電話に応じるコービンを残して、スミスとクライブ・ルイスはその場を離れ、同僚議員への訴えかけを始めた。「クライブと一緒に、［議事堂ビル内の］ストレンジャーズ・バーのテラスに行った。夏だからみんな外にいた。大勢の議員が座っていた。私はバーの常連じゃない。落ち着けないし。でもクライブと一緒に片端から話しかけて、説得しようとしたのを覚えてる」。ルイスのほうは「始めたからには最後までやり抜く」つもりだった――とはいえ、「取りかかったときは、みんな、当たって砕けろだと思っていた」。

一方、コービンは最初の任命を行い、盟友のジョン・マクドネル――立候補が賢明かまだ危ぶんでいた――に選挙戦を仕切ってほしいと頼んだ。議員に採決を告げるベルが鳴る中、マクドネルは答えた。「やるよ。戦術的には間違いだと思っているが、やる。心配要らない」。マクドネルは、選対部長という実務職を引き受けるよりも「実働部隊」には別の人たちを入れ、自分はコービンの代理人・選挙運動委員会委員長として、総合戦略を監督することを承諾した。

マクドネルはすぐ、ロビー活動を調整する少人数のチームを作った。全てを議員推薦集めに集中させる。この冒険に最初期からかかわった一人はこう振り返る。「話ははっきりしていた。『大規模なキャンペーン向けインフラ作りで時間を無駄にしない。今やっていることに集中すべきだ――議員推薦を確保すること』」

面と向かって議員を直接説得するのは非常に重要だが、それだけでは足りないとわかっていた。議員が下からのプレッシャーを感じる必要がある。最初の数時間のうちに、六月一五日までひたすら追求することになる戦略が形作られた。党員に対する議員への働きかけの依頼だ。労働党にはちゃんとした議論が必要であり、それには党首選の投票用紙にコービンの名前を載せるしかない、というメッセージを徹底的に強調するよう党員に呼びかける。(原注4) 脅迫的でなく、民主的で妥当に聞こえた。だがこの戦略は、長い間、党がいかに欺かれてきたかに対する不満に訴えかけるものだった。

「一筋縄ではいかないのは百も承知だったし、確率で言えば、投票用紙に名前が載らない可能性のほうが高いと思っていた」とランズマンは言う。「本人よりは楽観的な人々もいたが」。コービンの近しい仲間の一人によれば、「ジェレミーは三五人の議員推薦を得られると思っていなかった。私たちの大半は、推薦集めの期限まで二週間を切っているが、少なくともその間に議論をいくらか形成できると思っていた」。

立候補のニュースが広がり始めると、コービンは選挙区の地元紙『イズリントン・トリビューン』の紙面で、「私が立候補するのは、党首選の議論において、労働党員に一つの声を提供するためだ」と発表した。(原注5)『デイリー・ミラー』紙でも、彼らしく、大げさな言葉を避け、自分が名乗り出たのは「トライするだけの支持があるかどうか見るため」と語っている。「一歩一歩やっているところであり、もし投票用紙に名前が載せられたら、スタートとしては上出来だ」(原注6)

コービンはその晩、地元選挙区支部の会合に出席した。自分のことを最もよく知る党員に、党首選への立候補を改めて表明した。部屋中が沸き返った。(原注7)

ソーシャルメディア作戦

翌日、二〇一五年六月四日早朝、ジョン・マクドネルはレッド・レイバーのベン・セラーズに電話し、キャンペーンのソーシャルメディア運営を仕切ってくれないかと尋ねた。セラーズは歴史にささやかな役割を担う機会に心を躍らせ、すぐ引き受けた。レッド・レイバーのオンライン・インフラが運動のソーシャルメディア運営をどれほど早め、スムーズにするか、彼はずっとマクドネルに説いていた。それこそが今、求められている資質だった。

それを示すかのように、午前九時一三分、ツイッターアカウント@Corbyn4Leader〔@コービンを党首に〕が最初のツイートを投稿した。「#Jeremy4Leader《ジェレミーを党首に》キャンペーンの公式ツイッターです。リツイートお願いします。地元の労働党議員にジェレミーを推薦するよう依頼してください。議論が必要なんです」(原注8)。正午までに、その夏の政治スローガンになるものが初登場していた――#JezWeCan《ジェズ、私たちはやれる》。バラク・オバマの有名なリフレイン「Yes We Can」のもじりだ。(原注9) 労働党地方議員のアイデアだったが、気恥ずかしいらしく、いまだに誰なのか明かされていない。セラーズが認めるとおり「とんでもなく陳腐」だったが、「ジェレミーのことではなく自分たちのことなんだ、本当にできるんだ、という考えを確かに表していた」(原注10)。

ツイッターのアカウントは好スタートを切ったが、その朝、本当のアクションが行われていたのはフェイスブックだった。「ジェレミー・コービンを労働党党首に」のページは、昼にはもう登録者数で他候補全員のページを上回っていた。(原注11) 初日の終わりに「いいね」が九〇〇〇人。(原注12) 何かが起きていた。

素早く始動できた一つの理由は、ソーシャルメディア活動が、事実上、レッド・レイバーの既成の登録者と手法を借り、その姉妹プロジェクトとして始まったからだった。「レッド・レイバーでやっていたのは、人気のある、シェアされるとわかっている素材を利用することだった」とセラーズは振り返る。

子猫の写真を使うのと同じ、それを政治でやる……興味を持ってもらえれば、その後、政策とか、それほど人気があるわけじゃないけど政治的なインパクトの大きい話ができる。トニー・ベンの言葉の引用なら、間違いなく何百人もの人に気に入ってもらえる……それがこういうページの基本要素で、そこから考えていく。「このページをできるだけシェアされるようにするにはどうすればいいか」って。ジェレミーがイラクとかについて書いた古い記事を探した。すごく人気が出るのはわかっていたから、で、それをミームにした。

ここで言うミームとは、心に響く引用やスローガンを画像に重ねたもので、シェアしてもらうのが目的だ。最初期のキャンペーンのミームの一つに、若手アーティストのレオノーラ・パーティントンが製作したものがあり、一九八四年にコービンが逮捕されたときの画像がフィーチャーされている。コービンが首から下げた大きなプラカードには「アパルトヘイトに抗議してデモをする権利を守れ」。その画像の横にメッセージがあった。「コービンが当時、何のために闘っていたかはっきりしていた。今何のために闘っているかはっきりしている。ジェレミーを労働党党首に」(原注13)

セラーズは、生まれ育ったダラムで営んでいるピープルズ・ブックショップにソーシャルメディア本部を設け、ダラムのレッド・レイバー仲間であるポール・シンプソンや労組ユニゾンの活動家でロンドンに拠点を置いているLRC元共同議長のマーシャジェイン・トンプソンなど、ボランティアのグループを集めた。後から集められた人たちは他にもいたが、この中心グループはずっと緊密な関係を保った。

議員推薦確保に取り組むソーシャルメディアをまとめるため、チームは、セラーズの言葉を借りれば「反主流派か党左派とみなし得る」議員四九人の名簿を作り、その議員に働きかけるようボランティアに呼びかけた。(原注14)「名簿を公表すべきか少し議論した。公表を嫌がるかもしれない議員が一部にいるのはわかっていたので」とトンプソン。「でも公表することにし、名簿は急拡散《バイラル》した」

活動の急速な拡大にセラーズは驚いた。「どこからともなく人が現れて、キャンペーンの膨大な部分の責任を引き受けてくれた。最初は少し心配もあった——もっと集権的なアプローチを取るべきじゃないか？　でもちょっと考えた後、事がもう自分たちの計画より先に進んでいるのがはっきりした——もう『僕らの』キャンペーンではなく、役に立ちたいと思う人たちみんなのものになっていた」(原注15)

同じ頃、コービンを推薦するよう労働党議員に求める新たなオンライン署名運動が、コーンウォールの労働党活動家スチュアート・ウィーラーによって始められた。署名運動は新聞に取り上げられ、あっという間に七〇〇〇筆を集めた(原注16)。

討論集会

二〇一五年六月六日から九日までの四日間で、ジェレミー・コービンは党首選の政見討論会《ハスティングズ》に三回、参加した。一回目は、ロンドンのフェビアン協会。このときの議論は、リズ・ケンドールが、フェビアン協会員——労働運動で間違いなく最も礼儀正しい聴衆——から、控えめとはいえブーイングされるという〝偉業〟を達成したことが特に注目を集めた。労働党は「格差に対してと同様、富の創造にも力を入れる」べきとのケンドールの主張が怒りを買ったのだ——もっとも、ブーイングは、年額九〇〇〇ポンドの大学授業料を強く推す姿勢など、ケンドールが聴衆を喜ばせる（はずのない）ことを他にもいくつか提供した積み重ねの結果だったかもしれない(原注17)。集会の聴衆の反応を受けてすぐ、自分が党首になることはないと悟ったとケンドールは後に語っている。コービンは健闘した——それでもイベントの後、ケンドールやイヴェット・クーパーやアンディ・バーナムは自撮りしようとする人たちに囲まれたが、コービンとメアリー・クリーは「そういう幸運には恵まれなかった」とジャーナリストの一人が指摘した(原注18)。

六月八日、候補者たちは議会労働党を前にして、一時間の党内政見討論を行った。手ごわい聴衆だったがコービンはうまく乗り切った。コービンに批判的な一人が、去り際に冗談を飛ばしさえした。「ここまでやれるなら、党首も務まるんじゃないか!」(原注19) エミリー・ソーンベリーは、コービンは「とてもよかった、とてもリラックスしていた」と『モーニング・スター』紙に語った。自分はクーパーに票を投じるが、コービンに推薦を貸すことを考えるとソーンベリーが言ったのは重要だった。(原注20)

翌日、候補者たちは労組GMB(二八四ページ参照)の総会での政見討論会のためダブリンへ赴いた。今回はバーンはここで聴衆の熱狂的な支持を受けた。コービナムがブーイングを浴びる番だった――ただし今度は、いつもどおり労働組合からの容赦ない野次だった。厳しいやりとりで、司会のケヴィン・マグワイヤは、生活保護給付の上限を二万三〇〇〇ポンドに引き下げる保守党の計画を支持するか、全候補者にイエスかノーかの返答を迫った。まずバーナムに水が向けられた。

「二万三〇〇〇ポンドの給付上限を支持しますか」

バーナムはいら立ちのため息をついた。そしてためらった。質問をどうかわそうか考えている間、長い間があった。ブーイングが起きた。

「イエスか、ノーか」。マグワイヤは尋ねた。

「ケヴィン、ちょっと不公平じゃないか、だって……」。盛大な野次。

「みんな、それを知りたがってる」。マグワイヤはたみかけた。

「ちょっと説明させてほしい、なぜ不公平だと私が思うか、なぜなら……」。バーナムは口ごもった。

聴衆が口々に「ノー!」と叫んだ。

「イエスですか、ノーですか」。マグワイヤは再度明確な答えを迫ったが、政治家的な答えが返ってきただけだった。「生活保護制度の変更に強硬に反対するつもりはないが、保守党のやり方による。そういう込み入った質問にそんな風に答えるつもりはない」

憤然としたマグワイヤがクリーに質問を向けると、彼女はすぐにイエスと答えた――給付の上限引き下げを確かに支持すると。聴衆はまだバーナムのヘマに気を取られていたらしく、彼女の答えにぱらぱらと拍手が起きた。次はケンドール。彼女はクリーと同じ意見だったが、もっと大変な目に遭い、ブーイングにこう応じた。「みなさん、気に入らないかもしれないけれど、私は自分の考えを言わざるを得ません」

マグワイヤは先へ進んだ。「ジェレミー、イエスか、ノーか」

「ノー。私は支持しない」

盛大な拍手。歓声。「そうだ！」と叫ぶ声。[原注21]

政見討論会の他にも、党首選候補としてコービンは、それまでには考えられなかったほど主流メディアに登場する機会を得た。ふだん書いている少部数の左翼紙『モーニング・スター』紙のコラムの代わりに、六月八日の『ガーディアン』紙に論説を掲載し、「今こそ、労働党の共同体基盤を再発見すべきだ」と訴えた。「現政権が社会の最弱者に対して非常に有害なことをしようとしているのに反対し、闘わなければならない」[原注22]。その晩、コービンは選挙戦初のテレビに出演、BBCの看板時事解説番組『ニューズナイト』（二七四ページ参照）のインタビューで達者なパフォーマンスを披露し、終始楽しそうに、ロイヤルファミリー（「個人的に面識はないが、大変いい人たちに違いないと思う」）から、シン・フェイン党や税率に至るまで、質問を楽々とこなした。[原注23]

コービンがあちこちに顔を出している間、ウェストミンスターではジョン・ランズマンがロビー活動をとりまとめていた。レッド・レイバーが抽出した「反主流派」議員は四九人だったが、ランズマンはもっと大胆な八〇人の「見込みのある議員」の名簿をもとに動いていた。コービン陣営が最初から当てにできるのは一〇人。まずキャンペーン・グループの昔からの仲間であるダイアン・アボット、ロニー・キャンベル、ケルビン・ホプキンズ、ジョン・マクドネル、マイケル・ミーチャー、デニス・スキナー。それから新人のリチャード・バーゴン、クライブ・ルイス、キャット・スミス。さらに影の内閣の閣僚ジョン・トリケットは、キャンペーン・グループのメンバーではないが、躊躇なく左派候補を支援した。

「問題は、左派の多くがもうアンディ・バーナムについていて」とランズマンは言う、「こちらには来ないとすぐわかったことだ」。バーナムにはすでに五一人の支持者がいた。[原注24] バーナムは、イングランド北西部の自らの選挙区周辺の議員たちに強い影響力を持っていた。キャット・スミスもその一人だった。「アンディと話さなくてはならなかった。支持するだろうという印象を与えていたから」と彼女は言う。「私の意識としては、勝ち馬に乗るのを止めることになると考えていた。この時点ではアンディが勝つと本当に思っていたから。事実上、議員としてのキャリアを犠牲にすることになる。労働党の次期党首になるだろう人に向かって、自分は最下位になるかもしれない人を支持するから、あなたを支持しないと言うのだから」(原注25)

バーナム陣営は、コービンが投票用紙に載ることに余裕の素振りを示していたが、本音では厄介なことになるのがわかっていた。「最終的にリズ、アンディ、イヴェット、ジェレミー・コービンの争いになったとしてご覧なさい」とある匿名の議員が、六月五日、稀に見る予知能力で『ニュー・ステーツマン』誌に語っている。「リズとイヴェットはコービンから距離を置く——でもアンディはどこへ行けばいい？　コービンを非難するのか、支持するのか、中間を行こうとするのか」(原注26)。バーナムがこの問いに答えを出せなかったことそのものが、彼の選挙戦の要約になるだろう。

コービン陣営にはロビー合戦の秘密兵器があった——経験だ。マクドネル、アボット、ミーチャーは、推薦を求めて同僚議員を懐柔し、味方につけたことが三人合計で四回あった。議会労働党をよく知り、どの議員にはどの論点が有効か判断する能力をもっていた。議員推薦確保のプロセスを知り尽くし、取引の仕方がわかっていた。古参議員として、およそあり得ない名前を引き入れられる人間関係もあった。たとえばミーチャーは、党右派の一匹狼の平議員フランク・フィールドと個人的な付き合いがあった。六月九日に議員推薦期間が公式に始まるとフィールドはコービンを推薦し、多くの人を驚かせた。「フランクは自分の思ったとおりに行動する人間だから、マイケルに説得されたと言うつもりはない」とランズマンは言う。しかしフィールドは、党首選で投票する腹づもりなしにコービンに議員推薦を「貸し」た最初の議員になった(原注27)。

リチャード・バーゴン、ケルビン・ホプキンズ、クライブ・ルイス、ジョン・トリケットも同僚議員の説得にあたった。「分業があった」とルイスは言う。「定期的に会合をやった。それぞれ、いろいろな人に会いに行って話した。議会でできた友人や顔見知りに」。ランズマン自身、二〇〇七年にマクドネルの議員推薦集めに走り回った経験があった。重要な補佐役を務めたのはジェレミーの息子セブ・コービンで、マクドネルのために議会で仕事をしたことがあるセブは、父親とキャンペーンの連携役になった。

初日の終わり、コービン陣営の議員推薦は、グレアム・モリス、ケイト・オザモーら一三人を誇った。これにジェレミー・コービンなる人物が加わり、合計一四人。コービンは自己宣伝という彼らしくない行為で自らを推薦した。(原注28)

怒濤のツイート

ソーシャルメディア作戦は華々しいスタートを切ったが、問題は、それが議員の決断を左右するかどうかだった。ベン・セラーズのグループは、自分たちの名簿にある四九人の議員の中から三五の推薦を確保できるとの甘い考えでスタートした。そしてすぐに思い知らされた。「名簿の約半分はすでにバーナムを支持していたから、数日のうちに名簿から抹消された」とセラーズは言う。「その時点で戦術を変えた。左派以外の人々を確保する別の方法を考える必要があった」

インターネットを通して不特定多数にロビー活動を依頼したため、オンラインでのプレッシャーがみな、ピントの合ったものというわけにはいかなかった。キャット・スミスのようなコービン支持者でさえ熱気に当てられた。「ジェレミーを推薦した後も、電子メールが山ほど届いた。受信ボックスは満杯。『もう推薦した。やりました。こっちはいいから。まだ推薦していない人に頼みに行って』って感じだった。ジェレミーを推薦していないなんて恥ずかしいことです、というメールまで来た。『でも、でも私は中心にいて、できるだけのことをやってます!』って感じ」

「名簿とか更新して止めようとはしたんだけど」とセラーズは苦笑いする。「特にキャットのことはね。『キャットにメールして、よく言っといたよ!』と言ってる人たちがいつまでもいた。それで、『もういい! そっちはいいんだ』と思ったり」。彼によれば、チームは「努めて礼儀正しくやるようにみんなに言っていた……でも同時に、手をこまねいて、ただ運を天に任せるつもりはないってことは徹底していた」。

ソーシャルメディアは、地元選挙区のプレッシャーと補い合ったとき、最も威力を発揮した。議員にとって、オンラインで受け取るメッセージを代表的な声ではないと一蹴するのは簡単だったが、コービンへの支持は、地元の党員という形で実体化していた。逆に、地元選挙区でマイナーな存在と議員が見なしていた活動家が、突然、ソーシャルメディアを通じて押し寄せる波の頂点にいるように見えた。

一五番目の議員推薦を六月一〇日に提供したドーン・バトラーの場合も、そうした多層的なプレッシャーの結果という面があった。バーナムを支持していたバトラーは、議会ではダイアン・アボットら、オンラインでは活動家たち、そして地元レベルでは党員に追いかけ回された。LRCのメンバー、マイケル・コールダーバンクは、バトラーの選挙区、ブレント中央支部の書記だった。「選挙区支部には、投票したい候補がいなかったら怒り心頭になっただろう大勢の人が間違いなくいた」と彼は言う。「バトラーが推薦したのはよかった[原注29]」

チ・オンルワからの推薦は、オンラインと選挙区のプレッシャーが功を奏した最も明白な例だった。彼女は前に候補者の選択肢を広げるよう求めており、民主主義という論拠には肯定的だった[原注30]。六月九日のツイートは、「ニューカッスル中央選挙区在住で進歩的未来を求めるみなさん、誰を推薦してほしいか知らせてください[原注31]」。反応は推測に難くない――二四時間後にツイートはこうなった。「では言い方を変えます、ニューカッスル中央の @UKLabour(労働党)党員またはサポーターで、@jeremycorbyn(ジェレミー・コービン)を党首に推薦してほしくない方はいますか[原注32]」。六月一一日、オンルワは一六人目の推薦議員になった[原注33]。

オンラインでのロビー活動にどのぐらいの人が参加したのか誰にもわからないが、労働党議員が議員推薦のことをツイートするたびに、「お願いします。ジェレミーを推薦してください」と懇願する返事が怒濤のように押し寄せたことから、その勢いがうかがい知れた[原注34]。ミシェル・ライアンは最も粘り強かった一人だ。「もう数え切れないほどのメールを議員に送りました。何通なんて考えることもできないほど、それも一人に宛てて」。ジャーナリストのオーウェン・ジョーンズが自らの「ソーシャルメディア砲」を活かして、人々に参加を呼びかけると数は急増した。セラーズによれば、規模が幾何級数的に拡大したという。「自分たちレッド・レイバーグループをはるかに超える広がりになっていた。コービニスタ参上！」(原注35)

動員は、その後、夏に起きたものに比べれば、まだ、ごく小規模だったが、想像を超えるものがあった。候補者のためにあれほどのプレッシャーがかけられたのは前代未聞だった。他の候補には、これに少しでも匹敵するようなものは何もなかった。メアリー・クリーのための市民による選挙キャンペーンなどなかった。

これまでの党首選は、ソーシャルメディアが政治活動のツールとして全面的に活用される前に行われていた。セラーズが二〇〇七年にジョン・マクドネルのデジタル作戦を取り仕切ったときは「本当にお笑いだけど、マイスペース〔二〇〇三年設立の音楽・エンターテインメント中心のソーシャルメディア。フェイスブックに抜かれるまで英語圏で最大規模だった〕を使っていた……ジョンや政策などについて事実をいくつかアップしただけ。見た人は一〇〇人か二〇〇人くらいだったんじゃないかな。八年間でこの差は驚きだ」(原注36)。ジェイムズ・ドランが指摘するように、「携帯を、単に友だちにテキストメッセージを送るためだけじゃなく、広く一般市民に向けてテキストを送るために使うようになった技術的な進歩」には、政治活動の形を変えるような影響があった。「今は地元議員とコンタクトが取りやすくなった」とマーシャジェイン・トンプソンは言う。「ソーシャルメディアのおかげで、民主主義はより透明で相互作用的になった。議員に面会に行くなんて夢にも思わなかった人でも『うちの通りのごみをどうにかすべきだと思う』とか『ジェレミーを労働党党首に推薦してほしい』とか議員にツイートすることはできる」

キャンペーン関係者はみな口を揃えて、ソーシャルメディアのプレッシャーが決定的だったのは議員推薦確保の段階だったと言う。トンプソンはこれを一言で、「ソーシャルメディアがなかったら、投票用紙に名前が載っていなかった」と述べる。マクドネルも「それが本当に変えた……以前ならあり得なかった」と考えている。トンプソンとセラーズは、コービンの推薦人の四分の一以上——八人から一〇人の議員——がデジタル・ロビー活動に影響されたと見積もっている。(原注37)ソーシャルメディアはそれ自体一つの力ではなく、ツールにすぎない。政治運動が起こる状況を作りはしないが、運動の急速な拡大を可能にする。国の両端にいて互いの存在を知らなかった人同士が突然、一つの主張の支持で出会えるのだ。

議員推薦確保の闘いの中で、新たな共同体が築かれた。「[コービンの]名前が投票用紙に載りそうになると、オンラインのグループが次々に生まれ始めた」とライアンは振り返る。「彼の名前を投票用紙に見たいと願う人のメッセージはどれもとてもパワフルだった。これは民主主義の革命で、みんな、自分がその一部だと本当に感じていた。家族みたいな気がしたし、これこそ運動なんだという気がした。手応えがあった」

コービンの迷い

月曜日の議員推薦確保の期限が近付き、うまくいっているように見えた。二〇一五年六月一一日夜、ジェレミー・コービンは、友人で北隣の選挙区のキャサリン・ウェスト議員の推薦を得た。(原注38)ウェストはどちらかと言えば左派で、トライデント核ミサイルに反対していた。翌日、南隣の選挙区の議員で友人でもあるエミリー・ソーンベリーも推薦した。(原注39)必要な三五のうち一八、半分を超えた。

六月一二日金曜日、降ってわいたような出来事があった。『レイバー・リスト』(労働党系の独立ニュースブログ。二〇〇八年創設)の衝撃的な調査で、党首候補として、コービンが四七%の読者の支持を得てトップであることがわかった。二位は一三%差でアンディ・バーナムだった。回答者は自選であり、実はこの調査は意見を正確に測ったというより、コービンのためのオンライン動員の反映という側面が強かった。(原注40)だがこれで、排除されてはならない有権者が実際にいるという主張が強化された。(原注41)

メアリー・クリーは三%しか支持を得られず、「支持者なし」という選択肢を下回った——何かの逆説に違いない。議員推薦も同じように難航していた。クリーはその日のうちに、やむなく党首選から撤退した。クリー選挙戦は不調に終わり、クリーのレトリックも不発に終わった。「労働党はデジタル時代にアナログな党になっている……カールスバーグビール主宰の夏のパーティーのような、他の党《パーティー》には手の届かない爽やかなものになる必要がある」と論じていたのだが(原注42)。

クリーの撤退は非常に重要だった――彼女を支持していた九人の議員が新たな選択をすることになるからだ。「クリー推薦議員全員に、民主主義のためにジェレミー・コービンを支持してもらうよう訴える必要がある」とジョン・マクドネルはツイートした(原注43)。ソーシャルメディア・チームは推薦議員の名簿を公表して、丁寧に働きかけるよう呼びかけた(原注44)。六月一三日土曜日、コービンは二人の支持を得た。ともにヨークシャーの議員であるジョー・コックス――一年後に極右に殺害されたのは衝撃だった――とサラ・チャンピオン。二人とも、党員の選択肢が広がることを望むという、今やスタンダードになった主張を根拠に自らの決断を正当化した(原注45)。コービン陣営の広報担当は『モーニング・スター』紙にこう語った。「ソーシャルメディアのキャンペーンと草の根の支持は本当に本質的な変化をもたらしている。私たちがチャンピオンとコックスを説得したのではなく、プレッシャーの結果、二人が自らの意志で来てくれた(原注46)」

三人目のヨークシャーの議員ルイーズ・ヘイが、同じ日に推薦を約束した。ヘイは反緊縮の候補者を求める新人議員の公開書簡に署名していたが、根っからのバーナム支持者だった(原注47)。しかし、オンライン上で活動家たちと、そして議会のロビー活動チームと数日にわたってやり取りをするうち、次第に立場を変えた(原注48)。

その土曜日には、さらに朗報が届いた。『ガーディアン』紙が柄にもない社説で、コービンは党首選に「出馬する権利がある」と論じたのだ(原注49)。今や疑う余地はなかった。コービンの立候補に弾みがついていた。

「議員推薦集め期限前の週末には、本当にやれるとわかっていた」とジョン・ランズマンは言う。だが問題があった。「ジェレミーが電話をかけようとしなかったんだ」。一部の議員は、直接、支持を求められるのを期待していた。例えばナズ・シャーは、もし本人から電話をもらっていたらコービンを推薦していただろうとランズマンは考えている。「せっついて、せっついて、せっついた」がコービンが電話をかけないまま、シャーはクーパー支持に回った。「コービンが支持を頼もうとしないで議員推薦を失った」とランズマン。「押し付けがましい人間じゃないからね」。コービンの遠慮深さは感じ取られていた。「穏健左派《ソフト・レフト》」のクライブ・エフォード議員は、こうツイートしている。「@Corbyn4Leader を支持してくれと、考えられる限りありとあらゆる人から連絡があった――ただし、@jeremycorbyn 本人を除いて！」(原注50)

六月一三日土曜日は、コービンに近い中心チームにとって悲壮な一日だった――コービンが立候補を考え直しているという懸念が強まっていたのだ。(原注51)コービンのやる気を奮い立たせるためにミーティングを設定しようとしたが、みなの時間を取るからと言って断わられた。「本当に深刻なことになっていた」とランズマンは言う。「土曜の晩、ジョン〔・マクドネル〕がジェレミーの家に会いに行った……ジョンは本気で心底案じていた。その晩、『中止すべきだと思う、ここで止めるべきだと思う』とジョンは言った。その時点では、止めることになると私も考えていた」

コービンは怠けていたわけではない。六月一一日には、ナショナル・ギャラリーでスト中だった労働者の支援で演説したり、いつもどおりに重要な活動を続けていた――コービンが最初から安全策を取ろうとしていなかったのがよくわかる。(原注52)実はコービンは、議員たちに何本か電話をかけてもいた。メディアにも登場し続けていた。六月一二日、ＢＢＣラジオ・フォーでインタビューを受けたとき、司会のマーク・マーデルは開口一番――ＢＢＣで仕事をするには必要と思しき冷笑的かつ侮蔑的な調子で――尋ねた。「どうしてわざわざやるんです？　正直言って、勝つ見込みはないですよね？」コービンはまったく動じなかった。(原注53)

しかしコービンの思い入れの薄さは、他のメディアでのインタビューからうかがえた。六月一一日付『ガーディアン』紙のインタビューでは、自分の役目は終わったという印象を与えている。「〔投票用紙に名前を載せることが〕できれば上出来だ」と彼は言った。「先のことはわからないが、私たちは一週間前の行動ですでに議論のあり方を変えたと思う」。(原注54)『トータル・ポリティクス』誌とのインタビューでは、他の候補から議員推薦を譲ってもらうべきだという考えを一蹴した。

「お情けは要りません」とコービンは言った。「党の中できちんとした議論が行われるのを見たいんだ。基本的には、どのみちそういう議論は行われるようになる。党には大勢の人、党に加わった大勢の党員がいて、[その人たちは]何か別のものを見たいと思っている……結果がどうであれ、私は間違いなくその議論に参加します」(原注55)

コービンが感じていた狼狽は「まったく当然の反応」だったと、マクドネルは考えている。議員推薦の確保が手の届くところまで来て、コービンは、自分が何に巻き込まれたのかをもう一度考えざるを得なくなった。「その週末、彼は、この先何が起きるか心配していた。ある意味で、こっちは立候補しろと強制徴募したわけだし。彼は責任感と信念から引き受けた……どう転んでも出世主義の人間じゃないんだ」

ベン・セラーズはこの状況に「複雑な気持ち」を持っている。「ジェレミーは本当に心底まともな人だから、何かをやるように圧力をかけられたというふうには思いたくない。でも同時に、もし別の誰かを候補者に選んでいたら……そうしたらチャンスがあったとは思えない」

立候補への迷いはあったものの、コービンはやり続けることにした。コービンはその後「いろいろな段階を経て……器になっていった」とランズマンは見ている。しかしあの土曜の晩、ランズマンは「もうだめだとあきらめていた」。

左派の潜在力

日曜日――期限前の最後の丸一日――、ジョン・ランズマンは朝六時に起きた。決意を新たにしていた。そのときまでロビー活動チームは別々に動いていた。「同じ部屋に全員一緒にいたらどうだろうと考えた……士気が上がって、やり遂げられるんじゃないか」。彼は七時前にジョン・マクドネルにテキストメッセージを送り、他の人々――ジェレミー・コービンのスタッフからニコレット・ピーターセンとジャック・ボンド、セブ・コービン、ランズマンの息子のマックス――を集め始めた。正午に下院で会うことになった。

その朝、コービンはスカイニュースに出演した。逡巡などおくびにも出さず、議員推薦の状況を楽観的かつ正確に示した。「金曜の時点で一八人まで来ていて、とてもいい感じの電話もいくつかもらっています……明日の朝、推薦すると、すでに同意してくれている人が四人――それで二二になる」(原注56)

ロビー活動チームは――コービン抜きで――集まり、まだ態度を明らかにしていない四四人の議員と、彼らに影響力を及ぼせそうな人に電話をかけ始めた。「日曜日一日中、一室に閉じこもって、ありとあらゆる連絡先にできる限り電話をかけまくった」とマクドネルは振り返る。

一方、ソーシャルメディア作戦はギアを一段上げていた。フェイスブックのページは「いいね」が一万九〇〇〇に達していた。態度未表明の議員の新しい名簿が、意気込むボランティアの一団に提供された。「地元議員が下の名簿にいて、まだ連絡をしていなかったら、できる限り早く連絡することが何より重要です」と投稿は述べていた。「私たちがいま目の当たりにしているのは、動いている民主主義。素晴らしいパワフルなことじゃないでしょうか?」(原注57)

その日の終わりには、コービンは二六人の推薦を獲得していた――すべての約束が守られればだが。他にも「非常に可能性の高い」議員が数人。さらに、コービンがあと一人でハードルを越えられるところに迫った場合のために、最後の最後まで推薦を控えておくという議員が七人いた。(原注58)

その晩、マクドネルは、シェークスピア・グローブ座に『ジョン王』――と記憶しているが、「あるいは別の、やっぱり血に飢えた劇」――を観に行った。途中、半ばあたりでセブ・コービンから電話があり、投票用紙に名前が載る可能性がどのぐらいあるか父親が知りたがっているという。「載ると思う」とマクドネルは言った。

コービン推薦議員の多くは、党首選で別の候補に投票した。ならば、彼らはなぜコービンを推薦したのか。右派の怒りの声はこういう答えを吐き出している――彼らは軟弱で、ソーシャルメディアと地元の有権者のプレッシャーに抵抗できなかったのだと。リズ・ケンドールの選挙戦の運営を手伝ったジョン・ウッドコック議員は、コービンを推薦した議員は単にメールを送られて「面倒だった」から推薦したにすぎないと言い放ち、彼らに「どんな罰が似つかわしいか」とみな思っていると、他の議員たちを引き合いに出した。(原注59) あるいは、軟弱だったのでなければ、プロセスを理解できないほど愚かだったに違いない。イヴェット・クーパーの戦略立案者の一人は、権威的な言い方で断じた。「[コリンズの]新システム〔五六ページ参照〕で議員が果たす役割を誰も説明していなかった……コービンを推薦した議員が悪いとは私は言っていない。彼らの名誉のために言うが、誰もはっきり言っていなかったのだ」(原注60)

こうした説明は信憑性に乏しい。議員は、ツイートやメールが自分の利益に反するものであれば、その圧力に屈するほど軟弱ではない。また、門番としての概念を理解する能力を欠いてもいない。(原注61) そうではなく、コービンに推薦を貸した議員たちはみな政治的計算をしていた。ロビー活動が何の違いも生み出さなかったと言っているのではない。ロビーは非常に重要だった——が、それだけでは十分ではなかった。政治の地質学に少し入り込み、議員の決断の詳細を掘り起こしてみると、いくつかの動機の層が明らかになる。

表層的なレベルから始めれば、コービン推薦議員の大半は、公式の発言の中でコービンのキャンペーンが打ち出した路線を踏襲していた——党には広範な議論が必要だと。間違いなく本気でそう考えていた議員も多かった——ただし、ソーシャルメディアが騒がなければ、応じる必要を感じなかったかもしれない。彼らは、自分の行動が影響を及ぼすことはまずないだろうと政治的計算をしていた——コービンの敗北をそれほど確信していたのだ。「やっても損にならないはずだった」とコービンのキャンペーン関係者の一人は言い、こう付け加えた。「必ずしもそうはならなかったけど」。もう一方には、大半の議員が、有権者への聞き取り調査や投票日の「選挙に行こう」作戦で力を借りなければならない地元の左派党員の好意をあてにしていた側面もあった。(原注62)

もう少し掘り下げると、ランズマンが議員に働きかける中で気づいた動機が浮かび上がる。「これは非常に重要だ」と彼は言う。「ジェレミーを今まで一度も支持したことのない人々がいた。彼らがジェレミーを推薦したのは、ただ、せっついてくる人を追い払うためじゃない。党を左に寄せたかったから推薦したんだ。

ミリバンド党首時代の党の立ち位置から、右にずれていくのを心配していた」。ソフト・レフトの議員と、労働組合の支持を受けた議員にとって、党首選のバランスを取り戻す方法は、コービンを投票用紙に載せる以外になかった。

元副首相のジョン・プレスコットは、六月一四日の『サンデー・ミラー』紙コラムでこの議論をもう少し穏やかに展開し、コービンにさらに正当性を与えた。「左翼のジェレミー・コービンの主張の多くは、私と同意見ではないかもしれない。しかし、党の精神をめぐるこの議論において、党員がジェレミー・コービンの見解に投票できることは重要だ……〔他の候補者は〕選挙戦を開始して運営し、議員推薦を得ようと急ぐあまり、自らの公約を展開する時間がなかったかと思う。彼らに代わって、保守党とそのメディア仲間が公約を打ち出すことになるのを私は懸念する」(原注63)

さらに深く掘り下げると、もっと利己的な動機が露わになる。ロンドン市長選の労働党候補の座を争う四人の議員——ダイアン・アボット、サディク・カーン、デイヴィッド・ラミー、ガレス・トーマス——はみなコービンを推薦した(原注64)。アボットはもともと一緒に動いていたが、他の三人はと言えば、「説得は驚くほど簡単だった」とランズマンは言う。「みな、〔市長候補選での〕コービン支持者の票を求めて推薦したんだ」。オンラインと選挙区のプレッシャーで、掘り起こす価値のある支持の鉱脈が浮き彫りになっていたからだ。ソフト・レフトの大物カーンからの約束は、期限前夜、特に後押しになった(原注65)。

最後に、動機を掘り下げた穴の底にあったのは、政治の最古の形態、すなわち取引だった。コービン陣営には、ライバルが享受していたような後援者の力がなく、交渉に使える札がほとんどなかった。コービンは反対していたが、チームは「お情け」による推薦に関心をもっていた。しかし、アンディ・バーナムが自らの支持者の一部をコービンに「貸す」のはやぶさかでないと表明していたにもかかわらず、バーナム陣営は助力を申し出なかった(原注66)。「彼らはうちが投票用紙に載るのを本当に嫌がっていた——もっともな話だ」とランズマンは言う。対照的にクーパー陣営は「ジェレミーを投票用紙に載せることに大いに興味があった。バーナムから票を奪うことになると考えていたからだ」――しかし結局、彼らは「ほんの少し力を貸してくれた」だけだった。「メアリー・クリーを推薦していた議員のうちクーパー推薦に回ったはずの何人かについては確かに力を貸してくれたが、『ジェレミーを推薦しても構わない』と言っただけだった」。六月八日に支持を表明したエミリー・ソーンベリーは別だった。「本当にジェレミーに投票用紙に載ってほしいと思う。そのために力を貸す必要があって、イヴェットが了解してくれるなら考えます(原注67)」

副党首選が党首選と並行して行われていて、議員推薦確保の期限が二日遅かった。これがチャンスを提供した。六月一三日土曜日、ロビー活動チームは、コービン推薦議員のうち八人がまだ副党首候補を推薦していないことに気づいた。「この時から、副党首候補と取引をやってみた」とランズマンは振り返る。副党首候補やその支持議員から推薦を得る見返りとして、コービン陣営は、自陣営の支持議員から副党首候補への推薦を出すと申し出た。

副党首候補のうち三人は強硬ブレア派だったので、コービン陣営にはほとんどコネがなかった(原注68)。もう一人、アンジェラ・イーグルは取引に関心を示さなかった。トム・ワトソンは日曜日はどっちつかずの態度だった。しかし、出馬を望んでいたルシャナラ・アリは、議員推薦が非常に不足していた。彼女は選挙区がランズマンの地元で、マクドネルやアボット、クライブ・ルイスと話をしていた。取引が成立した。アリはコービンを推薦する見返りに、二人の推薦を得ることになった(原注69)。

こうした議員にはみな、決断を容易にする共通の要因があった。コービンのことが好きだったのだ。同僚の誰にとっても親しみやすいコービンは、個人的な敵意を持たれていなかった。「政治の世界で私がこれまでに出会った誰よりも人のことを気にかける、思いやりのある人間だ」とマクドネルは保証する。「大勢の人に言われたよ。『いいよ、ジェレミーなら。やる。チャンスを持てるようにする』。誰かほかの人――私みたいな――だったら、やってくれなかっただろう」

コービン推薦議員は、右派が言うような、波にさらわれた無脊椎動物ではなかった。しかし彼らの政治的計算は、労働党左派の潜在力を過小評価した点で誤っていた。左派を脅威ではないと見ていたのだ。理由はいくつかある。第一に、コービンはとりわけ威圧感のない候補者だった――個人的な野心がなく、閣僚経験もない。第二に、一部の議員は、五年にわたる保守党の緊縮政策で党の雰囲気が変わったことに気付いていないようだった(原注70)。第三に、左派のほうも、脅威になり得る証拠をずっと見せられずにいた。

党首選における左派の潜在力を知り得る唯一の手がかりは、二〇一〇年のアボットの立候補だった――このとき彼女は最下位に終わっている。コービンの立候補は、そのときと同じように「ハード・レフトにどれほど支持がないかが明らかになる」と、党右派のグループ「レイバー・ファースト」のルーク・エイクハーストは考えていた。しかし、この推論は根拠が薄弱だった。選挙制度が前とは変わっていたからだ。アボット自身が指摘しているように、「二〇一〇年に一人一票制であれば、三位になっていたはずです。取るに足りないとは言えません」(原注71)。またアボットは、コービンが享受したほどには広く好意を得ていなかったため、その選挙結果は左派の力を正確に測る物差しにはならなかった(原注72)。最も重要なのは、二〇一〇年には、エド・ミリバンドの勝利が党をニューレイバーから引き離す唯一のチャンスとなっていたことだ。選挙人団制度における議員票の力を考えれば、アボットが勝つ見込みはなかったが、ミリバンドなら勝てたからだ(原注73)。

どれほど怒り心頭であろうと、コービンが負けると思い込んでいたからと言ってコービン推薦議員を非難する資格は右派にはない――右派はさらに強くそう信じていたからだ。エイクハーストはこの常識から、コービンの名前が投票用紙に載ることに賛同するに至り、六月九日にこう書いている。「ハード・レフトに反対する者として、私は自分自身の政治思想と政策の優位性に自信を持っているので、彼らの思想が、民主的な量りにかけられ、そして打ち負かされることを望む……それによって、その思想が、党員の大多数の求める方向ではないと証明できる」(原注74)

こうした中でロビー活動はどう作用したか。議員にはコービンを推薦するさまざまな動機があったが、背中を押されなければ推薦した議員はほとんどいなかっただろう。それをアジェンダに押し上げたのは草の根の圧力だった。一部の議員にとっては、実は他の関心事に基づいた行動に口実が提供されたようなものでもあった。この意味で、ソーシャルメディアは決定的な役割を果たした。政治地質学の比喩に倣えば、あらゆるレベルにおいて地盤が地震活動で揺らいでいた。コービンの名前が投票用紙に載るには運動が必要だった。

最後の一日

二〇一五年六月一五日。議員推薦確保の締切日。ドラマの舞台は、ウェストミンスター・ホールを出たところの一段低い回廊にある議会労働党控室。このゴシック様式の回廊はヘンリー八世時代に建てられ、以前は控の間として使われていた。コービンが得ていた議員推薦は、正式には依然として一八だった。助力を約束した他の議員は全員、正午までに議会労働党控室に赴いて、署名済みの推薦書を自ら提出しなければならない。ほとんどの議員が選挙区で週末を過ごして議会に戻って来るため、一本の列車の遅延で、コービンのチャンスは潰えかねなかった。

コービン陣営は「議員たちを呼び込む」ために、午前中ずっと議会労働党控室の外に張り付いて、物理的な存在感を示すことにしていた。ジョン・ランズマンが午前八時半に到着し、最初の番を務めた。しばらくは誰も来なかった。やがて最初の推薦人、市長選への出馬をめざすデイヴィッド・ラミーが現れた。

他の推薦人を待っている間に、ランズマンは副党首候補のトム・ワトソンがいるのに気付いた――ワトソンは旧来の(ブレア派ではない)党右派だったが、ランズマンとは気が合った(原注75)。ランズマンは日曜の晩にワトソンと話していたが進展はなく、朝またかけると約束して電話は終わっていた。ランズマンはワトソンにかけ直す代わりに、議会労働党控室の外から労組ユナイトの知り合いに電話した。ユナイトの運営委員会の主流グループである「ユナイテッド・レフト」は、コービンを推薦するよう議員に働きかけていたが、ユナイトとして、コービンが投票用紙に載るのを手助けする組織的な取り組みはなかった(原注76)。しかしランズマンは、書記長のレン・マクラスキーにワトソンへの電話をかけてもらうのに成功した(マクラスキーとワトソンは、その後、派手な仲たがいをしたが、当時は友人だった)。しかるべき時間をおいて、ランズマンがワトソンに話しかけると、ワトソンはずいぶん物わかりがよくなっていた。

ランズマンが優先したのは、必ずしもワトソンにコービンを推薦してもらうことではなかった。それよりも、ワトソンが党の海千山千の策士（あるいは、新聞の言葉を借りれば、「フィクサー」「強面」「一九七〇年代風の安っぽいマフィアの手下」）として行使できる影響力に興味があった。「彼にうちを支持してほしかったというよりは」とランズマンは説明する、「支持固めをして、確実に議員が実際に約束を守るようにしてほしかった」。見返りとして、コービン推薦議員の一部が、副党首選でワトソンを推薦することになっていた。（原注77）

ランズマンによれば、ワトソンはこう言った。「議員にあんたのとこを推薦させるよう一肌脱いでくれって言うなら、あんたのとこがどれだけ支持を取り付けているのか嘘はつきっこなしだ。もし嘘をついていたとわかったら、固めてやった支持を倍返しで引き剥がさせてもらう」。ランズマンは、コービン推薦を約束した議員の名前を、ワトソンの右腕であるアリシア・ケネディに伝えなければならなかった。労働党元副書記長のケネディは実力者だった。「彼女に任すことだよ。仕事は実にきっちりしてる。仕事ってのは工作だが」とランズマンは冗談を飛ばす。

ケネディと話す間もなく、彼はやむなく持ち場を離れ、一〇時半の予約でハマースミス病院に向かった。月末に腎臓のドナーになる手術前の採血があった。

右腕から血を取られてるから、仕方なしに左手でテキストして——右利きなんだ——血を取られながらアリシアに［コービン推薦議員の］名前を送った……終わって病院を出て、トムにテキストメッセージで言ってやった。「社会主義のためならなんだってやる。右腕から取られたのよりたくさんの血を左腕からアリシアに取られた気がするね！」トムはえらく面白がって、私がバスに乗ってる間に電話をよこした。おかげで党首選の間、関係は良好だった。

ランズマンが病院で血を搾り取られていた頃、サイバースペースではデジタル作戦が総力戦モードに入っていた。「猫の手も借りた」かったとマイケル・コールダーバンクは振り返る。「最終日、みんな必死で、つてをたどってツイートしてた」。コールダーバンクにはニール・コイル議員のところで働いていた知り合いがいた――コイルはまだ誰も推薦していなかった。「知り合いに電話したら、『今、ニールといて、ジェレミーを推薦すべきか考えてたとこなんだ、どう思う？』だから言った。『どう思うって？　イエス！　やってくれ、やってくれ、やってくれ』」。メアリー・クリーの撤退まで彼女を支持していたコイルは、すでに自らツイッターで動向を調べていた。コービンを推薦するよう求める洪水のような返信の中にはダイアン・アボットからのもあった（原注78）。

もう一人のクリー支持者チューリップ・シディクも、強烈な草の根のプレッシャーを受けていた。議会でコービンの隣に部屋を割り当てられたとき、コービンを「伝説の人《レジェンド》」と呼んだ彼女は、もしクリーが撤退したらコービンを推薦する可能性があるとほのめかしていた（原注79）。だがコービン陣営は、彼女が態度を翻すのを恐れた。労組ユニゾンの活動家アンドリュー・ベリーの言葉を借りれば、「説得に説得を重ねた末」、月曜の朝、彼女はようやくツイッターで表明した。「JC《ジェレミー・コービン》を推薦するつもりです（原注80）」

議会労働党控室では、ジョン・マクドネルが、推薦を約束した議員リストの載ったクリップボードを装備して、責任者を引き継いでいた。一一時には八人の名前にチェックがつき、推薦議員は合計二六人になっていた。ラミーに加えて、クリー支持者だったジョー・コックスとサラ・チャンピオン、それからヒュー・イランカ＝デイビーズ、そして「一匹狼」のルーパ・ハクが思いがけず推薦人になった（原注81）。

反緊縮候補の立候補を求めた公開書簡の署名者三人も、議会労働党控室に推薦書を出した。ルイーズ・ヘイ、イムラン・フセイン、そしてレベッカ・ロング＝ベイリーだ。ロング＝ベイリーは揺るぎない左派だが、決心するまで驚くほど時間がかかっていた（原注82）。サルフォード＆エクルズ選挙区の議員として、バーナムを支持するイングランド北西部の同僚からのプレッシャーがあったからだ。だがあの朝、態度を決めたとき、とことん支持した。「すてきなJez（ジェズ）を投票用紙に載せに行ってきます」とロング＝ベイリーはツイートした。「シュワちゃんだったら……『さあ、どこからでもやれよ！』って言うところ」（映画『プレデター』でA・シュワルツェネッガーが、身をさらしてモンスターの攻撃を待ち構えるセリフ）[原注83]

残りあと一時間、依然として九人足りなかった。マクドネルとロビー活動チームの面々は、心配そうに「議会労働党控室の外のウェストミンスター・ホールの敷石の上を行ったり来たりしていた。視線を落とし、ガイド付きツアーの観光客など目に入らず、労働党議員にメール攻勢をかけていた」――現場にいた『モーニング・スター』紙のルーク・ジェイムズ記者は報じている[原注84]。

すると午前一一時一五分、突然、元外相のマーガレット・ベケットが現れ、コービンを推薦した。まさかの出来事だった。ベケットは後に、あるインタビューで自分は「愚か」だったと認め、自らの決断について「おそらく自分が犯した最大の政治的過ちの一つだと思う」と語った。しかし、初期にコービンのキャンペーンに自ら参加したハリー・フレッチャーは、ベケットには、「議論のトーンを変えて、他の候補者を中道から離れさせる」意図があったと考えている。もしそうだとしたら、ベケットは、最悪の悪夢にもまして大成功を収めたわけだ[原注85]。

もう一人の大物がベケットのすぐ後に続いた。ジョン・クラディスだ。マーシャジェイン・トンプソンによれば、「クラディスは地元の有権者に、ジェレミーの推薦を考えるとメールを送っていた。ある時点では推薦しないと言い、その後、推薦すると言い、しまいには関わりたくないと考えた。ソーシャルメディアのプレッシャーで……何も言わないわけにはいかない立場に自ら追い込まれた[原注86]」。

次いで、副党首選候補者のルシャナラ・アリが約束を守った。今や残りは二〇分ほど、推薦人は、後にロンドン市長になるカーンを含めて三〇人になっていた。

時計の針が進む中、議会労働党控室に人が集まり始めた。ランズマンが病院から戻ってきた。キャット・スミスがランカシャーの選挙区から列車で着き、直行してきた。だが推薦人たちはどこにいるのだろう。数分間、心配が募るばかりで、労働党議員の列は途切れたかに思えた。「コービン陣営は再び電話に向かい、左派候補コービンが名前を載せられる寸前になったら支持を『貸す』と言っていた議員の電話番号を大急ぎで探した」とジェイムズは報じている。[原注87] 市長選への出馬をめざすガレス・トーマスが姿を現したが、コービンが三四人の推薦を獲得してあと一人となるまで自分の名前は加えないと言った。

そして候補者本人がその場に加わった。まだサイクリングウェアのままで、メディアのインタビューを受けてきたところだった――その中で彼は、このときの緊張を考えれば微笑ましいが、ハリエット・ハーマンにあと一、二年、暫定党首に留まってもらえればよかったと繰り返していた。[原注88] 残りわずか一〇分あまり、新たな推薦人はなく、確かにそのほうがよかったかもしれないように見え始めた。

しかし、突破口が開いた。クリー支持者だったチューリップ・シディクとニール・コイルが現れて、推薦書面を提出したのだ。コービンは、ブレア派の候補者を支持していた九人の議員のうち、なんと四人を獲得していた。「@jeremycorbyn（ジェレミー・コービン）を今、正式に推薦してきた」とシディクはツイートした。「残りあと一〇分――さあ、新党首を選ぶ幅広い議論ができるようにしようじゃないか！」[原注89]

「ソフト・レフト」議員のクライブ・エフォードが、コービンから直接電話をもらえなかった失望から立ち直り、推薦人リストに名前を加えた。エフォードが書類を渡している間に、次第に込み合ってきた回廊に、さらに議員が入ってきた。うろうろしていたトム・ワトソンは、絶対に必要にならない限り、推薦しないと言った。元閣僚のアンドリュー・スミスも、ゴードン・マーズデンや独立独歩のロジャー・ゴッドシフもいた。残り数分、影のスコットランド相で、スコットランド唯一の労働党議員（すなわち誰を推薦しようと閣僚職を首にならない）イアン・マリーが走り込んで来た。[原注90]

問題は、コービンがあと一人で投票用紙に名前を載せられるところまで来ない限り、誰も推薦しようとしないことだった。時計の針が進み、彼らはただ立っていた。ルイス・キャロルでもなければ思いつきそうにないほど馬鹿げた状況だった。コービンをゆうゆうと投票用紙に載せられるだけの議員がいるのに、他の人が手を貸すまで誰も手を貸さない。もし三四に届けば、喜んで推薦するという議員が六人——あと一人しか必要ではないときにだ。突然、市長選候補のトーマスが軟化した。残り数分、コービン陣営は三三の推薦を宣言し、必要な支持はあとわずか二人になった。

ジョン・トリケットとハリー・フレッチャーが様子を見にやって来て、目にした「一幕」に驚いた。(原注91)ワトソンらがいたのは、回廊の一部を成す議会労働党控室の入口側の一室だった——扇状アーチ型天井のゴシック様式の石造りの狭い回廊に、近代的なオフィス机とコンピューターが不釣り合いに詰め込まれている。ドアを抜けるとチャプター・ハウス——回廊の中庭に突き出した空間にある小さな多角形の部屋——で、議会労働党控室の奥の聖域となっていた。ここが署名した推薦書を提出すべき場所であり、マーズデン、ゴッドシフ、マリー、アンドリュー・スミスが立ち、その横で、ありとあらゆる説得術を駆使するマクドネル、ランズマン、キャット・スミスもここにいた。

スミスは、ランカシャーで選挙区を隣り合わせるマーズデンに狙いを定めていた。つい二日前のゲイ・プライドで、ブラックプールの海岸通りを一緒にパレードしたばかりだ。スミスはこのときにも徹底的な働きかけをしていた。今、まったく異なる状況で同じ議論を展開した。「選挙をさせてほしい、チャンスを与えてほしい、議論をさせてほしい」(原注92)

残り三分、チーム・コービンは緊張の極に達していた。大きな成果の達成が手の触れそうなところまで来ていながら、彼らの運命は、数人の煮え切らない議員の手に完全に握られていた。ビッグベンが鳴り始めるやいなや、議会労働党事務局長ウェス・ボールが、投票用紙掲載はまもなく締め切りです、と告げた。

溺れる者は藁をもつかむ。部屋の外でコービンは、通りかかった保守党議員のスチュワート・ジャクソンを呼び止めた。「三ポンドで労働党に入るのはどうです?」(原注93)

奥の部屋では、マクドネルの熱のこもった懇願でも、議員の心を溶かすことができずにいた。議員が動かないのを恐れたランズマンは部屋を出て、ワトソンを連れてこようとした。見ると、ワトソンが外側の部屋に立って脇目も振らず携帯電話に向かっていた——数メートルしか離れていない奥の部屋にいる議員の何人かに、テキストメッセージを送っていたのだ。「ワトソンは汗をかいていた」とランズマンは振り返る。「奥の部屋にいる連中にテキストして、推薦させようとしていた。もし必要なら自分が推薦すると請け合っていたからね」。必死のランズマンはワトソンに言った。「だけど中の連中はやろうとしない。あんたが中に入ってやってくれ!」

「推薦すると思う、心配要らん、連中はやる」。ランズマンの記憶によればワトソンはそう言った。後に、ワトソンはコービンを推薦する約束を守らなかったと報道されたが、ランズマンによれば「ワトソンは実際には誰よりもやってくれた」。

残りが秒単位となり、マクドネルは自尊心をかなぐり捨て、文字どおり膝をついて四人の煮え切らない議員に請うた。「ジェレミーを支持していようがいまいがかまわない、これは民主主義のためなんだ」と言ったのをマクドネルは覚えている。「党員は、自分が選んだ候補に投票できることを望んでいる。我々にはみんな、その責任があるだろう!」

その場にいた者は誰も知らなかったが、こんな愁嘆場はまったく不要だった。左翼の管理能力を示す典型的な例とも言えるだろう、あろうことか、マクドネルが推薦人を記録していたクリップボードは間違っていたのだ。コービンはもう三四人の推薦を得ていた。

そうとは知らない残りの議員——最後の一人になったら推薦すると約束していた議員たち——は態度を変えようとしなかった。「認めるよ、膝をついて、涙ながらに請い願っていた」とマクドネルは振り返る。(原注94)「気持ちが入ってた。うん!」(原注95)懇願が奏功しないとなると、マクドネルは、党員は「ジェレミーがたった二票のために排除されたら理解も許しもしないだろう」と脅しに切り替えた。(原注96)

「議員推薦の締め切りまで一〇秒になって」とマクドネルは振り返って言う——若干誇張が入っているかもしれない——「二人が折れたんだ」(原注97)

最初に進み出たのはゴードン・マーズデンだった。マーズデンの推薦は実は三五人目だったが、三四人目だとみな思っていた。その後、アンドリュー・スミスが書面を提出し、コービンを投票用紙に載せた男として（誤って）伝えられた。

ビッグベンが一二時の時報を打ち終わると、マクドネルは回廊に出て言った。「やってくれた！(原注98)」安堵がすぐ広がった。コービンはアンドリュー・スミスをつかまえ、がっちりハグした。ブレア内閣にいたスミスは――トライデント核ミサイルやヒースロー空港第三滑走路にはコービンやマクドネルとともに強く反対していたものの――左派のヒーローとしてはおよそありえない人物だった。党首選ではイヴェット・クーパーに投票したが、コービンの勝利後、推薦した自らの信念を曲げない気概があった(原注99)。

議会労働党控室の外に集まっていた少数のジャーナリストの一人に向かって、コービンは「私を支え、間一髪のこの勝利のために運動してくれた一人ひとりに深い感謝」を示し、「緊縮政策に反対する闘いは続く！」と語った(原注100)。別のジャーナリストには、「私の名が投票用紙に載ったのは、全国の労働党支持者が、民主主義のために票を投じるよう議員に要請した大規模な運動の結果だ(原注101)」。コービンを早くから推薦した一人、チ・オンルワがツイートした写真に、このときの意気上がる様子の、大きな目をしたコービンが写っている(原注102)。

遠く離れたダラムでは、ベン・セラーズが「座って、ジョン・マクドネルからの知らせを待ち、ツイッター・アカウントをせっせと更新していた」。一二時二分、マクドネルがツイートした。「ジェレミーの代理人として、彼が三五人の議員推薦を獲得し、労働党党首選の投票用紙に名前を載せたことを正式に発表します。みなさん、ありがとう(原注103)」。「コンピューター画面を見つめてた。こう言っても恥じゃないと思うけど、自分たちがなし遂げたことの大きさがぐっと来て、ほんとに泣けてきた」。セラーズはこの知らせを、新たに構築されていたソーシャルメディア・コミュニティに伝えた。「もしフットボール・スタジアムだったら、総立ちの大歓声、そういう反応だった」。投票用紙に場所を得ただけかもしれないが、あれほど勝ち目のない闘いだったのだから、輝かしい勝利のように感じられた。「議会労働党の推薦はとてつもないハードルだった――党の真の民主主義に対する議員の拒否権だったけど、僕らはそれを打ち破った(原注104)」

第五章　チーム・コービン

二〇一五年六月〜八月

「電話での聞き取り調査の結果をもらっていたが、だれにも信じてもらえそうもなかった。反応がよすぎてね」

――ジョン・ランズマン

「失礼に当たったら申し訳ないのですけど」とローラ・クーンズバーグ〔BBCニュース政治主幹〕は言う――今から失礼なことを言いますよという合図だ。「あなたを当選させるために保守党員が動員されてますね？　相手があなたなら楽勝だと考えて」

「インターネットにはおもしろおかしい人たちがいるから」とジェレミー・コービンが答え、笑いが起きる。

四人の党首選候補を揃えたBBC『ニューズナイト』テレビ政見討論特番《ハスティングズ》の司会者クーンズバーグは、そんなことでは引き下がらない。「党首選に勝つチャンスが本当にあると思いますか、失礼に当たったらほんとに申し訳ないですけど」――ほらまた来た――「同僚議員から推薦を借りる必要があったわけですよね？」

「いや、借りていない」、コービンは訂正する。

「貸してもらったわけですね、言い方を変えますと」とクーンズバーグ。

「見返りはない」とコービンは言い切る。「私が示している見解は、大勢の人に共有されているものと考えています……これは人格や個人ではなく、間違いなく、運動の力にかかわることです。人格に寄りかかる政治《パーソナリティ・ポリティクス》には、みんなうんざりしているのではないでしょうか。運動に依って立つ政治《ムーブメント・ポリティクス》が求められています」

聴衆から熱烈な拍手。といっても、そこにいるのは「運動」の聴衆ではない。労働党員の聴衆でさえない。『ニューズナイト』のこの討論――コービンの名前が投票用紙に載ってからわずか数日後、党首選最初のテレビ政見討論――が行われているのはナニートンの教会だ。ここは二〇一五年の総選挙のときに、労働党が政権を発足させるためには獲得する必要がある議席だと評論家が強調していた選挙区だったが、五〇〇〇票差で保守党が勝利した。教会は、「今後、労働党への投票を考える可能性がある」ナニートンの住民で一杯になっている。質問者には、UKIP《ユーキップ》(UK独立党)に投票した人も保守党に投票した人もいるし、またややこしいことに、労働党に投票したが自分は保守党支持者だと思っている学生もいる。

選挙の行方を左右する二大政党の接戦選挙区で、浮動票層の有権者に候補者の誰がアピールすることができるか、その指標となる聴衆が集まっている。政治評論家の鉄則によれば、最も「中道」寄りの候補リズ・ケンドールにとって豊かな土壌のはずだ。ブックメーカーが最有力とするアンディ・バーナムもうまくやると予想されている。イヴェット・クーパーも除外するわけにはいかない。コービンは、クーンズバーグがやってみせたように、除外して構わない。

しかし、筋書き通りに行っていない。奇妙なことが起こっている。ケンドールやバーナムやクーパーが答えると、いかにも教会らしくしんと静まり返ることがたびたびあるが、コービンには、ほとんど冒瀆的な拍手が起きる。

一人目の質問者が、労働党はどうやってトニー・ブレアの残したものを乗り越えることができるかと尋ねる。三人の「有力」候補からは、代わり映えのしない、中身のない答えばかりが返ってくる。

「私たちは、誰もがよい暮らしができるよう手助けする党でなければならない」

「私はニューレイバーでもオールドレイバーでもない。今日の、そして明日の労働党だ」

「私たちは安心域《コンフォートゾーン》の政治から脱却しなければならない」

「私たちはあらゆる方向に成長しなければならない」

しかしその後、コービンの番になる。

「なぜ、いったいなぜ、いったいなぜブレアはブッシュにあれほどすり寄る必要があり、英国はイラクで違法な戦争をする羽目になったのか」

盛大な拍手。拍手が止まないのがクーンズバーグには気に入らない。「でも、でも、でも、でも、でも、でも、ジェレミー・コービン、でも、でも、ジェレミー・コービン」。拍手に負けじと彼女は言う。「二〇〇三年に起きたことを持ち出してもあまり意味がないと思う人もいるかもしれません」

そういう人もいるかもしれないが、浮動票を握るヌニートンの有権者はそうではなさそうだ。

予想を覆すようなことが次から次へと起きる。コービンは、移民問題に関して一人の聴衆の言葉をきっぱりと非難し、力強い賛同を得さえする。質問者は「あなたたちはこの国に人を入れ続けている」と言う。「私は人種差別主義者《レイシスト》じゃないし、分別のある人間だ。イングランドのためを思って……」

「もしもこの国に移民が来ていなかったら、国民保健サービス(NHS)はどうなっていたか、交通機関はどうなっていたか、教育制度はどうなっていたか」と、コービンは強い調子で率直に質問者に問う。「ここに来た移住民たちは、経済に対して実際に正味の貢献をし、社会保障に頼ることは少なく、税金を払い、働いている。学校が足りない、住宅が足りないなら、それは、私たちが将来の必要に備えて計画できていないという問題だ」

教会の聴衆全員、テレビの視聴者全員に明らかなのは、コービンは違うということだ。彼が口を開くたびに、何か興味深いことを言いそうな、危険な可能性がある。人々は耳を傾ける。コービンは実際、聴衆にわかる言葉を使ってコミュニケーションをとっている。政治的には、コービンはこの場にいる大半の人よりずっと左にいるが、コービンが政界用語を使わず、明確な意見を表明していることを聴衆は評価している。そして、コービンの言うことは筋が通っているように聞こえる。(原注1)

コービンの優位性

ジェレミー・コービンのメッセージには最初から反響があった。これは重要だ。というのも、後に注目度が高まると、コービン人気の原因にまつわる作り話や虚実ないまぜの話が流布するようになったからだ。大集会を見た時事解説者たちは、労働党が各種トロツキストにハイジャックされているに違いないと考えたり、党員が「夏の狂気」にオツムをやられていると主張したりした。(原注2)共通する主旋律は、労働党――時事解説者はふつう労働党議員と同義だと考えている――は、してやられたというものだった。党首選の一カ月目から、この馬鹿げた考えは現実と一致していなかった。大集会より前に、マスコミのヒステリーより前に、さらには選挙キャンペーンが全速力を出すより前に、コービンは他候補をリードしていた。

コービンには独自の優位性があった。サッチャー主義経済コンセンサス(一一六ページ参照)――金融崩壊で大失敗していた――に明確に反対する唯一の候補者だったのだ。反緊縮財政のスローガンのおかげで、コービンの立候補は、まさに時代に合ったものであると同時に――相反するようだが――労働党結党の伝統への回帰にもなった。コービンは、ヨーロッパを席巻している反緊縮の時代精神――斜陽の社会民主主義とは対照的に、輝きを放つダイナミックなニューレフト――の中に、たやすく自分を位置づけることができた。

「緊縮政策は政治的選択であって経済的必然性はない、という私たちが使ったフレーズは本当によく共鳴した」とコービンの側近の一人は言う。「それを聞くと、主導権が持てる気がする。『それなら手立てがある』と」。その一方で、コービンは自らの立候補を労働党の政策の主流にしっかり位置づけることができた。緊縮政策は、多くの党員にとって、ひらたく言えば保守党の経済政策のことだった――労働運動が一〇〇年にわたって反対してきた小さな政府イデオロギーと同じだった。つまりコービンの場合、新たな反緊縮運動と結びつくことで、先祖返りと決めつける攻撃の矛先を鈍らせ、もう一方では、伝統的な労働党の理念を掲げることで、「強硬左派《ハード・レフト》」として隅に追いやろうとする試みの威力を削いだ。それは必殺の組み合わせだった。

コービンのスタイルは彼の政治にぴったり合っている。アウトサイダー的雰囲気で一線を画す。外見からして、近年の政治家にみられる見かけへのフェティシズムを拒否しているのがすぐわかる。ひげですら――「年間最優秀ひげ議員」を五回も獲得している――、彼によれば、ニューレイバーに対する「異議の一形式」だった(原注3)（選挙戦最初の支持もこのひげのおかげで獲得した――「ひげ解放戦線」が六月三日、コービンは「カット反対」のために闘っているとして支持を表明したのだ(原注4)）。コービンは、政治が実質であって、情報操作《スピン》ではなかった時代の人間のように見えた。しかし、カジュアルな服装とシャツの襟元を開ける嗜好――英国流の風変わりなやり方で――は、アレクシス・ツィプラス（ギリシャ首相）やヤニス・ヴァルファキス（同元財相）、パブロ・イグレシアス（スペイン・ポデモス党首）らが示す、ヨーロッパ大陸の反緊縮派のルックスをも反映していた。

　だがコービンは、自らの〝ユニークな〟服装センスを守るために闘わなければならなかった。「もう少し洗練させる必要があると私は強く訴えた」とキャット・スミス議員は言う。「ある時点では、ジェレミーをアンディ・バーナム化しようと考えていた――ぱりっとしたスーツを着せて、ひげをそり落として」

　服装に介入しようとしたのはスミスだけではなかった。ある朝スミスが、ウェストミンスターのポートカリス・ハウス（議事堂ビルの向かいにあるビル、議員各自の事務室が入っている）のカフェで朝食を取っていると、キャンペーン・チームのメンバー、ハリー・フレッチャーがやってきた。「ジェレミーを見なかった？」とフレッチャー。

「見てないけど、探してる？」とスミスは答えた。

「そう、ここで会うことになってたんだ――スーツを買いに行くから」。ヴィクトリア通りのデパート、ハウス・オブ・フレイザーでセールがあった。

「えっ？　何しに行くか、ジェレミーは知ってる？」とスミスはきいた。

「うん」とフレッチャー。

「じゃ、それでいないのよ、でしょ？」スミスは笑った。

　一時間後、スミスはコービンが「上着を着てバッグを肩にかけ、気軽な様子でポートカリス・ハウスに入ってくる」のを見た。『『ハリー・フレッチャーが探してますよ』と言うと、ジェレミーは辺りを見回して走って逃げ出した」(原注5)

外見より重要なのはコービンの物腰だった——リラックスしていて親しみやすく、率直。「あの男は、もうほんとに、まともでいい奴で嘘がない」と労働党全国執行委員会（NEC）のユナイト代表委員マーティン・メイヤーは言う。「話の中に決まり文句《サウンドバイト》もきれいごともない……人々の利益をあまりにも裏切っていると見られている——特にニューレイバーがそうだ——従来の政治家への幻滅や嫌悪もコービンとは無縁だ」

キャンペーンのソーシャルメディア・チームが共有した最初の切り抜き記事《クリッピング》の一つは、コービンが「全国一、経費を使わない議員——請求額はインクカートリッジ代の八・七〇ポンドだけ」と報じた『イズリントン・ガゼット』紙の二〇一〇年一二月八日付の記事だった。この話は、コービンが指摘するとおり、若干誤解を招くところがあった——一部の支出は先送りされていたからだ——が、コービン伝説の一部となった。議員経費の不正請求スキャンダル（一〇六ページ補注参照）後、政治家への不信感が募っていた中で、自分を「しみったれ議員」と定義するコービンの申し立てを誰ひとり疑わなかった。(原注6)

気取りのないコービンは、市民と話すとき、いつもくつろいでいた。「ジェレミーは人々の中にいるときが一番幸せだから」とスミスは言う。「ウェスト・ミッドランドとか北西部とかスコットランドとかの町の公民館《コミュニティセンター》にいれば一番幸せで……メディアや政治家と話すのを楽しんでいるとは思えない」。コービンは、労働党が設定した立て続けの政見討論会にうってつけの資質を備えていた。「いつも本当によかった」とジョン・ランズマンは言い、質疑応答形式のほうが、きっちり準備する演説よりもずっとコービンに合っている、と付け加えた。「質問に対して当意即妙だと思う——穏やかでリラックスしているし、決まりきった答えをしないし、だからずっとおもしろいんだ」

このアプローチはテレビにも向いている。七月二日、コービンはBBCの視聴者参加時事Q&A番組『クエスチョン・タイム』に、三二年の議員生活で初めて登場し、注目度を高める堅実なパフォーマンスを披露した。[原注7]補佐の一人の話によれば、舞台裏でコービンは、自分に投票するために息子が党に加わったと番組キャスターのデイヴィッド・ディンブルビーから明かされ、気合が入ったという。[原注8]コービンは思いがけないところで支持を得ていた。

ゼロから生まれたキャンペーン

コービンがどこまで行けるか、支援者の間で予想はさまざまだった。キャンペーンの重要メンバーの一人は上司に休暇をもらうとき、こう説得した。「左派に惨敗してほしくない。一番大切なのは最下位に終わらないこと、あるいは最悪でも大差で最下位に終わらないことです」。「コービンを支持する労組ユニゾン」の立ち上げを手伝ったアンドリュー・ベリーはもう少し楽観的だった。「ブレア派より上に行けると予想していた……オーウェン〔・ジョーンズ〕たちは、もうコテンパンにやられると心配していた。そうならないことは、まあ明らかだった」。一番楽観的だったのはジョン・ランズマンだったが、それでも勝つ可能性までは考えていなかった。「第一選択投票で三〇%から四〇%前半のどこかだろうと予測していた」[原注9]

初期の兆候は有望だった。選挙キャンペーンの中央司令塔ができないうちから、自然発生的にいろいろなことが起こっていた。実は夏の間中ずっとコービン選挙キャンペーンと呼ばれていたものは、自発的な地域の活動の集合だった。キャンペーンの報道官カーメル・ノーランの言葉を借りれば、公式作戦本部は「荒馬の手綱」をとっていたにすぎなかった。[原注10]党首選の最初の週、四八時間前の告知だったにもかかわらず、ニューカッスルでの集会に二五〇人が出席した。ロンドンのトテナム・コート・ロードのパブであった活動家の集まりが三〇〇人を惹きつけた。その中の一人がジェイムズ・シュナイダーで、後に「モメンタム」の全国オーガナイザーとなり、その後、コービンの首席コミュニケーション戦略官になった。「またたく間に人のうねりが起きた」とシュナイダーは振り返る。

コービンの立候補は、ごくわずかの資金で運動を運営することに慣れた人々を磁石のように惹きつけた。マーシャジェイン・トンプソンはコービンTシャツを作り、自腹を切って最初の一〇〇枚をプリントしてもらった。これを皮切りにコービン・グッズの公式ショップを運営するようになり、七万五〇〇〇点を販売した(原注11)。こうしたＤＩＹのプロジェクトが至るところで起きていた。

　他の候補者の選挙キャンペーンとの対照は著しかった。コービン以外の三候補は草の根勢力のほとんどいないトップダウン業務で、メッセージ発信にこだわる高給取りの専門家が取り仕切っていた。例えば、アンディ・バーナムは選対総監督に大製薬会社のロビイスト、ジョン・レハルを雇った(原注12)。コミュニケーション担当責任者はケイティ・マイラーで、二〇一三年にファルカークのグレンジマウス精油所であった労組ユナイトと化学製品企業イネオスの労働争議で、企業側の顧問を担当した事務所のロビイストだった(スコットランドのこの町が党首選に及ぼすことになったらしき影響力〔五六ページ補注参照〕を考えれば、〝町〟自ら党首に立候補してもよかったぐらいだ)(原注13)。

　コービンの選挙キャンペーンはゼロから始まった。ジョン・マクドネルとジョン・ランズマンが選挙活動をどう運営しようかと最初に話したのは、議員推薦締切前日の日曜だった。数日後にウェストミンスターで開かれた選挙キャンペーンとしての初会合で、コービンの立候補は本気ではないとの固定観念を払拭するには、チームがプロらしく見える必要があると意見が一致した。クライブ・ルイスやキャット・スミスら数人が、サイモン・フレッチャーを選挙対策本部長として雇うことを提案した――フレッチャーはケン・リビングストンがロンドン市長だったときの首席顧問だ(原注14)。

　フレッチャーは、コービンやマクドネルとは違う政治畑の出身だが(「ケン陣営の人間と見られていた」とランズマンは振り返る。目立たない小規模極左組織「社会主義者行動」の元メンバーとも報じられていた)、メッセージ発信力と最先端のキャンペーン技術で貴重な戦力となった(原注15)。「私たちの中には技術経験のある人間がいなかったんだ」とランズマン。「本当に誰も、データベースを活用したり電話《フォーン》バンク〔コールセンターを使って有権者のデータ収集などを行う選挙運動〕を使ったりするキャンペーンを運営したことは一度もなかった」

　フレッチャーが条件交渉をしているころ、選挙キャンペーンのインフラをせっせと構築している人たちがいた。最も緊急の仕事は資金集めで、ふつうはキャンペーンをする人々にとって気の重い単調な仕事だった。しかし今回は違った。「最初の資金集めの目標額は五〇〇〇ポンドだった」とチームのメンバーの一人は振り返る。「五〇〇〇ポンドから一万ポンド、二万五〇〇〇ポンドと、一週間か一〇日の間に進んで行った。比較的少ない額の資金から、以前ならできなかったようなことを可能にするところまで行った。とても励みになった」

もう一つの急務は事務所探しだった。幸い、ある場所が転がり込んできた。労組・労働党連絡機構（TULO）がそれまでの七カ月間、ロンドンのユーストン駅に隣接する鉄道労組TSSA本部の一室で、総選挙のキャンペーンを行っていたのだ。TULO全国統括官のバイロン・タイラーは、一日前の告知でTULOが撤収するとしてTSSA書記長のマヌエル・コーテズと話をつけた――これでチーム・コービンはフル装備の選挙事務所を使えることになった。

選挙キャンペーンのスタッフが次第に形をとってきた。リバプールのジャーナリストで、二〇〇一年に「戦争を止めよう連合」設立に尽力したカーメル・ノーランが報道官になった。(原注16) ノーランの面接は公園のベンチで行われ、フレッチャーが隣に、マクドネルは地面に座っていた。(原注17) ノーランはコービンのチームを「やる気のある人、時間のある人連合」と特徴づけた。(原注18) フレッチャーがロンドン市長の下で働いていた時の仲間、アナリーセ・ミッジリーが彼の副官として迎えられ、キャンペーン活動のスケジュール「枠《グリッド》」を監督することになった。(原注19) コービンの二五歳の息子セブは、コービン自身とキャンペーンをつなぐ重要なコーディネーター役を担い、父の演説と記事の多くを書いた。コービンのイズリントン事務所から移ってきたジャック・ボンドは、ロジスティックスの大半を引き受けた。

コービンの政策文書を構築したのはアンドリュー・フィッシャーで、PCS（政府各省の公務員を代表する組合）で昼間働きながら、空き時間に作業をした。三〇代のフィッシャーはマクドネルの二〇〇七年党首選キャンペーン・メンバーであり、労働党代表委員会（LRC）の元共同書記長だった。PCSでの仕事のおかげで政策議論に広範な理解があり、また、前回の仕事でマクドネルと労働組合の連携にあたったことで、労働組合の立場にも詳しかった。最も重要だったのはコービンとマクドネルを一五年前から知っており、ふたりと政見を共有していることだった。

ランズマンの肩書は——無給だったが——作戦総監督だった。「ありとあらゆる現場の作業とオンライン活動の責任者ってことになっていた」。作業の技術的な面は、キャット・スミスのパートナーであるベン・ソーファの領分だった。ソーファはTSSAで仕事をしていたので、チーム本部に気軽に立ち寄ることができた（その後、配置転換でチームに加わった）。ソーファがすぐ取り掛かった仕事は、選挙キャンペーン支援のデジタル・インフラを提供するソフトウェア「ネイション・ビルダー」を立ち上げることだった。

選挙管理委員会と個人情報保護委員会の規制順守に、とてつもないエネルギーが費やされた。このまったく色気のない仕事は、ランズマンにとって非常に重要だった。というのも、党首選の間に集まったデータをその後も使えるようにしたいと考えていたからだ。「絶対にそこから左派組織を作るつもりでいた」とランズマンは言う。「それが『モメンタム』になっていった」。選挙キャンペーンが労働党員リストにアクセスできるのは、党首選という目的のためだけだった。そのためチームは、人々に自らの意志でコービン支持者としても登録するよう呼びかけた。ランズマンの名前でデータベースを保有する会社を立ち上げた。相変わらず勝つことなど頭になく、党首選後に組織的な遺産を得ておくのが重点目標だった（原注20）。

TSSA内に設けられた事務所はこのような組織になったが、それは物語の一部にすぎなかった。コービンの選挙キャンペーンの構造はクローバーのような三つ葉植物に似ている。サイモン・フレッチャーの領分が真ん中の茎であり、三枚の葉がそれぞれの政治領域に向かって伸びている——地域オーガナイザーのネットワーク、ボランティア軍団、そしてソーシャルメディア活動だ。

地域オーガナイザーは、選挙キャンペーンの中で最も報道が少なく、最も過小評価されていた部門だった。一二人が全国に散らばり、センターでそのコーディネートにあたっていたのはサルフォード出身の二六歳、ユナイトの敏腕オーガナイザー、アレックス・ハリガンだった。(原注21) 七月末から八月にかけて、コービン・ブームが頂点に達した頃、大集会を企画し、爆発的に増加した草の根活動の手綱をとっていたのが地域オーガナイザーだ。「みんな、人生のうち三カ月間、とても安い給料で走り回り、行き届かないところがないようにしていた」と、自身も地域オーガナイザーだったマーシャジェイン・トンプソンは言う。「もしロンドンだけで運営していたら……キャンペーンはこれほど成功しなかったと思う」

二枚目の葉はボランティアの運営。これはキャット・フレッチャー(サイモンとはたまたま同じ苗字)の領分だった。二〇一〇年の党首選でエド・ミリバンドのボランティアを組織化した理想的な経験があった。彼女はまたコービンの友人でもあり、二〇一五年の総選挙で彼の代理人を務め、そのうえ政見は急進的だった。(原注22) フレッチャーの「ボランティア・センター」は、ユナイトが七月五日にコービンを推薦した後、ホルボーンのユナイト本部の中に場所を提供され、独立した活動となった。

最後の葉はソーシャルメディア・チームだ。議員推薦確保期間にチームが成果を上げた後、フェイスブックとツイッターのアカウントをベン・セラーズとマーシャジェイン・トンプソンが、選対本部からほぼ独立して運営し続けられるよう決定された。「自分の動く余地のために闘う必要があった」とセラーズは言う。「サイモン・フレッチャーが何でも自分のところを通すようにしたがったので、議論したのを覚えてる。『それじゃうまく行かない。こっちは早く動く必要があるから無理だ』と言った。『ソーシャルメディアは、有機的つながり、草の根を反映しているってことが一番大事なんだから、もし中央集権的に管理されたら』――あのときほんとに大げさだったけど、でも言った。『命取りだ』ってね」

一定の距離を置いたことで、セラーズとトンプソンは、本部のキャンペーンには許されないような過激な論調をとったり、ライバル陣営に比べて堅苦しさをなくしたりすることができた。他の候補の「企業っぽいニューレイバー・ブランド」のオンライン・コンテンツは「とても退屈」だったとセラーズは言う。「アンディ・バーナムが自分の事務所の誰かにやらせて、その連中は生まれてこの方、クリエイティブな発想なんか一度だって持ったことがないみたいだった」。対照的に、コービン陣営が提供したものは、協同的で自発的な「みんなで持ち寄ったものみたいだった」。「実は」とセラーズは振り返る。「特に最初のうちは本当にミームが送られてきて、『もしよければ……』って話だったから、『もちろん使わせてもらいます』と」。ゼロから生まれた選挙キャンペーンがみんなのものだという感覚を生み出すことが目標だった。

広がる支持

チーム・コービンにとって、党首選には三つのフェーズがあった。二〇一五年七月三一日までの第一フェーズでは、全国の労働党選挙区支部(CLP)が支持する候補を推薦指名する。第二フェーズはこれと同時期の「有権者抽出」――党員やサポーターに個別の聞き取り調査を行い、コービンに投票する人を見つけ出す。第三フェーズは、八月半ばに投票用紙が配布された後の「投票しよう」作戦――〔聞き取り調査で集めたデータを元に〕コービンに投票すると言っていた人に連絡を取り、確実に投票してもらう。

第一フェーズの党選挙区支部の推薦指名は、選挙キャンペーンにとって非常に重要だった。最終結果には何の重みももたないが、誰が優勢かを示すものであり、弾みがすべての党首選ではとても大切だった。発言権があるのは正規の党員のみで、推薦指名の決定方法は選挙区支部によって異なっていた。地元の党の統括委員会によって決定される場合、あるいは総会の出席者によって決定される場合があった。

ジェレミー・コービンにとって、これは闘い取るには厳しい領域に見えた。二〇一〇年の党首選では、デイヴィッド・ミリバンドが一六四と最多の選挙区支部の推薦指名を獲得し、ダイアン・アボットはわずか二〇にとどまった。(原注23) それでもチーム・コービンには闘いに臨むにあたって目標があった。「気持ちの上で常に重要になっていたことだ」とジョン・ランズマンは言う。「何をするにせよ、上を目指すこと」。まだ構築途上だった選挙キャンペーン装置が始動された。

党選挙区支部による推薦指名の理想的な展開はこういう筋書きだ。まず地域オーガナイザーが選挙区支部の推薦指名会合の日程を特定する。コービンを推してくれる地元のつてを探す。支援議員など外部の誰かが会合に出席してスピーチする。この全てをセンターのアレックス・ハリガンがコーディネートする。キャット・フレッチャーのボランティア・チームが地元の党員に電話で聞き取りを実施し、支持者に会合への出席を促す。当夜、ボランティアが出席者を出迎えてリーフレットを手渡す。選挙区支部が圧倒的多数でコービンを推薦する。ソーシャルメディア・チームが勝利を広報する。

いつもこうなったわけではなかった。各地に地域オーガナイザーがおかれるまでに時間がかかった。選挙区支部の会合がいつかを把握するのが難しかった。早い時期に投票が行われた選挙区では完全に機会を逃した。スピーチする人を見つけるのも難しかった。電話での聞き取りが遅すぎたり、不十分だったりした(原注24)。印刷が間に合わず、最初は手渡せる文書が何もなかった。

しかし、選挙キャンペーンは驚くほど効率よく、臨機応変に対応した。電話での聞き取り調査が土壇場の緊急発進になることもあったが、それは会合の直前に電話をかけることを意味し、タイミングとしては悪くないことがわかった。コービンのためにスピーチする議員が見つけられない場合、労働党民主化キャンペーン(CLPD)や労働党代表委員会(LRC)の仲間が役目を引き受けた。ハリガンは、労働者階級議員や左派議員の数を増やすユナイトの運動で活動した経験があったので、選挙区支部がどのように機能しているか、また、どうやって票を獲得するかも知っていた(原注25)。

早い時期に会合を開いた選挙区支部の大半がアンディ・バーナムを推薦指名したときも、別に誰もショックを受けなかった。しかし「うれしい驚き」があり、「かなり早くから」コービンへの支持が予想を超えてはるかに広がっていた、とランズマンは言う。「思いもよらない場所から推薦指名を得るようになり、思いもよらないような人々がジェレミーを支持しているという……反応が返って来ていた」。チームの別のメンバーによれば、「常に左派候補を支持する、よく知っている選挙区支部の推薦指名は獲得できる……でもそれだけではなかった……イングランド南西部の端からスコットランドまで本当に全国的だった……それは現実のことだったし、これなら惨敗にはならないという気がした……初めて希望が湧いてきた。でもまさか勝つとは！」

すぐに明らかになったのは、党がブレア主義を望んでいないことだった。ケンドールの姿がどこにも見当たらなかったのだ。顧問の一人――コービンが大差で最下位に終わらないように休暇をくれと上司に頼んだ人――にとって、早い時期の報告は衝撃的だった。「マジか、三番じゃないか」と思わず独り言を言った。「最初の二〇か三〇か四〇か、早くに会合を開いたところが終わって、三番目！　しかも、あとほんの少しでイヴェット・クーパーに追いつく！」(原注26)

キャンペーンが軌道に乗り、地域オーガナイザーが配置され、ボランティアがさらに増えると、結果はますます上向いて行った。七月一〇日にはコービンは二八の推薦指名を獲得し、二五のクーパーを追い越していた。トップは依然として三六のバーナムだったが、労働党左派にとって、これはもう夢の領域だった。(原注27)

チーム・コービンはここで目標を高く設定した。「始めたときの認識では、バーナムは目標だった」とランズマンは振り返る。「できる限り、バーナムに迫ることが非常に重要だった……その後、ここまで来たとなれば、選挙区支部の推薦指名でバーナムを上回りたいと考えた」。会合の報告を見ると、バーナムへの支持は推薦指名の総数ほどには多くないようだった。「バーナムの推薦指名の多くは、イングランド北部の牙城のものだった」とランズマン。「そのうちのいくつかはかなり僅差だった。そして、迫っていたのはうちだった」

その一例がキャット・スミスのランカスター&フリートウッド選挙区支部だった。推薦指名を早い時期に出したところだ。選挙区支部が異例の方法で推薦指名を行ったため、スミスはあまり影響力を行使できなかった――小グループに分かれて議論し、それから無記名投票を行った。バーナムが勝ったが、わずか一票差だった。二位はコービンだった。(原注28)

ロンドンには別のダイナミクスがあった。マイケル・コールダーバンクは、ドーン・バトラーが議席を保有するブレント中央選挙区支部の書記だった。コールダーバンクは、会合でスピーチしてもらうべくケン・リビングストン前市長を招いた。「投票先を変えてもらうのに彼の権威が一役買った」とコールダーバンクは言う。一〇〇人ほどの会合で、コービンは第二回投票で勝利した――「かなりの差だった」

コービンにひたひたと迫られ、バーナムの頭の中では『ジョーズ』のテーマ曲が鳴っていたに違いない。左派の候補者コービンは、七月半ばまでに中道派の選挙区支部の支持を獲得していた。三位になったことに大いにゾクゾクした顧問はこう振り返る。

うちの選挙区労働党は、政治的には無色というところかな。地方行政区の議員が主で……ほとんどの人はプログレス〔ブレア派圧力組織〕でも労働党代表委員会（LRC）〔左派圧力組織〕でも何でもない。ただ出て行って、リーフレットを配って、会合で政治の話を本当にしたいとさえ思っていない……覚えてるのは、うちの選挙区支部の会合に行ったら大勢の人がいて、今まで見たことがなかった人たちが大勢……ジェレミー・コービン支持の動議を出したら、西インド諸島系の女性が動議に賛同してくれて、とても熱のこもった「これこそ私の政策、私の出発点」のスピーチをしてくれた。そうしたら、ほんとにおかしなことに、区議が言い出したのは「まあ、リズ・ケンドールは好きじゃない、右に寄りすぎだ。ジェレミー・コービンも好きじゃない、こっちは左に寄りすぎだ。だからイヴェット・クーパーかアンディ・バーナムにせざるを得ないと思う」。この時点で思った。「党首にどの候補を選ぶか決断できないなら――中をとって誰かがいいというなら――、ここにはチャンスなんかない」……そうしたら、〔コービンの推薦指名が〕第一回投票で通った。ほんとに驚いた。椅子から落ちそうになった。それほどのことだった――ここは左派の選挙区支部じゃないのに、うちが取ったんだ。

七月一七日、コービンは五五の選挙区支部から推薦指名を獲得し、五一のバーナムを抜いてトップに立っていた。(原注29)そしてそのまま後ろを振り返ることなく走り切り、総数一五二の推薦指名を獲得した。バーナムは一一一、すぐ後にクーパーが一〇九で続いた。ケンドールはわずか一八にとどまった。(原注30)

選挙区支部による推薦指名の軌跡は、コービンの選挙キャンペーンの働きとコービンのメッセージへの渇望の相互作用をうかがわせる。党首選最初の一カ月の間に何かが変わり、推薦指名でコービンを三位から一位に押し上げた。これは、メディアでほとんど報道されないところで起きた。選挙キャンペーン装置のギアが入るとともにコービンの順位が上がったのは、もちろん偶然ではない。(原注31)しかし、コービンが押し売りされたのではないことは明らかだった。潜在的な支持はすでにあり、ただコービンの存在に気付かせるだけでよかった。

歴史的転換点

選挙区支部の推薦指名でコービンがリードを奪うのには二〇一五年七月一七日までかかったが、個人レベルの支持ではとっくにリードしていた。キャンペーン・スタッフの一部は、第二フェーズの有権者抽出が始まるとほとんどすぐにそれに気付いた。しかしとうてい信じられなかった。

コービン陣営の有権者抽出活動は最先端だった。調査と回答ボタンがメールやテキスト・メッセージに埋め込まれ、データ収集のために送信された。ボランティアが電話バンクに詰めて、一晩に何千本も電話を掛けた。

七月初めに、この電子通信ツールが初めて用いられたときの反応は圧倒的だった。「要するに、支持していただけますかと尋ねるメールやテキスト・メッセージをいくつか送った」とチームのメンバーの一人は振り返る。「そのときから自分に言い聞かせるようになった。『こんなに早い段階で、投票を約束してくれる人が一万五〇〇〇人いる、という事実に有頂天になってはいけない』って」

一方、ユナイト本部の「ボランティア・センター」では、労働党サポーターへの電話での聞き取り調査が精力的に行われていた。(原注32)最初から電話かけにあたっていた一人がジェイムズ・シュナイダーだ。「初日、六人ぐらいで電話バンクを設置して、夜には二五人か三〇人になった。キャット［・フレッチャー］は驚きだと言っていた……『党首選の有力じゃない候補の電話バンクに三〇人なんて、ほんとに上出来。すごい』。そうしたら、しまいには一日に五〇〇人来てくれるようになった」

シュナイダーは、最初のころ、電話で五種類の反応があったと振り返る。

次のどれかだ。

―「コービンってだれ」

―「まったく頭がどうかしている」――かなり失礼。

―「ハハハ、ほんとに頭がどうかしてるんじゃないか」――さほど失礼ではない。

―「支持しない」と丁寧に言う、あるいは「コービンは好きだけど、気持《ハート》ちより頭で考えないと」と丁寧に言う。

―そして、「支持する」と言う人が約五分の一。こう思う。「悪くないじゃないか！　左派候補が五分の一なんて。かなりいい線行ってる」

実は五分の一よりよかった――あまりにもはるかによかったので、ボランティアが記録したデータのあらましを見ていたスタッフはこう思い始めた。「二つのうちのどちらかだ。せっかく電話をくれた仲間の労働党員をむげにもできず、心にもないことを言ったか、それとも何かが本当に起きているか」

一八歳の受験生ローラ・メイの経験から、七月初めの会話の様子がうかがえる。誰かを説得できたかと尋ねられ、メイはこう話している。

説得できたのを知ってる。こう言う人が大勢いた。「ジェレミー・コービンって、いろんな話を聞くけど、実際はどうなの」。そういう人と話して、自分がどうしてこういうことをしているかとか説明すると、考えが変わったと言ってくれて、本当に面白かった……。こんな感じだった。「左翼ってほどじゃない人が多い、コービンに投票する人なんか他に誰もいない」って。だから「実はみんなそう。いろいろな人と話したけど、コービンに投票するはずです」と……それでみんな何回も電話バンクに来るんだと思う。人と話して考えを実際に変えられるのは……ほんとに特別なことだから。

電話での聞き取りの当初の結果では何が起きているのかあやふやで、不完全で大まかな像しかわからなかった――まるで壊れかけたテレビのように。その後、ベン・ソーファとアレックス・ハリガンとジョン・ランズマンは、そのデータを、キャンペーン内部で使うための即席の世論調査に変えるにはどうすれば一番いいかを模索した。どんな方法を用いても状況は信じられないほどよく見えた。そしてさらに結果が入ってくると、ますますよくなる一方だった。(原注33)

七月が過ぎていくうちに、コービン支持は内部調査で四〇%に達しようとしていた――大きなリードだった。ソーファは特異値かもしれないと考えた――なぜかわからないがボランティアたちが、コービンのコアな支持者ばかり見つけているのだ、(原注34)と。ランズマンは「大いに疑いを持って」データを扱った。しかし、七月半ば、内々にデータを共有する人々は不思議に思い始めた。「電話での聞き取り調査の結果をもらっていたが、誰にも信じてもらえそうもなかった。反応がよすぎてね、最初から」とランズマン。「実際に数字を見たとき、仰天した。選対本部では言わなかったよ！　サイモンには話したが、ジェレミーには言わなかった……怖気づいただろうから！」

数字が表に出ることだけは避けたかった、とランズマンは言う。「もしうちがどれだけよくやってるかが広く知られたら、反コービンのキャンペーンの圧力が――実際に当時あったように――強まるのを心配していた」。この戦略はすぐに手ひどい打撃を受けた。七月一七日、『ニュー・ステーツマン』誌が、ライバル陣営の一つからリークされた「内部調査」について報じたのだ。この暴露は衝撃的だった。「ある調査では、コービンが一五ポイント以上リードしている」と同誌は述べた。「別の調査では、あるキャンペーン・スタッフの言葉によれば、『コービンは優位に立っている……勝利に向かっている』」(原注35)

初期の電話での聞き取りの結果と選挙区支部の推薦指名は、コービンの躍進についての重要な真実を明らかにしている。夏の熱狂どころか、コービンがほとんどすぐ一位になったことは、労働党員の間で起きていた、はるかに長期のプロセスの結果としてしか説明がつかないからだ。二〇一〇年には、党首選の似たような段階で、ブレア派の候補者が選挙区支部の推薦指名でも党員の調査でも一位だったことを思えば、それ以後の党員の感じ方の変化は劇的だった。[原注36] これは部分的には新しい党員によるものだった――総選挙での敗北からコービンが投票用紙に載るまでの間に、四万八〇〇〇人が党に加入したと報じられている。[原注37] 新党員のうち三分の一は三〇歳以下であり、最も多いのは一八歳と言われていた。[原注38] その後、夏の間に、コービン陣営が自身の電話での聞き取りデータを分析すると、党員になったのが最近であればあるほどコービンを支持する可能性が高いことがわかった。[原注39]

しかし、これだけで、状況の変化が全て説明できるわけではない。マイケル・コールダーバンクは、ブレント中央の自身の選挙区支部内部で感じ方がどう変わったか、選挙戦中にこう明らかにしている。

うちの選挙区支部はミリバンド時代に左に寄った。でも、新党員の加入とか意識の急進化とか、そんな大げさなものだとは思わない。ニューレイバーからの転換によって、伝統的な労働党があらためて正当とされた。ブレア時代は過ぎ去った、イラク戦争から先に進まなければならない、過ちを認めなければならない、労働党は別の何かのために闘うのだ、という感覚を取り戻さなければならないという断固とした信念があった……住宅危機のようなこと――ロンドンでは住宅問題はひどいことになっている、本格的な介入が必要だ、ただ市場に任せておくわけにいかないという意識が強まっている……党のトップから出て来る答えはどれ一つとして、こういう基本的な現実とつながらなかった。そこに突然、ジェレミーが現れて、家賃統制〔上限規制〕を主張し、銀行規制を主張した。それが反響を呼んだ。

コービンを早い時期に支持した人のかなりの部分は、必ずしも自分を左翼だとは思っていないが、それまでの経済正統教義が破綻したことに気付いていた。これは、労働党にとって、党首選の問題を超えた意味をもつ。二〇一五年に党に起きたことは例外状況ではなく、歴史的な転換だったと示唆しているからだ。

【補注】 経費の不正スキャンダル

下院(庶民院)に与えられている特別手当枠が、不正あるいは「灰色な」経費に充当されていた件が、二〇〇九年五月の『デイリー・テレグラフ』紙報道をきっかけに次々発覚。旅費や人件費などのほか、ロンドン中心部以外の選挙区選出の議員に与えられていた「別宅手当」の不正・灰色請求が特に注目された。本宅であるべき家族と住む住宅を別宅として登録し改装費を請求した例、完済していた住宅ローンを経費として計上した例、別宅売却の利益にかかる税が未払いだった例など。疑問のついた経費を多数の議員が返納したほか、複数閣僚の辞任や職務停止処分などに発展、複数議員が禁固刑を受けた。

第六章　わが家《ホーム》を探していた一つの運動――反緊縮財政　二〇一五年夏〜秋

「英国だけではない。同じような運動はヨーロッパ各国、米国などにもある。もう長い間、ふつふつと沸いている。私たちを緊縮財政と予算削減に陥れた経済正統教義への異議だ。同時にそれは、もっと共同体的な、みなが参加できる何かに対する渇望でもある」
――ジェレミー・コービン

サンバのリズムを刻む音がカタカタと、イングランド銀行〔英国の中央銀行〕の窓のない外壁にこだまする。いつもは灰色のロンドン金融街《シティー》だが、今日は鮮やかな色彩と創造性がはじけている。何万もの人が地下鉄の駅からあふれ出し、あるいは歩いてやってきて、緊縮財政反対のデモに集まる。すぐに動きもままならないほどになる。

デモの開始時刻は午後一時。大勢の人がビルの谷間を縫って進む。プラカードには「今すぐ緊縮に終止符を」「カット反対」「核ミサイルより住宅を」「福祉ではなく戦争をカットしろ」などとある。もう少し脱力系もある。「あんなのもこんなのもやめろー」〔アイルランドを舞台にした一九九〇年代のコメディ『テッド神父』の一話で、嫌々デモに行った主人公たちが掲げていたプラカードのスローガン〕。あるいは「ゲス野郎《カント》にノー：失読症患者」。

消防士組合は「私たちは人を救う、銀行ではなく」と書いた風船とともに来ている。教員組合NUTは「教育に賛成の人、手を挙げて」と書かれた空気で膨らませた巨大な手を持っている。「NHS私営化反対」の一隊、反フラッキング〔シェールガス採取のための水圧破砕法〕のデモ隊、シスターズ・アンカット〔ドメスティック・バイオレンス被害者支援の削減に反対する団体〕のフェミニストがいる。緑の一団、黒ずくめの一団《ブラック・ブロック》、そしてアナグマの格好をした人たち〔アナグマ殺処分に反対する動物愛護運動家〕も大勢いる。

二〇一五年六月二〇日土曜日。労働党党首選が正式にスタートして五日目だが、デモ参加者のほとんどは、この日のことをそのようには考えていない。総選挙後に落胆が広がる中で呼びかけられたこのデモは不屈の証だ。国民は緊縮財政を信任したのだ、と述べる保守的な時事解説者からは鼻であしらわれている。デモを企画した民衆会議《ピープルズ・アッセンブリー》――さまざまな運動と労働組合を広くまとめる統括組織――は予想というより期待を込めて、参加者七万人の可能性があるとメディアに語っている。それが過小評価であることがすぐに明らかになる。デモが議事堂前広場に向かううちに、二五万人が路上に出ていると報じられる。

集会の予定地点では、国会議事堂を背景にして、壇上のスピーチを聞こうと人々が集まっている。「五月七日の総選挙で、緊縮財政をめぐる政策闘争に勝ったと思っている連中は考え直した方がいい」と警告するのは、労組ユナイト書記長のレン・マクラスキーだ。緑の党のキャロライン・ルーカス議員は、七六％〔非保守党投票者と棄権者の合計〕の人が保守党に投票していないのだから、ジョージ・オズボーン財相に予算削減は「負託されていない」と話す。シャルロット・チャーチ〔歌手、ソングライター、活動家〕は熱弁をふるい、考えつく限りありとあらゆる種類の人を挙げて、誰もが公共サービスを必要としていると強調した。

ジェレミー・コービンはこうした反緊縮集会で何十回もスピーチしている。だが今回はいつもとは違う。党首選の候補者なのだ。コービンが壇上のマイクに進み出ると大喝采が起きる――このような迎えられ方は、この後、夏の間にそこらじゅうで見られるようになるが、今日はまだ新鮮そのものだ。ベテラン活動家がまるで注目の新人みたいだ。ステージの横では、反緊縮運動の顔であるラッセル・ブランド〔コメディアン、俳優、活動家〕が手を止めて、この人気上昇中のスターの言葉に耳を傾ける。コービンにとっては、党首選に入って初めて自らの立候補の中心的な政治メッセージと共鳴するイベントで、大群衆に向かって行う重要なスピーチだ。選挙キャンペーンが非公式に始動するのに、これ以上の舞台はない。

ところがコービンのスピーチからはそんなことはうかがえない。自分が労働党党首選に立候補しているということに触れさえしない。目の前にいる何万もの人に、誰でも三ポンドで投票できますと言わない。いかにもコービンらしい――欠点とさえ言えるほどの控えめさだ。唯一それとなく党首選に触れたときには、このイベントを自分のために利用しているという批判を打ち消すことのほうを気にしている。「この反緊縮運動は一つの運動だ」とコービンは言う。「個人の野心などまったくどうでもいい。これは、私たちの社会を、冷酷で分断されたものではなく、よいものに変えられる私たちみなの社会運動だ。前に進む道をみな知っている」

コービンの演説をフォローする役目はマーク・スティール〔コメディアン、活動家〕に回る。「まず初めに言わせてもらえば、ジェレミー・コービンがステージに上がってまるでロックスターみたいに迎えられる、そういう世の中に住みたいものだ」。心からの言葉だが、笑いをとるためでもある――コービンの盟友たちには、何もかもとうてい現実とは思えない。(原注1)

草の根の運動家たち

コービンの選挙キャンペーンに魔法をもたらしたのは運動だった。労働党員の間では一つのプロセスがすでに進行してはいたが、コービン現象にその特徴を与えたのは、党外から人が参加したことだった。ジェレミー・コービンの党首選をこれほど並はずれたものにしたのは、彼が裾野の広い運動の先頭に立っているという感覚だった。高揚感、ダイナミズム、不可能が可能になりつつあるという、うきうきした、一方で、どこに向かっているのだろうという混乱した気持ち――どれもが運動による政治の特徴だった。(原注2)

コービン支持のこのあり方がどのように生じたかという話には二つの側面がある。第一に、選挙キャンペーンが左派のさまざまな大義に訴える意識的な取り組みを行ったこと。第二に逆方向のプロセスがあり、反緊縮運動も自らの目的を推進できる媒体をすでに探しており、コービンの立候補にそれを見出したことだ。

第一の側面には歴史的広がりがあり、選挙キャンペーンが既存の運動に訴えることがなぜ必要だったかの説明になる。過去数十年にわたって、左派は多種多様な個別の運動に分層化されていた。一九六〇年代、七〇年代、八〇年代に、反人種差別や再活性化したフェミニズムなど新たな運動が花開いていた。こういった運動はしばしば、労働運動とはぎくしゃくした関係にあった。(原注3)当時、労働党がますます遠い存在になり、一方で、政治的多元主義が台頭していたため、社会変化を求める多くの人たちは、政党によらないシングルイシューの運動を行うことに、目標達成の最大の可能性を見出すようになった。

コービンの立候補は、この細分化した左派にもう一度まとまるチャンスをもたらした。しかし、まとまるのは自明ではなかった。ヤング・レイバー〔労働党下部組織、一四歳～二六歳の党員が対象〕全国委員会委員のマックス・シャンリーが認めるように、「この人たちの多くが、労働党を軽蔑して育ってきた」。ジャーナリストのオーウェン・ジョーンズは、ミリバンド党首時代に各地の民衆会議の会合で話をしたときのことを振り返る。「もし立ち上がって、『だからこそ労働党に加入しなければいけないんです。この国で、政権を取れる可能性が少しでもある左派運動を構築する唯一の方法は、労働党党首を通してだからです』などと言おうものなら、大声で激しく野次られたのは間違いない」

二〇一五年の大きな変化は、エド・ミリバンドの選挙改革〔五六ページ補注参照〕により採用された登録サポーター制度によって、潜在的な投票者が参加するハードルが劇的に下がったことだ。いきなり、党員でなくても三ポンド払えば、労働党の次期党首選びに発言権をもてるようになった。党は党首選を新党員リクルートの機会と見ていた――そのため、労働党全国執行委員会(NEC)は意図的に登録料を安くし、登録期間も長くとった。正規党員として加入するほうを選んだ何万もの人に対しても、投票を妨げるような、遡っての「凍結期間」は課されなかった。(原注4)

登録サポーター制度が左派に恩恵をもたらすと考えていた人はほとんどいなかった。ブレア派の発案であるこの制度は、活動家と労働組合の影響力を低下させ、「まことしやかに語られる伝説の中道基盤」に労働党を固定するのが目的だった。「向こうがあまりに自信満々だったから、私もこの制度がこちらに有利に働くことはないと考えていたと思う」とキャット・スミス議員は言う。しかし機会をにらんでいた人々もいた。「左派の候補者を立てることに熱心だった理由の一つは、こっちも三ポンド制に賛成したわけだし、右派の連中が予想しているよりずっと健闘できると実は思っていたからだ」とジョン・ランズマンは言う（原注5）。

　チーム・コービンの中では、登録サポーター制度を使って選挙キャンペーンを外部に向け、党を活性化させる新たなメンバーのリクルートをキャンペーン戦略の核にするという合意があった（これは、正規党員だけではコービンが勝てる見込みがないという、当初あった誤った悲観主義による部分もあった）。このアプローチを試す最初の機会が、民衆会議が主催した六月二〇日の「緊縮財政に今すぐ終止符を」の大デモだった。生まれたばかりの選挙キャンペーンは、サイモン・フレッチャーとアンドリュー・フィッシャーが作成したリーフレットをどんどん配布した。シンプルな言葉使いの目標はただ一つ――新メンバーのリクルートだ。

ジェレミー・コービンを労働党党首に
手を携えて緊縮財政を終わらせよう
労働党党首選挙で投票するため今すぐ登録を
jeremyforlabour.com/vote にアクセスするか、この用紙をお使いください

「二万枚のリーフレットの大半を配った」とチームのメンバーは言う。「何枚ぐらいが、誰か一人でも直接の参加につながったかわからないけど……これは大衆運動の一部なんだっていう考えが生まれた。そこにいた人たちとこんな話をしたのを覚えている。『デモの人がみんな参加してくれたら勝つね！』って」

　コービンは壇上で自らの立候補を宣伝しなかったが、代わりに他の演説者たちが宣伝した。「デモに来た人がみんな登録して、ジェレミー・コービンが労働党党首になるように投票したら、すごいじゃないか？」と、PCS組合（九五ページ参照）の書記長マーク・サーウォトカは問いかけた――サーウォトカは当時、労働党員ではなかった。「ここにいる何万人もが三ポンド払

って登録したら、もしかすると、反緊縮を訴える人物を労働党のトップにできるかもしれない」（原注6）。サーウォトカが話している間、ステージの下の群衆の中ではランズマンが「四方八方にリーフレットの束を渡して、みんなで配っていた」。ランズマンによれば「リーフレット配布があんなに楽だったことはない」（原注7）。

ジェイムズ・シュナイダーもリーフレットを配っていた。「『労働党はだめだ』と叫んでいる人が二人いた」と彼は振り返る。「そしたら、ウェールズなまりの感じのいい男性が言った。『いや、ジェレミー・コービンは違う。彼はいいよ。今までずっとみんなのために闘ってきた』。二人は『いやいや、労働党だ、ひどいに決まってる』。そしたらその男性は『そんなことはない、わかってないみたいだ、読んでみろよ。彼はいい』」

コービンがすぐに熱狂的に支持されたのには簡単明瞭な理由があった。コービンは、キャロライン・ルーカスやジョン・マクドネルと並んで、草の根の運動家の間でほとんどあまねく尊敬されている、ごく一握りの議員の一人だったからだ。マクドネルによれば、「議会労働党の中では〔ほかの〕誰も、どの社会運動のためであれ、まったく時間をとったことはなく、社会運動と結びつきがあることを……きまりの悪いことだと思っていた」（原注8）。対照的に、コービンは長年、非常に多様な運動の集会や会合でスピーチしてきており、そのため最初から支持基盤として運動を頼りにできた。マクドネルは振り返る。「ジェレミーは国内各地を回っていて、こんなふうに言っていた。『ああ、誰それに会ったよ、一〇年前、あそこの占拠で会ったことがある』とか、『チリの〔独裁者ピノチェトに反対する〕運動を一緒にやった』とか」

コービンとマクドネルは多くの運動の立ち上げも支援していた――「私の政治生活の主要な役割の一つは、ありとあらゆるそういう組織のために下院の部屋を予約すること〔だった〕」とマクドネルは冗談を言う。今度コービンのほうが活動家の支持を必要とするようになるやいなや、「あの議員たちはこちらの政治的主張を代弁してくれているし、肩を並べて取り組んでくれていた。支持しなくちゃならない」という姿勢を示したのだとマクドネルは推測する。

コービンの取り組みの真剣さは作り物ではあり得なかった。それは、議員でありながら、議会は世界の中心ではないと考える、自身の根本的な政治信念から来ていた。「政治というのは、面白いことに、スコットランド議会や下院、ウェールズ議会や他のどこであれ、数合わせではない」とコービンは言った。「実のところ、人々が何を考え、議会の外の世界で何をするかなんだ。政治的変化は、実際、社会の民主的な土台から来るものだ(原注9)」

民衆会議のデモに続く数週間、チーム・コービンはさまざまな集会やイベントに人員を投じた——その中には、当時、欧州連合(EU)との対立が頂点に達していたギリシャを支持するものもいくつかあった(原注10)。六月二七日、ロンドンでの「プライド」のパレードでは、「コービンと誇り高き者たち」のテーブルを出して、マーシャジェイン・トンプソンを先頭にボランティアがサポーターの登録を受け付けた——これはコービンの長年にわたる熱心な支持が報われた完璧な例と言える。コービンのLGBT+(レズビアン、ゲイ、バイセクシャル、トランスジェンダー他、性的少数者)権利擁護の姿勢は、それが非常に評判の悪い主張だった時から一貫していた。国会議員になる前、ハリンゲイ区議会議員として、国民戦線《ナショナル・フロント》(一九六七年創立の極右政党)の攻撃を受けたゲイ・コミュニティ・センターを守る先頭に立った(原注11)。議会では、一九八三年以来、平等の法制化には事実上全て賛成してきた。一九九八年、自由民主党が提案した性的志向による差別を違法とする人権法修正案を、党議拘束に反して支持した唯一の労働党議員だった——平等法が成立する一二年前のことだ(原注12)。

今、「ジェレミー・コービンを労働党党首に」というバナーを前に、そして「ジェレミー・コービンにくびったけ」と書いたバナーを持つ男性を後ろに従えて、コービンがロンドンを歩くと、沿道で見ている人々の間から誰ともなく「ジェレミー」コールが始まった。「名前がコールされてる!」とコービンはトンプソンに言った——「ハトが豆鉄砲をくらったような」顔で、とトンプソンは言う。道沿いにずっとコールがあがり続けた。トラファルガー広場で、演説のためステージに向かったコービンはもみくちゃにされた(原注13)。トンプソンによれば、この日は「何だか現実とは思えなかった……このとき思った。『何かが違う』ってね」。コービンのソーシャルメディア・チームもまた、広く左派からリクルートしていた。「始めたときは、コリンズ報告〔五六ページ参照〕の影響を理解していなかった」とベン・セラーズは振り返る。「でも、その後、やる必要があるのはサポーターを獲得すること、外を向くことだとわかった。そこでソーシャルメディアでも、ジェレミーが信じられないほど人気があるさまざまなグループのことや、彼が以前やったことについて話した」

それとは別に、一人のボランティアがさまざまな活動団体にアプローチする役目を引き受けた。この結果、七月二九日の『ニュー・ステーツマン』誌に、二五の団体と著名な個人が署名した公開書簡が掲載されることになった。書簡は「議会の外で社会変化を求めて取り組んできた草の根の運動家、活動家として、私たちは、この国の議会政治の根本的な欠陥と停滞の状態を認識している」という言葉で始まっていた。

しかし、誰が政権に就いているか、誰が主要政党の党首であるかには何の違いもないなどと示唆するのはばかげたことである……反戦デモの先頭に立っている時も、障碍者の権利のために立ちあがった時も、住宅危機に根本的な解決を求めている時も、ジェレミーは常に社会運動の側にいた。多くの極めて妥当な理由のために、労働党に対して懐疑的になっている人が大勢いることは知っている。そうした懸念はあるにせよ、私たちは、本物の運動家が野党党首になることを後押しするよう強く呼びかける。(原注14)

コービンが後援者の一人だったパレスチナ連帯運動をはじめとする活動団体やNGO、慈善団体の中には、非政党政治を謳っているために正式にコービンを支援できない団体もあった。「メールアドレスのリストをコービンに渡したとかそういったことは、どの大組織でも一切ない」とコービン陣営のメンバーは言う。「どこまで推し進めるか、参加を呼びかけるかという点については、団体によって見解が違った」。「戦争を止めよう連合」――コービンが議長を務めていた――

は大半の団体より踏み込み、六月一六日にコービン支持を表明し、三ポンド登録のページへのリンクを貼った。(原注15)

コービンの取り組みが最もよく知られ、そのため最も厚い支持を得られたのは、平和や核軍縮、移民の権利、反人種差別などの国際問題・人権問題の運動だった。支持基盤の大部分は、イラク戦争が自分の人生において重大な問題だったという人々から成り立っていた。しかし、コービンは、信じられないほどさまざまな範囲の活動家に好意をもたれていた――環境保護運動家からメンタルヘルス運動家、良識派の活動から、より急進的な直接行動団体まで、といったぐあいだ。コービンの立候補はそうした人々全員にとって、一つの勝つべき闘いとなった。

最初の数週間、コービンの選挙キャンペーンは、後に惹きつけることになる、より広範な進歩派の人々よりも、むしろ活動家にアピールしていた。「ジェレミーの政治の全体像を実際にきちんと知っていた人の数は、たぶんかなり少数[だった]」とキャンペーン・チームの一人は言う。「たぶん一万人ぐらい」。しかし、こうした活動家たちは、非常に経験豊かな運動家集団の核となる人々で、ソーシャルメディアで積極的に発言し、左派のネットワークにつなぎ、そして、人に何かを勧めることをためらわなかった。この人たちにとって「ジェレミーは、またもや一人、左にすり寄る労働党の政治家ではなく、本物だと請け合う」ことができる人物だった、とキャンペーンに関わった一人は言う。これは、二〇一五年八月に立ち現れる「最大限に裾野の広い左派」の連合を構築するのに不可欠な足場となった。

反緊縮のうねり

「わが家《ホーム》を探していた運動が一つあった」。ジェレミー・コービンをあれほど押し上げた反緊縮財政の機運を振り返って、コメディアンのマーク・スティールは言う。(原注16)これがコービンと社会運動との関係の物語のもう一つの側面だ。例えば、反戦や反核運動から支持者を惹きつけることは重要だが、二〇一五年にはこうした問題は、二〇〇〇年代初めに「戦争を止めよう連合」が、あるいは一九八〇年代に核軍縮キャンペーンがそうだったような、左派活動の原動力ではなかった。サポーターのリクルートは、選挙キャンペーンを一定のところまで進めることはできたが、驀進するコービン号の推進力になれるのは、自前の熱をもつ同時代のプロセスしかなかった。このエネルギーを提供したのが反緊縮運動だった。

世界中で、ほぼ時を同じくして左派政治家が注目を浴びているのは、また、彼らを押し上げている勢力にこれほど共通点があるのは偶然ではなかった。「英国だけではない。同じような運動がヨーロッパ各国、米国などにもある」と選挙戦中にコービンは、自らの躍進の理由について熟考して語った。「もう長い間、ふつふつと沸いていた。私たちを緊縮財政と予算削減に陥らせた経済正統教義への異議だ。同時にそれは、もっと共同体的な、みなが参加できる何かに対する渇望でもある」(原注17)

コービンのコメントが示すように、反緊縮運動は、実はマーガレット・サッチャーとロナルド・レーガンが導入した自由市場、金融を基盤にする攻撃的な形の資本主義——今や新自由主義《ネオリベラリズム》という、たちの悪い名前で知られているもの——に反対する広範な闘いの継続にほかならなかった。一九八〇年代に労働運動が牽引したこの闘いは初戦で負けた。一九九一年に冷戦が終結したとき、新自由主義の唱道者は完全勝利を宣言できた。どうやら「歴史の終わり」らしかった。(原注18)それはグローバリゼーションの時代だった。英国では一九九四年、労働党が、サッチャー主義の基本教義を覆すことはできないと譲歩し、ニューレイバーになった。本当に「他に選択肢はない」(There Is No Alternative TINA)ように見えた。

しかし、「もう一つの世界は可能だ」と主張する人々が一部にいた。世紀の変わり目のころ、国際的なオルタ-・グローバリゼーション運動が誕生した。(原注19)この運動は非序列的かつ「水平」に構築されており、組織化された労働者の運動とはまったく異なるスタイルをもっていた——アナキスト的雰囲気で、DIY的美学をもち、そして快楽主義的傾向があった。運動が盛んだった数年間、国際機関の大規模な会合で、何万人、ときには何十万人にも上るデモの大規模動員を免れたものはほとんどなかった。しかし、隆盛を極めていた新自由主義に立ち向かうのは至難の業だった。エネルギーに満ち溢れていたにもかかわらず、オルター・グローバリゼーション運動は主流政治には最小限の影響しか及ぼさず、米同時多発テロ以後、対テロ戦争への抵抗にエネルギーが向けられるようになるにつれて後退した。(原注20)

二〇〇八年の金融危機で状況は一変した。金融危機後の時期は、左派にとって、その正しさが証明され、勢力を拡大する時期になるはずだった。しかし、左派にはこの機会をつかむ準備ができていなかった。組織的なパワーも、知的な自信も欠いていた。敗北に慣れっこになっていたのだ。右派のほうはそうした懐疑に苛まれてはいなかった。「右派は、二〇〇八年金融危機を、世界の金融システムと金融エリートの破綻から、社会保障制度と福祉国家の破綻へと、ナラティブをすり替える用意ができていた」とクライブ・ルイス議員は説明する。束の間、パニックの中でケインズ派型の財政出動(公共投資を用いた成長の生成)が行われた後、新自由主義のイデオロギーが、国際機関やユーロ圏、そして特に二〇一〇年の総選挙後に保守党主導の連立政権が発足した英国政府において再び姿を現した。ヨーロッパ大陸は、緊縮財政の暗いトンネルの中に入り込んで行った。

オルター・グローバリゼーション運動が開発した精神と手法は、反緊縮運動にすぐに転じられた。二〇一一年、非序列的左派は、新たな戦術――占拠――によって、突然、再び注目を集めるようになった。スペインで膨大な数の人が都市の広場を占拠した(15M運動)のを皮切りに、この現象はギリシャへ、そしてニューヨークへと広がった。ニューヨークでは「オキュパイ」の名称と「私たちは九九%だ」というスローガンを採用した――人口の大部分と、全てのリソースを抱え込むごくわずかの最上層とを区別したのだ。

この運動は若く、主に、金融崩壊への対処として採用された政策の下で最も苦しんだ世代から成り立っていた。(原注21)政党政治制度に敵意を持っており、労働組合には無関心だった。占拠者たちは土地を占拠することはできたが、守り続けることはできなかった――文字どおり、物理的な意味でも比喩的な意味でも。(原注22)広場から物理的に排除されると、結束力の大部分は失われた。(原注23)

しかし、その持続的な成果として、政治的な可能性を切り開いていた。

二〇一二年晩春、コービンは、当時野蛮な経済実験のさなかにあったギリシャを訪れた。そこで目にしたのは困窮であり、絶望であり、アテネの路上の物乞いだった。しかし、何か新しいものが、催涙ガス以外の何かがあたりに漂っていた――希望だ。反緊縮運動は、一連の巨大デモ――ギリシャ左派の言葉を借りれば、それぞれが「デモ以上、革命未満」だった――を通して方向転換させられなかった後、自らの意志を通す方法を必死で探していた（原注24）。閉塞感の中、動き続ける運動は選挙政治に道を求めた。運動が支援した政党シリザ〔急進左派連合〕――ギリシャ・マルクス主義の伝統の反抗的な申し子――は、二〇〇九年の議員選挙では得票率わずか四・六％だった。しかし、二〇一二年六月、得票率は二七％に跳ね上がり、僅差の二位になった。衝撃波がヨーロッパ全土に広がった。

シリザ台頭の裏には、従来の中道左派政党、全ギリシャ社会主義運動（略称パソク）の目を覆うばかりの低調ぶりがあった。パソクは二〇〇九年の時点でも、まだ四四％の得票を獲得して選挙に勝っていた。しかし、緊縮財政導入後の二〇一二年六月、わずか一二％に落ち込んだ。パソクの運命は、社会民主主義（資本主義に取って代わるのではなく、それを制御して、より公平な社会を作ることを約束し、ヨーロッパの中道左派政治を一〇〇年にわたって支配してきた希釈化された社会主義）の危機を如実に示すものだった。コービンはギリシャで目にした劇的な展開に触発され、帰国すると、パソクの屈辱的な崩壊は、どこの社会民主主義者にとっても「生々しい警告」だと書いた。シリザのリーダー、アレクシス・ツィプラスと会い、ツィプラスの選挙集会の一つに参加したコービンは、パソクが残した空白を埋めたのが社会主義のオルタナティブだったことを非常に喜んでいた（原注25）。

コービンの予測どおり、その後、他の社会民主主義政党は、パソクの苦境をなぞる運命をたどった（原注26）。この現象の根は深い。社会民主主義が最も隆盛だったのは第二次世界大戦後の約三〇年間で、ケインズ派の経済コンセンサスと密接に結びついていた時期だった。産業界は成長を支援される一方で、その分、労働者の力の増大を受け入れなければならないという暗黙の取引が成り立っていた。労働者は自らの強い立場を活かし、社会民主主義の政府を通して、皆保険医療制度や社会保障制度などの住民福祉を実現する。この取り決めは、一九八〇年代の新自由主義の勝利によって、致命的な傷を負った――これ以後、経済基盤は、産業から金融とサービスへと移行した。労働組合は撃退され、社会民主主義を担う機関や法令が――なによりも福祉国家体制が――次第に弱体化した（原注27）。これに応じて、社会民主主義政党は、より新自由主義的になった。英国のニューレイバーはその顕著な例だが、新自由主義経済は異議申し立てのできない事実であるという信念〔〝他に選択肢はない〟〕は、至るところで、主だった社会民主主義政党の世界観に入り込んでいた。

ギリシャのパソクの消滅後、有権者が社会民主主義を拒否しているという分析が流行ったが、実際には、社会民主主義はもう選択肢から外れたのだ。緊縮財政の制約を受け入れれば、社会民主主義の最も控えめな約束――中心的な公共サービスへの投資――を守ることさえ不可能だった。コービンの顧問の一人が言うように、「社会民主主義は挫折したのではなく、ただ単に存在しなくなった」のだ。中道左派の政治家は、支持者に対してよりも現状を維持することに忠実な、よそよそしい技術官僚《テクノクラート》エリートにますます似てきた。だが、従来中道左派に投票してきた人々は、緊縮財政で最大の打撃を受けた人々の一部でもあった。イデオロギー的に取り残された社会民主主義政党は、オルタナティブの希望をまったく提供しなかった。それまで投票してきた人の多くが支持を止めたのはもっともなことだった。

大半の社会民主主義政党が破綻したシステムを頑なに守る中、反緊縮運動は、社民より左の政党に流入したり、社民の左に新党を結成したりした。どのような形をとったかは、その国の政治的伝統に従い、違いがあった。マルクス主義左派が第二次世界大戦およびギリシャ内戦以来の正統性をもち、歴史的に強力なギリシャでは、反緊縮運動はシリザに本拠を見出した。スペインは独自色の強い運動の政党ポデモスをゼロから作った。ポデモスは二〇一五年一二月、結成から二年足らずで二〇％の得票を獲得した。選挙をめぐる現象で最も驚くべきことが起きたのは米国で、二〇一五年から一六年にかけてのバーニー・サンダースの大統領選立候補だった。サンダースの選挙キャンペーンは、米国の進歩的左派を復活させていたオキュパイ運動に大きく依存していた[原注28]。

　もちろん、機能不全の経済システムに対する不満は、左派だけに現れたわけではない——ドナルド・トランプや、ギリシャのネオナチ政党「黄金の夜明け」、フランスの極右「国民戦線」、スウェーデン民主党〔極右〕、そしてそこまで極端ではないがＵＫＩＰ《ユーキップ》の台頭がそれをまざまざと示している。

　英国での緊縮財政の規模は、最悪の影響をこうむったヨーロッパ大陸諸国に比べればはるかに小さかったが、予算削減の影響を受けた社会層にとって、それは何の慰めにもならなかった[原注29]。保守党の政策は、特定の集団を選び出して罰を課す傾向があった。例えば、何百万人もの公共部門の労働者の賃金が凍結された、障碍者が基本給付をカットされたり給付を受けにくくされたりした、公営住宅に住む人々は空き部屋があれば寝室税の対象とされた、などなど枚挙にいとまがない。

　最初に大規模な抵抗の表出で答えたのは標的にされたこうした集団の一つ、学生だった。大学の学費を年額九〇〇〇ポンドへと三倍に引き上げることが提案されると、二〇一〇年一一月から一二月にかけて五万人以上の学生が路上に繰り出し、一連の抗議デモを騒然と行った[原注30]。その結果、学生組織が急進化し、若者層が政治への関心を高めた。「刑務所にまで行った学生たちがいた」とジョン・マクドネルは振り返り、「そういった学生に寄り添い、家族と会合をもった」議員は自分とコービンだけだったという。苦境がもう一つ別の集団——障碍者——を襲うと、規模こそ小さいが同じように激しい反対運動が生まれた。コービンとマクドネルは、二〇一〇年に設立された「カットに反対する障碍者」（ＤＰＡＣ）に深くかかわった。「いまだかつてない急進的な障碍者運動が今、この国にある」とマクドネルは言う。

　英国経済の特徴はヨーロッパより米国に似ている。大きな格差、企業トップの法外な報酬、停滞する賃金、不十分な労働者保護、責任を逃れる金融産業、誰も手が出せない大企業などがそれだ。これに対する一つの反応が「UKアンカット」〔一一三〜一一四ページ参照〕による直接行動のアプローチで、二〇一〇年一〇月には、ボーダフォン〔多国籍携帯電話事業〕に対する税制措置に抗議するため、店舗を封鎖すると発表した。(原注31) UKアンカットは、オルター・グローバリゼーション運動の水平志向を保ちつつ、法人節税・脱税に特に焦点を当てていた。その戦術はエリート層を震え上がらせるように見えるものだったが、コービンはすぐに支持した。「本質的に、それは道義的な力だ」とUKアンカットについて言っている。(原注32)

二〇一一年一〇月、世界的な「オキュパイ」現象の一環として、ロンドンのセントポール大聖堂の外にキャンプが設営された〔セントポール大聖堂は金融の中心地であるシティーにあり、ロンドン株式取引所に隣接している〕。マクドネルは、最初の晩、そこにいた。参加者はそう多くはなかったが、オキュパイとUKアンカットには数以上の影響力があった。UKアンカットが俎上に載せるまで、税逃れは重要な政治問題ではなかった。経済格差に対する怒りは、オキュパイの後、ますます注目されるようになった。こうした抗議運動は、英国のメディアで反射的に揶揄され、無意味だと断言されたが、運動は自らの行動を通して違いがわかるほど状況を変えたのだ。

労働組合は、はるかに多くの人を動員できた——ただし、A地点からB地点まで歩くという従来のデモの政治的インパクトはそれほど大きくないとは言えた。二〇一一年三月、ロンドンで労働組合会議(TUC)が組織したデモでは四〇万人が路上に繰り出した——イラク戦争以来、英国では最大のデモだった。年金制度の変更をめぐって行われた一連の公共部門のストライキには、二〇〇万人の労働者が参加した。(原注33)

反緊縮運動——従来型のものでも新しいものでも——にとって大きな問題は、いかにして勢い《モメンタム》を維持するかだった。二〇一二年一〇月の第二回TUC全国デモは、前回の半分の規模だった。(原注34) 公共部門のストで二〇一一年に匹敵するものが行われたのは、三年後の二〇一四年、賃金凍結反対で呼びかけられたものだったが、参加した労働者の数は前回の半数にとどまった。(原注35) UKアンカットとオキュパイもやはり、時折、姿を現したが、二〇一一年のような活力の再現は二度と起き

なかった。（原注36）
しかし、保守自民連立政権の任期半ば頃には、さまざまな反削減グループや地域《コミュニティ》レベルの抵抗運動が生まれていた――「私たちの病院を守れ」運動、保育サービス廃止に反対する抗議行動、スイミングプールなど地元の施設閉鎖に反対する闘い。多くの闘いの先頭に立っていたのは、とりわけ深刻な影響を受けていた女性たちだった。運動は組合支部や組合評議会の組織的支援を提供されている場合も多く、地元の「削減反対」グループでまとまっていた。最も急進的な場合、占拠も行った――例えば閉鎖の危機にあった図書館が、コミュニティの人々によって開館され、運営された。
「反緊縮財政の点から行われた政治運動は、現行体制の運営の仕方に対する完全な幻滅だった」とマクドネルは言う。「どちらかというと、ばらばらの批判になって現れた――UKアンカットは税制、DPACは障碍者の待遇というふうに」。二〇一三年の反緊縮民衆会議《ピープルズ・アッセンブリー》の設立は、こうしたばらばらの力をまとめようとする試みだった。（原注37）これによって、運動団体が大組合（ユナイトやユニゾン、CWU〔一四六ページ参照〕といった労働党提携組合をはじめとする）や、緑の党などいくつかの政党と結びついた。コービンとマクドネルは会議設立書簡の署名者だった。（原注38）全国に民衆会議の地方支部が作られ、草の根で支持基盤を構築した。
二〇一四年、こうした活動は拡大した。会合に集まる人が増えた。地元の闘いが重要度を増した。例えば、ロンドンの住宅問題を前面に押し出したのは、強制退去に抵抗する活動から有機的に生まれた「フォーカスE15」のようなグループや、ホクストンのニュー・イラ団地の住民を守る注目度の高い運動だった――コメディアンのラッセル・ブランドも関わっていた。ブランドは知名度を活かして運動の理念と行動を広め、自ら看板となって、何千人もの若者を反緊縮運動に関わるよう惹きつけた〔前者は一人親家庭用仮住居「フォーカスE15」退去を迫られたシングルマザーたちが、後者は公団を買い取った開発業者に家賃の大幅値上げを告げられた住民集団が、地域の人々を味方につけ、メディアや法廷に訴えるなどして、居住権を勝ち取った住民運動。公営住宅が私企業によって開発されるのを機に、住民が遠隔地へ転居せざるをえなくなるソーシャルクレンジングの典型的な例〕。

反緊縮財政運動は二〇一五年一月、ギリシャ総選挙でのシリザの勝利で勢いづいた。不利の予想を覆し、反緊縮政党が、戦後ヨーロッパ史で初めて急進左派政府を発足させたのだ。意気軒昂なギリシャの活動家の言葉を借りれば、「反攻の夢がかなうとき」が来たと感じられた。(原注39) 突然、もう一つの世界が可能であるばかりか、手応えのあるものとなったように思われた。

同じ頃、英国では「緑の党ブーム」が起き、非常に多くの人が緑の党に加入して、党員が五万人に膨れ上がった――UKIPよりも自由民主党よりも大きくなったことになる。(原注40) この加入の波は、緑の党の左傾化によるものと説明されている。「平均的な党員は今や、気候変動運動家であると同時に反緊縮活動家だった。熱帯雨林を守るのと同じようにNHSを守ることに熱心だった」と、緑の党活動家でジャーナリストのアダム・ラムゼイは書いている。(原注41)

反緊縮左派の一翼を標榜して、党員が急増したもう一つの党はスコットランド国民党(SNP)だった。成層圏に達するばかりの急増の総合的な理由は複雑だが、反緊縮財政運動はこのドラマの中で一つの役割を果たした。(原注42) スコットランドを英国から独立させるナショナリストとしての立場にとって重要だったのは、独立によって、保守党の緊縮財政政策を逃れられるという考え方だった。そういうわけで、スコットランド労働党は、二〇一四年のスコットランド独立住民投票で現状を守るために保守党と歩調を合わせたとき、単にスコットランド・ナショナリズムを放棄しただけでなく、反緊縮運動も捨てたものとみなされた。ギリシャのパソクとちょうど同じように、労働党は、自党の支持者を痛めつける政策を押し付ける、はるかかなたのエリートを守っていると受け取られた。

スコットランドの外では、反緊縮運動は単純小選挙区制によって道を塞がれていた。緑の党や、ウェールズのプライド・カムリ(ウェールズ語でウェールズ党。左派ナショナリスト政党)、あるいは、何らかのより小さな社会主義政党を通して意見を表明したいと考えていた運動の一部にとって、二〇一五年の総選挙は失望だった。緑の党は一〇〇万票以上(二〇一〇年の四倍)を得たにもかかわらず、わずか一議席しか獲得できなかった。しかし、保守党単独政権発足に対する怒りは、反緊縮運動に思いがけない後押しを与えた――六月二〇日の民衆会議の巨大デモがその証拠だった。

わが家《ホーム》を探し求めていた反緊縮財政運動にとって、労働党は、最後までノックしなかったドアだった。[原注43] 驚いたことに、このドアは鍵がかかっていなかったばかりか、大きく開かれていた。単純小選挙区制といえども、欧米世界を席巻していた歴史的潮流から英国を完全に遮断することはできなかった。ヨーロッパ全域で新自由主義に染まった社会民主主義政党が見せていた劇的な崩壊は英国にも確かに反響していたのだが、目に見えないところに隠れていた――それは労働党そのものの内部で静かに起きていた。

労働党は昔から二つの政党が溶接されていると言われていた――社会民主主義政党と社会主義政党だ。しかし一九九四年以来、労働党は実際には三つの政党だった――新自由主義政党（ブレア派とブラウン派）、社会民主主義政党（「ソフト・レフト」と「オールド・ライト」）、そして社会主義政党。[原注44] ニューレイバーとしてあれほど長きにわたって君臨した新自由主義派は、二〇〇八年の金融危機によって致命的な打撃を受け、二〇一五年には、ヨーロッパ大陸の中道左派政党と同様、崩壊していた。しかし、この傾向は、労働党という殻の中での動きに留まっていたため、誰も知らなかった。党首選を行って初めてそれがわかった。そんなわけで、反緊縮運動が労働党に流れ込んだとき、既存の党員からの敵意は予期していたものよりはるかに小さかったのだ。それどころか、労働党が自ら変貌の過程にあることに反緊縮運動は気づいた。

中道左派に起きた歴史的な政治シフト、党首選規約の根本的変更、そして、党首選の投票用紙に左派候補の名前が思いがけずあったこと、そうした驚くべき偶然によって、ギリシャやスペインとは違い、英国では、反緊縮運動は確立された政党を「わが家」にする機会を得た。この潜在的な利点は非常に大きかった。労働党に、単純小選挙区制を活かせるインフラや知名度、深く根を張った支持基盤があっただけではない。組合とのつながりが残っており、だからこそ労働党は、常に多くの社会主義者から進歩的変化の担い手として見られていた。

反緊縮財政運動は、英国政治に深い影響を与えたたビン運動」である。

め、その発展をたどるとき、規模や強さを過大評価しがちだ。二〇一五年の総選挙で保守党が勝ったことが示すように、実は緊縮財政は多くの人にとって関心事ではなかった。ただ、左派と労働党内部で何が起きたかを説明するには、その出来事を加速させたこの運動を認知することが不可欠だ。

「高まりつつあった反対の空気があって、それが、反対することから変革と変化を求める要求へと移っていった」とマクドネルは言う。「うちはその風をつかんだ――うちがその一部だったからだ」。コービンの選挙キャンペーンが始動すると、反緊縮運動や他の活動に関わっていた人々より広い範囲の人々を惹きつけ始めた。「[コービンへの支持の]最大の部分はおそらく、労働党に加入していない左派の進歩派で、ジェレミーが関わってきた特定の運動のどれとも結びついていなかったが、でもおそらく、総体的に反緊縮で、総体的に反戦で、総体的に人権問題への取り組みに賛成する人々だったのだろう」とコービンのチームの一人は言う。こうした人々が数を増すにつれて、選挙キャンペーンは独自の政治運動へと変身していった――「コー

第七章　労組の持つ力

二〇一五年夏

「ブレア派とピーター・マンデルソンのような人々による締め付けは、金輪際、取り除かれなければならない。労働党にはウイルスが巣食っており、ジェレミー・コービンは解毒剤だ」

――デイブ・ウォード（CWU労組書記長）

ジェレミー・コービンは、いつもやっていることができないのは好きではない。七月第三週の週末、彼は例年、ドーセットのトルパドル村で開かれる「トルパドルの殉教者祭《フェスティバル》」に行く――各地の組合旗が掲げられ、ライブ演奏と演説が行われる労働組合主義《トレード・ユニオニズム》の祭典。一八三四年、農業労働者の労働組合を結成しようと団結した罰としてオーストラリアに流刑になった六人の男を記念するイベントだ。トルパドルの殉教者として知られる六人は労働運動のヒーローになった。毎年、何千人もの労働組合員や仲間が彼らを偲んで村に集まり、楽しく週末を過ごす。

しかし二〇一五年、コービンは多忙だ。トルパドルには行けませんと選挙キャンペーン・チームに言われている。七月一九日の日曜日、フェスティバルでいつもの集会がある日は、午前中に二〇〇キロ離れたロンドン圏で労働党の公式政見討論会《ハスティングズ》がある。どう考えても無理だ。「列車を調べて何とかしてくれ」とスタッフに言うが、どうしようもないと報告がくる。フェスティバルの終了は午後六時。間に合わないだろう。

しかしコービンは頑固なたちだ。「トルパドルに行くつもりだ」と選挙キャンペーン・チームの一人、マーシャジェイン・トンプソンにメールする。いつもは自転車をもってドーチェスターまで列車に乗り、そこから村まで一〇キロ、自転車を走らせる。「考えたんだが、途中のどこかで降りるから、ジャック［・ボンド、チームのメンバー］が二時間前に車で出発して駅で待ち、村まで送ってくれれば間に合うんじゃないか」

当日、計画は時計より順調に行く。コービンとボンドは予定より早く、午後四時にフェスティバルに着く。美しい日だ。太陽が照って、そよ風が心地よく、会場は色とりどりだ。コービンは「ジェレミー・コービンを労働党党首に」のブースに向かう――トンプソンをはじめとするボランティアのチームがいて、情報を発信し、キャンペーン・グッズを販売し、投票のための登録を受け付けている。フェスティバル参加者はほぼ全員、赤い「ＪＣ《ジェレミー・コービン》」ステッカーをつけている。コービンはすぐ、一緒に自撮りする人、言葉を交わしたり握手を求める人に囲まれる。彼は仲間の中にいる。

『ガーディアン』紙のジャーナリスト、ジョン・ハリスが短編ニュース動画を撮りに来ている。すかさずインタビューだ。「こういうことは驚きですか」とコービンに質問する。「一緒に自撮りとかしようとする人たちで二メートルと進めないようですが。前回ダイアン・アボットのとき、こんなことはなかった。わかりますよね。何かが変わっている」

「みんな希望を探し求めているのです」とコービンは答える。「私たちの選挙キャンペーンは――これは私の、ではなく、私たちの、ですから、大勢の人が一緒ですから――、いろいろなことを変えています。私はたまたま、キャンペーンを代表して発言するように頼まれた立場にいるだけです。その仕事をするのは喜びであり、誇りに思っています」

「控えめすぎますよ」とハリスはコメントする。

「悪いことかな」

「いや」

みなコービンにスピーチしてほしいと願っている。しかし、フェスティバルを主催する労働組合会議（TUC）は、コービンがステージから聴衆に話しかけるのを認めたがらない――他の候補が誰もスピーチの機会を与えられていないため、ひいきと取られかねないからだ（しかし他候補はここにいるわけではない）。とっさに、トンプソンは、自分の所属する組合ユニゾンに、コービンがユニゾンのテントの外でその放送システムを使ってスピーチしてもいいか尋ねる。ユニゾンはまだ労働党党首選候補を誰も推薦指名していなかったが、イングランド南西部地域書記長のジョアンヌ・ケイは、ユニゾン組合員であるコービンにスピーチの機会が提供されるべきだ、と同意する。

計画が練られる。歌手のビリー・ブラッグがフェスティバルを締めくくることになっている。トンプソンはブラッグがステージに上がる前に話をして、ショーの後コービンがユニゾンのテントでスピーチすると聴衆に伝えてほしいと頼む。しかし聴衆の多くは貸し切りバスで来ており、午後六時の終了後まもなく出発しなくてはならない。ボランティアたちがバスの運転手のところに伝令に出され、出発を少し遅らせられないか尋ねる。話は簡単につく――運転手たちもコービンのスピーチを聞きたいのだ。

ブラッグはショーの終わりに聴衆に伝える。「みなさん、関心があるんじゃないかと思うけど、あそこの白いテント、ユニゾンのテントに、たぶん見えるかな、ジェレミー・コービンがいて、この後すぐスピーチする予定です……それでは最後に古い歌をさっと歌って終わりたいと思う。今年はジェレミー・コービンに捧げます」

ブラッグは労働党歌『赤旗の歌』（曲は「もみの木」）を歌い出す。聴衆の大部分も、拳を上げた社会主義者の敬礼をしながら加わる。それから、聴衆全体がユニゾンのテントの方を向く。屋外にいた三〇〇〇人が、ただコービンの話を聞くためにそのまま残っている。

「トルパドルは、私にとって本当にとても特別な場所だ。一四歳の時、母さん、父さんと一緒に初めて来た」とコービンは語り始めて二〇分――そのスピーチの中でこう繰り返す。「自分たちが何者《なにもの》であるかに誇りを持とう」

「離れていった人を連れ戻すことができる。でも連れ戻すためだからといって、自分たちが何者なのか弁解したりしない。連れ戻すためだからといって、労働組合を、一年おきにクリスマスに顔を出して早く帰ってほしいとみんなに思われる厄介者のおじさんみたいに扱わない。私たちは、自分たちが何者であるかを誇りに思い、自分たちがどこから来たかを誇りに思い、自分たちの組合を誇りに思って、人々を連れ戻そう」

コービンのスピーチは、緊縮財政、環境、平和など、選挙キャンペーンで取り上げているあらゆる問題におよぶ。しかしコービンはこの全てを労働運動という文脈の中に位置づける。――党だけでなく、働く人の運動であり、その歴史は、人民憲章派《チャーティスト》運動〔一九三〇年代末から四〇年代末にかけて、普通選挙、財産制限の撤廃などを定める人民憲章法案の通過を議会に迫った労働者による政治運動〕から、トルパドルの殉教者、そして労働組合の結成を経て、イングランド内戦〔清教徒革命（一六四二～四九年）を含む内戦〕にさかのぼる。この歴史に連なる現在の闘いとして、保守党の提案する労働組合法案と闘うよう聴衆に求める。「一八三四年に、まさにこの村で立ち上がった勇気ある人々と同じように、私たちは間違いなく、労働組合と労働者の権利のために立ち上がることができる」。コービンは続ける。「視線を高く上げ、精神を高く上げ、希望を高く上げて、より良い、まともな世界を求めよう。それこそが、私たちの先祖が求めて闘ったもの、そして私たちが誇りを持って訴えているものだ。何が起ころうと、私たちは一つの力であり、存在であり、未来であり、希望であり、次の世代にとってのインスピレーションだ。お招きいただいて本当にありがとう」

聴衆は盛大な歓声で応え、拍手が鳴りやまない。コービンが実は招かれていたわけではないことなど、誰も気にしていない。(原注1)

組合政治

メディアでは、労働組合は、過激でイデオロギー色の強い左翼の脅威として描き出されているが、実はそれとは逆に用心深い組織だ。資本主義経済の中で働くしかない組合員の労働条件の改善を最優先にしている。このため、社会主義社会を導入するという大きな夢は、歴史上、常に抑えられてきた。労働党党首選びとなると、大組合は実際的になり、協力が可能な人物である限り、通念からして最も首相の座に近いと思われる候補を支援すると予想されている――一〇番地〔首相官邸〕に交渉相手を持つためである。不確定要素の多い候補の支援は想定されていない。二〇一五年、組合はこの予想を裏切った。

九つの組合がジェレミー・コービンを推薦指名した――このうち、二つの巨大組合ユナイトとユニゾンなど六つは労働党と提携している。一方、当初最有力候補だったアンディ・バーナムを支持した組合は三つ、イヴェット・クーパー支持は二つ、リズ・ケンドールを支持した組合はなかった。(原注2) この異常事態はどのようにして起きたのか。もちろん各組合には独自の組織文化と内部政治のダイナミクスがあり、違いがあった。しかし、それぞれの組合は孤立した島としてではなく、同じ地勢を共有する一つの土地の上で活動していた。

この土地に見られる一つの特徴は、党でも社会運動でも起きていたおなじみのこと、コービンを支持する下からの熱いうねりだ。しかし組合機構には、一般組合員からのプレッシャーに抵抗してきた数十年の経験があった。変化していたことが一つあった――一五年にわたる組合執行部の左傾化だ。これは部分的には経済の変化の結果だったが、同時に、党内で組合から従来の役割を奪ったニューレイバーの台頭への反応でもあった。その結果、一方で、労働党エリートを擁護する強い義務感を感じない世代の組合書記長や幹部が現れ、一方で、党首選でのコービンの三人のライバルのように、組合に対する義務をほとんど感じない党エリートが現れた。

「多くの[組合]幹部は、草の根からの強いプレッシャー下にあった」とマクドネルは言う。「それに幹部はこう思うようになっていた。『考えてみれば、必ずしも心から同意しているわけではない人物をなぜ支持しているのか。なぜ次善の選択をしているのか。なぜ本当に支持できる人物を支持しないのか』ってね」

ほとんど誰にも知られていない組合政治の一大世界がある。新聞から産業記者がいなくなって以来、メディアは、こうした組織の動きについて、きわめて表面的な知識しかないのがあからさまだ。活動方針も人も大きく変化し、その結果、政治と社会に影響を及ぼしていることが見逃されている。党首選の間も結果が出た後も、組合内部で何が起きたか理解しようとする試みはほとんどなかった。コービンの成功にとって、労働組合の支持が一大要因だったことを考えれば驚くべきことだ。組合の支持は、組合員の票として貢献し、選挙キャンペーンが喉から手が出るほど欲しかった資金とリソースを提供した。そして最も重要なのは、コービンの挑戦に正統性と信頼性を与えたことだ。コービンのようなアウトサイダーへの支援は組合らしくなかったかもしれないが、組合の支持があれば、コービンはもうアウトサイダーではなかった。

組合vs.ブレア派

労働組合運動全体は、常に足場を左派に置いていたわけではなかった。一九五〇年代には、右寄りの組合書記長と議員の連合が労働党を支配していた。しかし一九六〇年代後半から組合は歴史的な左傾化を開始、その象徴として、一九六八年、英国の二大労組で「恐るべき双子たち」ジャック・ジョーンズとヒュー・スキャンロンがトップに選ばれた。一九七〇年代には労働党選挙区支部がこの軌跡をたどり、一九八〇年代初めのベン派の反乱につながった。この傾向が頂点に達したのは一九八一年で、このとき、組合と選挙区支部の協力によって、それまで議員だけがもっていた党首選びの特権が剝がされ、その代わりに、党首選びの責任を組合と党員と議員に三分割する選挙人団制度が導入された。

組合と選挙区支部の協力は、成果をあげるやいなや壊れ始めた――組合は党の左傾化に恐れをなして、ベン派の選挙区支部への対抗勢力になる立場を取った。組合は労働党党首の近衛兵とみなされるようになった。(原注3)

しかし組合の力は弱まりつつあった。マーガレット・サッチャー政権による産業の破壊と制約的な労働法制の義務付けで、組合員数はピークだった一九七九年の一三〇〇万人から、一九九〇年代半ばには八〇〇万人に減った。(原注4) 炭鉱をはじめ、労働運動の力の中心の多くが壊滅させられた。協調組合主義路線で運営される産業で、パートナーとして役割を果たすことを通して長い間進んできた組合の資本主義への統合は逆戻りした。サッチャー派バージョンの新しい攻撃的な資本主義では、資本はもはや労働組合を必要としなかった。

こうした文脈の中で、一九九四年、ニューレイバーが登場した。組合への敵意をむきだしにしたブレアは、組合運動と党執行部の間の関係を規定してきた暗黙の「紳士協定」を破り捨てた。(原注5) 以前は、持ちつ持たれつの取り決め――政策への影響力の見返りに、組合は政治領域では自制し、党の運営に貢献する――だったが、今やブレアは執行部が優位に立つことを明確にした。「我々が決定を下している」とブレアは宣言した。労働党研究を専門とする学者のルイス・ミンキンは書いている。「それは、労働組合が作った党で、組合を外部ロビイスト扱いするような形で関係を仕切ろうとする、大胆な、驚くばかりの企てだった」(原注6)

一九七八年から七九年にかけての「不満の冬」の悪しき余波〔キャラハン労働党政権の賃金上限設定に反対して起きたストライキの収拾の遅れが、サッチャー保守党による政権奪取につながったとされていること。「不満の冬」は『リチャード三世』の冒頭から〕によって牙を抜かれた古い世代の組合書記長は、ブレアのゲームに乗り、労働党が一時期、権力の座に就くのと引き換えに公然の侮辱を唯々諾々と受け入れたが、一方、若い幹部と一般組合員はなかなか説得されなかった。彼らは、サッチャーの反組合法制の大部分が撤廃されていないこと、企業が恭しく優遇されていること、そしてブレアの信奉者が党と組合の結びつきを断つと公然と口にしていることに気付いた。ブレアが実はルールに則ったゲームなどしておらず、組合が従順さと引き換えに期待している見返りは決して来ないことがわかると、右寄りの労働組合員が、所属する組織で、選挙によって何らかの地位に就くことはますます難しくなった(原注7)。

二〇〇〇年代初めに選ばれた組合書記長の新世代は、労働党執行部に反対することを厭わない姿勢から「厄介者部隊」と呼ばれた(原注8)。産業で組合の力が衰退していることもあって、こうした書記長にとっては、かえって政治領域で動きがとれる余地が増した。資本からも国家からもパートナーとして拒絶されたため、組合には現状を維持する動機が少なくなっていた(原注9)。労働党がこれまでになく右ににじり寄る一方、組合は左に振れた。労働党党首の近衛兵だった組合は、内部の反対勢力となった。

この新しい役割で力を発揮するには、組合書記長は団結する必要があった。労働党の統治機構《マシーン》は、長い間、個々の組合を互いに対立させることで圧倒的な成果をあげていた。これは、組合が合併の波を通して、より大きな少数の組織に統合され、力を集中させていくにつれてやりにくくなった。一方、組合はまた、共同で取り組む試みを意識的に行った。「四大《ビッグ・フォー》」労組の書記長の間で協力関係が強まり、また、全ての提携組合をまとめる労組・労働党連絡機構（ＴＵＬＯ）の役割が強化された（原注10）。

　組合は、ブレア派の統治機構に対する構造的な闘争に乗り出した。闘いの場は、委員会室や会議の参加者席であり、党の全国政策フォーラムや労働党党大会での投票だった。この闘いにおいて組合は党左派との同盟に投じた。ＴＵＬＯは、左派のグループ、特に党の構造をうまくすり抜けて議案を通すことに長けた労働党民主化キャンペーン（ＣＬＰＤ）や、関係する〔中道・左派〕草の根連盟と共同歩調を取った。また、左派寄りの党選挙区支部や自治体の左派人脈、さらに社会主義団体との関係を模索した。

　この新戦略は実質的な成果をあげた――最大の成果は二〇〇四年のウォリック協定で、党と組合との間の多岐にわたるこの取り決めは、二〇〇五年の労働党選挙マニフェストに盛り込まれた。合意は、労働者の権利、特に女性労働者、移民労働者の権利を明確化し、ロイヤル・メール〔公営郵便事業〕を私営化しないという約束を労働党政権から取り付けた（原注11）。こうした方策は、党内での地位を利用して組合員のための漸進的な成果を獲得するという労働組合の伝統的な役割に則ったものだった。過ぎ去った数十年なら、特段、左寄りとはみなされなかっただろう。しかし、「紳士協定」がずたずたにされ、労働党がこれほど右に寄っている中で従来の組合の要求を口に出すのは、挑発的な反対派の雰囲気をまとうようになっていた（原注12）。

　しかし二〇〇七年にブレアが辞任した後の新党首選びでは、組合は持ち前の慎重さを捨てる用意ができていなかった。その綱領がまるで組合の要求リストのように見えたジョン・マクドネルの立候補を支持せず、ゴードン・ブラウンを支持した。「非常に現実的になっていて、それはよくわかった」とマクドネルは言う。「組合の考え方はこうだった。『お前には勝ち目がない。我々は勝つ候補を支援しなくてはならない。勝った候補と後で交渉しなくてはならないからだ』……そうしたら、交渉なんか行われないことに組合は気づいた。組合はここから教訓を得たんだと思う」

　その代わりに、組合は、二〇〇七年の副党首選では

「穏健左派《ソフト・レフト》」の公約を掲げて立候補したジョン・クラディスに力を注いだ。彼が驚くほどよい結果を出したため——六人中三位だったが、第一選択投票では最多だった——、組合は自らのアジェンダを望む声があると意を強くした。クラディスの結果は、同じ理由で右派にも警鐘を鳴らした。レイバー・ファースト（ブレア派ではない「オールド・ライト」の調整団体）の書記長ルーク・エイクハーストは当時、予言的にこう書いている。「労組書記長の現世代の後継者が党の穏健派から出るようにしなければ、一〇年以内に、党首選で左派からブラウンの後継者が出ることになるだろう（原注13）」

二〇一〇年、ゴードン・ブラウンの総選挙敗北の後、大組合はまたもや、党首選で左派候補ダイアン・アボットを支持しなかった。だが非ブレア派を選び、そのなかで最も勝ち目のある候補を支持した——エド・ミリバンドだ。これが党首時代を通じてずっとミリバンドに付きまとった。こと新聞報道に関する限り、ミリバンドは永遠に組合の手のひらの上にいた（原注14）。ミリバンドが何としてもこのレッテルを振り払おうとしたために、どちらかと言えば調和的な組合–党関係の時代になり得たものがそうならずに、コリンズ報告騒動に至った（原注15）。これはブレア派が組合を「紳士協定抜き」で扱った結果でもあった。持ちつ持たれつの義務がなくなったため、組合は、党に政治的に介入することによって、自らの手で問題に対処することにしたのだ。より組合寄りの議員候補者が選定されるようにすることで、議会労働党のバランスを変えようと試み、その結果、ブレア派の圧力団体「プログレス」との真っ向勝負となった。

二〇一三年にファルカークで持ち上がった危機（五六ページ補注参照）は、この衝突の現れだった。ミリバンドはこの危機を、自分が組合の操り人形ではないことを証明する機会と見た。さらには、もし二〇一五年の総選挙に勝てば、政党への国家助成を導入し、労働党の組合依存を決定的に減らせるような方向へと労働党を操作する機会ともみた。これを黙認する見返りに、組合は、労働党議員が党首選びで三分の一の選挙人団割り当てを通じて享受していた特権的配分を終わらせることを要求した。

選挙人団制度——一九八一年のベン派と組合の協力

の遺産――が組合の主張によって廃止されたのは皮肉であり、そのおかげで、一年半のうちに、労働党がベン派の党首を戴くに至ったのは二重の皮肉だった。実際には、選挙人団制度は左派が意図したようには作用して来なかった。実のところ一九八〇年代には、左派を牽制する労働組合のトップ幹部と党執行部の連合を裏打ちするものになっていた。(原注16) しかしそれは、ブレアが「紳士協定」を破り捨てる前のことだ。二〇一四年には、組合は失うものがずっと少なくなっていた。組合らしくない行動に出て、かつて忌み嫌っていたものを擁護した――党首選の一人一票制だ。この方針転換は、党内での組合の立場の弱まりを反映していた。組合が強力で、執行部と手を組んで党を支配していた時には一人一票制に反対していた。組合が影響力を行使する手段である集団的調整を脅かすからだ。立場が弱くなると、組合は、一人一票制を党の統治機構を出し抜く有用なツールと見るようになった。

一方、組合は、ミリバンド時代に反緊縮財政運動に関わったことで、労働党の左という自らの立場を固めた。二〇一二年初頭、党執行部が緊縮財政を受け入れたことに落胆を表明した書記長たちは、単に〝吠えた〟わけではなく、労働組合運動内部に深く根を張る不満を口に出していたのだ。労働党‐組合の結びつきに対して、党の右にいるブレア派からプレッシャーがかかっていたのとちょうど対称をなすように、組合の左にいる活動家からプレッシャーがかかっていた――ライバル左派政党の党員からは、政治的観点から労働党との提携を非難され、また、単に、労働党にそれだけの金を出す値打ちがないと考える人たちもいた。

労働運動は二〇一五年の総選挙の準備に向けて団結した。しかし、ミリバンド時代、遅々として進まなかったニューレイバーからの離脱は、総選挙敗北後、逆方向へ向かう運命のように見えた。党首選冒頭の数週間のもみ合いで、議論は前のめりに右へ向かった。労働党‐組合の連携の将来、ひいては、労働党での左派の役割が正真正銘の危機にあるように見えた。そのときコービンの名が投票用紙に載ったのだ。

次の展開は誰にでも明白だったはずだ。それまでの一五年間をかけて歴史的に左に吹き寄せられた結果、組合は労働党左派と同じ政治領域にたどり着いていた。

緊縮財政に反対する立場という理屈から見れば、組合は反緊縮候補を支援しなければならなかった。さらに、多くの労働組合員がコリンズ報告〔五六ページ参照〕から得た教訓は、労働党エリートが党内での組合の役割の低下、そしておそらく究極的には分離につながる道をつけたことだった。この路線を拒絶する党首選候補を推薦指名して何が悪かろう。

コービンは議会で最も労働組合寄りの政治家の一人だ。議員になる前、全国公務員組合（ＮＵＰＥ、ユニゾンの前身）で働いたことがあり、労働者の権利の支持者として、労働党政府に反対票を投じることになるときでさえ、常に頼りになる存在だった。(原注17) しかし、だからと言って、コービンが大組合の支持を得る可能性が高いことにはならなかった。組合が党首選びに用いる従来の基準を逸脱すると考える理由はなかった。ユナイト、ＧＭＢ〔一八四ページ参照〕をはじめ、最有力候補アンディ・バーナムへの支持が広く予想された。ユニゾンはイヴェット・クーパーを支持する可能性が高いと思われていた。

もう少し小規模な、断固とした左派の組合では構図は違った。彼らは労働党代表委員会（ＬＲＣ）と提携しており、コービンとマクドネルを長年の盟友と見ていた。(原注18) 鉄道運転士組合（ＡＳＬＥＦ）と、パン職人組合こと食品業労働組合（ＢＦＡＷＵ）――どちらも組合員は二万人ほど――の二つは、コービンの名が投票用紙に載ると、ほぼすぐに推薦指名した。(原注19) ＬＲＣを支持する組合ではあと二つ、公共交通機関労働者のＲＭＴ（組合員約八万人）と消防士のＦＢＵ（組合員約四万人）がコービンを支持した――労働党とはずいぶんひどい形で袂を分かち、もう提携組合ではなくなっていたにもかかわらず。(原注20) コービンが、こうした組合を、自らがまとめたいと願っている裾野の広い労働運動の一部とみなし、その支持を歓迎したのは、彼の政治姿勢と完全に一致していた。(原注21) マクドネルも同じ思いで、長年、さまざまな組合――労働党と提携している組合も提携していない組合もある――のために議員グループを形成していた。「こうした組合はみんな、うちへの支持とリソース提供の基盤だった」とマクドネルは言う。

しかし、コービンとマクドネルが最も広く支持されていたのは草の根レベルにおいてだった。「ほとんどの労働組合とのつながりは活動家としての関係だった」とマクドネルは言う。「あらゆる紛争に関わり、あらゆるピケライン、あらゆるデモに行っていた……ブラックリストされた労働者関連のことは全部、私が調整した。だから平の組合員からの支持があったんだ」。二人はこのせいで、一部の書記長から、特に左翼活動家と幹部の間に鋭く根深い対立のある組合では、よく思われていなかった。(原注22) 特にマクドネルは、組合運動の最上層では不人気だった。多くの場合、理由は、組合内部の紛争や選挙で草の根の労働組合員を支持していたからだ。

反緊縮財政闘争が、労働党執行部への不満を募らせていた組合の活動家を活気づかせていた。コービンが立候補を表明すると、このエネルギーに焦点ができた。職場という労働組合活動の環境は言うまでもなく口コミに向いている。活動家のジェイムズ・ドランは、どのように「一般の組合活動家が夏の間、労働組合大会でコービンの選挙キャンペーンについて聞いた話を、その後、自分の組合支部に伝えたか」を振り返る。もちろん、この支持の規模を過大評価すべきではない。組合には数百万人の組合員がいるが、そのほとんどは政治に関心がない。しかし、関心がある人たちが組合で積極的な役割を担っている傾向がある。

コービンへの草の根の支持は、二〇一五年初夏の間ずっと、労働運動のイベントで目に見えた。トルパドルの殉教者祭で受けた反応の前兆は、七月一一日、国内最大の労働者の集会、「ダラム炭坑夫祭《ガラ》」ですでに現れていた――コービンがメディアでまったく注目されておらず、ブックメーカーの賭け率でまだ最下位だった頃だ。(原注23) よく晴れて、さんさんと陽のふり注ぐ日、一五万人が、炭鉱ブラスバンドの響く中、ダラムの通りを行進する組合旗を見にやって来た。四人の党首選候補全員が顔を揃えていた。しかしスピーチを頼まれたのは、主催するダラム炭坑夫協会の支持を得ていたコービンだけだった。(原注24)「ここダラムで、壇上に上がれることを、人生最大の光栄の一つと考えている」とコービンは言った。(原注25) ドランは聴衆の中でリーフレットとビール・コースターを配っていた――コースターはコービン陣営の遊び心で、「~~シャンペン~~ビール党社会主義者」［シャンペン社会主義者とは都会の中流左派を揶揄する語」や「ジェレミー・コービンの労働党――コクがあるが苦くない」というスローガンが書かれていた。「コービンの選挙キャンペーンは、今までで一番リーフレット配りがしやすかった」とドランは言う。「人が向こうからやって来て、リーフレットやコースターを取って行く……何か希望や熱気みたいなものがあったのがわかる」

英国最大労組の決断

ダラム炭坑夫祭の一週間ほど前、イングランドの反対の端、ブライトンで、一四〇万の組合員を擁する英国最大労組ユナイトの執行委員会が開かれていた（原注26）――労働党党首選で誰を推薦指名するかを決定するためだ。ユナイトは左派の組合として知られていたが、執行委員会の時点では――二〇一五年七月五日――ジェレミー・コービンはまだ泡沫候補だった。推薦指名はアンディ・バーナムに行くと予想されていた。

ユナイト書記長のレン・マクラスキーは、以前、バーナムに個人的にそのように示唆したことがあった。ユナイトがリズ・ケンドールを支持することはまずなかった。ケンドールが当選すれば、マクラスキーの言葉を借りるなら、「ユナイトの提携解消の可能性も出て来ることになっただろう」。イヴェット・クーパーも「明らかに妥当ではなかった」。コービンの名が投票用紙に載るまでは、バーナムが唯一の選択肢だった。

しかしバーナムは組合から距離をおくことを優先していた。ミリバンドが党首選の遺産で苦労したのを見ていたからだ。二の舞いにならないように、組合の資金提供を一切断ることに決めていた。「組合の支持なしで勝ったら、より強い立場になれるという考えだった」とバーナムは後に言ったと記録されている。そして、ミリバンドが「時によっては組合の操り人形のように見えた」と付け加えた（原注27）。

組合に対するバーナムの態度は、右傾化していた政治的立ち位置と一致していた。コービンが立候補を表明した日、マクラスキーは、議事堂ビルで開かれた、とある集まりでバーナムと話をしたことを振り返る――二人は友人同士だった。「アンディ、どういうつもりだ？」とマクラスキーは尋ねた。マクラスキーによれば、バーナムは、左派の支持は自分のものだから右派に狙いを絞れると説明したという。「ジェレミーが今日、出馬表明したのを知ってるのか」とマクラスキーは尋ねた。バーナムは知らなかった。「これでダイナミクスが劇的に変わる。もしジェレミーが投票用紙に名前を載せたら、ユナイトは支持するだろうってことがわかってるのか」

ユナイトが左派の挑戦者を求めていた背景には、労働党に対する深い失望感があった。党を作り替えようとしたユナイトの取り組みの結果、ファルカーク騒動が起き、ミリバンドによってさらしものにされた後、組合の内部では党との提携解消の圧力が強まっていた。二〇一四年四月、マクラスキーは、もし労働党が「薄めた緊縮財政」を提供し続けて二〇一五年の総選挙で負けるようなことになれば、ユナイトは新党の労働者党結成を支持する可能性もあると公然と語った。(原注28)

コービンが党首選に入るやいなや、コービン支持の機運が生じた——それは、ユナイトの執行委員会の代表者の間にもあった。組合員によって執行委員に選ばれた六三人のうち、四三人が組合派閥の「ユナイテッド・レフト」に属していた。(原注29)「私にもユナイテッド・レフトの同僚の大半にも、ジェレミー・コービンの政治に私たちが合意できること、コービンがユナイトの政治戦略の政治を代表していること、それゆえに支持すべきであることがわかっていた」とユナイテッド・レフトの議長、マーティン・メイヤーは言う。(原注30)

事態がどう展開したか、メディアで散見する話によれば、マクラスキーは依然としてバーナムを推薦指名したがっていたが、七月五日の決定的な会合で「執行委員会をコントロールできなかった」ことになっている。(原注31)これは実際に起きたこととは正反対だとマクラスキーは強調する。「私がまだアンディ・バーナムにしたがっていたという話は大間違いだ」と彼は言う。「コービンが出馬表明したとき、私は、『コービンを支持する』と［ユナイトの首席補佐官］アンドリュー［・マリー］に言ったんだ」

しかし、決定をごり押しするより、舞台裏で「状況を動かし」たかったとマクラスキーは言う。執行委員会でユナイテッド・レフトは多数派だったが、全員がコービンを推薦指名したがっていたわけではなかった。例えば、ユナイテッド・レフトの航空宇宙・造船部門代表は、コービンがトライデント核ミサイル防衛に反対していたためにバーナムを支持していた。また政治的な関心からではなく、上に上がる手段としてユナイテッド・レフトに加入していた人々もいた——ユナイトの中では、ユナイテッド・レフトが主要な選挙マシーンだったからだ。(原注32)自身もユナイテッド・レフトのメンバーであるマクラスキーはまた、執行委員会のもう一つの中道寄り派閥「ユナイト・ナウ」のことを考えていた。「何とかしてみんなを引っ張っていくこと、執行委員が組合内部で摩擦を引き起こすことのない決定に到達できるようにすることを考えていた」と言う。さらにもう一つの心配は、バーナムと疎遠になるのを避けることだった。「ジェレミーが勝つとは夢にも思わなかった。私の目にはまだバーナムが最有力候補に見えていた。労働党と提携している最大労組のトップとしては、関係の維持が重要だった」

ブライトンでの執行委員会について言えば、コービン支持は「楽勝だった」とマクラスキーは振り返る。「バーナムに投票した人々も快く決定を支持してくれた」。英国最大労組の執行委員会は慎重さをかなぐり捨てて、三四対一四で、不確定要素の多い候補を推薦指名した。(原注33)決定が下されるやいなや、ユナイトはコービンの選挙キャンペーンにリソースを注ぎ込み始めた。コービンは、突如として泡沫候補ではなくなった。

もう一つの巨大組合

ユナイトによる推薦指名が衝撃だったとすれば、三週間半後にユニゾンがそれに続く決定を下したのは激震だった。組合政治通にとって、このニュースはコービンの党首選勝利自体に優るとも劣らない驚きだった。ユニゾン幹部は、自組織の左翼活動家に異常に神経を尖らせていることで悪名高かった。労働組合を乱暴に戯画化すれば、ユナイトは大左翼組合であり、ユニゾン——組合員一三〇万人を擁するもう一つの巨大組合——は、それと対をなす右派だった。(原注34)この描写は公平ではなかった——ユニゾンは、いくつかの方針において、実はユナイトより左寄りだった。しかし、ユニゾン執行部にはニューレイバーに近かったという遺産があった——もっとも、ニューレイバーのプロジェクトに対するユニゾンの熱はすでに冷めて久しかったが。(原注35)

「包み隠さず言えばね」とジョン・マクドネルは言う。「当初は［ユニゾン］執行部のほとんどがはっきりさせていたんだ……『うちの推薦指名は絶対得られない』って」。ユニゾンがどのようにして考えを変えたかは、草の根のプレッシャーが一つの組合の立場を動かした話になる――ただし、あらゆる幸運が重なった状況に限ったことだ。コービン熱のうねりによって、懐疑的だった組合執行部は必然に屈することを迫られた――さもなければ押し流されて消え去る危険があった。

ユニゾンの支持につながる重要な決定が、コービンの立候補前に下されていた。ユニゾンの労働党リンク全国委員会の総選挙後初の会合で、党首選の推薦指名を遅らせ、二〇一五年七月末に行うと合意されていたのだ。(原注36) これによって、決定が下される前にコービンの立候補が決まり、草の根のキャンペーンを組織化する時間ができた。

ユニゾンの活動家――労働党リンク委員会の委員アンドリュー・ベリー、マーシャジェイン・トンプソン、エド・ウィットビー――の三人は、すぐに非公式のグループ「コービンを支持する労組ユニゾン」を立ち上げた。目的は二つあった。地域幹部へのロビー活動をするよう組合員と地方支部に呼びかけて、コービンの推薦指名に向けた弾みを生み出すこと、そして――推薦指名はいささか無理筋かと思われたので――提携団体サポーターとして登録して投票するよう個々の組合員に勧めることだ。活動家たちはすぐに、およそあり得ない方面から支持を受けた。六月半ば、ユニゾン年次総会の会場の外で、手製の「Jez We Can」のプラカードを持って立っていたとき、「来てくれたのは、ユニゾンのふつうの左翼組合員じゃなかった」とベリーは振り返る。「コービンを支持する労組ユニゾン」が起草した、コービンの推薦指名を求める声明には、組合内部で名を知られた人物から四〇〇を超える署名が集まった。「ふつうだったら支持しなかっただろう労働党リンク委員会の元委員長や副委員長、元代表、労働党全国執行委員会(NEC)の委員までいた」とベリーは言う。

コービンの選挙キャンペーンが全国的に軌道に乗ると、ユニゾン組合員の間でコービン支持が急増した。

七月二〇日、労働党が党議拘束をかけたにもかかわらず、コービンが下院で社会福祉法案に反対票を投じると決めた〔第八章参照〕ことが「ユニゾンでは本当に大きかった」とベリーは言う――ユニゾンは、組合員の大半が低賃金の、主に女性の公共部門労働者からなる組織であり、その人たちの多くは、政府による給付削減で打撃を受けることになる。コービン支持のために組合は何をしているかと尋ねるメールが、組合員から幹部に押し寄せた。

この下からのプレッシャーはタイミングがよかった。ユニゾン書記長のデイブ・プレンティスは、年内に選挙を控えていた。左派から対立候補が出るのは確実だと彼は考えていた。[原注37] マクドネルの意見によれば、「もし〔ユニゾンが〕うちを支持していなければ、〔プレンティスの〕再選は危うくなっていたはずだ」。書記長というもの、自らの組合がどう感じているかを敏感に察知せずにトップにたどり着くことはない。推薦指名決定の会合まで残り一週間となる頃、プレンティスは、イヴェット・クーパーへの支持――プレンティスの意向と思われていた――をごり押ししたり、ユニゾンが推薦指名そのものを見送るのは賢明ではないと悟ったようだった。

しかしプレンティスは、他の組合幹部を引っ張って行く必要があった――これは、左派への反発を考えれば、それほど簡単なことではなかった。コービンが党首選に出馬する前、ユニゾンは、誰を推薦指名するか組合員の助言をあおぐと約束していた。この役目は組合の一一の地方支部に委託されていたが、務めを果たした支部は一つだけだった。他はそのまま放っておくつもりのようだったが、真剣に意見を求めれば、必然的にコービン熱が反映されるはずだった。助言に拘束力はなかったが、プレンティスの方向転換に格好の口実を与えることになる。地方支部は突然、きちんと――しかも急いで――組合員の助言を求めるよう圧力をかけられた。たとえばロンドン支部は、本部からの指示を受けた後、三日ほどで作業を終えた。結果は明白だった。ユニゾンの一一の地方支部のうち九つがコービンを支持した。[原注38]

労働党リンク全国委員会の決定的な会合の二、三日前、ベリーとトンプソンは、執行部がコービンの推薦指名を提案すると聞いた。とうてい信じられなかった。しかし、ベリーによれば、二人には投票結果がこちらのものだとは「まったく思えなかった」。委員会の半分は、会合当日まで任命されないことになっていた。（原注39）左派は間違いなく数のうえで不利だろう。

七月二九日、ロンドンのユーストン・ロードにあるユニゾン本部で会合が招集されたとき、ベリーは、確実にコービン支持だと自分が思っていた六人全員が、出席した一六人の委員に含まれているのを見て心強く思った。さらに都合がよいことには、会合が夏季休暇中だったため、あまり支持しそうもない委員数人が欠席だった。

プレンティスは冒頭で、委員会は組合員の意向に沿うべきだと考えると述べた。コービンの政策がいかに組合と一致するかを語り、特にトライデントに関する姿勢を共有していることを強調した。間もなくベリーの発言の番になった。ベリーはどこかの会合で二〇〇〇人を前にして話すときより緊張していた。「誰かが気を悪くするようなことを絶対に一言も言わないようにしようと思っていた。自分は委員会の多くの人より左だと言わざるをえないから」と振り返る。

投票になると、出席者のうち九人がコービンを支持し、六人がクーパー、一人がバーナムを選んだ。ユニゾンは、あらゆる予想を覆して、コービンを労働党党首に推薦指名した。

もしプレンティスが反対だったら、ひっくり返すことができたはずだ。しかし、ユニゾンで――そして労働運動で――潮の流れは変わっていた。プレンティスは、クヌート一世（自分が命じても満ち潮が止まらないことで、世俗の王の権威の空しさを示した。もとは王の敬虔さを表す逸話だが、しばしば「止めようのない流れを止めようとする傲慢さ」の比喩とされる）になるつもりなどさらさらなかった。

この推薦指名はまた、活動家の運動にとっての勝利だった。「背後にどんないろいろな政治があったとしても、偶然起こったことだとは思わない」とベリーは言う。「労働党リンク委員会でジェレミーを推薦指名したのは、実は最も誇りに思っている瞬間の一つなんだ……まったく夢にも思っていなかった……」

会合が終わるとすぐベリーは建物を出て、コービン陣営の拠点であるTSSAのオフィスへ歩いて向かった。英雄のように堂々と部屋に入った。「ジェレミーが入ってきた。たまらなくなって、ジェレミーをただしっかりハグした。みんな、ただただ驚いていた……そこにいたら、プレンティスが電話してきた」

トンプソンは振り返る。「みんなキャンペーン・フレッチャー所にいた、私もジェレミーもサイモン・フレッチャーも……。デイブ・プレンティスからサイモンに電話があって、『今、ジェレミーを推薦指名したとこだ』って。私とジェレミーはサイモンの両脇に座って、ほんとにくすくす笑ってた、こんな感じで。『やった、ユニゾンがついてくれた！』」

変化の時

ジェレミー・コービンを推薦指名するというユニゾンの決定は、選挙キャンペーンの重大な瞬間だった。反対派は戦々恐々となった――ユニゾンでさえ驀進するコービン号に屈したとすれば、もはや止められないかもしれない、と。「ユニゾンよ、がっかりだ。組合内部で強硬左派《ハード・レフト》とあれほど激しく闘っておきながら、この重要な投票にあたって降伏するとは」。ユニゾンの推薦指名の知らせをきいた筋金入りの右派ルーク・エイクハーストはツイートで嘆いた。(原注40)

エイクハーストとその同類にとって、状況があまりにも不吉に見えていたため、GMB――組合員六三万人を擁する英国第三の労組――が同じ日に、推薦指名を見送ると発表したとき、彼らはこの棄権を勝利と受け止めて歓迎した。(原注41) GMBは二〇一〇年の党首選でエド・ミリバンド支援大隊の一つだった。前回の議員選挙ではユナイトと並んで、プログレスに対する闘争の前線にいた。しかし、政治的には、GMBはコービンやマクドネルの一派の左派とは同調していなかった。一つには、GMBはトライデント核兵器関連産業の労働者を代表していたことがある。また、ジョン・マクドネルは以前、解雇されたGMB職員を擁護して、書記長のポール・ケニーの激しい怒りを買っていた。(原注42)

GMBは、組合運動の中では、何でも思いどおりにやり、他がどう考えようがお構いなしという姿勢で知られていた。(原注43) その構造と伝統のおかげで同調圧力から免れてきた。「相談の結果」、組合の中で「何一つ明らかな合意」が得られなかったことを根拠に推薦指名を見送る決定を正当化したが、組合員は相談された覚えがなかった。(原注44) ユニゾンと同様、GMBも書記長選を控えていたが、ケニーが再出馬しないので、地方支部書記長たちがトップの職をめぐってしのぎを削っていた。推薦指名は組合内部に分断をもたらす恐れがあり、さらにケニーは、党首選候補たちに肩入れしていなかったこともあり、関わらないことにしたのだ。

ユニゾンとGMBの決定の翌日、二〇一五年七月三〇日、さらに二つの組合がコービン支持を表明した。組合員二万人のTSSAの支持は、得られるかどうかではなく、いつ得られるかだけだった。(原注45) 鉄道労働者の組合であるTSSAにとって候補を選ぶ主要な判断基準は、鉄道の再公有化を支持しているかどうかだった。コービンの選挙キャンペーン・チームは、支援を惜しまない書記長マヌエル・コーテズの計らいで、すでに一カ月にわたってTSSA本部の一角を占領していた。この日、TSSA執行委員会は、公式の承認の印として推薦指名を出した。

郵便・電信電話労働者の組合CWU――組合員二万人の英国第五の組合――の支持は、それほど確実ではなかった。(原注46) 書記長のデイブ・ウォードは、長く務めたビリー・ヘイズから代わったばかりで未知数だった。しかし、チーム・コービンにとって喜ばしいことに、ウォードは、ジョン・ランズマンの言葉を借りれば、コービンを支持するという「綱渡りをした」。CWUの話は、ユニゾンのような下からのうねりとは違い、最上層部からの決定だった。

ウォードの政治、そしてCWUの政治を形作ったのは、ロイヤル・メール私営化に反対する、最終的には挫折した長きにわたる闘いだった――これは保守自民連立政権に対する闘いであると同時に、ニューレイバーに対する闘いでもあった。このためコービンの政策方針を望む声が生まれていた。しかし、CWUには電信電話労働者もおり、その大半はイングランド北西部に本拠があって、ここではアンディ・バーナム支持が多かった。郵便と電信電話という二部門が合体したCWU執行委員会は、ランズマンの言葉によれば「かなり派閥化され」ていた。ウォードがコービンを支持したことは大きかった。「デイブはジェレミーを強く推した」とジェイムズ・ミルズは言う。ミルズはＣＷＵの広報担当者で、その後、コービンの選挙キャンペーンに配置された。「デイブは候補者全員に会って、ジェレミーがいいと思ったんだ」

ＣＷＵもまた付和雷同しただけだと見られる危険があったとしても、ウォードは、コービン支持表明の仕方で、がつんと先手を打った。「労働党にとって変化の時が来たと我々は考える」とウォードは声明で述べた。「ブレア派とピーター・マンデルソンのような人々による締め付けは、金輪際、取り除かれなければならない。労働党にはウイルスが巣食っており、ジェレミー・コービンは解毒剤だ〔原注47〕」

さすがにこのコメントは瞬く間に広がり、ブレア派を激怒させた〔原注48〕。だがウォードはそれで終わらなかった。YouTube ビデオを作製したのだが、これが、図らずも裏世界の脅しのような雰囲気を醸し出しておかしかった。がっしりした体格にスキンヘッドのウォードが、ブラインドの下りた窓を背に薄暗い部屋に座り、ロンドンの労働者階級のアクセントで直接カメラに向かってメッセージを伝える。顔に照明が当たっていないのでほとんどシルエットしか見えず、まるでガイ・リッチーのギャング映画の一シーンだ。「労働党に揺さぶりをかけなくちゃならない」とウォードが言うと、画面のすぐ外にヴィニー・ジョーンズ〔リッチーの映画で取り立て屋を演じた強面俳優〕が仕事を請け負うために待機している姿が想像できた〔原注49〕。

相乗効果

労働党と提携している一四の組合のうち六つ——ＡＳＬＥＦ、ＢＦＡＷＵ、ＣＷＵ、ＴＳＳＡ、ユニゾン、ユナイト——が、ジェレミー・コービンを推薦指名した。この六組合の組合員を合せると、労働党提携組合に属する労働者の圧倒的多数を占める〔原注50〕。コービンは党と提携していない三つの組合の支持も得た。ＲＭＴとＦＢＵの他、組合員三万人の刑務官組合〔ＰＯＡ〕もコービンを支持したのだ〔原注51〕。

労働党選挙区支部の推薦指名と同様、労働組合の支持も、最終結果に直接の重みはもたらさなかった。しかし組合の支持は三つの理由で、コービンにとって非常に重要だった。そのうち二つは具体的なもの——票と資金――であり、三つ目は数値化しにくいもの――信頼性――だった。

コービンが得た恩恵で最も目立つのは票の獲得だった――ただし、その規模は想像されるより控えめだ。個々の労働組合員は思いどおりに自由に投票できるが、所属組合の推薦は、いくらか影響力を持つと考えられていた。二〇一五年、最終的には、提携団体サポーター票のうち五七・六％がコービンを支持した。しかし、投票機会を実際に利用した組合員がどのぐらいいたかは知られていなかった。この数は比較的小さかったことがわかった。コービンが提携団体サポーターから最終的に獲得したのは四万一二一七票――党員から獲得した票のわずか三分の一であり、登録サポーターから得た票の半分にとどまった(原注52)。

理由は、コリンズ報告が設けた入り組んだ取り決めの結果、投票権のある労働組合員の数が多くなかったからだ。二〇一〇年には、所属組合の政治基金に金を払っている二七〇万人の提携組合員全員に、労働党党首選で投票する権利があった。コリンズ措置が、組合員に対して、労働党に資金を提供するための「オプトイン〔党への加入を選択〕」を義務づけただけでなく、その後、もし提携団体サポーターとして投票したければ、再度「オプトイン」することも義務付けた結果、二〇一五年、投票者数は一四万八一八二人へと激減した(原注53)。

コリンズ報告では、組合は、五年かけてこの新規定に適応することになっていた。しかし、二〇一五年の総選挙での敗北とエド・ミリバンドの辞任で、労働組合員を提携団体サポーターとして勧誘する作業は二、三カ月間に詰め込まれることになってしまった。総力を挙げて取り組んだのはユナイトだけだった。「組合の政治基金からおそらく一〇〇万ポンド以上を費やして、かなり組織だったキャンペーンをやった」とマーティン・メイヤーは言う。「たった数週間で一〇万人の組合員が登録した(原注54)」。つまり提携団体サポーターの大半はユナイトの組合員だったのだ。「実を言えば、実際に票をもたらしたのはユナイトだけだった」とジョン・ランズマンは言う。

票数を押し下げた第二の要因は投票率の低さだ。投票権のある提携団体サポーターで実際に投票したのは七万一五四六人にとどまった。提携団体サポーターにとって投票は事実上まだ無料だったため、投票権のために三ポンド支払った登録サポーターと比べて、機会を活かす人が少なくても不思議はなかった。

案の定、時事解説者たちは投票率の低さに飛びつき、組合との結びつきに疑問を呈した。(原注55)彼らの指摘によれば、最終集計で、初めて党員が労働組合員を上回ったという。組合員票は全投票数のわずか一七％にとどまっており、旧選挙人団制度のもとで組合に割り当てられていた三三％よりはるかに低かった。しかしこれは、コリンズ報告の影響として、まったく意外ではなかった――ブレア派にとって、まさに意図した結果だった。(原注56)

組合による推薦指名は票のことだけではなかった。最も具体的な恩恵は、喉から手が出るほど必要だった資金とリソースだ。コービンの選挙キャンペーンは当初、善意の寄付と本人のクレジットカードで運営されていた。しかし、ユナイトが五万ポンドの融資を申し出たので、ずっと楽になった。「早くに選挙キャンペーン費用の負担としてユナイトが融資してくれたから、一ポンド使う前に一ポンド集めなくてよくなった」とチームの一人は言う。「スタッフを雇い、配置転換もできた。どっちみち、みんなジェレミーのためなら喜んでボランティアをしてくれただろうけど、無給休暇を取って家賃の心配をしなくてもよくなった」

コービンの議員財政関係記録を見ると、資金がすぐに流入したことがわかる。ユナイトは融資に加えて計一〇万ポンドを献金した。RMTは二万五〇〇〇ポンド献金した。ASLEF、CWU、FBUからも数千ポンドの寄付があった。ユナイトとCWUはスタッフも配置転換していたし、コービン陣営がTSSAとユナイトの建物で使用したオフィスも一種の寄付だった。(原注57)労働組合からの大口献金は合計一六万七〇〇〇ポンドだった。(原注58)大金だったが、それでも、バーナムが個人と企業から大口献金として受けた資金の約半分にすぎなかった。(原注59)それに、コービンの選挙キャンペーンが一般市民から少額のオンライン寄付として集めた額――二〇万ポンド以上集まっていた(原注60)――には及ばなかった。金をせびられることに慣れている、ある労働組合関係者は、電話がかかって来なくなった時にコービンの選挙キャンペーンが軌道に乗ったのがわかったという。チーム・コービンは突如として潤沢な資金を手にし、

『ガーディアン』紙に全面広告を出していた。

労働組合による推薦指名は、コービンにさらに重要なものをもたらした――信用である。アウトサイダー候補者にとって、これは本当に貴重だった。だからバーナムが組合の資金を受け取らないと宣言して、組合を拒絶したのは驚くべきことだった。デイヴィッド・ラミー議員が言ったように、「一般的には、アンディが組合を掌握し、［コービンは］泡沫候補と見られていた……そうしたらアンディが組合に、いわば肘鉄をくらわせて選挙キャンペーンを始動させ、それで空白が生まれた」。注目すべきことに、バーナムの選挙キャンペーン責任者のジョン・レハル（プロのロビイストで、その後二〇一六年の党首選でオーウェン・スミスのキャンペーン〔第一四章参照〕を仕切った）は、「［組合］資金を受け取らなかったことが、選挙キャンペーンにダメージを与えたとは思わない。……［バーナムが］もし勝っていても、組合のお抱え候補というレッテルを貼られることはなかっただろう」と主張している。(原注61) だがバーナムは負けたのであり、負けたのも道理だ。

ユニゾンの推薦指名は、コービンの立候補にとって信頼性がいかに重要だったかを示している。ユニゾンはキャンペーンに物質的なリソースを提供しなかった。多くの票をもたらしてもいない。(原注62) しかし、ユニゾンの支持を得たという権威が何より大切だった。「歴史的にみると、大組合はキングメーカーだった」と労働運動活動家のマイケル・コールダーバンクは言う。「だからユナイトとユニゾンの両方がコービン支持を表明したとき……こういうメッセージが発せられた。『この男は有力候補だ』」

相乗効果が生まれていた――ユナイトによる推薦指名はコービンの立候補に信用を与え、それが今度は草の根の支持をさらに惹きつけ、部分的にその結果として、ユニゾンをはじめとする組合の支持を増やした。また、影響は労働組合員だけに限られたものではなかった――組合がコービンに与えた正統性は、党員に、そして自分の三ポンドが無駄にならないと見た潜在的な登録サポーターにも自信を与えた。コービンに勝つ可能性があるように見え始めるやいなや、最も強力な力が解き放たれた――希望である。

第八章　採決のベル――社会福祉法案

二〇一五年七月二〇日

「社会福祉法案に反対するつもりはないし、世帯生活保護給付上限に反対するつもりはない。三人以上子どもがいる人々の税額控除や給付の制限について、政府が推進することにも〔反対するつもりはない〕」
――ハリエット・ハーマン〔労働党党首代行〕

二〇一五年七月二〇日午後八時五八分、ジョン・マクドネルが発言のために立ち上がると、下院の議場は五分の四が空席、ガラガラだ。議員たちは政府の社会福祉改革と労働法案を三時間半審議している――だが「審議」というのは言い過ぎかもしれない。

政府案では、子ども扶養課税控除は一家族につき二人までに制限され、子どもの貧困削減目標が廃止され、生活保護給付上限――各世帯に払われる生活保護の年間総額――が六〇〇〇ポンド引き下げられる。リークされた行政勧告によれば、これによって四万人の子どもが貧困に陥る恐れがあり、ホームレスが増加する。

政府案は、緊縮財政のつけを低賃金で働く人びとに回すものにほかならない――そして、まさにそうした人々を代表するために労働党は結成されたのだ。しかし、なんとまあ賢明なことに、党首代行のハリエット・ハーマンは政府案に反対しないと決定している。労働党はまず「しかるべき修正案」を提示し――異議を呈するための、わかりにくい議会的仕組みだ――、そして、例によって例のごとくそれが通らないときは、採決を棄権する。

さて話をマクドネルに戻そう。マクドネルは聞かされる議論に煮えくり返る思いで、議場後列《バックベンチ》の平議員席に座っていた。彼の目から見れば、これは倫理原則の問題にほかならない。ようやく議長がマクドネルを指名する。のっけからブレなど一切ない。「この法案に反対するためなら、火の中水の中、ヘドの中でも飛び込むつもりだが、今夜、ヘドの出そうな発言をいくつか聞くと、本当にそうしなきゃならないかもしれないと思えてくる」

マクドネルは続ける。「私の選挙区の人々は、ライフスタイルとして貧困を選んでいるわけではない。押し付けられたものだ……この社会福祉改革法案は、過去数年の他の社会福祉改革法案がどれもみなやって来たのと同じことをやり、貧しいのは自業自得だと非難する……我々がここで――率直に言って自分はそれなりの生活をしながら――地元の選挙区民の貧困を悪化させる票を喜んで投じるのは浅ましいことだと私は思う」

マクドネルは最後に労働党の同僚議員に呼び掛ける。「同僚の方々に言っておく。人々は『しかるべき修正案』などどうでもいい。知りたがっているのは、議員が法案に賛成したか、それとも反対したか、だ。今夜、私は反対票を投ずる」

審議が終わり、採決を告げるベルが鳴ると、四八人の労働党議員――議会労働党の五分の一以上――が、ハーマンの課した党議拘束に反して法案に反対する。アンディ・バーナム、イヴェット・クーパー、リズ・ケンドールはその中に含まれていない。ジョン・マクドネルとジェレミー・コービンは含まれている。(原注1)

暫定党首の譲歩

「ハリエット・ハーマンはいったいどういうつもりだったのか」。これが、二〇一五年七月一二日にBBCの『サンデー・ポリティクス』でハーマンがインタビューを受けて以来、労働党の左右中道あらゆる派閥でささやかれている疑問だった。冒頭で彼女は、わざわざ、こう表明したのだった。「社会福祉法案に反対するつもりはないし、世帯生活保護給付上限に反対するつもりはない。三人以上子どもがいる人々の税額控除や給付の制限について、政府が推進することにも[反対するつもりはない]」。ハーマンの論拠によれば、労働党は選挙に負けたばかりであり、「私たちは全国の人の言葉に耳を傾けるべき」だという——労働党が人々から何を言われているかと言えば、「経済と福祉について労働党は信頼されていない」のだそうだ。(原注2)

ハーマンは、二〇一〇年の総選挙後に務めた党首代行〔労働党が下野し、ブラウン党首が辞任。次期党首が決まるまで副党首のハーマンが党首代行を務めた〕としての経験が「トラウマになっていた」と報じられた——保守党が金融危機の責任を労働党の過剰支出に押し付けたときのことだ。(原注3) この生活保護給付新案は、労働党に福祉一辺倒の党という役を割り当てることを狙った、オズボーン財相流の策略に見えた。ハーマンは、今度はその役柄を振り払おうと断固決意していた。しかし、その論法には欠陥が一つあった。二〇一〇年に保守党の中傷があれほど功を奏したのは、労働党が防戦せず、公共支出問題についての保守党の指摘は正しいと、暗に譲歩したからだ。今ハーマンは再び、防戦しないことを提案し、今度は生活保護給付問題について保守党は正しいと明言した。どちらも保守党のアジェンダへの降伏を意味した。

ハーマンの考えが何であれ、実際的な問題が一つあったことだ。暫定党首の彼女には、限られた権威しかなかった。党首選候補者の中で、ハーマンのスタンスを支持したのはリズ・ケンドールだけだった。ハーマンの『サンデー・ポリティクス』でのインタビューに対するジェレミー・コービンの反応は明快だった。「今より多くの子どもたちを貧困に陥らせることになる政策に賛成するわけにはいかない。子どものいる家庭はもう十分大変な思いをしている。子どもの福祉がかかっている時に、政府の政治ゲームに付き合うべきではない」。(原注4) イヴェット・クーパーとアンディ・バーナムからも、明確な発言がすぐに出た。クーパー陣営は、保守党の構想に「労働党は強く反対すべきだ」と言った。バーナムのチームは、「この課税控除の変更は逆進的であり、間違っている。働く家族に打撃を与えるもので、アンディは反対する」と発表した。(原注5) こうなると、どこかで折り合いが必要なわけだ。

バーナムとクーパーは、ハーマンのスタンスに対して労働党員の猛抗議が起き、党首選での自分たちの闘いにとって厄介なことになるのがわかっていた〔ケンドールには別に独自の選挙戦略があり、党内で非常に不人気な立場を頑としてとり続けている)。バーナムとクーパーがハーマンの主導に従えば、社会福祉法案に反対票を投じる唯一の候補になるという、言わばガラあきのゴールがコービンに残されることになる――他の候補は、閣僚を辞任しない限りは、影の内閣の共同責任に縛られていた。

ハーマンがそういった影響を予想していなかったのは驚くべきことだった。インタビューの中で、新党首を選ぼうとしている党員に向けて、ＪＦＫ風の言い回しを使って、げんなりするようなメッセージを送った。「誰のことが好きかとか、誰に親しみが持てるかとかを考えるのではなく、本当に市民に手を差し伸べ、市民の声に耳を傾け、自信を与えられるのは誰かを考えてほしい」(原注6)。前半がコービンのことを指しており、その勝利を阻むことがハーマンにとって重要だったと仮定すると、その行動はピントが狂っていたようで、正反対の結果をもたらすことになった。

「いたって基本的な話だ」とコービンのキャンペーン・チームの一人は言う。「労働党員の大半は保守党が好きじゃない。どんな形であれ保守党政府に有利になったり同意したりするようなことは、何もしたくないと思っている。こういうのは、ときには後先考えない反対につながってしまうかもしれないが、今回はそうじゃないという雰囲気があった。この問題は、労働党の中核をなす多くの党員にとって、とても大事なことだ、という雰囲気があった。自分はそのためにこの党に入って活動していると考えていたからだ」

キャット・スミス議員は、当時、各地を回って選挙区支部の会合で話をしたことを振り返る。「こんな感じだった。『今の政府は議会過半数を持つ保守党だ、それとちゃんと戦えるのか』……労働党員の大多数が、反対票を投じてほしいと思っているのがわかった」。道義的な激しい怒りは、ハーマンのインタビューの翌日に掲載されたダイアン・アボット議員の論説に現れていた。「かつて、一世代のうちに子どもの貧困を終わらせると約束した党が、いったいなぜ、肩をすくめて、何万もの子どもたちを貧困に追いやる政策に賛成票を投じる党になったのか」(原注7)

怒りの声が強まると、七月一四日の影の内閣の閣議で、バーナムとクーパーは別々に姿勢の変更を求めた。

二人は「しかるべき修正案」の提示を望んだ――そうすれば労働党は、反対票を投じることなく異議を呈することができる。閣議でハーマンが、バーナムより先にクーパーに発言を求めたため――後の報道によれば、クーパーは法案に反対しないなら影の内閣を辞任すると内々にちらつかせていた――、バーナム陣営は怒り心頭だった――クーパーのほうが先に「しかるべき修正案」を提案することになるからだ（影の内閣レベルの政治的議論の成熟度はこんなものである）(原注8)。自分の番になると、バーナムは、「しかるべき修正案」が通らなかった暁には労働党は法案に反対すべきだと、公然と論陣を張った。しかしハーマンは受け入れなかった。最終的に不満の残る妥協がなされ、労働党は「しかるべき修正案」を出し、その後、棄権することになった(原注9)。

バーナムにとって厄介だったのは、同じ日の昼にあった議会番の記者団との軽食付き会見で、すでに自らの意向を公にしていたことだった。ジャーナリストの言葉を借りれば、「ハーマンの権威に半ば挑む」形でバーナムは法案に反対したいと言ったが、党首代行の党議拘束を無視するという約束まではしなかった(原注10)。クーパーは翌七月一五日、ハーマンを明確に非難しつつ、バーナムと同じスタンスを示した。「私たちの仕事は、労働党の価値観と理念に基づくオルタナティブな改革を構築し、提唱することであり」と、クーパーは『ハフィントン・ポスト』に書いた。「選挙に負けたからといって、保守党の構想に追従することではない」(原注11)

こうした姿勢をとってもハーマンを動かすことはできなかった。七月二〇日、採決の日、労働党は「しかるべき修正案」を提出し、それは粛々と否決された。そしてその後、ハーマンは議会労働党の八〇％を引き連れて棄権した――その中にバーナムとクーパーもいた。折れたのは二人の方だったわけだ。

デイヴィッド・キャメロン首相は二〇一五年一月、生活保護給付額の上限引き下げ案は、「保守党の価値観について知るべきことを余すところなく伝えるものだ」と言っている(原注12)。多くの労働党員は今や、法案が自分の党の執行部についても、やはり余すところなく伝えていると感じるようになった。「それは［労働党議員が］どれほど間違ったところへ行ってしまったか、党がどれほど右に寄ってしまったか、そして、労働党自身の価値観からどれほどかけ離れてしまったかを示すものだった」と、マクドネルは痛烈に批判する。

連中は切り離されている。私たちの支持者から、現実の世界からまったく切り離されている……あきれ果てた。私ですらショックを受けた。戦術だなんだと言うけれども、戦術的には、あんなふうに投票したのは、まったく連中の戦術的間違いだったが、でももっと大事なのは、連中が人々の身に起こっていることからどれだけ切り離されているかがわかったことだ……「この法案に反対するためなら、ヘドの中を泳いででも」とやったが、正直な気持ちだった。連中がどうしてそう感じないのか理解できなかった。

ハーマンが間違いなく「切り離されていない」グループが一つあった――政治ジャーナリストだ。議員の「政治認識は、あまりにもメディアに左右されている」と、労働党活動家のマイケル・コールダーバンクは言う。「メディアで、労働党は浪費したから選挙に負けたんだって話になれば、それが現実ってことになってしまう」。『サンデー・ポリティクス』キャスターのアンドリュー・ニールによるハーマンへのインタビューを見れば、政治家がそうしたメディアの物語にいかに幻惑されるかがすぐわかる。政治ジャーナリストというものは、自分自身の偏見を、まるで他の人もそう考えているものだと勘違いしがちだとあからさまに実証しながら、ニールは、珍しくお世辞たらたらでハーマンに言った。「[党首選に]立って、今朝ここで話しておられることを言ったら、かなりいい線、行けたんじゃないですか」

振り返ってみると、実はハーマンはコービンが労働党党首に選ばれるのを見たいと密かに願っていたのだ、とでも考えない限り、ハーマンの戦術は、彼女にとって破滅的な大失態以外の何物でもなかった。労働党が社会福祉削減に反対することを有権者は望んでいなかった、というハーマンの主張でさえ、調査に耐えうるものではなかった。採決後まもなく行われたYouGovの世論調査で、政府による生活保護給付の変更に労働党は反対すべきだったと考える人が、支持すべきだったと考える人よりも多く、三八%対三四%だった。労働党投票者の間では、よりはっきりした数字になった。党の決定である棄権を支持した人は一三%、政府を支持すべきだったと考える人は一四%だったが、反対すべきだったと答えた人は六一%に上っていた。(原注13)

党員たちの激怒

棄権は、イヴェット・クーパーにとって、自分がわずか一〇日足らず前に「恥ずべき裏切り」と断じた子ども扶養課税控除の制限に反対できなかったことを意味したが、激怒した党員からの最大限の非難を矢継ぎ早に浴びたのはアンディ・バーナムだった。(原注14) 左寄りの候補だと誇示していたバーナムに、支持者は、より多くを期待していたからだ。法案に反対する姿勢をあれほど明示した挙句に棄権したので、意気地なしと見られた。「アンディはスタンドプレーをやって、後でそれを貫かなかった。だから自分で自分の首を絞めた」とクーパーに近い一人は言った。(原注15)

バーナムに対する反発は非常に激しかった。ソーシャルメディアでバーナムは怒りのコメントに取り囲まれた。「弱虫! 少しは根性を見せるべきだった。もう投票しない!」「棄権したなんてショック!! 信じてたのに」「JCに票を入れる。ずっとアンディだったけど今は違う。あなたは自分で墓穴を掘ったんだ、バーナムさん!!!!」「考えをコロコロ変える男アンディ。もし党首に選ばれたら保守党もメディアもこう言うだろう」(原注16)

考えをコロコロ変えるという非難はずっとついて回った。バーナムは自分の決断を党への忠誠の問題だとしたが、一カ月以上たってもまだ弁解し続けなくてはならなかった。「コロコロ変えてなどいません」とバーナムはインタビューで強調した。「私が辞任して党を分断すべきだったと言っている人たちがいるが、私はそうもできた、そうしていたら、おそらく党首選に勝っていただろう。だが、それでは私ではなくなっていた」(原注17)。内輪ではもっと踏み込んで、そういうシナリオなら自分が勝っていたはずだとまで言った。(原注18) コービン陣営のベン・セラーズはそれほど確信してはいない。「もう少し接戦だっただろう」と言い、しかし、と続ける。「あのニューレイバーの政治がいつも出てきて……バーナムは、大変身を遂げていなけりゃならなかったはずだ」

バーナムが別の行動をとっていたら勝っていたかもしれないとの説は、バーナムには、その可能性を限りなく狭めるような制約があったことを無視している。バーナムは、影の財相職を約束することで、レイチェル・リーブズの後ろ盾を確保したとされていた。リーブズは保守党の構想への支持に強く賛同しており、給付上限の引き下げが四万人の子どもを貧困に追いやる恐れがあると示すリーク報道が出ると、影の労働年金相として、労働党を政府寄りにするという形で対応していた(原注19)。もし社会福祉法案に反対票を投じていたら、バーナムは議会労働党ばかりか自らの陣営をも分断し、影の財相と想定されていた人物をはじめ数人の支持者と対立していただろう(原注20)。

バーナム陣営の選対総監督ジョン・レハルが、バーナムのジレンマをどう説明したかに、なぜこれほど多くの人が棄権の決断を好ましくないと思ったかが完璧なまでに表れている。「辞任して、『私は法案を支持しない、正しいことをやらなくちゃならない、これは、貧困に陥っている人々、子どものいる人々に非常に懲罰的な影響を与える』というのはたやすいが……あるいは踏みとどまって、それゆえに、野党党首として彼が望む忠誠と影の内閣の尊敬を得るか」だ(原注21)。

しかし、バーナムは法案に反対できず、命運はそこで尽きた。キャット・スミスの言葉を借りれば、「言うこととやることがあまりに違っていたから、信頼をごっそりなくして、立ち直れなかったんだと思う」。

党首選への影響

社会福祉法案をめぐる議論は、時として、ジェレミー・コービンが党首選に勝利した瞬間として描かれてきた。議会番の政治ジャーナリストの一部にとっては、都合のいい説明を提供してくれるものだった——というのも、ドラマの舞台が勝手知ったる場所だったからだ(原注22)。労働党のエスタブリッシュメントは戦術的には賢明でなくとも責任ある決断をし、一人前の政治家として、保守党の判断に反対しなかった。一方コービンは何でも反対の無責任な政治家で、反対票を投じた。党員とサポーターは短兵急に反応し、コービンを党首にしたのだ、と。そこでは、コービンの台頭につながった深層の歴史的現象や、コービンを前に押し出した議会外の力、あるいはまた、棄権に対する反応で明らかになった党員の内部の変化などについて、さらなる説明は必要とされなかった。

社会福祉法案のエピソードが重要だったことは否定できないが、党首選への影響はもっと複雑だった。チーム・コービンにとっては、すぐに恩恵が現れた——一般市民からの少額寄付の急増、電話による聞き取り調査の手応えのよさ、より多くのボランティア要員リクルート、そして、ソーシャルメディア活動の急伸など(原注23)だ。しかし、時系列に並べてみると、法案は党首選の転換点ではなかったとわかる。むしろ、すでにあった傾向が、この大事件で確固としたものになり、加速したのだ。労働党が採決を棄権した七月二〇日の晩、党首選最初の世論調査が発表され、コービンがトップだった。偶然にもタイミングが一致したため、コービンが激しい怒りの波によって先頭に押し上げられたかのような印象が生まれたが、世論調査のフィールドワークの大半は採決前に行われていた(原注24)。選挙区支部の推薦指名と、陣営内部の聞き取り調査のデータによれば、コービンはすでにリードしていた。労働組合運動でも熱気が広がっていた。キャンペーンのイベントは多くの人を集め始めていた。

それでもこの事件は、確かに、党員に深く持続的な影響を及ぼした。多くの党員にとって採決は、コービン陣営の広報担当者ジェイムズ・ミルズの言葉を借りれば「どっちにつくか」の瞬間だった。「しかるべき修正案」——情けないほど形ばかりの素振り——で違いを出そうとしたバーナムとクーパーの試みは、関門を通過できなかった。コービン支持の影の閣僚ジョン・トリケットの言葉のとおりだ(トリケット自身は棄権したが)。「三人は古い政治に囚われていて、ジェレミーはその外にいた……みんなこう考えたのだと思う。『あっちに戻るのはご免だ』(原注25)」

影響には重要なイデオロギー的側面があった。バーナムが結局、態度を明確にできなかったために、穏健左派《ソフト・レフト》の候補者だという認識が通用しなくなったのだ。彼の棄権で、党員——大部分が思想的には緩やかにソフト・レフトと性格付けられる——の間に、誰がソフト・レフトを代表するかという真空が生じた。この空間に、コービンという、その時の理想の候補者が進み出たのだ。コービンは、いわゆる「強硬《ハード》」レフトと「ソフト」レフトの党員（議員については話は別だ）の歴史的分断の橋渡しができた。それによってコービンは、ベン派の伝統をその歴史的ゲットーから解放し、その伝統が広くアピールし得ることを証明した。その機会は、明らかに、どうぞと言わんばかりに差し出された。コービンは今でなくても社会福祉法案に反対したはずだ――彼は一貫していただけだ。右に寄ろうと動いていたのは党エリートの方だった。「ジェレミーはまっすぐ一直線だ」とマクドネルは振り返る。「『もちろんこの法案に反対する、誰だってそうだろう』ってね。一部の連中が大汗かいて『どっちに行くべきか』なんて言ってるのとじゃ大違いだ。計算なんかあっちゃいけなかった」

ただし、左派の融和にはコービンの個人的な貢献もあった――自身は政治における人格《パーソナリティ》の役割を重要視しないだろうが。コービンは、左派の原則への支持と強い精神力を体現する一方で、人柄の温かみと謙虚さを併せ持っていた。政府は意図的に貧困を悪化させるべきではない、と考える多くの労働党員にとって倫理の問題だったこの一件で、聖職者のようなコービンの物腰はぴったりだと感じられた。クライブ・ルイス議員は、コービンにもともと備わっている魅力の要所を捉えて、こう言う。「コービンがハード・レフトだとは思わない……むしろ、キリスト教社会主義者、ただしキリスト教抜き。倫理的社会主義者だ」。もし煽動的な人物だったらソフト・レフトの支持を集めるのはもっと難しかったかもしれないが、コービンの物腰が障壁を取り除いた。

社会福祉法案の採決が示すのは、投票用紙にコービンの名前を載せることがどれほど重要だったかにほかならない。党には全ての派を含めた広範な議論が必要だとする論拠の正しさが証明された――党首選に投げ込まれた重要な実力テストに合格した派は一つだけだった。その結果、ソフト・レフトとされる党員の中で支持の動向が変化し、左派候補支持へと決定的に動いた。マイケル・コールダーバンクの指摘のとおり「ジェレミーにとって、これ以上ないシナリオだった（原注26）」。

第九章　メディアのパニック

二〇一五年七月二一日

「落ち着く必要がある。ジェレミー・コービンが労働党党首に選ばれることはない」

――ダン・ホッジズ（コラムニスト）

「放送開始直前に、労働党党首選について驚きの世論調査のニュースが入ってきました」と、BBC『ニューズナイト』のキャスター、カースティ・ウォークが言う。二〇一五年七月二一日夜、翌日の『タイムズ』紙に掲載されるYouGovの結果がちょうど届いたところだ。党首選開始後初の信頼性の高い世論調査だが、一大センセーションとなっている。調査によれば、ジェレミー・コービンが第一選択投票で四三%を獲得してトップに立ち、二位になったアンディ・バーナムの二六%を一七ポイントも上回っている。イヴェット・クーパーは二〇%、リズ・ケンドールは一一%に沈んでいる。

「大差でトップにいます」と、『ニューズナイト』の政治主幹アレグラ・ストラットンが息を切らして述べる。ストラットンによれば、さらに驚くべきことは、得票率の低い候補者を順に除外して、第二・第三選択投票を再配分すると、五三%対四七%でコービンがバーナムを破るというのだ。ジェレミー・コービンが労働党党首になろうとしている。

ニュースの衝撃波がウェストミンスター村を揺るがしている頃、震源地にいるウォークとストラットンには、政治的な地形が足下から崩れるなかでジャーナリストとしての足場を死守し、バランスのとれた分析を五分間展開するという難題が残されている。アドレナリンが出まくっているのは、神経の高ぶった神経質な二人の笑いと、言い直しの多い早口ぶりに現れている。「二つ目の数字、つまり今後実際に予想される結果ですが、これは労働党にとって恐ろしいものです」とストラットンは言う――その数字が、まさにその党の意思表明であることを度忘れしているようだ。

　二人はゲストのジョン・マクターナンの反応を求める――トニー・ブレアの元顧問で、ジム・マーフィーがスコットランド労働党党首として、まさしく新時代を開くこととなった任期の間、首席補佐官を務めた人物だ〔マーフィーがスコットランド労働党党首就任中の二〇一五年総選挙で、労働党はスコットランドで、マーフィー自身を含む四〇議席を失い、ミリバンド敗退の主因となった〕。「ジョンに聞いてみましょう」とウォーク。「YouGovは、寝ぼけまなこの労働党有権者に、起きてコーヒーでも飲めと言ってあげているんでしょうか……」

「いや、そうなんでしょうか、ほんとに」とストラットンが割り込む――興奮のあまり、その名も高いBBCの不偏不党伝説が失われていはしないかと、突然気づいたのだ。「つまりですね」と、本当に突拍子もないことを言うぞという構えを見せながら、「左翼の党首を望む人が多いのかもしれない、と」。

　マクターナンは取り合わない――他に言うべきことがあるのだ。「馬鹿な議員は」と彼が切り出すとストラットンは笑い出す。「議論が必要だからとジェレミー・コービンを推薦した馬鹿な議員は、頭を診てもらったほうがいい……馬鹿だ。大馬鹿者だ」

「でも労働党員の中に、それどころか国民の中に、ジェレミー・コービンを支持する人がいるのは認めるわけですよね」とウォークは尋ねるが、コービンの名前を言うとき、笑いを抑えられない。マクターナンは、確かにそのとおりだと、持ち前の〝気高さ〟で認める。「政党には自殺願望をもつ活動家が大勢いるものです」

　さらに続ける。「この数字は労働党にとって悲惨の極みだ。そうとしか言いようがない。悲惨の極み。だからこれを見たら、党首選の他の候補三人は、誰がABC候補になるか、一人に絞らなければならない――Anybody But Corbyn《コービンでなければ誰でもいい》、ABC候補だ」

「もし合意できなければ、それこそ悲惨の極みというべきですね」とウォークは思わず断言する。ニュースがショッキングである分、三人が共有する見方も度外れたものになっていく――BBCの不偏不党など、どこかへ吹っ飛んでいる。マクターナンは悠然として言う。「選挙キャンペーンは何から何まで徹頭徹尾、惨憺たるものだ。議論がない。分析が一つしかない。一九八〇年代のままの、失敗したベン派の分析だ」。ウォークは同意する様子でうなずく。

ストラットンの方に向き直ったウォークは、「これを払い落とす」のは誰かと尋ねる。ストラットンは大きなため息をつく。流れが遅くなる。『ニューズナイト』の政治主幹は悲しいニュースを届けなくてはならない。「リズ・ケンドール陣営から弾みが失われたようです」と嘆く。「コービンの対抗馬と思えましたけれども。他の二人は第二・第三選択投票をかき集めようとしていますから、安全策をとる方針でしょう。問題は、こうなると、労働党党首選が基本的に左に寄ってしまっていることです（原注1）」

主要メディアの悪態

政治が流動的になっているこのようなときに、世界を描く報道の標準パターンに合わない突然の展開が起きると、隠れていたバイアスが浮かび上がる。『ニューズナイト』のスタジオにはっきり現れた衝撃はメディア全体に広がり、その後の報道や解説の大部分には、『ニューズナイト』と共通する想定や心情が反響していた。

実を言えば『ニューズナイト』のあのコーナーは、むしろ荒っぽくない方だった。これ以降、新聞各紙は正真正銘のパニックに陥った。それまでほとんどのジャーナリストが退屈なものと見なしていた労働党党首選が、にわかに第一面のニュースになった。「史上最長の自殺容認投票か」（労働党が敗北した一九八三年総選挙時のマニフェストのあだ名「史上最長の自殺遺書」（二三四ページ参照）のもじり）と、二〇一五年七月二三日の紙版『インディペンデント』紙は第一面で問うた。「大揺れの労働党――議員とコービンの対立激化」と『デイリー・テレグラフ』紙は書き立てた。

否定に走るジャーナリストもいた。「YouGov の世論調査を信じない」と書いたのは、『ガーディアン』紙のポリー・トインビーだった。評判の政治的直観を披露し、「何年も足を棒にして戸別訪問したあげく、取れると思っていた議席をたくさん失った労働党員が、間違いなくそれをもう一度繰り返すことになる党首を選ぶことはない[原注2]」。間違うことに定評のあるコラムニストのダン・ホッジズはこうツイートした。「落ち着く必要がある。ジェレミー・コービンが労働党党首に選ばれることはない[原注3]」。『レイバー・アンカット』ウェブサイトの編集長アトゥル・ハトワルは、さらに歯に衣着せなかった。七月二二日の記事につけたタイトルが、「こう言っては悪いが、あの党首選世論調査はナンセンスだ。ジェレミー・コービンは最下位に終わる」。「党員はふつうの人たちだ」とハトワルは書く。YouGov は、最終的にはコービン票を押し流すことになる「声なき大衆《サイレント・マジョリティ》」を見逃していたに違いない。だから「結果が出れば、リズ・ケンドールが多くの人を驚かせることになるだろう[原注4]」。確かにケンドールは多くの人を驚かせた。

新聞は社説欄を使って読者にこう伝えた――二〇一五年総選挙で保守自民連立政権の継続を支持した『インディペンデント』紙の言葉によれば、コービンは「労働党にとっても英国の問題にとっても答えではない[原注5]」。揺るぎない労働党支持の『デイリー・ミラー』紙までこの合唱に加わり、「今の保守党政府によって最も危険にさらされている人々の声を労働党が代弁してくれると期待する人は……絶望のあまり頭を抱えているに違いない[原注6]」。一方、右派の『デイリー・メール』紙は常日頃の労働党叩きをひと休みして、柄にもなく労働党の心配をした。「民主主義が機能するには強力な野党が必要である――ばらばらの無意味な有象無象ではなく[原注7]」

二枚舌にかけてさらにその上を行ったのが保守党支持の『デイリー・テレグラフ』紙だった。同紙は、ほんの一週間前、こういう見出しを付けた記事を掲載していた。「ジェレミー・コービンの勝利に手を貸して――労働党を破滅させるには」。続く本文で、労働党党首選の票を三ポンドで買う方法を読者に説明していた。「今すぐ登録して、『有権者除け』となるひげ面の社会主義者を労働党次期党首にし――労働党を滅亡させるべし」（原注8）。しかし八日後の七月二三日、同紙は、もったいぶってこう説いた。「英国が必要としているのは、今日の課題を議論する用意のある大人の野党であって、不平不満の左派がもつ、富を目の敵にした幻想をオウム返しに言うことしか頭にないポピュリストの有象無象ではない」（原注9）。労働党を「破滅させ」ようという同紙の指示に従っていた読者は、もう一方では、労働党が「もっとよい」党になるよう願うべしと言われて混乱したかもしれない。

　右翼紙は、この後も党首選の間ずっと、こうした矛盾に満ち満ちていた――コービンを選挙に勝てない泡沫候補と笑い飛ばしたい衝動と、その一方では、万が一コービンが勝とうものなら世の終わりだとの予測で一般市民を震え上がらせたいという、同じぐらい強い欲求との板挟みになっていた。「英国をジンバブエに変えるジェレミー・コービンの計画」、これは、今や同紙の美風ともなった、タブロイド紙も青ざめる〝控えめな〟言葉遣いを何よりもよく表す『デイリー・テレグラフ』紙の忘れがたい見出しだ。記者は、コービンには勝ち目が「ほとんどない」と一蹴しつつ、同時に、コービンの経済構想は「危険」であるばかりか、「通貨暴落と、やがてはワイマール帝国や……ジンバブエやアルゼンチンを見舞ったようなハイパーインフレにつながるのは、ほぼ必至だ」と読者を説得するという綱渡りを余儀なくされていた（原注10）。

　この矛盾が完璧に凝縮されていたのが、『デイリー・テレグラフ』紙の論考欄副編集長エイサ・ベネットのビデオだ。「ジェレミー・コービンが労働党党首になるかどうかを注視すべき理由」と題して、三つの理由を挙げていた。一つ、コービンは「実効性ある野党としての労働党を破滅させる」。二つ、野党を破滅させたにもかかわらず、コービンは「政治的議論の性格を歪める」。なぜならコービンの理論が「規準となる」からだ――大偉業ではないか。三つ、この非常に有力な野党が破滅させられたままであるにもかかわらず、コービンは勝つかもしれない！　「もう一度、金融崩壊が起きれば……政府が倒れ、ジェレミー・コービンが首相になるのを目にすることになる」とベネットは警告する。「想像してほしい」（原注11）

よく言われることに、党首選の間、右翼紙各紙は攻撃を手控え、コービンが党首になるのを待って大攻勢をかけた、とする説がある。しかし、確かにヒステリーのレベルはコービンの勝利後、天井知らずに上がったが、プライバシーの侵害、中傷、連座制の非難の多さを見れば、各紙が悠然と構えていたとは言い難かった。私生活の詮索が狂騒状態で行われたものの掘り出し物など何も出てこなかった。二度目の結婚が破局に至ったのは、コービンが息子を地元の無試験公立校に入れたがったからだという話が蒸し返されたが、原則を守る議員だという評判をさらに裏付けただけだった。(原注12)若い頃、「ハロルド・ウィルソン〔労働党首相、一九六四～七〇年、一九七四～七六年〕という名前の猫と一緒に、夜、コールドビーンズを食べるのが好きだった」という暴露話にしても、コービンをますます親しみのもてる人物に見せただけだった。(原注13)

人を震え上がらせることを狙ったコービンにまつわる話の多くがどのみち作り話だったのだから、『デイリー・メール』の日曜版『メール・オン・サンデー』紙が、「コービン首相の一〇〇〇日」というフィクション記事を掲載しても、あながち場違いには思えなかった。この可能性の恐ろしさを目いっぱい掻き立てるために冒頭に置かれていたのは、「炎上する多くの建物の炎に禍々しく照らし出された街路で殴り合う暴徒や略奪者、デモ参加者」のシーンだった——ということは、二〇二三年の英国は、デイヴィッド・キャメロン政権下で暴動が起きた二〇一一年の英国〔一八六ページ補注参照〕に、不気味に似通っているわけだ。しかし、また一方では一九七〇年代のようでもある。当時、国家債務は三兆ポンドに上り、インフレ率二五％、パン一斤五ポンドだった。そして、この全てをかすませるような、考えるのも恐ろしい出来事が起きるのだ——「ロンドンの超高級不動産市場の崩壊」である。(原注14)

新聞各紙によるコービンの扱いは無礼の一語に尽きた——右派紙のほうが顕著だったが、左右を問わなかった。そんなわけで『ガーディアン』紙のスザンヌ・ムーアにとってのコービンは「下品さがいくらかましなケン・リビングストン」〔労働党左派の政治家。下院議員三期、ロンドン市長二期〕だった。(原注15)しかし、こうした悪態は、決して罵り返さない実直な人物に跳ね返されることになった。コービン自身の言葉を借りれば、「私は個人攻撃にはかかわらない、人を名指しで非難しないし、そうされても気にしない――どのみちそういうものは読んでいない。どうでもいいことだ。それは悪態にすぎず、真剣な政治議論の脱政治化であり、それこそが人々を遠ざけたのだ」。(原注16)

コービンが原則を守る誠実な人間であることは、彼を最も激しく批判する人々でさえ認めざるを得なかったが、コービンがそういう人間だという事実に明らかに不満を抱いている人々がいた。「コービンのことを『原則を守る』『自分と同じ意見をもっている』というのと同じ意味であるかのように」と書いたのは、左派オピニオン誌『ニュー・ステーツマン』の怒れるヘレン・ルイスだった。(原注17)七月二四日、スカイニュースに登場したフリーのコラムニスト、クリスティーナ・パターソンは、さらに何歩も踏み込んで言った。「猫も杓子もコービンは誠実だと言いますが、ヒトラーは誠実だった。ＩＳ〔イスラム国〕も誠実だ。それがみんなの求めるものとは限らない」。(原注18)ひょっとするといつか、一般市民が求めているかどうか確かめるために、不誠実になると公約して出馬する候補者が現れるかもしれない。

党首選の候補者が特に気にする出版物は、労働党員とサポーターが読む可能性のあるものだ――『デイリー・ミラー』紙、『ガーディアン』紙、『ニュー・ステーツマン』誌、『インディペンデント』紙、そして、それより少部数の左派紙。後者ではコービンは支持を得た。左派紙『モーニング・スター』――コービンがコラムを書いていた――はコービンを推しており、選挙イベントを推進した草の根キャンペーンについての同紙の報道は、中央政治にとらわれたメディアより、はるかに情報量が多かった。活動家の雑誌『レッド・ペッパー』もコービンを支持し、有名なオバマの「ホープ(Hope)」のポスターを模して、人目を引く表紙を出した。(原注19)

コービンが支持を受けた中で最も重要なメディアは、スコットランドで販売部数第二位の『デイリー・レコード』紙だった。(原注20)しかし、英国の他の主要紙は一つ残らず、コービンの党首立候補に反対した(それだけにコービンの勝利はますます特筆に値する)。『デイリー・ミラー』紙はアンディ・バーナムを支持した。『インディペンデント』紙はどの候補も推さなかったが、コービンの勝利はあってはならないと警告した。[原注21]『ニュー・ステーツマン』誌はクーパーを推したが、表明したのは、ようやく八月一九日になってからだった――同誌は、このときすでにクーパーはおそらく敗れるだろうと認めており、驚いたことに、次回の党首選で彼女の「時が訪れる」ことを期待していた。[原注22]

しかし、『ニュー・ステーツマン』誌編集部トップのクーパー支持はずっと明らかだった。編集長のジェイソン・コウリーは、七月二二日、よりによって『デイリー・メール』紙で自らの立場を打ち出し、労働党は「正気に戻って」、左派が「党を……まったく無意味な存在へと転落させる」ことを理解しなくてはならないと書いた。[原注23] 七月二九日、『ニュー・ステーツマン』誌にコービンのインタビューを掲載するとき、コウリーは冒頭にこう書いている。「三カ月前、コービンが、原則は守るが頑ななトニー・ベン全盛期の労働党政治の遺物にすぎないと思われていた時であれば、その何でも反対主義は話を聞く前から予想がつくものであり、彼がまったく無意味な存在だったため、本誌のインタビューの対象にはならなかっただろう」[原注24]。これを編集方針の失態を認めたものと受け取った人々もいた――労働党の権威と見られていた雑誌が党内の動向の変化を見逃していたばかりか、党内の一つの派を故意に無視する方針をもっていたとは。しかしコウリーにとっては、どうやらこれは誇るべきことのようだった。

『ニュー・ステーツマン』誌の報道は一枚岩ではなかった。記者のスティーブン・ブッシュは自称ブレア派だが（少なくともかつては）、主流メディアの中で最も正確かつ注意深い党首選報道を提供した。しかしブッシュは、他はおしなべてそうではないことを示す例外にほかならなかった。コービン現象を説明しようとした同誌の他の挑戦の多くは、お笑い種だった。最も目立つ例は、七月二二日、副編集長ヘレン・ルイスの記事だった――自分にとっては何もかもが「美徳のひけらかし」として理解できるというのだ。ルイスの説は、ツイッター渉猟に時間を使いすぎた形跡があるものだったが、コービンを支持する人々はただ「自分が正と善の側にいることをひけらかすためにやっている」のだ」という。そこには経済や政治の力は作用しておらず、考慮すべき歴史的プロセスもなく、出来事の真の原因もまったくなかった――ソーシャルメディアだけだと言うのだ。幸い、この仮説は簡単に確かめられるもので、ルイスはその方法をこう書いている。「最終的に、無記名投票で、美徳のひけらかしが要らなくなれば、コービンは姿を消すでしょう」(原注25)

『ガーディアン』とニューレイバー

『ガーディアン』紙は左派との関係で特別な位置を占めている。日刊発行部数は多くはないが、オンライン版の届く範囲は広く、ソーシャルメディアでシェアされた場合、個々の記事は非常に多くの人に読まれる可能性があった。同紙の独自調査によれば、同紙は党首選にとって決定的に重要な動向統計の役割を果たしていた。同紙の購読者動向調査チームが、党首選真っ最中の二〇一五年七月三〇日に「中核読者」のサンプルを対象にした質問で、一五%が労働党員であり、さらに九%が登録サポーターであることがわかった――つまり同紙の熱心な読者の四分の一近くが投票権を持っているのだ(その後、この割合はおそらく増加した)(原注26)。労働党エリートたちは明らかに『ガーディアン』を、有権者へのメッセージ発信の重要な媒体とみなしており、デイヴィッド・ミリバンド、アラン・ジョンソン、ピーター・ヘイン〔いずれも労働党の閣僚経験者〕、そしてトニー・ブレアら数人が、反コービンの意見記事を同紙に寄稿した。

これらニューレイバーの古参政治家は、『ガーディアン』紙を頼れる盟友と見ていた。同紙は必ずしも常に労働党支持だったわけではないが、英国の主流メディアの中で、左派寄りの意見形成の重要な場だった。何をニュースに値するものとみなすかの選択、ニュースの構成、論説執筆者の選定によって、同紙は議論の状況に非常に大きな影響力を行使していた。政治が行われるフィールドの確定に手を貸し、その後、左側のタッチラインの線審として行動していたのだ。あるいは、別の比喩を使えば、妥当な意見の境界を警備していた(原注27)。平時ならこの見張り作業は低空で、ほとんど暗黙のうちに行われる。しかし、非常時には状況の全貌がまざまざと見えるようになるのと同じように、アウトサイダーの議員がいつもどおりの政治をひっくり返しかねないとなったとき、同紙が英国の政治で果たしている役割が白日のもとにさらされた。

当初、コービンが脅威とみなされなかったとき、『ガーディアン』紙は鷹揚なところを見せる余裕があった。コービン陣営が議員推薦をかき集めていたころ、コービンを後押しする社説を掲載しさえした。「労働党党首選についての本紙見解――活気のない選挙をさらに狭めるべきではない」と題する社説は、コービンには党首選に「出る権利がある」と論じた。理由は？もし出なければ「コービン氏がするはずのことを誰もせず、予算削減と闘うと誰も約束しないまま」、保守党による福祉国家体制叩きが『改革』をめぐる空疎な決まり文句の応酬に埋もれて、不可視化されかねない」からだ。さらに、コービンの「トライデント核ミサイル防衛反対によって、先送りされてきた防衛議論に火が付く可能性がある」ことを歓迎しさえした。大丈夫なのだ――なぜなら「〔コービン氏が〕ダウニング・ストリート一〇番地〔首相官邸〕に入ることなど、おそらく謙虚な姿勢の氏自身も含めて、ほとんど誰にも思いもよらないからだ(原注28)」。

楽観的な人たちは、この社説の中に、待ちに待った『ガーディアン』紙の政治スタンスの変化の兆しを読み取ったかもしれない。ちょうどこの二週間前、キャス・ヴァイナーが初の女性編集主幹に就任していた。同紙の最も左派寄りのジャーナリストたちの支持を得たとみられる彼女は、同社のスタッフ間で実施された無記名投票で地滑り的勝利を収め、その後、オーナーによって同職に任命された(原注29)。ヴァイナーは、同紙の論説編集主幹であるジョナサン・フリードランド――フリードランドはコービンの政治に理屈抜きで反対だった――を抑えて、自らの意思を貫けるだろうか。

『ガーディアン』紙の副編集長で、コービンに対する最も冷ややかな批判者であるマーティン・ケトルでさえ、六月一五日の議員推薦確保締切の後、社説の路線をなぞっていた。「福音は幅広い候補者の選択肢があることだ……オールド・レフトからブレア派まで、さまざまな見解が揃っている」。ケトルはさらに言葉を継いで、労働党政治の目利きという自らの評判に磨きをかけた。「ジェレミー・コービンの議員推薦確保はバーナムに対する後押しになっている――バーナムは左寄りだと簡単に片づけられないことになるからである」。リズ・ケンドールはと言えば、ブレア派の候補にしては「かなりのレベルの支持があることを証明した」(原注30)。

　コービンを興味深い泡沫候補とする『ガーディアン』紙の当初の描写は、六月一七日に掲載された一回目の長文紹介インタビューでも続いていた。コービンは思う存分からかっていい相手として扱われていたが――「コービンにはいまだに『シチズン・スミス』(チェ・ゲバラにあこがれるロンドンの若者を主人公にした一九七〇年代後半のコメディ)風のところがある(マジで)」――温かみのある人物として描かれ、政策をいくらか評価されてさえいた。「コービンについて一つ言えることは、ほぼ常に正しかったことだ――後になってみれば」(原注31)。翌日には、当時、同紙の内部で左派の代弁者として最上層にいたシェイマス・ミルンによる、明確に肯定的な言葉が載った――ミルンは、選挙のダイナミクスについて、同僚より的確に把握していた。「労働党支持者なら誰でも三ポンドで登録して投票できることになった今、不承不承の候補者コービンは、多くのメディア評論家が想像しているより健闘する可能性が高い」(原注32)

　だがこれは、『ガーディアン』紙でコービンとの蜜月が続いている限りの話だった。その後の数週間、コービン支持の人々の機運が高まり、政見討論会《ハスティングズ》での拍手が大きくなり、労働党地方支部の推薦指名が積み重なるにつれて、同紙の反応は事実上の報道管制下に置かれた。後に、投稿欄編集担当のクリス・エリオットは同紙の報道を振り返って、「コービンの進撃の初期、読者は、本紙がコービンを十分真剣に扱っていない場合があると気付いており、それは正しかった」(原注33)。

　七月半ば、非公開の世論調査でコービンのリードが明らかになった後、『ガーディアン』紙は関心を高めた。その後、YouGovの世論調査結果が出ると、報道は爆発した。トニー・ブレアの一回目の不器用な党首選介入が、その火に油を注いだ。七月二二、二三両日の同紙ウェブサイトの第一面見出しから、ヒステリックな調子が支配していたことがうかがえる。「労働党は、ジェレミー・コービンの心地よさにくるまれていてはならない、とブレア」「ジェレミー・コービンに投票する前に考えてほしい」「労働党は瀬戸際から引き返せるが、引き返す意思がないようだ」。パニックに陥ったこの二日間だけで、同紙のウェブサイトには、アン・パーキンズ、スザンヌ・ムーア、ポリー・トインビー、ティム・ベイル、マーティン・ケトル、マイケル・ホワイト、アン・パーキンズ（再び）、そしてアン・パーキンズ（三度目）と、コービンに敵対的な論説《オピニオン》が掲載された。コービン寄りのコラムは一つもなかった。（原注34）

アン・パーキンズは三本のうちの一本で、遠慮などかなぐり捨て、ひたすら懇願した。「お願いします。労働党の今後五年間を、もしかすると永久に形作ることになる新しい準党員のみなさん、少し調べてみてください。自分と子どものためにどんな国を望んでいるのか考えてください。そしてもっと大事なことは、そこにどうやってたどり着けるだろうかと考えてください。そして、考えてみてください。ジェレミー・コービンはそのイメージの中にいますか。私はそうは思いません」（原注35）

しかし、『ガーディアン』紙には問題が一つあった——読者はそう思っていたのだ。七月二四日、同紙は、読者に誰を支持しているか答えてもらうウェブ投票の結果を発表した。対象となった集団は自選だったが評決は圧倒的だった。二五〇〇人の回答者のうち七八%がコービンを支持したのだ。（原注36）七月末に同紙の読者動向調査チームが実施した、もっと厳密な調査では、英国の中核読者のうち五一%がコービンを党首に選ぶと答え、クーパー支持は七%、ケンドールとバーナムはそれぞれ六%だった。（原注37）

こうした意見は多くの場合、投書欄に現れた——容赦ない否定的記事のただ中のオアシスである。そして、記事の「下についている」オンラインコメントの冥府に敢えて足を踏み入れようとする者なら誰でも、コービンが不当に扱われ、コービン支持者が見下されているという強い思いがそこにあることを間違えようがなかった。八月三日、投稿欄編集担当のクリス・エリオットは、そうした反発に対応する必要を感じ、急ごしらえの報告を出した。四三本の記事をサンプルとして、そのうちコービンに反対するものが一六、中立のものが一七、コービンに賛同するものが一〇と分類した。この数字に基づいて同紙の報道は公正だと暗示したが、どの記事をどのカテゴリーに入れたかの公表を拒んだ。いずれにせよ、こうした定量的な分析では、明らかになることよりわからなくなることの方が多い。エリオットは、同紙は「いずれの側のファン雑誌にもなるべきではない」と論じたが、問題はそこではなかった。(原注38)非難されていたのは、同紙がある特定の候補者――読者が支持している候補者――に対して、事実上「荒らし」をやっていたことだった。(原注39)

「荒らし」は、論説と報道を峻別する境界を越えて広がっていた。編集次長たちが選ぶ見出しや、記事の構成にも現れていたのだ。行き過ぎの例が一つあったことをエリオットも認めている。「『悪さをしようとしている連中は労働党を引っかき回さないでくれ』とジェレミー・コービンが警告」という見出しの付いた七月二八日の記事は、「コービンを笑い者にして」いたと。しかし、他のニュースの見出しを見てほしい。「夜間バスで仏頂面のジェレミー・コービン」「ジェレミー・コービン、労働党綱領第四条の国有化条項の復活を示唆」(この記事の冒頭の行はこうだった。「ジェレミー・コービンは第四条の復活を否定した……」)、「ナニートンの住民はコービンをどう見ているか――ここでい い評判をとるなど想像もできない」。

例えば、八月四日の報道記事の見出しはこうだ。「労働党の総選挙敗北に関する調査で反緊縮は有権者に不人気と判明」。政治部長パトリック・ウィントワー――労働党左派から見れば、ずっとピーター・マンデルソンの腰巾着――によるこの記事は、コービンに向けられたものであることがリード文からわかった。「独立調査によって、経済赤字への懸念が続いていることが明らかになり、労働党党首選の最有力候補ジェレミー・コービンの政策への疑念が強まる」。記事構成は、労働党議員のジョン・クラディスが、二〇一五年総選挙に関する独自調査の一環として依頼した世論調査に基づいていた。調査には次のような設問があり、五六％の回答者が同意していた。「私たちは収入の範囲内で生活すべきであり、赤字削減は最優先事項だ」。ウィントワーはこの調査結果から「英国の有権者は反緊縮のメッセージを支持していない」ことがわかると報じたのだ。(原注40)しかし世論調査には「反緊縮」という言葉はなく、労働党は二〇一五年総選挙で「反緊縮のメッセージ」を打ち出してもいなかった。(原注41)

世論調査とコービンの政策を、これほど露骨に結びつけることによって、ウィントワーは、決定的に重要な時期に政治的影響を及ぼしかねない特定の情報操作を、報道記事に対して加えたわけである。コービンに対するウィントワー自身の意見は、彼の原稿の他の箇所の言葉使いや無造作な文を通して推し量れる――報道記者としてウィントワーは、論説欄《オピニオン》コラムニストより高いレベルの客観性を維持するよう期待されていたのを忘れてはならない。八月三一日の記事では、コービンについて、「困難な政治決断をした経験がほとんどまったくと言っていいほどなく、その代わりに、左翼の何でも反対政治に安住することを好んでいる」と書いた。コービンは、勝利を収めても、「自分自身が前任の労働党党首たちに示したレベルの忠誠しか受ける資格はない――すなわちゼロである」。(原注42)ウィントワーが「自分たちが大衆運動を築いているという左派の閉鎖的な信念」について書いたとき、多くの読者が、自らをその運動の一部だと考えたことだろう。(原注43)

八月一三日、『ガーディアン』紙はついに手札を切った。「いずれの側のファン雑誌でもなかった」同紙が、党首選でクーパーを支持したのだ。この決断を発表する社説は興味深いもので、ほぼ全文、もう一人の別の候補者について書かれている――誰だかもうおわかりだろう。「反乱者が労働党党首選に驚くべき生命を吹き込んでいる」とある。「党は、彼が解き放ったエネルギーを制御しなければならない」。ところが、輝いているのはある候補者なのに、勝つべきは別の候補者なのだ。クーパーの資質の説明に充てられているのはたった一段落で――女性であり、経済が得意だ――、政策にはまったく触れていない。(原注44)ある意味で『ガーディアン』紙上層部が直面していた状況は、労働党エリートの状況を映し出していた。読者はコービンを支持し、注目もコービンに集まっている状況で、労働党支持者が他の候補に投票する気になるような肯定的な理由を、同紙は何も見つけられなかったのだ。

『ガーディアン』紙の日曜版『オブザーバー』紙は独自の社説路線を持っており、総体的にいっそう保守的な政治姿勢のとおり、さらに激しい反コービンのスタンスを取った。七月一九日、政治部長のトビー・ヘルムの長文記事で、ブレア派の基調による猛攻の火ぶたが切って落とされた（例えばこちら。「九月にコービンを党首として戴く可能性による党壊滅の危機に焦点」）。投票先を労働党から保守党に変えたフォーカス・グループの有権者（「労働党が失った有権者は二度と戻らないかもしれない」）。ニック・コーエンのコラム（労働党は「ティーパーティーの左派版になるだろう」）、アンドリュー・ラウンズレーのコラム（「強硬左派《ハード・レフト》は常に人のためを考えていると言いながら、まさにその人々を裏切る」）。「現実主義者」リズ・ケンドールを（非現実的にも）党首候補として支持するアリスター・ダーリング（ブラウン政権の財相）の一篇。そして、「幻想のぬるま湯に」沈んでいく労働党についての一八〇〇語の社説。(原注45) 社説の論旨は単調だった。労働党は「中道に位置すべきだ」――トニー・ブレアの教訓だった。「中道から離れすぎれば、勝てるポジションを取ることは不可能だ」――こちらはエド・ミリバンドの教訓だ。

『オブザーバー』紙の真骨頂は一貫性にある。二カ月後、その間に驚くべき展開があったにもかかわらず、コービン勝利の翌朝、嘆きの社説で言えたことはただ、新党首は「中道の有権者に訴える」べし、だけだった。(原注46) この記事はあまりに陰鬱だったため、同紙のジャーナリストの一人、エド・ヴァラミィの手厳しい反応を引き起こした。「我々は、この結果――平等、平和、公正という倫理原則によって推進されたもの――に現れた精神を少なくとも支持することもせず、多くの読者をはじめとする人々を失望させた」とヴァラミィは書く。「なぜこうした理念を支持しないのか、あるいは少なくとも、何十万もの人たちがまさにそれを支持したという事実に関心を示さないのか」(原注47)

花形コラムニストたち

新聞のアイデンティティを決めるのは、社説の路線だけではなく、花形コラムニストたちでもある。彼らは自由に発言し、最も説得力あるやり方で議論の枠組みを形成する。少数の例外を除けば、『ガーディアン』と『オブザーバー』両紙の著名コラムニストはみな、ジェレミー・コービンに容赦なく敵対的だった。以下、その論調がうかがえるところを拾い出してみよう。

①ポリーの遍歴

ポリー・トインビーは『ガーディアン』紙コラムニストの典型だ。誰よりも早くコービンの魅力を察知し、二〇一五年六月二三日に、コービンは「多くの労働党員が間違いなく信じていることを言う」という小賢しい手口を用いて、「拍手の量を計測する機器があれば勝者になれる」と指摘した。彼は決して党首にならない。トインビーの「予感では、クーパーが打ち負かしてくれる」。しかし、「コービン票の一票一票が、労働党の敵に弾薬を提供している」。と言うのも、コービンは「遺物」であり、「一九八三年の人」だからだ。(原注48)

トインビーは一カ月後、YouGov の一回目の世論調査結果が出た後のパニックのさなかに、同じテーマをもう一度取り上げた。「ブレア、ブラウン、ミリバンド時代を通じて、まあまあ友好的な連合であり続けた党が、突如として、一九八〇年代初めごろの不快な場所のように感じられ始めた」、労働党員はおそらく互いに「遺物」とかなんとか悪態をつき合っているのだろう、と労働党を評した(左派は罵り合うと左派を罵る傾向がジャーナリストの間に蔓延してきており、極端な表現の一例として『タイムズ』紙のフィリップ・コリンズの「コービン陣営内部のばかさ加減と険悪さ」への難癖が挙げられる)。(原注49)

八月四日になると、コービンが本当に勝つかもしれないことがトインビーにもわかるようになっていた。コービン支持者に道理を説いても――驚いたことに――効き目がないようだった。そこでトインビーは方針をがらりと変えて、「私もみなさんと同じ気持ちです。でも……」戦法を採用した。「夢は思う存分見てもいい」というのがコラムの見出しだった。「できるものならジェレミー・コービンより左に寄りたい。でも将来をコービンに託す賭けはできない」。そう、トインビー(労働党右派が分裂・結成したSDPから出馬した一九八三年総選挙の候補者だった)は、ひげのないチェ・ゲバラであり、足が不自由でないローザ・ルクセンブルクなのだった。「できるものならコービンより踏み込んでいきたい」とトインビーは宣言した。「棚ぼた資産に課税して赤字を埋め、女王をエリザベス最終世にし、宗教を基盤にする学校、私立学校、遺産相続をなくし、億万長者に七〇％の税を課したい」。でも、と彼女は論じる。そういうことは口に出して言うことではないのだ、と。

　こんなことをしても何の影響もなかった。「最後にもう一度だけ」とトインビーは八月一三日に請い願い、読者にクーパーへの支持を求めた（クーパーのことを「タフな反緊縮経済学者」と評している）[原注50]。武器を取れの合図には暴力的なイメージが織り交ぜられていた。クーパーは「激しく叩き」「攻撃し」「コービンの論法と手加減なしで闘う」。「これはノックアウト・パンチになり得るか」[原注51]。どうやらそうではなさそうだ。「もうおしまいです」と二週間後、彼女は認めた[原注52]。

②怒れるアンドリュー

『オブザーバー』紙の主席政治解説者アンドリュー・ラウンズレーは、「イズリントンのパイプ〔ママ〕吹き男」に本気で怒っていた[原注53]。だいたいコービンは、「レーニン帽をマットに叩きつけて出馬表明したとき（リングに帽子を投げ入れる（挑戦する／挑戦を受けて立つ）のもじり）」は、「賭け率一〇〇対一（一ポンド賭けて、勝てば一〇〇ポンドの配当）の名ばかりのハード・レフト候補者」だったではないか。党首になろうなどとは厚かましいにもほどがある。「言わせてもらえれば」とラウンズレーは七月一九日に書いている。「労働党はこのまま突き進んで、デイヴィッド・キャメロンを大いに喜ばせ、ジェレミー・コービンを選んで次の総選挙で党首として世に出し、労働党は十分左でなかったから負けたのだ、などという説を最終的に確かめて破滅すればいい――それこそ自業自得である[原注54]」

　ラウンズレーが好奇心より敵意で反応したのは無理もない。突如として、重心が労働党エリートから他所へ移ってしまったからだ――ラウンズレーは労働党エリートに格別太いパイプがあり、自分の名を上げた本や記事を作り上げるのに必要な素材をそこから掘り出していた。九月六日、ラウンズレーは予測する。「ジェレミー・コービンが首相になれる候補者かどうかと、無鉄砲にも疑問視する労働党古参議員は誰でも、突然現れた群衆から、保守党だのファシストだの、あるいはもっとひどい言葉で悪者にされるが、その群衆たるや、五分前に支持を表明したかと思えば、五分後には別の道楽に飛びつくような連中である」。民主主義は

プロに任せておくに限る。（原注55）

コービンが勝利したときでさえ、ラウンズレーは「繭に閉じこもる左翼」に不平を言っていた。九月一三日にこう書いている。「党首選の選挙集会で自画自賛の〝反響室《エコー・チェンバー》〟の中にいたり、ソーシャルメディアで似たような考えの人とばかりいれば、誰もが自分と同じ考えを持っていると信じ込むようになり得る」（原注56）。五〇万人が参加した党首選での地滑り勝利の翌朝にしては、おかしな文だった。しかし二カ所だけ、ほんの少し変えれば、もっとこのときにぴったりのものになった。「全国紙で自画自賛の〝反響室〟の中にいたり、ウェストミンスター町内会で似たような考えの人とばかりいれば、誰もが自分と同じ考えを持っていると信じ込むようになり得る」

③ジョナサンの嘆き

コービンの躍進に対する反応で抜群に楽しかったのは、『ガーディアン』紙で美術批評を担当するジョナサン・ジョーンズのものだった。七月末、ほとんど注目されなかった最初の記事のタイトルは、「労働党はターナー賞〔英国人または英国を拠点とする五〇歳以下のアーティスト一名に贈られる美術賞。刺激的な試みが多く、毎年大きな話題になる〕を受賞すべし――パフォーマンス・アートの惨憺たる作品として」（原注57）。どうやら風刺を試みたらしいが、定かではなかった。八月初めの二度目の記事では、漠然としたユーモアは理屈抜きの怒りに代わっていた。ジョーンズの逆鱗に触れたのは、美術鑑賞の時間を邪魔するナショナル・ギャラリーのストだった。「真面目な話」と彼は主張する。「今までの人生で労働党にしか票を入れたことはない。ティツィアーノを見ている時ぐらい、そっとしておいてくれ。社会主義者でなくてはナショナル・ギャラリーに入れないのか」。ジョーンズの苦悩に比べれば、スト中の職員の犠牲など何ほどでもなかったのだ。誰を非難すべきかも彼にはよくわかっていた――「幅をきかせる」組合だ。証拠？　組合書記長のマーク・サーウォトカが「今週ジェレミー・コービンの隣にいた」。動かぬ証拠だ！　職員が圧倒的多数でストに賛成していたことなど書く必要はなかった。そんなことは些末事にすぎない――なにしろ自分は「力を誇示して相手を鼻で笑う反緊縮イデオローグが、労働組合運動に」不当にかかわっていることを発見してしまったのだ。(原注58)どのみち労働者と経営側の紛争で、「ラファエロについての著書がある」ナショナル・ギャラリーの館長に落ち度があるなどということがあり得ようか。「どっちの味方かって?」と、ジョーンズは誰にともなく問うた。「マーク・サーウォトカの味方ではない。やれよ、保守党員呼ばわりしろよ。ハード・レフトのせいで、しまいには保守党員になってしまいそうだから、こうして叫んでいるんじゃないか」(原注59)

読者がまだ知らなかったのは、ジョーンズの苦悩がどれほど深いかだった。数日後、一市井人の渾身の告白を伴った、歴史、哲学、倫理学にわたる驚くべきエッセーで、ジョーンズは、コービンという脅威に立ち向かう自らの決断の陰にあるトラウマ的な個人史を明かしたのだった。すべての始まりは一九八〇年代末のケンブリッジ——正確に言えば、スーパーマーケットのセインズベリーズだった。大学生だったジョーンズはそこで英国共産党に勧誘された。そしてふと気がつくとソ連にいて、そして目の前に、「思索に没頭する思想家の熱っぽい頭に思い描かれたものの中でも最も非人間的かつ残酷な愚行の一つが実在しており、実体的でありながら非現実的であるその現実」があったのだ。ジョーンズは、「崩れ落ちそうなコムソモールの宿舎でソーセージ脂の浮いたスープ」をすすった。「モスクワ空港では列に並んで大容器から薄い粥をよそってもらった」。これこそ「社会主義そのもの」であり、苦い味わいを残したのだ(心配した一人の読者から『ガーディアン』紙に手紙が来た。「美術評論家が鋭い感受性の持ち主だというのは知っています。ジョナサン・ジョーンズが一九八〇年代のソ連でまずいスープを飲んだときのことを感動的に書いています……」(原注60))。

「コービンをマルクス主義者と呼んでいるわけではない」とジョーンズは、スターリンがいかにして六〇〇万人のロシア人を虐殺したかを語った後で言った。「しかし、コービンの暴走するキャンペーンの中で、マルクス主義の思想が亡霊のような形で再び息を吹き返している」。スターリニズムの食生活の苛酷な現実を目の当たりにした人間にとっては、コービンを当選させることは、隷従への道の第一歩のように見えるのだ。「みなさんは——私たちは——何が行われたかに向き合わなくてはならない」とジョーンズは書き、自分がなぜもう社会主義者ではないかを明かす。「市場は人間的である」。この知見は驚きに見えるかもしれないが、「もしそうではないと考えるなら、それは、スターリンによって資本主義者の富農というレッテルを貼られ、餓死や銃殺に値するとされた不運な農民の命を奪った、あの愚行にふけることにほかならないのだ」。コービンに投票し、粛清されろ。ジョーンズは、エッセーを予兆的な場面で締めくくった。「ソ連にいたとき私は、ボルゴグラード──つまりスターリングラードの新聞売店で『マルキシズム・トゥデイ』誌を目にした。そして、銀色をした広大なボルガ河の荒涼とした景色のほかは、富農の姿などどこにも見当たらなかった」(原注61)。ジョーンズが何を言いたかったのかはわからない。

左派論客たち

『ガーディアン』紙は、一方ではジェレミー・コービン支持の数人の書き手の本拠地でもあった。左派のコラムニストに場所を提供することは、同紙のアイデンティティにとって決定的に重要だ。その人たちがいなければ、リベラル左派の主媒体としての信頼を全て失うことになる。同紙報道の少数派としての左派の異議申し立ては、その主張が耳を傾けられたけれども退けられたという印象を生み出すことによって、実は社説路線の正当性を強化している。そして商業的な面では、彼らはある購読者層を惹きつけ、そして、過激な論調が歓迎されるソーシャルメディアで記事がシェアされれば、広告収入を生む。

オーウェン・ジョーンズは、党首選の間にコービン寄りの記事を五本掲載した。シェイマス・ミルンは二本。ゾーイ・ウィリアムズは強く支持する記事を二本──ただし一本はもっぱら、コービン反対派がなぜ「見当はずれのこん棒でコービンに向かってきて」いるのかについてだった(原注62)。そしてジョージ・モンビオが一本。

コービンに肯定的な姿勢の散発的な例は、同紙の他の面で見出すことができた。興味深いことに、経済面の実力者ラリー・エリオット〔同紙経済主幹〕、ロバート・スキデルスキー〔経済・歴史学者〕、ウィリアム・

キーガン〔元『オブザーバー』紙政治主幹〕は、コービンの反緊縮財政政策には見るべきものがあるという立場だった。支持者からの単発のコメント記事が時折あり、キャンペーン集会の興味本位な描写が何本か、そして、ドーン・フォスターがコービンの住宅政策を前向きに評価する記事を書いた。ダイアン・アボットとジョン・マクドネルにもスペースが提供されたが、ニューレイバーのお歴々に差し出された膨大な紙面を相殺するにはほど遠かった。そのほか、ミュージシャンのブライアン・イーノ、コメディアンのスチュワート・リー、劇作家デイヴィッド・エドガーら、著名人が登場した（原注63）。コメディアンのフランキー・ボイルが寄せた文は同紙掲載記事の白眉だった。「新聞では、メディアの意見が、一般の人々の意見として差し替えられて使われることがよくあると覚えておく方がいい――あたかも、一般市民が、一群の過激な右翼億万長者の反社会的人間とたいして変わらないかのように（原注64）」

しかし、三カ月間でこれだけだった。これに対して、『ガーディアン』『オブザーバー』両紙の巨砲が一団となって記事を量産した。『ガーディアン』紙がこれほど閉鎖的な印象を与えたのは、執筆者の大半が、事実上、判で押したように同じコラムを繰り返していたからだった。共有された信仰箇条をめぐって神学的な合意があったのだ。マーティン・ケトルは二〇一五年七月二三日、いつもどおりの聞く耳持たない言葉で言った――労働党は「中道右派に挑むことができる現代的な改革派のアジェンダをもって、中道で争う」必要がある、と。この見方によれば、政治的中道基盤は、森の中の空き地――ある決まった場所――のようで、政治とは、政党が地図とコンパスを渡されてその空地を見つけるように申し渡される、単なるオリエンテーリングとなる。ときには、政党がどういうわけか森に迷い込んでしまい、道を探す課題に再び真剣に取り組むようジャーナリストに叱咤される必要がある。予測不可能な、大きな社会的・経済的力が新たな歴史的地形を常に刻んでいるのだが、エディンバラ公アワード〔二五歳までの若年男女を対象としたスキームで、ボランティア活動、身体活動、社会的スキル、遠征の四部門全部を達成する。最も易しい銅三カ月～六カ月コースから始め、銀コース、最難関の金一二カ月～一八カ月コースへと段階を踏む。

地図とコンパスのみで目的地を探すチームオリエンテーリングがハイライト。一九五六年にエディンバラ公の発案で開始、現在一一四カ国で実施されている）を目指すこの政治では、そうした力は一陣の風にすぎず、政党がそのせいでコースから外れるようなことがあってはならない。何一つ変わることはないのだ。

　こうした静的、非歴史的な見方の問題点は、新たな現象を説明できず、ましてや人々が予想外の方法で行動する動機など理解できないことだ。だから、何十万もの人が、不思議なことに遠ざかる一方の中道基盤を探し求めてあてどなく歩き回るより、他のことを優先しようと一斉に決意したとき、こうしたプロの政治評論家は、頭がどうかしているとか身勝手だとか言って、そういう人たちを切り捨てることしかできなかった。ラファエル・ベールによる独特のわざとらしい比喩は、その最たる例だった。「コービン主義は野党のビーチでのお祭りであり、政権に返り咲くために渡って行かなければならない荒波の海よりも、多くの労働党支持者にアピールした」（原注65）。ベールはコンパスを引き合いに出しさえした。「労働党が、この一時《いっとき》の救済者の神話化された良心を倫理的コンパスとするなら、理性的な政治を放棄することになる」（原注66）。ポリー・トインビーにとっては、コービン支持のうねりは精神医学的危機として説明がつく。「夏の狂気（熱気にやられたような一時的な愚かな行い）」という診断だ――せめてもの慰めは、それが感染しないのがわかっていることだという。「労働党員の大多数が、分別を失うとは思わない」（原注67）

　こうしたものの他には、ヘレン・ルイスが『ニュー・ステーツマン』誌で展開した、権威主義的な「美徳のひけらかし」説の変種しかなかった。『ガーディアン』紙の論説編集主幹、ジョナサン・フリードランドはただ一度、署名入りで議論に参戦し、「コービン族にとっては、政権ではなくアイデンティティが大切なのだ」と論じた。コービン主義とは「自分に忠実ということにすぎない」と証拠も実例もなしに宣言した。それゆえ「ナルシシズムの一形態にほかならない」（原注68）と。ケトルが「信心に基づく社会主義者」について書いたときも、似たりよったりの考えだった。「信心に基づく社会主義者だからと言って、別に悪いことはない」とケトルは鷹揚に言った。「しかし、それを政治と混同しないでもらいたい（原注69）」

こうした時事解説者にとっては、まことしやかに語られる伝説の中道地盤から一ミリでも動こうものなら選挙で忘れ去られる、というのが公理だった（もっとも、彼らの一部は、どのみち労働党が次の選挙で勝つ見込みはないと論じていたが）。しかし、アンディ・バーナムやイヴェット・クーパーやリズ・ケンドールなら勝つ見込みがあるという実際の証拠は一つもなかった――三人の誰かを売り込むコラムがなかったという紛れもない事実が、暗黙の裡にこれを認めていた（トインビーがクーパーを推したのを例外として）。ジャーナリストの思考に欠けていたのは、メディア自体の役割――ジャーナリズムが実践される方法によっては、メディアは観察者というだけでなく参加者にもなるということ――についての内省だった。コービンには勝ち目がないと事前に強調するジャーナリストたちは、そう予言することで、まさにその予言通りになるように行動していたのだった。

政治というフィールドの線審役を担う『ガーディアン』紙についての比喩をもう一度考えてみよう。同紙の報道を詳しく見れば、同紙が組織として、コービンを、ラインの外側にいるものと決めつけていたのは疑いない。タッチラインの正確な場所は明らかだった――議会労働党の真ん中である。ラインの内側にいたイヴェット・クーパー、リズ・ケンドール、アンディ・バーナムは支持され、尊重され、受け入れられたが、労働党左派には待ったをかけなければならなかったのだ。

裏目に出たメディアのコービン攻撃

党首選の間の報道についてコービン陣営に尋ねると、驚きの答えが返って来る。「私がかかわった左派の選挙キャンペーンで、いい報道があったことはほとんどないが」とジョン・ランズマンは言う、「でも今回はいいね」。ランズマンの言う「いい報道」の定義はふつうとは違い、「どんな宣伝もいい宣伝」の類だ。「いつも、うちがアジェンダを作った。他のところのは見もしなかった。ずっとうちがニュースだった」。すべてがコービンだった。

関心が高かったため、くだらない報道があった一方で、ニュースの材料をメディアに提供する機会は左派候補がふつう得られるよりも多かったことに、コービン陣営の広報チームは気づいていた。「伝えようとしたことの大半は伝わったし、伝わってほしいと思う方法で伝わった」と、広報担当のジェイムズ・ミルズは言う。どんな攻撃があっても、チーム・コービンは予定どおりに政策発表を行い、前向きなメッセージを発信し——とミルズは考える——そして、活路を開いた。

攻撃を受けると、まさにそのときに興味深いことが起きた。新聞がコービンを叩けば叩くほど、ますます支持が広がったのだ。攻撃は、ジョン・マクドネルによれば「猛烈」だったが、コービンの支持者には「免疫」があった。メディアの戦術——コービンが国を侮辱したとして反発するふりをするとか、コービンの言葉を故意に不正確に伝えるとか——は、コービンが党首になった後、一般市民に対して一時期、重大な影響を及ぼしたが、同じ戦術が労働党支持者には無効だった。議員になる前はジャーナリストだったクライブ・ルイスが指摘するとおり、政党の党員は「自分で見極めようとがんばってきた、より確かな情報をもつ人たちの集団」なのだ。「泡沫候補、勝ち目なし、一匹狼、頭のおかしい左派野郎、靴ひもも結べない奴(無能を表す罵倒語)」などというコービンへの酷評は、みなをコービン擁護に奮い立たせただけだった。こうした恥ずかしい言動を、右翼紙ではなくリベラル左派メディアが見せたとき、多くの読者は、「自分たちの政治を共有しているとばかり思っていた新聞が、コービンの代表するものにこれほど反対している」ことに対して怒りを募らせた。

皮肉なことに、敵意に満ちた報道が多かったがゆえに、放送メディアは時の人に貴重なエアタイムを提供しようという気になった。新聞の部数が急減しているにもかかわらず、放送媒体は、新聞が設定したジャーナリスティックなアジェンダに追随している。しかし放送メディアには、新聞にはない修正手段が内蔵されていた——みなが、自分の目と耳でコービンを見て、その話を聞くことができた。「ジェレミーはあることないこと言われていて、それはもう限度を超えていたから、ジェレミーがテレビに出たとき、ありとあらゆる悪役を合体させたような人間が出て来るとみんな思っていた」とマクドネルは言う。「質問に誠実に答える、感じのいい奴じゃないかとなったとき、それで決まりだった」

大集会に詰めかける若者たちの光景はテレビ受けした。その報道は高揚感を伝えないわけにはいかなかった。しかし、BBCの報道の一部は、BBC理事会《トラスト》〔BBC最高統治機関、二〇一七年に廃止〕の元議長サー・マイケル・ライオンズが後に、コービンが党首になった後で、コービンへの「著しく度を超した攻撃」と呼んだものの先触れだった。報道ドキュメンタリー『パノラマ』の二〇一五年九月七日放送分は、その紛れもない例だ。コービン陣営から「容赦ない攻撃」と非難された中傷の寄せ集めとでも言うべきこの番組が、郵便投票がまだ行われている最中にBBCで放送された。(原注70)

新聞の攻撃がなぜ裏目に出たのかを説明する最も重要な要因は、おそらくソーシャルメディアの存在だった。二〇一五年八月にYouGovが実施した調査によれば、「ニュースを得る主な手段」として、コービン支持者では五七%がソーシャルメディアを挙げているのに対して、他の候補の支持者では約四〇%だった。(原注71)

フェイスブックとツイッターでは、普通の人たちがジャーナリストの発信を直接、批判し、反論することができた。「主流メディアがジェレミーを攻撃するたびに、ソーシャルメディアが彼を守る盾になった」とマーシャジェイン・トンプソンは言う。彼女が運営を手伝ったオンライン活動の一つの機能は、草の根の活動の爆発を広報し、従来メディアのそれなりにまともな報道を収集・整理して公開することによって、新聞を通さずに情報発信することだった。

この新しい領域の登場に脅威を感じているジャーナリストがいることは、火を見るより明らかだった。他に選択肢はないと断言するメディアの言説は、オルタナティブ・メディアがなければ、はるかに維持しやすい。以前はばらばらの個にされていた人々のネットワークの中で他の視点が形作られ、存在していたからこそ、「美徳のひけらかし」や「アイデンティティ・ポリティクス」という、スノッブな非難が登場したのだった。自らの偏見について絶え間なく異議を申し立てられたジャーナリストは、怒りの遠吠えを発した。それがコービン台頭への狼狽の共有につながった。展開はメディアの手に負えないものになっていった。

【補注】 イングランド暴動

二〇一一年八月六日夜から一一日にかけて、ロンドン市内数カ所をはじめ、マンチェスター、リバプール、バーミンガムなどイングランド数都市で発生した暴動。警官による黒人青年射殺に対し、平和的に抗議する群衆の一部が暴走したのがスタートだったが、これに続く各地の暴動には政治色も人種的偏りもなく、ソーシャルメディアやブラックベリー(スマホ)の暗号化メッセンジャーでの呼びかけで発生・拡大、略奪や放火などにより死者五名、被害額二億ポンド以上に達した。こうした国内の問題に直接責任ある政治家全員(ロンドン市長ボリス・ジョンソン、キャメロン首相、メイ内相)が夏期休暇で国内にいなかったばかりか、なかなか帰国せず、危機対応が遅れた。

暴動の発生理由は重層的だが、夏休み中の若者が利用できる公共施設が緊縮財政で閉鎖されていたのも一因と言われている(逮捕者の半数以上が一八歳以下)。キャメロン首相は、労働党政権中に甘やかされた若年層のモラルの低下を原因とし、厳罰で対応、罪に比例しない罰を受けた者も少なくなかった(略奪後の店頭にあった水ボトル一本を通りがかりに盗んだ青年や、ルームメイトが盗んできた下着を受け取ったシングルマザーが禁固刑を言い渡された)。

第一〇章　傲《おご》れるものは久しからず――ブレア派の運命　二〇一五年夏

「『本当はその政見に従うべきだという心の声がする』と人が言っているのを聞くと、それは心臓移植した方がいいだろう、と言いたくなる。あまりに愚かだからね」

――トニー・ブレア

「プログレス」のロゴの入った紫のボードの前に立つその男は、一九九七年に政権を奪還した、あのトニー・ブレアの一八年後の姿もかくや、と見えるが――その間に何十万もの人々を殺すことになる違法な戦争の開始に加担し、広大な地域全域を破壊してIS（イスラム国）の勃興に道を拓いた――それにしては、少し精彩を欠いている。

昔取った杵柄で、労働党が「現代社会」をどれほど「誤解」しているか党に向けて説くのだが――聞かせる相手が目の前にいない。数少ない聴衆は、報道関係者と、忠実に付き従うプログレスの人々に限られている。ジャーナリストは、メールによる事前連絡では場所がどこか知らされていなかったため、電話連絡を待たねばならなかった――もし住所が漏れたら、普通の人々、つまり例の戦争のことを持ち出すかもしれないような人々が来てしまうのを恐れたのだろう。

よく統制されたその場の雰囲気は、ワクワクするものとはお世辞にも言い難い。九〇年代の残響だけがあって活気は失せている。場所は英国勅許会計士協会。嗚呼クール・ブリタニア（ブレア政権一期目を象徴するキャッチフレーズ。九〇年代半ば以降に突然花開いた（しかも稼げる）英国のポップカルチャーシーンについての『ニューズウィーク』誌の特集「London Rules」で使われた（一九五〇年代の「スウィンギング・ロンドン」に匹敵する）言葉。英国の準国歌『ルール・ブリタニア』のダジャレ。若き党首ブレアもこのポップカルチャーの一部であり、首相になったブレアがこのイメージを利用した）。

「ご希望ならば、どうやって勝つかについてお話しすることはできます」とブレアはいつもの調子で切り出す。「しかし、党内議論の現状を見るに、それはしたくありません」。本当はしたいのだ。あの有名な出し物、「今日は決まり文句《サウンドバイト》の日ではありません。しかしこの両肩に歴史への責任を感じています」（一九九八年四月、北アイルランド和平プロセスの一環としてアイルランドと歴史的な「ベルファスト合意（聖金曜日協定）」を結ぶ大詰めの交渉のためベルファストに到着したときの言葉）をなぞって、聴衆をからかっているのだ。今日はどうやって勝つかについて演説する日ではありませんが、しかし「中道路線で勝つのです……」というやつだ。

「我々が勝利したのは」とブレアは経験を披露する。「原理原則の問題としては間違っているけれども政治の問題として正しいと思うことをやったからではなく、政治の問題として正しいことは原理原則の問題としても正しいと我々が理解した時でした」。バグダードの空のように一点の曇りもない。

「我々は次回も勝てます」とブレアは続ける。それでもまだどのように勝つかが主題のスピーチとは言わないままだが。「ただし、我々の安心ゾーンが未来であり、自分たちの価値観にいたずらにとらわれるのではなく、価値観が指針となることが条件です」。我々の安心ゾーンが未来とは？ グリーンゾーン（バグダード市内の占領軍管理地域）が過去であるならば、それが偽らざる実感だろう。

しかし、ブレアの主張の核心はうって変わって明快だ。「私は古びた左派の綱領で勝ちたいとは望みません。仮にそれが勝利への道筋だと自分が判断したとしても、私がその道を選ぶことはありません」

ブレアは、労働党が左派路線で勝つぐらいなら負ける方がましだと――実質的には保守党が勝つ方がましだと――いうわけだ。老兵の口、かく語れり。労働党左派は今までもずっと、ブレア派とはたいがいそんなものだろうと疑ってはいたが、御大将の口からじきじきに確認できたのは有用だった。

スピーチの後は、自称コメディアンのマット・フォードによる質疑応答となり、ブレアは少しリラックスする。知性を装った抽象的なたわごとのメッキが剝がれると、現れたのは……空虚だった。左派の綱領は「まったく正しくないですね」とブレアは言う。「なぜならそれでは国は進歩しないから。退歩してしまう。だから左派の綱領は正しいことではないのです」

そこでブレアは、ずっと言いたくてたまらなかったのであろう、お得意のクラスター爆弾を放つ。「『本当はその政見に従うべきだという心の声がする』と人が言っているのを聞くと、それは心臓移植した方がいいだろう、と言いたくなる。あまりに愚かだからね」

朝刊の見出しはこれで決まりだ。「コービンに心を寄せる人は心臓移植しろ、とブレア」

これで終わりだ。会場からは厳しい質問は出なかった。ジャーナリストは何の質問も許されなかったからだ。あたかも、重大で不吉な語られない話題があって、ブレアがそれを避けたがっているように見えなくもない。(原注1)

ブレアの傲り

なぜブレア派はこれほど無能だったのだろうか。それが二〇一五年労働党党首選の大きな疑問の一つだった。一九九四年から二〇〇七年まで労働党を支配し、その後八年にわたり党を弱体化させ続けた政治勢力が、二〇一五年の夏、屈辱にまみれた。ブレア派の候補者リズ・ケンドールは、労働党員と登録サポーターのわずか四・五%の支持しか確保できなかった。ブレア派は組織として欠陥があり、イデオロギー的に見るべきものがなく、戦術的な運もないことが明らかになった。

コービンが台頭した理由の一つは、ブレアとニューレイバーへの反応——端的に全面的な拒否——だった。

ブレアが二〇一五年七月二二日にプログレス主宰のイベントで行った選挙戦への介入には、その後も〝主旋律〟としてたびたび顕れる自己認識の慢性的な欠如が露呈していた。社会福祉法案投票と衝撃的なYouGov世論調査の直後、ブレアは、自分ならコービンの反乱の芽を摘み取れると考えたのだろう。ブレアの演説はまさに正反対の結果をもたらした。チーム・コービン本部では、直後から運動への寄付もボランティアの申し出も増えた。[原注2] ソーシャルメディアに火がついた。クライブ・ルイスはそれが「転機」だったと振り返る。「突然、それまで党内政治に特に興味がなかった多くの人が、ブレアが嫌うこの人物に注目するようになった」とルイスは言う。「ブレアはニュースです。誰でもブレアのことを知っている。ブレアは誰のことを話しているんだ？　ブレアは何を言ってるんだ？……それが選挙戦のカンフル剤になった」

ルイスはブレアが見誤ったのは傲りがあったためだとする。「あの時点で、自分はまだ労働党員に相応の信望があると考えていたのだと思う。『一般大衆や右派マスコミや強硬左派《ハード・レフト》は私を嫌っているかもしれない。でも良識あるニューレイバーの党員は、私の下で三回選挙に勝ったのを覚えているだろう』って。でも少々ショックを受けることになったんじゃないかな」

ブレアの演説の約一時間後、ロンドン中心部の別の場所で、コービンは『二〇二〇年の経済』を発表する演説を行った。コービンのキャンペーンの反緊縮財政綱領の骨子をまとめた重要政策文書だ。これ以上ない最高のタイミングだった。「ジェレミー・コービンのスピーチにこれほどたくさんのカメラが集まっているのを見た記憶がない」とBBC政治部補佐のノーマン・スミスがツイートした。[原注3] ジョン・マクドネルは、その政策発表がメディアにあまり採り上げられないのではないかと心配していたのを覚えている。しかしマクドネルとコービンが演説後に会場から出るや否や、それは杞憂だと分かった。「トニー・ブレアがうちを攻撃した」とマクドネルは振り返る。「シラ・ブラックの歌にあるじゃないか、『心ある人なら誰だって』（英国の歌手シラ・ブラックの一九六四年のヒット曲。邦題『恋するハート』）ってね。そのブレア版を歌ったわけだ。ありとあらゆる報道機関のカメラが外に並んでいた。ブレアからの最高のプレゼントだった。お礼に赤いバラの花束を贈りたいと思ったぐらいだ」

ルイスはそのときのことを鮮やかに思い出す。

　二四時間ニュースチャンネルが流れる画面を見ていた。経済政策を発表して外に出てきたジェレミーが映った。世界中のマスコミが外にいた。彼の顔には驚きが見えた。こう思ったんじゃないかな。「みんなが私の言ったことにそんなに興味があるなんて、まさか！」……そうしたら「コービンさん、コービンさん、ご自身についてのブレア氏のコメントに一言お願いします」。ジェレミーの返答は、末代まで語られるほど立派だった。

ブレアの意見をどう思うかと問われて、コービンは答えた。「まったく問題ありません。ブレアが自身の意見を表明するのは自由です。それより政策について議論しましょう(原注4)」。しつこくコメントを求められると、コービンは屈託なく、とどめの一発を放った。「トニー・ブレア氏の大きな問題は、チルコット報告書が出るのをみなが今も待っていることじゃないでしょうか。……そう、確かに一九九七年の選挙で労働党は勝ちました。その後は支持を失う一方でした。ブレアは我が国を取り返しのつかない違法な戦争へと先導しました」(チルコット報告書とは、英国のイラク戦争参戦の経緯と戦後処理を検証するために設けられた独立調査委員会(ジョン・チルコット委員長)の最終報告書。二〇一六年七月公表。ごく少数で参戦を決定したことや戦後の計画がなかったことなどでブレア元首相を強く批判した)。最後に、コービンは保守党好みの労働党党首だとブレアが述べたことに対するコメントを求められると、こう答えて元首相を一蹴した。「そんな、はっきり言ってつまらないコメントより、もう少し真面目なことが言える人だと思ってましたが(原注5)」

「効果があることが何より重要」のモットーで知られる人物にしては、ブレアは、自身の介入に効果がないことを理解していなかったか、あるいはその介入は重要ではないと考えていたか、いずれかだったようだ。三週間後にまたやった。八月一三日付『ガーディアン』紙に懇願を寄稿したのだ。題名がなかなかに情けない。「私のことが嫌いでも、どうか労働党を崖から突き落とさないでほしい」。党首だった時、労働党内の統一に異常なまでの執着を見せた人物が、今や党の分裂を公然と呼びかけている。コービンに投票する前に「自分たちにとって一番大切なのは誰か、その人たちを助けるために何ができるか、よく考えてほしい」と、ブレアはその訴えを締めくくった。政財界《ダボス》の友人

たちのことでも考えていたのだろう。(原注6)

さすがのブレアも三度目の、八月三〇日付『オブザーバー』紙の論説欄に寄稿する頃には、状況が理解できていたようだった。自らが繰り返した警告を振り返り、悲しそうに尋ねた。「誰か聞いてるかい？　誰も。いや、実はその逆だ。私が何か言うほどコービンへの支持が固まるようだ」。前の記事が抵抗の叫びだとすれば、この記事は当惑の泣き言だった。「私のような人間には考えるべきことがたくさんある」とブレアは認める。「私たちにはこれがどういうことなのかまだよく理解できない。……問題は、どうすればいいか、だ。……私にはわからない」。気の毒なぐらいだった。(原注7)

調子っぱずれは、二〇一五年の夏の間、ブレア派に共通する症状だった。トニー・ブレアの共犯者アラスター・キャンベルは、八月一一日、「ABC候補：Anyone But Corbyn《コービンでなければ誰でもいい》」に投票しようと長文論説で檄を飛ばした。(原注8)誤った判断による呼びかけだった。コービン以外の候補者三人を誰でもいいと一括りにすることで、コービンを旧体制とは一線を画す人物として、よりはっきりと識別した、という理由だけでも。情報操作専門家《スピンドクター》として英国で最も悪名高い人物が、情報操作を嫌う政治家に惹きつけられる人々への警鐘役として自分こそが適役だとなぜ考えたのか、不可解な話だった。キャンベルの檄文と、それが必然的に巻き起こした反応を受けて、元労働党議員のボブ・マーシャル＝アンドリューズが『ガーディアン』紙に寄稿した。「ジェレミー・コービンの支持者として提案させてもらえば、いっそのことピーター・マンデルソンも、トニー・ブレアとアラスター・キャンベルによるコービン批判運動に加わっていただきたい」(原注9)

マーシャル＝アンドリューズの願いは聞き届けられた。マンデルソンは、八月二七日付の『フィナンシャル・タイムズ』紙に寄稿して、ブレア主義は「労働党の価値観と歴史の中で、異端派閥」として「揶揄されてきた」と嘆いた。しかし、自滅的な動きとして、もしコービンが勝てば党の民主主義を転覆するクーデターを起こすことを同時にちらつかせた。(原注10)

旧世代のブレア派が揃って突然ぞろぞろと這い出て来て、『ガーディアン』紙のジョナサン・フリードランドのエラそうな言い草を借りれば、「子どもを前に座らせて『さあ、お遊びはおしまいだ』と説教している」ようだった。(原注11) ジャック・ストロー、アラン・ジョンソン、デイヴィッド・ミリバンド、アラン・ミルバーン、デイヴィッド・ブランケットなどが揃いも揃って、我こそは、と説教役を買って出た。そして、放った言葉がブーメランのように返ってくると、みな面目丸つぶれで、這う這うの体で逃げ出した。チャールズ・クラークがコービンを「ベン継続派／ベン狂信派候補」、その支持者を「狂ったようにワンワン吠えている」と描写するに至っては、戦略的失禁の一種というほかなかった。(原注12)

ブレア派の新世代にしても似たようなものだった。当時のプログレス議長ジョン・ウッドコック議員は、ブレア派軍団に、「カルト教団の誤った論理」に屈した労働党員の仲間がいれば「熱意を持って撥ねつけよう」と呼びかけた――そういう人々を呼び戻せること間違いなしの方法だ。(原注13) トリストラム・ハントは「労働党にはショック療法が必要だ」と宣言した。(原注14) それら全てのさらに上を行ったのがチュカ・ウムンナだ。ふつうなかなかお目にかかれないような癇癪を起こして、「聞き分けのない子どもみたいに行動している」と自党を非難した。続けて、自らの忠告に自ら反する離れ業をやってのけた。「私たちはただ駆け回って地団駄を踏んで、有権者に対して金切り声を張り上げている。でも、本来すべきは、人々に会ってその考えに耳を傾けることであり、それは必ずしも私たちの期待どおりの考えとは限らないのだ」。そのとき、党首選の最中にあって、地団駄を踏んで有権者に対して金切り声をあげ、有権者の考えに耳を傾けることを拒んでいる、とはまさに自身の姿だという皮肉に、ウムンナはどうやら気づいていないらしかった。(原注15)

「混乱していたのだと思う」とルイスは言う。「ブレア派は、うちの陣営がエド・ミリバンドの方向性で『穏健左派《ソフト・レフト》』のアジェンダをこねくり回していると思っていた。さあ、いつもの仕事に戻ろう……で、ほんとのことがわかってショックを受けることになった。国も党も二〇〇八年のままではなかったんだ」

ブレア派の歴史的位置づけ

ブレアはかつて言った。「ニューレイバーは登場したての最新の政党であり最小のものである。メンバーは約五人だ」(原注16)。ブレア主義の二〇一五年の屈辱は、過去に成功したやり方そのものに根源があった。ごく少数の排他的な集団が党を抑え、党の統治機構《パーティー・マシーン》とメディアを通じて権勢を維持した。イデオロギーは常に労働党の伝統の根本に反していて、党員の間で広く熱意ある支持を集めたことは一度もなく、二〇〇八年の金融危機の後ではいっそう色褪せていた。ニューレイバーは後ろ盾としての政治力を失った途端、苦境に陥った。

ニューレイバーは支配欲の塊だとの評判は偶発的なものではない。ニューレイバーは民主主義と個人主義のレトリックをまとってはいるものの、現実には、執行部はどんな意味ある形でも党員参加を許すまいとした(原注17)。異議を申し立てる道は閉ざされ、代替となる権力機構は屈服させられ、議論の余地ある決定はだましてでも通した。年次党大会は骨抜きにされ、党首の演説の背景に堕した(原注18)。政策は——単なる上位下達でなければ——全国政策フォーラムによって決定され、リサ・ナンディ議員の二〇一〇年の言葉を借りれば「党員に対する侮辱だった。みな、自分が何かしたところで何ひとつ変わらないと感じていた(原注19)」。

それほどまでの党内管理が可能だったのは、全ての重要な手段を支配していたからだ。ニューレイバーは四つの相互に依存する権力機構を使っていた。党首事務局、党の統治機構《パーティー・マシーン》、プログレス、メディアにいる以心伝心の面々だ。党首事務局の権力が、ゴードン・ブラウン、次いでエド・ミリバンドに渡ったのは致命的な打撃だった。かつて執行部の意志の見えない執行人だった党の統治機構《パーティー・マシーン》は、残る職員の大半がブレア派信仰に極めて忠実だったとしても、党首と手を組んで働くのでなければ、強大な力を大きく削がれた。同様に、プログレス——ランズマンの痛烈な言葉を借りれば「右の『ミリタント派』」(一九六四年に労働党内に設立されたトロツキー主義を信奉する派閥。積極的党員勧誘で知られる。一九九〇年代前半までには同派閥所属の多くの党員が除名され、党内派閥としては実質上、消滅。同勢力は後に別の政党を設立した)——は、執行部の庇護がなくなって剝き出しになった。プログレスは大学の学生政治組織から人々をスカウトしてきて、党内の人脈を使って労働党内の出世コースに乗せる働きをしていた(原注20)。しかし、ミリバンド前党首時代に労働組合との対決で手負いとなり〔五六ページ補注参照〕、野心ある若手政治家にとって魅力が半減した。当時、ある労働組合の書記長が言った。「プログレスはもう死んでいる。気づいていないようだが」(原注21)。メディアとの親密な関係さえも強みが削がれるようになった。ブログやソーシャルメディアが、党内政治について別の見方を提供する場として多くの人に受け入れられるようになったからだ。

しかし、ブレア派の最大の問題はそのイデオロギーだった。ブレア主義に何か活力があったとしても、その源は、金融危機後の経済状況ではもう枯れ果てていた。打ち出した政策は一九九〇年代に合わせて作られたものであり、すでに硬直した教条主義《ドグマ》と化していた(原注22)。ブレア派はいつも本能的に右に寄り、支持者はますます狭まる政治的コーナーに追い込まれることになった。市場に差し出せるような公共サービスは、すでに保守党が売り払っていた。財政赤字について強硬政策をとることで点数が稼げるようなことは、保守党が全てやり尽くしていた。ブレア派のアジェンダはすでにその寿命を終えていたのだ。

ニューレイバーは「ソフト・レフトと、新しい新自由主義右派《ネオリベラル》の協同をもとにした、労働党の歴史の中で特異な方針転換」だった(原注23)。「両者の合意……が少しずつ損なわれていった」とルイスは言う。「イラク、経済政策、二〇〇八年の金融危機、新自由主義、そして、党として採用したことが結果的に二〇一〇年総選挙での敗北につながったと次第にわかってきたこと」

「ニューレイバーへの支持の正当化は、最終的には、選挙に勝つ能力だけになった」とジョン・マクドネルは見る。「だから選挙に勝てなくなると、ニューレイバーの支持構造は跡形もなく消えうせた(原注24)」

ブレア派勢力の翳りは同派議員の質の劣化にも表れている。ブレアやブラウンと並んでのし上がった第一世代は、左派との戦いに勝って登り詰めたタフな政治家だった。後継者の道のりは相対的に容易で、大学から閣僚の補佐、議員、閣僚へとしばしば苦もなく出世した(原注25)。専門職行政官《テクノクラート》を生み出す昇進路線の一つとなった。ブレア派ではない右派、オールド・ライトを取りまとめる「レイバー・ファースト」書記長のルーク・エイクハーストは、そういう人々を「路面電車のレー

ル上を走る政治家」と評する。(原注26)
ブレア派はまた、人を引き留めておくのにも苦労した。一部はブラウンの目に脅威と映り、放逐された。政界と経済界との間の回転扉を通っていく誘惑に屈した人もいる――もっとも恥知らずな例が元保健相のアラン・ミルバーンとパトリシア・ヒューイットで、自身が行った市場改革の恩恵を受けた当の民間医療企業に三顧の礼で迎えられた。あるいは単に政界を離れた人も少なくない。ジョン・ハットン、ルース・ケリー、ジェイムズ・パーネル、デイヴィッド・ミリバンドらだ。この離職率の高さを考えると、ブレア主義とは、政治家がそのためになら犠牲をいとわないようなイデオロギーではなかった、と言える。結果的に、二〇一五年五月には、ブレア派は推薦人とほとんど同じくらいの数の人が立候補を考える、という事態になっていた。人材があふれていたからではなく、ニューレイバーが今では団栗の背比べの政治家集団となり、抜きんでた人物がいなかったからだ。

崩　壊

特筆すべきは、そんな屈辱的状況が来ることをブレア派が予想していなかったことだ。二〇一五年の党首選が始まる際にプログレスが発表した記事の内容は、今から振り返ると滑稽でさえある。「月曜日、労働党次期党首の候補者登録が終了し、この選挙戦の様相がはっきりした」と始まる。「現実的に党首に選ばれる可能性がある三人の候補者が通った。ジェレミー・コービンも通った」とし、続けて選挙区支部（CLP）からの推薦獲得競争の展望について論じている。ブレア派のケンドールについて「党員からの反応は当座、好調だ」とし、「ケンドール議員陣営にとって喜ばしい知らせだろう。とはいえ、もしケンドールが、アンディ・バーナムを推薦数で上回れたら驚きだ」。この予想は的中した。バーナムはCLPの推薦数一一一を勝ち取ったのに対し、ケンドールは一八だった。「現実的に党首に選ばれる可能性が」ゼロとされた候補者は一五二を勝ち取った。(原注27)
議員による候補者推薦の段階が終わるやいなや、バーナムとクーパーは「タリバン・ニューレイバー」の死を宣告して、ケンドール叩きの共同戦線を張った。

「リズの戦略の全体がウェストミンスターの戦略だ」と、両陣営の関係者の一人が二〇一五年六月一五日付『デイリー・テレグラフ』紙に語り、こう続けた。

ケンドールはメディアや右派の時事解説者やブレア派のタリバン議員たちに取り入って、フリースクール〔二〇一〇年からの保守自民連立政権下で導入された新制度。公的資金が投じられ、授業料は無料。カリキュラムの裁量等に私立校並みの自由がある。社会階層の分断を進めるとして、全英教職員組合などから反対の声が上がっている〕に目くじら立てないとか軍事費を確保するとか述べて新聞の見出しを飾り、その弾みに乗って前に行こうと賭けに出た。しかし問題は、もうすっかり気の抜けたビールのようになっていることだ。選挙の行方が党員に委ねられる段階になった今、党員はその類の修辞法や政策に特に興味がない以上、ケンドールの星がすぐに輝きを失うのが見てとれるだろう。(原注28)

これは結局、恐ろしく正確な予言となった。それほど時をおかずに、ケンドールは、反コービン陣営をまとめるために選挙戦からおりるべきだとの圧力に直面することになった。ケンドールは以下のように主張し、その圧力を毅然としてはねつけた。「ジェレミー・コービンを別とすれば、過去五年ないし八年に我々が経験したことの代替策を提示している候補者は、私以外にいない」。感動的にも、いやむしろ皮肉かも知れないが、コービン陣営はその主張を認め、ケンドールは「党内の一定の勢力の意見を代表しており、他のどの意見とも同じようにこの選挙戦で声を与えられるに値する……リズは選挙戦に残るべきだ」とコメントした。(原注29)

それは苦痛を長引かせただけだった。八月になる頃には、ケンドール陣営は哀れみを誘う状況になっていた。ロンドンのダリッジで選挙運動の一環として開かれたキャンペーン・ピクニックに『ヴァイス』誌の記者が取材に行くと、人はごくわずかしかおらず、しかもその多くが、コービンに投票する予定だが近くに住んでいるから食べ物をつまみに来たと話した。「人々はリズの話を聞くために、文字通り数十メートルなら足を運んで来ることでしょう」と同記者は報告した。(原注30)

エイクハーストによれば、ブレア派の選挙キャンペーン戦略は「奇っ怪」だった。「党首になるために必要な五〇%を得られるように連合を組むよりむしろ、純粋に超がつく路線に走った。その結果、主張のハードルがあまりにも高くなり、ブレア派を自称する人々でさえ、多くがブレア派としての適格性を欠くことになった」(原注31)。選挙戦が終わりに近づく頃、ケンドールは自己批判を発表した。「我々近代化推進者《モダナイザー》」は「官僚や管理職のことだと思われている」ようで、「選挙において、何かの目的のためではなく、ただ勝つために勝つことだけを考えていて、その結果として理念継承者の責を極左に譲りわたすことになるのだ」(原注32)。

ケンドールが大敗に向かっているのは誰の目にも明らかだったとはいえ、結果が出た時、その惨敗ぶりは、コービンの大勝とほとんど同じぐらい衝撃的だった(原注33)。ブレア派は逃げようがない真実に直面した。そのご託宣に耳を貸す者はもういなかった(原注34)。その名高い組織力も、大規模かつ広く開かれた選挙ではほとんど意味がなかった。こうして見ると、登録サポーター制度へのかつての肩入れはますます首をかしげざるを得ないものになり、おそらく傲慢さゆえとしか説明できない。党の外に中道票、すなわちブレア派の投票者が存在するとの確信から登録サポーター制度は導入された。しかし、四五〇〇万人の潜在的な有権者のうち、ケンドールに投票するために三ポンド払ったのは、わずか二五七四人だった。

ブレア派の崩壊は単独の現象として起こったわけではなかった。ブレア主義が、疲弊しながらも、変化することも消滅することも拒絶した結果が、コービン台頭の推力だった。党員への軽蔑が透けて見えるような党運営を何年も続けてきたため、水面下に党員の憤りの種が蒔かれていた。党の民主制を尊重して、それら旧弊を一掃する熱意がある候補者を選ぶ機会が与えられた時、党員はそれをしっかり摑んだのだ。三角測量的な政治と新自由主義のドグマに判決を下す機会を得て、党員はかくも明白な意思表示をした。コービンの当選は、労組ユナイトのマーティン・メイヤーの言葉を借りれば、「ニューレイバーとそれが表した全てへの、大量の『否決票』」だった。

第一一章　コービン・ブーム　二〇一五年夏

「まるで、ストーンズのコンサートでジャガーがステージに出てきたのを見たときのようだ。黄色いシャツを着て、トレードマークの白い下着が衿もとから覗いていて、胸ポケットに何本かのボールペンをさしたジャガー。歓声で鼓膜が破れそうだ」

――キャロル・カドウォーラダー（『オブザーバー』紙）

ジェレミー・コービンの集会に並ぶ人の列はユーストンロードに沿って角を曲がった所まで五〇〇メートルに及び、しかもそれは予備の部屋に入るのを待つ人の列だ。主会場のほうには第二の列があり、ロンドンの巨大なカムデン区庁舎《タウンホール》の他の二辺を埋めている。確実に入場できるようにとイベントの一時間半前に人々は到着していた。待つことをいとう人はいない。八月初めの気持ちのいい夏の日の夕方、人々は同じ興奮を共有している。

　その列そのものが巨大な政治的議論の場となっている。ふつうならよそよそしいロンドンの人々が話し合っているのだ。あまりに珍しいことなので人々は携帯電話を取り出して列の写真を撮り始める。人々が待っているのは政治集会だけではなく、「歴史の証人」になるためでもあると、労働党の活動家マイケル・コールダーバンクには感じられる。圧倒的な期待感を前に、群衆はまるでビートルズの再結成コンサートでも待っているみたいだ、とコールダーバンクは考える。「ジョン・レノンも生き返ってね」

　会場では労働者階級の地下鉄の運転手がハムステッドに住む中流階級の革新思想の人の横に座っている。イスラム教徒の大学生が古参組合員の間を通してもらっている。そこら中に若い人がいて、中にはまだ中高生ぐらいの年代の人もいる。そして普段国会に詰めているジャーナリストの面々もいる――ロンドンから出ることなくコービン現象を目撃する、またとない機会というわけだ。「こんなの見たことないよ！」ある政治部副主幹が同僚に話しかける。「これまでの総選挙の全てを取材してきたけど、しかしこれは……信じられない」

あまりに多くの人々が来場して――一五〇〇人を超えている――主会場を埋め尽くしただけではなく、予備の部屋にもすし詰めで、さらにはカムデン区議会の議場にまであふれ出している。コービンはその三会場で順番に演説することになっている。しかし、まだ入りきらない人がいるので、消防士労働組合が横の道路にPAシステムを搭載した消防車を停めている。路上の消防車の上に立ち、戸外に集まる数百人の支持者に演説するコービンの姿は、その夏を象徴《アイコニック》する場面の一つだ。「今夜ドルフィンは、ここに集まった人たちのおかげでホクホク顔だったらいいね」とコービンは言う。ドルフィンとは会場の横のパブの名前だ。

コービンの旅程を取りまとめるボランティア団にとって、これら全てのスケジュールを調整するのは悪夢だ。コービンはどこに行っても群衆にもみくちゃにされる。チームとしては一分でも遅れるわけにはいかない。しかし立ち止まって人々と話し込むのはコービンの性で、止めようがない。

コービンがその晩四番目の、つまり最後の演説をするためにようやく主会場に現れると、聴衆は狂喜する。「人格に寄りかかる政治《パーソナリティ・ポリティクス》」や「既存の名声頼みの政治《セレブリティ・ポリティクス》」から意図的に遠ざかろうとする人物が、ロックスター並みの歓迎を受けている。その光景を見ていたジャーナリストの一人にとっては、「まるで、ストーンズのコンサートでジャガーがステージに出てきたのを見たときのようだ。黄色いシャツを着て、トレードマークの白い下着が衿もとから覗いていて、胸ポケットに何本かのボールペンをさしたジャガー。歓声で鼓膜が破れそうだ」。

労働党代表委員会（LRC）の一員として、コールダーバンクはコービンの演説に数えきれないほど立ち会ってきた。注目の的になっている人物は、これまでどおり、「普通の仕事着を着た、いつもと同じジェレミーで、スポットライトにちょっと目をしばたいている」。しかし、コービンの周りは別世界になっている。場の雰囲気は「宗教復興の会」のものだ。「多幸感のような」ものがある。

会場に入れなかった人のなかには、文字どおり壁をよじ上って参加しようとする人もいる——十代の三人組が、建物の外壁の狭い足場に立って窓から覗きこんでいる。写真家によって切り取られたその普通ではない光景が、また象徴的《アイコニック》な場面の一つになる。ジョン・マクドネルが後に冗談めかして言う。何かが変わったに違いない——その昔、自分が参加した政治集会はたいていあまりにも退屈で、参加者はトイレの窓から逃げ出しかねない様子だったのに、よじ登ってまで入ろうとするなんて。

コービンは半時間にわたり話をする。コービンの演説は、選挙戦前半に比べると洗練されてきてはいたが、依然、いつものようにくつろいでいて格式張らず、大言壮語することもなく、講演メモも使わずに話す。演説の最後の方で、コービンは、みながずっと考えていた疑問に触れる。なぜこの現象が起きているのだろうか。

土曜日の晩、リバプールのアドルフィ・ホテルに一五〇〇人が所狭しと集った——消防法の定員をオーバーしていたんじゃないかな。昨日バーミンガムでは一〇〇〇人が集まった。国中で大変な数の人が集まっている。若者がいる、老人がいる、黒人がいる、白人がいる、あらゆる年齢層の、色々な見解の、それまで政治に一度も関わったことがない多くの人がいる。どうしてみなさんが一堂に集まってきたのだろう。なぜだろう。ちょっと変わったことですよね……。それは、この社会で今までと違うことを、誰もが政策の議論に参加できるような真の民主主義を見たいからではないだろうか。だから、私たちは、週末にどこかのリゾート地の人知れぬ高級ホテルの一室で、既定路線にそって政策をこしらえたりはしない。そうではなく、私たちは、地域の公民館、学校、大学、職場、学食や社食、給水器の周りといったあらゆる場所に議論の場を作る。白熱することもあるだろう。そうやって私たちが何を考えているか伝え、考えを広げ、未来への真の希望をもたらします。

コービンが演説を締めくくると、会場は大歓声と熱狂的な喝采に包まれる。聴衆はコービンに拍手を送り、コービンは聴衆に拍手を送り、みなが互いに拍手しあい、会場の誰もが立ち上がってお互いに拍手する、これが正味二分間続く。それは心を一つにすることであり、体験を共有したことを表現し、場の一体感を味わう方法だ。「できるんだ!(Jez we can!)」というコールが自然発生的にあちこちで起こる。前向きで、誰も排除することのない非公式のキャンペーン・スローガンだ。人々は自分たちもその一部だと感じている。(原注1)

新しい政治運動の勃興

新聞が軽蔑をこめて「コービン狂《マニア》」のレッテルを貼ったのは、新しい政治運動の勃興だった。支持が、ほとんどウイルス《バイラル》が拡がるように爆発的に急増したのは、二〇一五年七月下旬、社会福祉法案、YouGov の世論調査、トニー・ブレアの介入、そして、メディアの全面的なメルトダウンと続いた、尋常でない三日間がきっかけだった。それは、満場の集会、選挙登録に押し寄せる人々、ソーシャルメディアでの爆発的活動、キャンペーンへの何千人ものボランティア志望者、そして数知れぬ自然発生的な伝道活動——道端に店を開ける非公式のリクルート、気軽な集会、友人や家族への自発的な選挙勧誘など——の形をとった。これらが互いに補強し合って、世論調査での爆発的な押し上げにつながった。ほどなくして、グーグルの検索語の頻度でコービンが「ジーザスを上回る」と報告されたのも当然のなりゆきだっただろう。(原注2)

このブームは八月一二日の投票登録締切の頃、最高潮に達した。あまりにトラフィックが増えて、労働党のウェブサイトが落ちてしまった。労働党は締切前の二四時間に一六万七〇〇〇人の登録申込みを受け取った。(原注3)うち約一〇万は、いくつかの提携労働組合による大量登録ではあったが、それを除いても、登録サポーターと新規党員の急増は疑いなかった。(原注4)当時、チーム・コービンのボランティアだったジェイムズ・シュナイダーは、登録しようとしたもののうまくいかなかった人からの電話をさばく任に当たっていた。「赤ランプが常時点灯している感じだった。電話を全部受け取ることは到底無理だった」と振り返る。

そのエネルギーは残りの選挙戦中も衰えず、コービンは国の隅々まで出かけて行った。各地での集会は「ジェレミーが勝つ可能性を得るために」不可欠だったとジョン・ランズマンは信じている。コービンは、六月、議会の同僚に推薦をしつこくせがむのを嫌がっていた。それはコービンのやり方ではなかったからだ。しかし、中央政界《ウェストミンスター》を離れてのキャンペーンとなると話は別だ。「喜んでキャンペーンに行くのは察しがついていた」とランズマンは言う。「わかったわかった、認めるよ。確かに、会場から大勢の人があふれ出すような集会になるとは、ましてコービンの演台として外に消防車が待ち構えているなんて事態は思いもよらなかった。もちろん意気上がったし、コービンも大いに士気が上がって、次の段階にステップアップする後押しになったし、よし行こうという気になった。そんなふうに、このキャンペーンを通じてコービンは党首の器になっていった。もっとも、よく言われる意味で、ではないけれどね」

公式の政見討論会《ハスティングズ》とは別にキャンペーン独自の集会を開くことは、当初から温められていたアイデアだった。「ジェレミーと話していたときに」とジョン・マクドネルが振り返る。「言ったんだ。『今回のキャンペーンの性質として、国中に遊説に行かなきゃいけないね』。ジェレミーが『一緒に来てくれるか？』と返してきたので、冗談めかして答えた。『いやいや。いいかい、一緒に行ったら〈夏のワインの最後の一杯〉〔Last of the Summer Wine：BBCの長寿喜劇ドラマ。人生の最後にさしかかった三人組の高齢男性が共に旅をするドタバタ劇。タイトルは前年の夏に仕込んだワインの最後に残った部分といった意味〕みたいになってしまうよ。一人で出かけておいで。こっちは裏方に回るから、心置きなく行ってこいよ』」(原注5)

当初の目標はわりと控え目なものだったとマクドネルは言う。「人々の意識を高めるのが目標……そうすれば、選挙に勝てなかったとしても相応の得票を集められるし、党員やサポーターを増やし、政治意識を高めることができる」。しかし、人々の意識がすでに高まっていることはすぐに明らかになった。「従来どおりにやった。まず一〇〇人用の会場を予約する、それ以上ではなくて、もしあまり集まらなかったら椅子を減らせばいいと。今でも信じられない。最初の会場には五〇〇人集まった。何かが起きているのがわかった」

　それ以降の勢いは猛烈だった。七月三一日にコービンがある記者に先々の予定をスラスラと伝えた時の様子がその一端を表している。「今晩はレスター、明日はプレストンとリバプール。日曜はコベントリーとバーミンガム。月曜はロンドンでの大集会。火曜はクロイドンだったと思う。水曜はベルファスト。木曜はロンドンのイベントとノリッジでの住民との意見交換会《パブリックミーティング》。金曜はブラッドフォード。土曜はシェフィールドとドンカスターとリーズ、という具合に続き……もっと聞きたいですか？（原注6）」それは「疲労困憊する」予定だったとマクドネルは述べ、「ジェレミーのスタミナときたら驚くべきものだった」と付け加える。

　ウェールズ訪問では一日に四つの集会を詰め込んだ。八月一〇日のハランディドゥノでは、その小さな町の住人の四〇人に一人がコービンの演説を聞くためにホテルの宴会場にひしめいた（原注7）。スコットランドに行った時は、労働党に大いに失望した人が多い土地柄にもかかわらず、四つの市で八月一三日から一四日にかけて二五〇〇人を超える人々に演説した（原注8）。直前に収容人数の多い会場への変更を余儀なくされることも再三で、例えばグラスゴーでは、定員三〇〇人の会場を、定員一二〇〇人の市営「オールド・フルーツマーケット」ホールに変更し、それでも満席になった（原注9）。

　コービンの旅程を手配するのは一大作戦となった。コービンは電車に乗り遅れることで悪名高く、それが困難に拍車をかけた。コービンが「北へ向かおうとしていた時はパニックだった。なにしろその週、すでに三本ぐらい電車に乗り損ねていたので」とマーシャジエイン・トンプソンは振り返る。駅にいるコービンと電話で話していて、「私はこう。『いいですね、電車に乗り遅れないでください。お願いですから乗り遅れないでくださいね』。そしてジェレミーはこう。『大丈夫、乗り遅れたりしないよ。あっ、電車が出ていってしまった』」。

八月一八日午後のミドルズブラでの一〇〇〇人もの集会の前には、人々は雨の中、二時間半前には列に並び始めた。集会後、あまりに多くの支持者がコービンと話したり、一緒に並んで自撮りしたがったために、コービンは次の予定地ニューカッスルの会場に遅れてしまった。不幸にして、そちらは戸外会場だったため、五〇〇人の忍耐強い聴衆はずぶ濡れになった(原注10)。

自分が労働党党首になるだろうとコービンが確信を持ったのは、八月二〇日のノッティンガムでの集会だった。「ノッティンガムですよ。通常なら五〇〜六〇人も集まれば上出来だと考えます」とコービンは言う。ところが、洒落たアルバート・ホールには九〇〇人がひしめき合い、さらに外では三〇〇人がスピーカーで聞き入った。「これは勝つことになるのではないかと思いました(原注11)」

八月二九日、コービンは、一日のうちに三つの大きな集会をダービー、シェフィールド、マンチェスターで開き、五〇〇〇人近くの聴衆に演説した(原注12)。キャット・スミス議員はマンチェスターの集会で演台に立った一人だった。普段はインド系住民の大きな結婚式に使われる巨大な会場に二〇〇〇人ほどが集まった。女優のマキシン・ピークとジュリー・ヘスモンドホールも話者に名を連ねていた。「集会の案内は二日ほど前に出されて、チケットは数分で捌《は》けてしまった」とスミスは語る。「ただただ衝撃的で……まったく経験したことがなかった。自分の頬を思わずつねりたくなった」。集会の後、スミスは「ちょ〜興奮して」、同じくキャンペーンで仕事しているパートナーのベン・ソーファに言った。「すごかった。これ、ほんとすごいよ。もっとこういうのやらなくちゃ」

信じがたいことに、選挙戦の終盤では、コービンは労働党がまったく強くない地域にもメッセージを届けることができた。それには保守党地盤のエセックスさえ含まれ、九月二日に同地のチェムスフォードとクロチェスターで開かれた選挙集会は満席だった。

キャンペーンの締めはコービンの地元選挙区のイズリントンで九月一〇日に開かれた集会で、勝利の祝賀会の雰囲気があった(これは選挙期間中第九九回目のイベントで——選挙結果の発表が第一〇〇回目になる)。陣営の

計算によれば、コービンはこの夏、五万人に演説した。(原注13)

「この一大キャンペーンは、私の生涯の中で左派が行ったどんなものをもはるかに圧倒するものだった」とベテラン活動家のランズマンは言う。「[トニー・]ベンの一九八一年副党首選のキャンペーンを覚えている……比較にならないぐらい小さかった」。コービンはイベントに集まった「人数にものすごく驚いた」(原注14)。比較できるものと言えば、イラク反戦運動の盛り上がりだけだった。「あれは巨大だった」とコービンは言った。「しかし言ってみれば、あれは戦争に反対するものだったのに対し、今回は何かを求めるもの、政策を求めるもので――つまり全然違います」(原注15)。この経験はコービンに大きな影響を与えた。「ジェレミーは自惚れるような人間ではまったくないが、でも現場の温かい支持の雰囲気を持ち帰ってきた」とマクドネルは言う。「私たちが提唱する考えが支持されているという絶対的自信だ」

参加型運動

コービン現象の決定的な特徴は参加型という点だ。コービンの集会にやってきた人は自分たちが運動を作っていると感じた。キャンペーンは、人々からのフィードバックを政策の策定に反映させ、目的の一つとして党内民主制の復興を強調することで、人々が協働してやり遂げる意識を促進した。しかし、もっと直接的だったのは、変化のための勢力を築き上げるという実際的な経験だった。人々が、国の政治に直接的に影響を与えられる方法がここにあると突然気づいたことが、二〇一五年の党首選の衝撃となった。

ある意味、矛盾するが、この熱意ある草の根運動はまさにトップダウンで生まれた。それはコービン個人の政治哲学の本質だった。コービンが信じるリバタリアン社会主義の潮流では、企業であれ父権主義的な国の官僚制であれ、説明責任を負おうとしない権力を排して、社会と経済の徹底的な民主化を推し進めることを理想としている。(原注16)

この民主精神はベン主義の要素であり、しかしコービンの党首選は、トニー・ベンのキャンペーンよりもっとベン派的だった。重要なのは民主主義であり「政治課題」だとベンがいくら口を酸っぱくして言っても、ベンは弁舌に長けたカリスマのある弁士だったので、人はベン個人の魅力に傾倒する傾向があった（原注17）。英雄崇拝は、歴史上、世界のどこでも左派の苦悩のタネだった。一つには、わずかな可能性に賭けて鉄壁の権力にあえて立ち向かおうとする人々の性ではある。それは罠だ。他の場所に振り向けるべきエネルギーを逸らせてしまう。また、たいてい長続きしない。コービンは英雄崇拝の要素を帯び始めていた。八月の終わりには、コービンが使った使い捨てコップが、ネットオークションサイトで五一ポンドで競り落とされた（原注18）。そういう話はコービンが党首になった後、さらに増えた。コービンに近しい人によれば、本人は「当惑していた」という。というのも、「少数信奉者の文化的アイドル《カルトヒーロー》になりたいと願ったことは一度もなかったからね（原注19）」。

しかし、二〇一五年の選挙戦ではそれは大した問題ではなかった。新聞は「コービン狂」という用語を投げつけて、リーダーへの非合理的な行き過ぎた賛美があると揶揄したが、それは何が運動を動かしていたのかを少しも明らかにしなかった。コービンは煽動政治家《デマゴーグ》ではなかった。コービンは人々が自分自身で政治を作り出す機会を与えることで人々の興奮を呼んだ。それはコービンのソーシャルメディアのキャンペーンで使われたミームに最もよく表現されている。作ったのが支持者の一人というのが実にふさわしい——それはこう言う。「運動であって、人ではない《ア・ムーブメント、ノット・ア・マン》」

ボランティア

コービンの選挙運動が人々の協力の産物である最もわかりやすい証拠は、自分の時間を犠牲にして協力を申し出た人の数だ。にわかには信じがたいが、一万五八〇〇人もの人が、データ入力からイベントの世話係まで、あらゆる場面でボランティアに携わった（原注20）。そのおかげで、チーム・コービンは大企業並みのマンパワーに恵まれ、物事をやり遂げる巨大な原動力を得た。

ロンドンのユナイト本部のボランティアセンターでは人の数が天井知らずに増えた、ほとんど文字どおりに。「どんどん増えていったので、建物の中で新しい部屋を次々に確保していった」とジェイムズ・シュナイダーは言う。「正午には五〇人が事務の仕事をしたり一日八時間電話バンク（九四ページ参照）で電話かけにあたった」。それが夕方には数百人に膨れ上がった。「ある週には正味七〇〇人が来た。なかなか極端な数だった」

他の都市でも電話バンクが立ち上がった。キャンペーンの一員でＩＴ担当のベン・ソーファは、通称「聞き取り調査《カンヴァシング》アプリ」というソフトを作った。このアプリにより、ボランティア活動員は家からでも電話をかけることができるようになって、そのフィードバックがキャンペーンのデータベースに反映された。そのアプリを使って何千件もの電話がかけられた。他のどの候補もそんなソフトは使っていなかった。(原注21)「私たちが電話をかけた人数は他候補を圧倒していたので、最高の『投票しよう作戦』を展開できた」とシュナイダーは言う。八月に投票用紙が配布されると、コービン陣営は、「投票する人を見つけ出すことと、その人たちに、忘れずに投票するよう呼びかけることに、徹底的に集中した」

ボランティアの大半は、若者、退職者、夏休み中の教師だった。シュナイダーは、ボランティアセンターでコービンが行った短い激励演説を覚えている。「ジェレミーは、『私たちは今、生きた民主主義を目撃している。異なる職業をもつ人が共通の目的のために一堂に会している』と言った。周りを見回すと、本当にそうだ。中年の労働者階級の男性の横にヒジャブをかぶった若い女性が二人いる」。若者の姿が目立ち、「その人たちが若くて元気な雰囲気を作り、八〇年代のままではまったくなかった」。常連ボランティアの一人、ローラ・メイは言う。「ブレア政権の時に起こったことは歴史の本で読んだって感じ……イラク戦争は何年だっけ？　二〇〇三年？　私は五歳だった」

ソーシャルメディア

コービンのキャンペーンの参加精神は、ソーシャルメディアと完璧にシンクロした。コービンのソーシャルメディア・チームの取り組みは、他の候補者のキャンペーンとは対照的だった。ベン・セラーズはその違いを要約して「トップダウン式ソーシャルメディア（フォロワーにニュースを配信する）と、草の根式ソーシャルメディア（活動家が牽引する意見交換の場《フォーラム》として使う）」と定義した。コービンのキャンペーンは後者のめざましい成功例で、英国政治で初めてのものだった。セラーズは書く。「この運動は誰もが参加でき、それについて議論できるものであり、参加者が運動と影響し合い、そこから回答を得ることができるというリアルな感覚を引き起こした……もし人々が、自分はこのキャンペーンの消費者ではなく当事者だと感じられたのなら、大部分は、私たちのソーシャルメディア活動のためだった(原注22)」

ネット上での動員は常軌を逸した規模に膨らんだ。ソーシャルメディア上でコービンは、他の全候補者を足し合わせたよりもずっと多くの回数、名前が挙がった。(原注23)活動のほとんどは自然発生的に起きたものだった。とはいえ、陣営の戦略が「積極的行動主義の開花」を意識的に奨励し、可能な限りそれを舵取りすることだったのも確かだ。(原注24)「ソーシャルメディア上で民主主義が勃興してきた。人々は自分たちのグループを立ち上げた。『コービンを後押し』、『コービンを支持する仔猫たち』などなど、大真面目なものから奇っ怪なものまであった」とセラーズは言う。(原注25)「管理の行き届いたものは一つもなかったけど、どれもが公式の『コービンを党首に』のページを通して協働できるよう、本部の一五人のチームで責任をもった」

公式ページに独自コンテンツをアップし、人々が問題について話し合う環境作りを目指した。これによって、いわゆる「反響室《エコー・チェンバー》」――自分と同じ意見の人々とだけくっ付く傾向――を克服できれば、と期待した。これは、コメント欄を使って長い議論が可能なフェイスブックの方が、ツイッターよりも容易に達成できた。セラーズが覚えている例では、コービンが「移民をスケープゴートにするのを止めよう」というバナーを持っている写真が、フェイスブックで一万人にシェアされたことがあった。「最初の数件のコメントはわりと好意的だった。投稿した人は熱烈な支持者だったから」とセラーズは言う。「その後、写真がシェアされると、シェアした人々の友達の一定数は私たちの予定調和の世界にいたわけではないので、否定的なコメントをつけ始めた。すると今度は他の人々がそれに反応して反論する……こうして波紋が外に広がっていくのが見えた。移民に対しておおむね肯定的な人々の輪を超えて広がっていったんだ」

本部のソーシャルメディアチームは、政治で罵倒は厳に慎むべき、と戒めるコービンの言葉を引用したミームを配布して、礼儀を忘れないようにと広く呼びかけた。セラーズによれば、支持者は「自分たちで見回り」始めた。「誰かが『自分はリズ・ケンドールについてものを言う権利がある、ケンドールは赤い保守党《トーリー》だ』と言えば、他の人々が『そんな言葉は私たちのキャンペーンの役に立たない。みんな、この選挙で勝ちたいよね。だったら、そんなこと言うの止めなきゃ』と返したりした」

　ネット上の活動と実世界の活動とは相互に影響を及ぼしあう関係だった。一方で、ソーシャルメディアは、セラーズの言葉を借りれば「キャンペーンの現場に押し出すエンジン」として、人々を集会やボランティアに駆り立てた（原注26）。また一方では、何が起きているかを公表する代替メディアの役割を果たし、街なかのささやかな勧誘テーブルから地方遊説にいたるまでの何もかもを、過去には到底あり得なかった広範囲の聴衆に伝えた。「人でいっぱいのリバプールの会場の写真をアップすると、文字通りそれだけで大変な数シェアされる」とセラーズは言う。

　ソーシャルメディアは人々に別の参加方法も提供した。献金だ。コービンのキャンペーンは、労働組合からよりもネット上の少額寄付で、より多くの活動資金を集めた——総額は二〇万ポンドを超え、寄付額は一口平均二三ポンド五〇ペンスだった（原注27）。「寄付を募る記事をアップするたび、一時間以内に二五〇〇ポンドから五〇〇〇ポンドが集まった」とマーシャジェイン・トンプソンは言う。「ソーシャルメディアなしでは、うちが実行した規模のキャンペーンを張るだけの資金は得られなかったと思う」。トンプソンは、締切間際の駆込み選挙登録ブームの波の後、新規党員と新規サポーター宛ての郵送費を募った時のことを思い出す。「一晩で一万一〇〇〇ポンド集まった」

　別の資金源は、コービンをブランドにした物販用のオンラインショップで、トンプソンが切り盛りした。店開きしたのが選挙戦中盤だったにもかかわらず、一着一〇ポンドの「チーム・コービン」Tシャツが一万点、他にコースター、ポスター、バッジ、リーフレットなど合計七万五〇〇〇点の品物を売った（原注28）。また、昔ながらの資金集めも行われた。八月二一日にイズリントンのユニオン・チャペルで開かれたライブでは、一万二〇〇〇ポンドを超える活動資金が集まった。

ジョン・ランズマンによれば、チーム・コービンは「他陣営のどこより多額のカネを使った。どこよりも多くの資金を集めることができたおかげだ」。左派の選挙運動として今までにない経験だった。コービンは、献金した人全員に署名入りの礼状を出すべきだ、と主張した。この資金調達方法をコービンが誇りに思っていたのは明らかで、ニューカッスルの集会で、自分は企業献金を一切受けていない、と誇らしげに語った。そして「皆さんが感嘆する前に言っておきますが、企業献金の申し出はそもそもゼロでした」と付け加えた。(原注29)

政策

政策綱領を作るには、中央集権的な政策策定が避けられない。しかしそれさえも、コービン陣営はこれまでの慣習を逆転させた。参加精神が、陣営の活動のすみずみまで染み込んでいた。

手始めに特定の政策があること自体が、実は民主的参加を後押しした。他候補の陣営は、しばしば「政策禁止区域」さながらで、有権者は、記者発表や回りくどい演説からその示唆するところを読み取る必要に迫られた。対照的にコービン陣営は、選挙期間中、一三の政策文書を公表し、重要な発表を一〇回行った。これらは、大学授業料の廃止などの短く明快な公約から、主要な課題に対する重厚な政策文書、たとえばコービンの反緊縮経済政策を要約した『二〇二〇年の経済』まで多岐にわたる。(原注30)これら政策文書の質はいろいろで、急ごしらえのものもあれば、もっと立派なものもあり、臨機応変に発表された。重要なのは、このいずれも上意下達の布告ではなく、復興した党内民主主義による議論の基礎として提示されたことだ。

政策の取りまとめは、後にコービンの政策顧問になるアンドリュー・フィッシャーの仕事だった。フィッシャーは実に多くの仕事をした。六月に出された初期のプレスリリースのいくつかは、当時メディアが注目しておらず、のれんに腕押しではあった（『緊縮を止めて、生活賃金を得る』、『民間賃貸借家人に購入の権利を』、『障碍者自立生活補助の復活』）。政策が本当に全容を現し始めたのは、七月一五日に労働組合法案の廃案を公約し、その翌日に大学の授業料に関する発表をした時だった。七月二二日に発表された経済戦略は重要な政策文書の最初のものだった。その月の終わりまでには、コービンは「国民教育サービス」(ゆりかごから墓場までの無料の学習機会)という野心的計画の枠組みを発表し、『女性との協働』政策文書(男女平等賃金監査、一律無料保育サービス、影の閣僚の五割を女性に)を公表した。(原注31)

八月四日から一〇日にかけてコービン陣営は五つの重厚な政策文書を発表した。イングランド北部(イングランドには南北格差があり、北部が相対的に貧しい)、住宅危機(公共住宅の建設、家賃の制限、家主の登録、土地取引への課税)、平和と防衛政策(トライデント核ミサイルの廃絶と労働力再配置)、環境保護、若者の暮らしの改善についてだ。(原注32) 八月の後半、コービンは鉄道の再国有化計画を発表し、イラク戦争に関して労働党として謝罪すると約束し、メンタルヘルスに関する政策の大枠を述べ、女性に対するハラスメント防止策を提案し、国民健康サービスの民間資本促進政策(PFI)終了を求めた。(原注33) 選挙戦最終盤の九月初めになっても、コービン陣営は、芸術へのアクセス拡大政策と農村再生に関する政策を発表した。(原注34)

党首選はたいてい実質よりもスタイルだ。コービンはその逆を行こうとした。「ふつう、展望とか未来への責任とか英国が直面する挑戦とか好き勝手なまるで無意味なサイテーのことをくっちゃべって、聴いてる人は『うむ、反論はできんね、そもそも意味がわからんもん』てなるところだけど、ジェレミーはそうはしなかった」とコービン陣営のある人は言う。

言うまでもなく、多くの有権者が時間をかけて全ての政策文書を読み通したとは考えにくい。しかしそれらの文書はキャンペーンの屋台骨になった。新発表の頻度そのものが前進の気運を生み出した。コービン陣営の報道担当者にとっては、文書群が、マスコミからのひっきりなしの攻撃に対する反撃の材料となった。また、ソーシャルメディア隊にとっては、議論を呼び起こすための素晴らしい素材になった。(原注35) そして、総合すれば、ひときわ目立つ政策綱領となった。ジョン・マクドネルが言ったように、「少なくとも人々に私たちの立ち位置がわかる。全面的には支持しないかも知れないが、少なくとも、私たちが単なる職業政治家ではなく、目標が明確だとわかる」。

コービン陣営が注力した政策の背景には戦略的思考もあった。「明らかに不満が渦巻いている問題が党内にたくさんあった」と陣営の一人が言い、例として、鉄道、ＰＦＩ、イラクなどを挙げる。「そういった、ジェレミーが絶対的な自信を持って大胆に論じることができる問題を私たちは採り上げた……ジェレミーには他のどの候補も持ちようがない信頼性があった」

政策文書の中で最もあからさまに戦略的だったのは、八月四日に発表された文書『北部の未来』だ。イングランド北部はアンディ・バーナムの支持が最も多いとコービン陣営は認識しており、そこに食い込むことが勝利への鍵になると考えた。「それはそれは心配したのは、ロンドンの人にはよくできたと映るけれど北部の人にはさっぱりそうは見えないような問題に、私たちが力を入れすぎていないかという点だった」とランズマンは言い、続けた。「多文化共生を語るのにあまりに多くの時間をかける一方で、階級について十分な時間を取っていない、とか」。マクドネルは思い返す。「北部についての政策を作るだけでなく……北部の選挙区選出の議員の一団が周りにいることが大切だった。そこで私たちは、〔政策の発表時〕リチャード・バーゴンやベッキー〔レベッカ〕・ロング＝ベイリーといった若い北部選出議員と一緒にやった……ジョン・トリケットは……これら全ての点について素晴らしい助言をしてくれた」

陣営は、ただ自分たちの姿勢を述べるだけではなく、さらに一歩進めた。提案への積極的な関与を、はっきりと言葉にして広く呼びかけたのだ。典型的な一節を『住宅危機への対策』から抜粋しよう。「本文書は議論の叩き台であり、問題のいくつかを提起し、解決策の概要を示す試みである。みなさんのフィードバックを歓迎する。いや、フィードバックなくして、労働党は正しい住宅政策を打ち出すことはできない。本キャンペーンは、より合理的な住宅政策を訴えるだけでなく、より合理的な政策立案過程を求める運動でもある。みなさんの考え、経験、提案を求めたい」（原注36）

いくつかのケースでは、アイデアの収集にあたり、広く公募する方法《クラウドソーシング》もとられた。その最大の成功例が政策文書『北部の未来』だ。陣営は北部の支持者に対して電子メールで、イングランド北部地域では何をする必要があるかと尋ねた。驚いたことに、一二〇〇通もの返事が来た。そのうちの最善の提案が政策大枠に組み込まれた。「思うに、そこに方法の違いが示されている」と当時、トリケットは語った。「政策を作るには、シンクタンクを雇うなり官僚に任せるなり、専門家委員会を招集するなりして、できたものを上から布告するやり方もある。それは私たちが目指す執行部の形態ではない(原注37)」

　同様の方法が、若者に関する政策文書に生気を吹き込んだ。政策発表時のプレスリリースによると「国中の一〇〇〇人以上の若い労働党支持者との議論を集め……若者が自分たちの将来を描くにあたり、若者自身に発言する機会を提供した(原注38)」。コービン陣営の一人は次のように語る。

　住宅補助、最低賃金、若い人には機会がないか、あっても相対的に低額になる生活保護、各種学校の予算削減と定員削減、大学奨学金の廃止……三倍の年間九〇〇〇ポンドになった大学授業料、教育補助金の削減、どの問題についても私たちは明快に語ることができた。キャンペーンを熱烈に支持する若い人がたくさんいたので、実は多くの場合、若者たちに一任できた。彼らは若者のメンタルヘルスの問題を持ち込んだ。考えたこともない視点だった。で、調べてみたら「なんてこった、実は〔政府の〕奴ら、若者へのメンタルヘルスサービスも切り捨てていやがった」。これら全てをマニフェストに入れることができた。そして、ソーシャルメディアで何かをシェアするのには、こういう若者たちがうってつけなんだ。

　この公募による意見収集法《クラウドソーシング》は、全政策の中で、そんな手法とは最も無縁と考えられたものにも決定的な影響を与えた――政策文書『農村復興』だ。コービンが普通では考えにくいような場所でも支持を集めていることに勢いを得て、陣営は、労働党への支持がおよそなかった場所でどのように支持を獲得するかについてアイデアを募集した。「あの農村政策文書は素晴らしかった。『農村関係の文書だからそんなに多くの反応は得られないだろう』と思うでしょ」とトンプソンは言う。「ところが、ありとあらゆる意見が殺到した」(原注39)

また、コービンの徹底的な民主的精神が、多くの政策文書の内容にしみ渡っていた。例えば、コービンの賛同する公有化モデルは、ニューレイバーの市場至上教義とも、古典的なトップダウンの国家統制主義的方法ともはっきりと異なっていた。それは鉄道についてのコービンの計画に最も明確に表れている。コービンは以下のように述べた。「私は公有化が採るべき道だと信じます。しかし私は、戦後にあった遠隔管理型の国有化モデルを支持したことは一度もありません……公共管理とはまさに文字通りの意味であるべきです。つまり、乗客がいて鉄道労働者がいて政府があり、その全員が協同して鉄道を運営するのです」(原注40)

この考え方は「何にもましてジェレミーやジョンのような左派リバタリアンのもの」だとコービン陣営のある人は言う。「ベン主義の最善の部分だ。過去三〇年ぐらいの間、一度も聞いたことがない類のものでもある」。コービン陣営は一つの規則を定めた。「ミリバンド主義も古い左派の主張もお断りだ……私たちは急進的な、何か新しいものであろうとした」

これら全ての方針をつないでいるのが、労働党の政策策定過程における民主主義の復興、というコービンが長年温めてきた大志だった。他の候補者の中にはこの概念が理解できない人もいるようだった。七月二三日にLBCラジオで象徴的な場面があった。司会のイアン・デイルがアンディ・バーナム、イヴェット・クーパー、リズ・ケンドールに、コービンが勝ったら影の閣僚を引き受けるかと尋ねた。バーナムはイエス、ケンドールは言下にノー、そしてクーパーは口を濁した。デイルがクーパーに対して「そこに問題があるんではないでしょうか。何かにつけはっきり言わないところが」と催促すると、ケンドールが割って入った。「イヴェット、しっかりしなさいよ。あなた、本当にジェレミーが公約している事を支持するために走り回ったりできると思ってるわけ？　冗談でなくて？」そのとき、まるで本人がその場にいないかのように話が進んできたところにコービンが口を挟んだ。「全てを党首が行うものという前提で話していますね。党には党員がいて、この選挙の一翼であることを忘れている。党員には、どんな政策にするか影響を与え、決定する権利があります（原注41）」

　別の機会にコービンは言った。「政策策定は……上から食物連鎖を通って歩兵に渡され、歩兵が街に行って扉を叩いて、信頼しきった市民に公開するようなものであってはなりません。むしろ不信を持った市民が多くの考えを持ち寄るところから始める方がいい……そういった過程を通して政策策定すれば、私たちは非常に幅広い範囲の人々の支持を得ることになる（原注42）」。骨抜きにされていた党員たちにとって、これは魅力的な考えだった。コービンは党員の権力強化《エンパワーメント》を提案していたのだ。誰もそのメッセージを誤解することはなかった。コービンの立候補は、本人の利他的なものごしから鉄道国有化の方法に至るまで、全ての面において人々の参加を奨励することに尽きた。

草の根活動のネットワーク

　コービンのキャンペーンがどの程度まで、業界用語で言う「予示的」な——すなわち、その運営が、将来の社会全体の在り方に関するキャンペーンの展望を先取りする——ものだったか、持ち上げすぎてしまう可能性がないとは言えない。結局最後には、党首選において候補者は自分がどういう政策に賛同するかを決めなくてはならない。政策について協議する公式な民主的機構はなかった。そもそもそんな時間もなかった。しかし多くの活動が自然発生している時、そして目標がきわめて明確で具体的だったので、プロセスはそれぞれの状況に応じて柔軟に実行された。人々の参加を求めるキャンペーンの原則は明らかであり、それが一人ひとりに対して活動に携わろうという合図となり、参加した人の奮闘がまた他の人の刺激になる、という連鎖反応が起きた。

　キャンペーンの、非公式で自然発生的な側面を数値化するのは難しい。しかし、その広がりが相当のものだったことは疑いない。「経験として、実質的にうちの陣営のボランティアだったわけではなくても、職場や、あるいは家で友人にジェレミー・コービンがどういう人か説明して、なぜこれが大切なことか説明して投票者を五人獲得する、といったことをした人がたくさんいたのを知っている」とジェイムズ・シュナイダーは言う。「人の数の増え方と言ったら、とてつもなかった……電話で話していると、『二〇人、サポーター登録したよ』なんて言う人が何人もいたし」。マーシャジェイン・トンプソンにとってコービン現象は「口コミの力を再認識させられた」。

一旦追い風に乗ると、キャンペーンは、もはや本部のスタッフが推し進める必要はなくなった。むしろ運動の勢いに本部が引っ張られる状態になった。例えば、エセックスで複数のコービン集会を組織したのは、急ごしらえの非公式グループ「コービンを支持するエセックス」だった。また、週末には、支持者のための非公式なピクニックが開催されたりした。(原注43)「ロンドンの本部に詰めている人が知らないうちに、ニューカッスルで一〇〇人が集まって街頭イベントや夜のコメディーショーを企画している、みたいなこともよくあった」とベン・セラーズは言う。「そんなことが国じゅう至るところで起きていた」。本部の上層部がした仕事よりも、そういった草の根の活動の方がコービンの勝利に貢献した、とセラーズは信じている。「中央から非常にきめ細かく管理されていたと、そう見えたと言う人もいるかもしれないけど、でもうちの活動の最善のものの中には、地方で自律的に行われたものがいくつもあったと思う」

陣営には、盛り上がる草の根の活動と本部とをつなぐ一二人の地域オーガナイザーがいた。「イーストミッドランズ地方を取りまとめたハナ・バトラーのような人がいた」とトンプソンは言う。「ハナはイーストミッドランズ一円の集会を取りまとめていた。……集会の中には、演台に立つ人に有名人もいないのに、八〇〇人もの聴衆を集めたものがいくつもあった。ハナは土地の集会に参加して、リーフレットが広く行き渡るように目を配って、街中でちゃんと宣伝が行われるよう目を配って……募金活動が確実に行われるよう、バッジが行き渡るように目を配っていた」。こうした地域オーガナイザーの協働が、陣営の全国的なネットワークに不可欠な基盤だった。(原注44)

公平に言って、本部も怠けていたわけではない。枠組みを提供し、運動を象徴するような画像を作り、キャンペーン資料やグッズを作り、運営体制を構築した。

スタッフの一人、ギャヴィン・シブソープが選挙集会を取りまとめた。本部は、メディアへの対応、メッセージの磨き上げ、支持者への電子メール発信など、数多くの不可欠な仕事を遂行した。(原注45) 陣営内部で衝突がなかったわけではない。地方支部から本部への、あるいはある部署から別の部署への不平不満はあった。しかし、コービンの選挙運動の盛り上がりの中で、これが実際上の問題になることはなかった。

陣営に独自の勢いがあったのは幸運だった。というのも、ジョン・ランズマンによれば、中央で決めた戦略はそう多くなかったからだ。なぜなら、一つには「うちには独自の売りがあった。(原注46) 他の候補には独自性がなかった。だから、うちは戦略を立てる必要がそれほどなかった」。政策文書『北部の未来』は例外として、陣営は最初に決めた政策枠組みを堅持した。他の候補者たちは、対照的に、基本政策の根本的改訂や修正、意見の鞍替えや、あるいは玉虫色の姿勢に終始した。

コービンはまったく違う選挙戦を戦っていた。コービンのキャンペーンは、政治的な位置取りの画策は課題ではなく、運動を力にしようとする真剣な試みだった。だから、成功するか否かは、運動の持つ力にかかっていた。「確かにうまく運営できたとは思うけれど、それが勝利の理由ではなかった」とランズマンは認める。「私の考えでは、うちの陣営が運動を起こしたわけではなかった……運動が起きたのは、それが時流を捕えたからだ。人々の政治的理性への思いをかきたて、ジェレミーがまさに見たままの、政治家らしくない政治家であるという本質を伝えられたからだ」

党を超えた支持の拡大

コービン運動の急成長は世論調査にも見てとれる。二〇一五年八月一〇日にYouGovが発表した党首選世論調査の結果は、再び息を飲むものだった。第一選択投票でジェレミー・コービンが五三%と、わずか三週間足らずで一〇ポイント上がっていた。リードは三二ポイントに広がっていた。五〇%を超える得票率だと、コービンは、投票の第一ラウンドでいきなり当選が決まることになる。(原注47) 独り勝ち状態だった。投票者内訳の、女性、男性、若者、高齢者、労働者階級、中流階級層、イングランド北部居住者、南部、ミッドランズ、ウェールズ、スコットランド、ロンドン、労働組合員、登録サポーター、党員といったどの区分でも、コービンは圧倒的に優勢だった。

調査の詳細を検討することで、どのような人々がコービン支持の主流かが見えてきた（ただし、世論調査の内訳の評価には注意が必要だ）。コービン現象への数多くの批判の一つは、それは中流階級の反乱で、本来労働者のための党を、クロワッサンをほおばる北ロンドンの小金持ち左翼や大学出のスカした若者《ヒップスター》が乗っ取ったのではないかという見方だった。ところが、同世論調査によれば、コービン支持は〝Ｃ２ＤＥ〟社会階層（通常、労働者階級とされる）では有権者の五七％にのぼったのに対し、〝ＡＢＣ１〟社会階層（中流階級）では五一％だった（世論調査の社会階層分類については二五～二六ページ参照）。YouGov による八月第一週の詳細な世論調査では、候補者ごとの内訳の違いが際立った。コービン支持者のうち社会階層最上位の〝ＡＢ〟階層の支持者は三六％だったのに対し、アンディ・バーナムは四〇％、イヴェット・クーパーは四八％、リズ・ケンドールは六五％だった。この証拠に則ると、ブレア派こそが「クロワッサンをほおばる人々」ということになる(原注48)（コービンの選挙区であるイズリントンを含む北ロンドンは、昔から左翼の集住地域で、社会的にリベラルでコスモポリタン。専門職に就く中流も多いため、「北ロンドンの小金持ち左翼」「シャンペン社会主義者」「クロワッサンをほおばる連中」などと皮肉られている）。

また、特筆すべきは、女性有権者の間でのコービンの人気だった。女性の六一％がコービンを第一選択にあげたのに対し、男性では四八％だった。クーパーは、自分が母親であると繰り返し発言し――つまりケンドールとの違いを強調し、ケンドールは女性として欠けたところがあると示唆して――女性有権者にアピールしようとしていた。しかし、このあからさまな企ては失敗に終わった。たった一九％の女性の支持しか得られなかったのだ(原注49)。ケンドールに関して言えば、支持者は男性に大きく偏っていた(原注50)。コービンへの支持を地域別にみると、ロンドンで最も高く、北部、ミッドランズ、ウェールズでは相対的に低かったが、それでも他の候補を上回った（バーナムは、北部でも、コービン陣営が恐れたほどには強くなかった(原注51)。

コービン支持の年齢による違いは予想よりも小さかった(原注52)。しかし運動が拡大するにつれ、若年世代の方がとりわけ強くコービンに惹きつけられていった。YouGov の七月二一日の最初の世論調査と最終結果の間で、コービンへの支持は全体的には一七ポイント高くなった。しかし六〇歳代以上での増加は九ポイントにすぎず、同世代は相対的にブームにそれほど乗っていないことを示している(原注53)。対照的に、二五~三九歳群では二二ポイントの増加があった。最も熱心だったのは最も若い世代ではなくこの世代だった。とは言え、コービンが六〇歳未満の全ての年齢層で支持率を大きく伸ばしたことに変わりはない(原注54)。

報道によれば、新規党員が殺到したことで、労働党員の平均年齢が五三歳から四二歳に下がったという(原注55)。地方支部で党員数が急増したのは、バースやコルチェスターといった大学町や都市が多かった(原注56)。コービンは「非常に熱心な多くの若者」との出会いを誇らしげに語る。「若者たちは政治に興味を失った世代とレッテルを貼られていたが、実際は、政治の方がその世代への興味を失っただけで、政治に大いに興味ある世代だったのです(原注57)」

コービンの立候補は、「かつて労働党支持者だったが、離れていってしまった古い世代」も惹き付けたとチームの一人は語る。「七〇年代、八〇年代を通じてずっと労働党員で、必ずしも『強硬左派《ハード・レフト》』ではないにせよ……自分たちの党ではなくなったと感じ、イラクや基幹病院に関する政策をめぐって離党した人々」だ。そういった人々が、今、自分たちが真価と信じた労働党を再建しようと大挙して帰ってきた(原注58)。

締切間際に駆込み登録した人の数があまりに多かったので、YouGov は八月一〇日の世論調査結果を修正する必要に迫られ、四日後に、コービンは今や第一選択で五七%を獲得して勝ちそうだ、と発表した(原注59)。「この最後の駆込み登録の波は、うちにとってたいへん良いニュースだった」とジョン・ランズマンはコメントする。陣営が登録サポーターに電話による聞き取り調査をしてみたところ、「結果は本当に本当によかった」とチームの一人は言う。「そこで、さらに聞き取り調査を続けたけど、しばらくすると『この調査は意味がないんじゃない？　支持は圧倒的だ』ってなった」

登録サポーターの衝撃は、ヒステリックな議論と、破壊分子の一斉潜入《エントリズム》〔ある政党の政策や目的を転覆するために、他の政治グループのメンバーがその党に潜入すること〕だとの騒々しい主張の対象になった。(原注60)外部の人間が選挙を歪めたとする考えは、その後、一般通念として固定化してしまった。だから、「三ポンド登録サポーター」がコービン運動の機動力だったかどうかは重要な問いだ。この三ポンド登録サポーター制度は、左派が当初強く反対したものだったにせよ、コービンの選挙戦の強みになったことは確かであり、その結果をジョン・マクドネルは「できすぎた皮肉」と描写する。非党員の参加により、選挙戦がいつもの党内選挙の枠を超えて拡がり、大衆運動の感覚を作り出した。「選挙集会は本当に大きなものになった」と陣営の関係者は言う。「労働党の誰にとっても、今までの経験とはかけ離れていた……もし選挙が労働党員だけのものだったら、決して起きていなかったはずだ」

この盛り上がりはまた、既存の労働党員が思い切ってコービンに投票する後押しにもなったようだ。「この機運はこの上なくありがたかった」とランズマンは言う。「興奮した。それに党は大勢の新党員を獲得した。労働党に忠実な中道党員でも嫌がる人はいないだろう。勝ち目のあるチームは魅力的だ。勝ち馬に乗りたいのは人の常だからね」

しかし、これは一方通行の過程だったわけではない。時間的な経過を見ればわかるが、登録サポーターが大挙して押し寄せたのは、党員がコービンを一番人気に押し上げた後、実際に勝てる可能性が予想された後のことだった。第一回目の YouGov の世論調査でコービンがリードしているとの結果が出た一週間後の七月二八日までに、三ポンド払って登録した人は二万一〇〇〇人だった。(原注61)それ自体、相当の数ではあるものの、それに続く二週間でさらに九万二〇〇〇人が登録した。(原注62)

それ以前から、党員の間で何かが進行していた。実は、八月一〇日の YouGov の世論調査の数字で最も注目すべきは、党員に関する数字だった。党員の四九％がコービンに投票するつもりだと回答したのだ（最終結果とおよそ一致する）。左派の候補者は、二〇一五年総選挙後に入党した党員と、驚いたことに、エド・ミリバンド党首時代に入党した党員とから圧倒的な支持を集めていた。しかしそれ以上に注目すべきは、二〇一〇年以前からの古参党員、つまりトニー・ブレアとゴードン・ブラウンに率いられた労働党を政治的本拠としていた党員の間でも、コービンは他の候補者に差をつけたことだ。この党員群で、コービンは、第二位のバーナムへの支持を一三ポイント上回った。これはニューレイバー政治からの急転換の証拠だ。変移は、外側から来ただけでなく、内側でも進行していたのだ。(原注63)

この選挙戦では、党内で、労働組合で、より広汎な左派の間で起きていた三つの別々のプロセスが、互いに密接に結びついていた。それ以前は、三つのプロセスのどれも究極的には同じ経済危機への反応だとは言え、それぞれ別の政治形態をとり、各自のペースで進行していた。しかし今、共通の目的のもとに集ったことで、それぞれの強みが相互に補強されることになった。その共通の目的とは、あらかじめ決めた計画を喧伝する煽動政治家《デマゴーグ》ではなく、人々に未来を形作る機会を提供し、自らは裏方に徹する民主主義者を選挙で選び、労働党の方向性を変更することだった。それは、広範囲の連合を作るに十分なほど開かれていながら、同時に、人々を大いに興奮させるに足る急進的な提案だった。

第一二章　帝国の逆襲

二〇一五年八月

「あなたが労働党の目的と価値観とを支持していない……と信じるに足る理由があります」

――労働党からの電子メール

イヴェット・クーパーの集会の部屋の外に延びる列は……列は、ない。クーパーは、ジェレミー・コービンへの宣戦布告と銘打って、選挙戦中で最も重要な演説をすることになっていた。その話を聴くために、マンチェスターの中心部にある、鉄とガラスでできた真新しい新芸術複合施設「HOME」の会議室の一つにぶらぶらと入っていったのは五〇人ほどだ。まだ空席がある。

選挙戦の前半、クーパーは精彩を欠く候補だった。しかし、米国で家族と休暇を過ごしたあと、やる気を前面に押し出した。陣営内の会議で、自分たちは本当に勝利を望んでいるのかと問う声が上がった。陣営は、望んでいる、と結論した。そこで、安全策をとるのでなく、コービンの反緊縮経済政策を攻撃することになった。それによってコービンの支持者を遠ざけるかもしれないが、左派候補をうさんくさく思っている人々の旗手になることにクーパーは期待をかけた。

「真実を言えば、ジェレミーは、古くからの問題に対して使い古された解答を与えているのであって、現代の問題に対して新しい答えを出してはいません」。演台に立ったクーパーは、事前に配布したレジュメを読み上げる。戦略方針は転換したかも知れないが、表現方法は変わり映えしない。「私たちは二一世紀をしっかりと見つめる必要があります。未来を直視しましょう。そうすることで、社会正義を求める現代の戦いにおいて、新しい急進主義を、新しい答えを見つけ出すのです」と続く。

クーパーの演説はプロの政治家らしくよく練られていて、同時に、少しも人を魅きつけない。「より急進的なこととはどんなことでしょう?」とさらに引っ張る。男性を党首として選ぶことだろうか、「それとも私たち自身のガラスの天井〔資質や成果があるにもかかわらずマイノリティや女性が組織内で昇進を妨げられている目に見えない障壁のこと〕を破って、労働党初の女性党首を選ぶことでしょうか?」クーパーは声の調子を断固としたものにして、その質問を自分にあてはめてみせる。「本当に急進的なのは誰でしょう? ジェレミーでしょうか、私でしょうか」。クーパーは、ジェレミーが女性ではないので攻撃しているようだ。

聴衆はそもそも少ないのに、その全員がクーパーの論理に納得したわけではない。「労働党党首として女性を迎えられたら素晴らしいとは思います。ええ、切望していますとも」と聴いていた女性の一人が言う。「でもまだクーパー議員自身の主張をお聞きしていないのですが」。別の参加者が単刀直入に尋ねる。「議員は、急進的で、しかも信頼できる別の方法が必要だとおっしゃいましたね。それはいったい何でしょう? まだそれについて聞いていないのですが」

マンチェスターまで出向いて自分の耳で演説を聞かなかったジャーナリストが、その演説を素晴らしかったと評価する。「勇敢」〔ダン・ホッジズ〕で「激しい」〔ポリー・トインビー〕演説だったと。そんな論説から、クーパーは、コービンというドラゴンを退治する聖ジョージ〔聖ゲオルギオスとして知られる古代ローマ末期の殉教者。英国では聖ジョージと呼ばれ、イングランドの守護聖人〕的人物として浮かび上がってくる。しかし、その場にいた人々にはそうは感じられない。室内が「興奮に弾けたというのはあまり正確でない」と『ガーディアン』紙イングランド北部編集主幹のヘレン・ピッドがツイートする。その数時間後、同紙がクーパーを党首として推すと発表する――タイミング的に、その演説に合わせたものだろう。しかし、クーパーが盛り上げることができた「まばらな熱狂」を実際に見たピッドは、同紙編集部の決定に対する返答として、そつなくツイートした。「ノーコメント」（原注1）

ジェレミー・コービンが脅威と分かると、労働党の既得権益層《エスタブリッシュメント》を悩ます問題はただ一つになった――いかにしてコービンを止めるか、だ。他人には、その理由をうかがい知ることはできないが、コービンが優位に立てる分野を選んで攻撃が仕掛けられた。例えば、イラク問題で汚点のついたエリートが外交政策に関してコービンを攻撃する、労働党の政治家が緊縮政策擁護の論陣に加わる、選挙で負けた人々がコービンのもとでは選挙に勝てないと講釈を始める、などの珍事が繰り広げられた。これらの攻撃は空振りに終わっただけでなく、コービンの人気を高めた。すでに信用失墜した守旧派がよってたかって一人の反抗者を攻撃したおかげで、かえってコービンへの支持が活性化したのだ。こういった抵抗には四つの前線があった。手続き上の不正行為の企て、選挙における破滅予想、外交政策に関する中傷、国内政策の曲解の四面だ。

手続き上の不正行為の企て――レイバー・パージ

二〇一五年八月一〇日夜、労働党エリートは戦慄した。党首選に関するYouGovの第二回目の世論調査が発表され、コービンの対立候補陣営が恐慌状態に陥った。それまでは、七月に出た同社第一回目の爆弾結果は何かの統計異常だろうという希望にすがっていた。今や、何かとんでもないことが起きない限り、とんでもないことが起きるのは明らかだった。

それに続く一週間、狼狽した議員と顧問の面々が、水面下で対策を協議して騒然となった。候補者のうち二人を辞退させて、コービンと最も有望な誰かとの一騎打ちにするのが最有力プランとされた。リズ・ケンドールは言うまでもなくその一人ではないとして、ケンドール陣営のチュカ・ウムンナが他の二人の候補者の間を取り持つ話がまとまった。アンディ・バーナムはご自由にという立場だった。どのデータでもバーナムが二番手だった以上、驚くにはあたらない。しかしイヴェット・クーパーは辞退しようとはせず、他の候補者二人から怒りを買った。（原注2）

クーパー陣営は、その代わりに、バーナム、クーパー、ケンドールが各自の支持者に対して、投票の第二、第三選択を「穏健派」の候補者にするよう公式に要請することを提案した。ケンドールは同意した。バーナムはこの時点までに戦略を転換、左に寄って、コービンを褒めることでその支持者の一部を取り込もうとしていたので提案を拒否し、他の二人を激怒させた。(原注3) 八月一七日には辛辣なやりとりが紙面を賑わせた。バーナム陣営の選対本部長マイケル・ダガーがクーパー陣営を指して「自分たちが勝てないという事実をまったく認めようとしない」と非難すれば、クーパー陣営は「典型的な女の子いじめ」と応戦した。(原注4) そんな諍《いさか》いは、チーム・コービンにとって天恵だった。(原注5)

一方その頃——八月一六日のことだが——ピーター・マンデルソン上院議員が三人の閣僚経験候補全員を選挙戦から撤退させて選挙自体を中止しようと試みた、と報道された。その計画には一つ欠点があった。『デイリー・テレグラフ』紙によれば、「もし候補者が一人しかいなければ党は選挙を中止するかも知れないと上院議員は考えたようだが、党の役人から、それはすなわちコービン氏の勝利を意味すると聞かされて、同氏はその案を引っ込めざるを得なかった」(原注6)。

これら暗躍のいずれも、選挙の手続きをめぐる壮大な物語に比べれば児戯に等しかった。すなわち「労働党粛清《レイバー・パージ》」だ。コービンが選挙戦をリードしていると判明したとたんに、潜入者が大量に流れ込んで党を乗っ取ろうとしているというおぞましい主張が出てきた〔二二一ページ参照〕。当初、それは「コービンを支持する保守党員《トーリーズ》」キャンペーンがあるとおおげさに騒ぎ立てる滑稽な形だった。保守党議員ティム・ラフトンが三ポンド支払って選挙登録したところ労働党係員によって無効とされ、党報道官は以下のように述べた。「労働党は氏の広量な御志《おこころざし》に感謝します。払い戻しはいたしません」(原注7)

保守党潜入騒ぎ《トーリー・スケア》のあとには、必然的にトロツキスト・パニックが続いた。「強硬左派《ハード・レフト》が労働党党首選への潜入を策謀」という見出しが、七月二六日の『サンデー・タイムズ』紙一面に踊った。(原注8) 頼れる吾人ジョン・マン議員が突如現れ、「労働党に反対し、党の分裂を狙う勢力に荒らされる恐れがある——ミリタント派〔一九四ページ参照〕のような連中も復帰しようとしている」と党首代行のハリエット・ハーマンに訴え、党首選を中断するように求めた。(原注9)
圧力を受けて、労働党本部は、新規勧誘者を精査するために党職員を配置し、それは「ピッケル作戦」として知られることになる——一九四〇年のレフ・トロツキー殺害に使われた凶器のピッケルにちなんだ名前で、粛清のあだ名としてスターリン的でふさわしかろう。(原注10) 選挙区支部(CLP)の書記および議員が各地域の申込者を篩《ふるい》にかけるために動員された。時をおかずして、職員から幹部まで、登録サポーター一人ひとりの過去の政治的偏向の証拠を探して、ソーシャルメディアの投稿を幅広く検索するようになった。
これは登録サポーター制度の基となる理想とはかけ離れていた。同制度の目的はまさに新人のリクルートに他ならない。「可能な限り多くの人々に参加してほしいと願っています」と二〇一五年五月にハーマンは語っていた。「これは、重要な決定に一般市民が参加できるようにした新しく画期的な方法です」(原注11)。当時、この制度は右派を利することが確実視されていた。

「申込者一人ひとりを精査して『おや、あなたは一年前にどこそこ党の党員でしたね、投票権は与えられません』などと言うことは予想されていなかった」と労組ユナイトのマーティン・メイヤーは言う。重大なのは、労働党の統治機関である全国執行委員会(NEC)に一席を占めるメイヤーが、党によるこの突然の強硬措置の理由に確信をもっていることだ。「連中があんなことをしたのは、頭の中が妄想でいっぱいになり、コービンが勝つのを阻止したかったからだ」(原注12)
労働党エリートは、何万人もが正規党員として入党することにも戦々恐々だった。八月一二日の締切までに党員数は二九万二九七三人となり、選挙前に比べて約一〇万人増、うち半分がコービンの立候補が認められた後の入党だった。(原注13) 党は、労働組合の勧誘活動まで監視していた。四八人の有給スタッフが、組合がそれぞれの組合員に対して提携団体サポーターとして選挙登録するよう勧める電話に聞き耳を立てる任に当たっていた。(原注14) 注ぎ込まれた労力は、ジョン・ランズマンから見ると、「まったく狂気の沙汰」だった。
八月になって選挙登録者数が急増するにつれ、ヒステリックな反応の度合いも急上昇した。報道によれば、影の閣僚複数名が、選挙の中断あるいは中止を議論する緊急会議の招集を求めたがハーマンは拒否したという。(原注15)コービン以外の三陣営が連名で、登録サポーターの精査過程への懸念を表明する書簡を労働党に送った。(原注16)バーナム陣営は、コービンが勝った場合、法廷に訴える可能性さえ検討し始めた。(原注17)

八月二〇日の朝、相当数の人が、次の書き出しで始まる電子メールを受け取った。「労働党は、あなたが労働党の目的と価値観とを支持していない、または労働党に反対する組織の支持者である、と信じるに足る理由があります。したがって、あなたの申し込みを却下します」(原注18)。そのメッセージ自体は、党がこれまでにも折にふれて送ってきたものではあった。しかし、この大量メール送信は反発を招いた。ツイッターでは、ハッシュタグ #LabourPurge《レイバー・パージ》(#労働党粛清)がすぐにトレンドになった。ケン・ローチ〔映画監督〕、ジェレミー・ハーディ〔コメディアン〕、マーク・スティール〔コメディアン〕といった有名人が粛清されて、ニュースバリューがいやが上にも高まった。取るに足りない、あるいは不可解な理由で排除された悪夢のような話がひきも切らなかった。ダイアン・アボットによれば、ある女性は、労働党の移民政策についてのマグカップよりも緑の党のマグカップの方がよい、と批判したために拒否された。(原注19)ある九〇歳の人は、党のために何十年もボランティアとして奉仕した――選挙区の労働党議員が地元に滞在する時には宿まで提供した――のに投票権を拒否され、何の説明もなかった。(原注20)

排除の判定基準は曖昧で――例えば、「主にソーシャルメディアなどで、我々の目的と価値観とを共有しないことが明らかな発言を公にしたことがある人々」だ――そのため、適用に一貫性を欠いたのも当然だった。(原注21)地域によっては、これが意趣返しの目的で使われた。「これを、ジェレミーが選出される前に報復する最後の機会と捉えた労働党の序列構造内の守旧派、有給事務官、選挙区労働党の書記などがいたことは疑いない」とベン・セラーズは言う。セラーズは、コービン陣営のソーシャルメディア・アカウントを通じて届けられた、助けを求める声に対応する任に当たっていた。

公言はしなかったものの、チーム・コービンは、党の統治機構《パーティー・マシーン》が「手続き上の不正工作に成功するのではないか」と恐れていた、とランズマンは振り返る。ハーマンが登録サポーターを全て無効にしたがっている、あるいはそれより悪いことになりはしないかと疑っていた。「ある時点では、選挙全体が中止されはしないかと、とても案じていた（原注22）」

　コービンの支持者は、選挙戦の歪曲にしか見えないあからさまな行為を前に、はらわたが煮えくり返っていた。しかし陣営にとってはジレンマがあった。その不公平さに怒り狂いたいのはやまやまだったが、もしそうすると党に選挙戦を中断する口実を与えやしないかと用心もした。「落ち着かせる必要があった」とランズマンは言う。「実は、粛清に対する抗議をやめさせたかった。他陣営の思う壺だったから（原注23）」

　みなが賛同したわけではなかった。ハッシュタグ#LabourPurge の反発の最前線にいたソーシャルメディア・チームは、もっと断固とした反応を求めていた。ベン・セラーズは、労組ＰＣＳ書記長のマーク・サーウォトカが排除された件では、抗議の姿勢を鮮明にしようと提案した。格別目に余る、他の全てを代表する象徴的な件と映ったからだ（原注24）。しかしキャンペーン本部は乗り気でなく、ソーシャルメディア・チームも事態の沈静化に努めざるを得なくなった。「メッセージを出した、落ち着こうって。同時に、これは右派と他の候補による、選挙を無効化しようとする意図的な戦略だと示唆した」とセラーズは言う。そしてその効果に驚くことになった。「ソーシャルメディアなんて野次馬の群れだと考えている人もいるだろうけど、実は、目的がはっきりしていれば、信じられないぐらい自制が効くものなんだ」

　チーム・コービンは、ボランティアのジェイムズ・シュナイダーを「対粛清委員長」に任命し、被害者への対応とその詳細な記録を取らせた。「特定のパターンがあるか、理由は何か、問題の規模はどれくらいか同定するため」だとシュナイダーは言う（原注25）。憤りが強かったほどには、排除の実数が多くなかったことは明らかだった。労働党が八月二五日に発表した厳密な数がそれを追認した。有権者の数は、登録締切後に発表された六一万人から五五万三〇〇〇人に減っていた（原注26）。しかし、その大半は、そもそも未登録だったか、重複登録――既存党員が労働組合を通じてか三ポンド払うことで登録したもの――だった。党の目的および価値観を共有していないとして排除されたのは三一三八人に過ぎなかった。(原注27) 複数の報告によれば、選挙戦が終了するまでに、この数は四〇〇〇人に達したかも知れない。(原注28) しかし、メイヤーが言うように、「全体の人数に比べれば、ごく少数だった」。

数字がこれほど低かった理由は、この精査過程が、批判者の指摘するとおり、土壇場の拙速なものだったからでもある。『バズフィード』に至っては、ネドという名前の猫の投票権さえ得たと言う。(原注29)「それだけの能力がなかったんだ」とシュナイダーは言う。「ハリエット・ハーマンは、要は、選挙区労働党の係官に人々を一掃しろ、と命じたわけです。多くが応じた一方、応じない人も多かった」。しかし、この低い数字は潜入者がそれほどいなかったからでもあった。シュナイダーは、「[登録者一覧から詐称者を探して]丸一日かけてようやく一人排除した」係官を複数知っている。YouGov が後になって世論調査を再解析し、二〇一五年総選挙で労働党に投票しなかった全ての人が排除されていたとしても、コービンは依然、第一ラウンドで五四%を獲得して勝っただろう、と推定した。(原注30)

他の政党支持者による影響は、のちにジェシカ・ガーランドの学術調査が結論づけたように「限定的」だった。実際、過去の党首選では何百万人もの労働組合員がノーチェックで投票権を与えられていたことを考えれば、「この新しい選挙制度では、党に対する支持が基準に満たない可能性のある人々が影響を与える機会ははるかに限られていた」。(原注31)

加えて、排除された申込者は、いまだに人を幻惑し続けているトロツキストの亡霊ではなかった。「粛清」された三一三八人のうち、一九〇〇人は緑の党支持者として、四〇〇人は保守党支持者として除かれた。つまり、わずか約八〇〇人、有権者の〇・一四%だけが残ることになる。このうちの一部は過去に他の主要政党の党員だっただろうし、あるいは誤って排除された人もいることだろう。(原注32)

もし仮に労働党のチェックをすり抜けた隠れ共産主義者がもっといたとしても、数十万人が押し寄せた理由をトロツキストのせいにする考えは噴飯ものだ。そもそもトロツキストはそんな人数、存在しない。現存する二つの主なトロツキスト政党の党員数は千の単位で、計五〇〇〇人を下回ると推測されている。(原注33)「英国にトロツキストは五〇万人もいない」と、ヤング・レイバー(二一〇ページ参照)の活動家マックス・シャンリーは冗談を飛ばす。「もしいたら……とっくに革命が起こっているはずだ。軍隊より人数が多いことになるんだから」

政党間で実質的な人の動きがあったのは緑の党からだけだった。その人たちは、労働党が環境政策を急進化させる最善のタイミングを狙って潜伏しているスパイではない。むしろ、二〇一五年初め頃の「緑の党ブーム」を焚き付けたのと同じ左派層そのものだ。その多くが複数政党文化に慣れていて、一つの政党に入り、後に別の政党に入党することを、本質的に悪意ある行為とは考えていなかった。(原注34) YouGov による選挙後の解析では、労働党党首選に投票した人の一〇%は過去に緑の党に投票したことがある、と推定されている。(原注35)新しい支持者獲得に大成功を収めたことが災難と見なされるとは奇妙な話だ。

究極的には、「労働党粛清」はあらゆる意味で最悪だった。不正操作の印象を与えるだけの人数を排除しなかった。その一方で何らかの影響を与えるだけの人数を排除しなかった。明らかな不正義の例を作ることで、他の政党の党員が労働党の党内選挙に影響を与えることを防ぐ合法的な努力まで傷つける結果になった。無意味に人々を怒らせ、疑心暗鬼にさせ、さらに多くの人をコービン側に結集させることにさえなったかも知れない。

選挙における破滅予想

「ジェレミー・コービンでは選挙に勝てない」、それが二〇一五年党首選での左派候補に対する最も執拗な攻撃だった。「あなたはコービンに賛同しているかもしれないし、好きかもしれない」とコービン支持者は言われた。「しかしだ、国政総選挙で勝つ可能性が最も高い人間を選ばなくてはならない。それ以外の全ては道楽だ」。労働党の大物が揃ってそう発言した。総選挙に二連敗した元党首ニール・キノックさえもが生気を取り戻して、自身の長年にわたる個人的経験に基づき、いかにして「選挙に勝つか」党員に講釈した（原注36）〔一九八三～九二年の労働党党首。公式野党党首として臨んだ二回の総選挙で保守党（サッチャーとメイジャー）に負けた。一九九五年に庶民院議員を引退。現貴族院議員（終身）〕。

コービンに批判的な人々は、その主張を裏付けるために一九八三年の亡霊を召喚した。マイケル・フット党首〔任期は一九八〇～八三年。二〇一〇年没〕の下で大敗した歴史を振り返って、左派に流れると投票所で死屍累々になる、というわけだ。しかし、それは読み誤りだった。一九八三年に労働党が負けたのは党が左に流れたからと言うよりも、フォークランド戦争のためにマーガレット・サッチャーが勝ったのだ。「フォークランド因子」は世論調査からこの上なく明快に読み取れる。戦争前、保守党の支持率は低迷し、一九八一年後半ずっと二七％で、一九八二年の初め頃に若干回復した程度だった。しかし、一九八二年四月から六月にかけての戦争で人気が劇的に上昇して五一％を記録、翌年の総選挙にいたるまで四〇％を維持した（原注37）。

二〇一五年の党首選の間、トニー・ブレアは以下のように力説した。「八〇年代の混乱期を生きた私たちには、〔コービンの〕主張は一言一句なじみのあるものです。それらは過去のもので、すでに棄却されました。あまりに原理主義だからではなく、英国民の大半がそれは機能しないと考えたからです（原注38）」。しかし八〇年代当時のブレアは別の教訓を引き出していた。報道によれば、「私が学んだのは……戦争は首相を人気者にすることだ」とロビン・クック〔ブレア政権の閣僚。イラク開戦に反対、院内幹事を辞任した。二〇〇五年、心臓発作で死亡、享年五九歳〕に言ったそうだ（原注39）。ブレアがどうしてそのように悲劇的な結論に至ったかは想像に難くない。フォークランド以前、サッチャーは史上最も不人気な首相だった（原注40）。しかし直後、自身の首相就任中で最高の好評価を記録した（原注41）。サッチャーは回顧録で述べている。「フォークランド戦争の結果が英国政界の様子を一変させたと言ってまったく過言ではない。……いわゆる『フォークランド因子』は……現にあった。どこに行っても、戦勝の効果を感じることができた（原注42）」

フォークランド戦争のタイミングは、自ら招いた急激な景気後退から経済が回復しつつある時だった（原注43）。保守党は賢くも、統計的に起きるべくして起きた景気上昇と戦争とを結びつけ、英国の国としての衰退、また、かつての帝国からの衰退に歯止めをかけて逆転させたのがサッチャーである、との壮大な主張を展開した。「退却の年月は過去のものとなった」と、サッチャー政権の閣僚ナイジェル・ローソンは、フォークランドを評して言った。「経済界、産業界にとってもそれはまさに同じことだ」(原注44)

「フォークランド因子」だけでも保守党は一九八三年の選挙に勝ったかも知れない。しかし、万が一、不確定要素があったとしても、労働党が二つに分裂して第二党争いをしたことで、サッチャーの勝利は確実なものとなった。一九八一年、党内右派が離党して社会民主党(SDP)を結成した。SDPはかなりの得票数を稼いだにもかかわらず、一九八三年の選挙ではわずか六議席を獲得するにとどまった。しかしその影響は、接戦の選挙区で保守党に議席を明け渡すという形で表れた。保守党は前回選挙より七〇万票減らしたにもかかわらず、六五議席増やしたのだ。(原注45)

コービンの勝利が一九八三年の再現になると主張する人々には、一つ、当てにできることがあったのは間違いない。すなわち、労働党は、左側にほんの少しでも動くとメディアとエスタブリッシュメントの憤怒を買うのだと。当然、有権者の中にはそれを見聞きして恐れをなす人もいたことだろう。しかし、驚くに値する過去の実績がある。一九八〇年代で労働党左派の権勢が過去最高になったのは――つまり左派のせいで選挙に勝てない党になったはずだったのは――一九八〇年一〇月の党大会の時だった。当時、新聞がトニー・ベンを猛攻撃する中、世論調査での労働党の支持率は五〇%を記録、保守党の三六%を大きく上回った。

その一年後、副党首選でベンがデニス・ヒーリーに僅差で破れた時、労働党は、保守党二八%に対して四二%と依然リードを保っていた。しかし、それ以来、左派は衰退し、労働党の支持率も歩調を共にした。一九八二年九月、ベンは日記に書いた。「左派が至る所で成功して勢いに乗っていた昨年に比べ、今年はまさに尻尾を巻いている体たらくだ」。一九八三年二月になると、ベンは「それはそれは落胆して」いた。(原注46) コービンを批判する人はたいてい、ベン派とフット執行部の明らかな違いを無視している。もちろん左派の衰退と世論調査における党の凋落に相関があるからと言って、その間に因果関係があることにはならない。しかし、仮に左派の優位を労働党の人気下落の唯一の理由とするなら、この歴史的経緯はそれを裏付ける証拠にはならない。

とはいえ、破滅の恐怖を煽る者は、党の一九八三年のマニフェストには左派の政策が多く含まれていたと指摘するかもしれない。実際、労働党はマニフェストの発表から投票日までの間に支持率を落とした(もっとも、それ以前から、労働党は保守党にかなり差をつけられていた)。しかし選挙戦の終盤、そのマニフェストが、敵対的な新聞と、まとまりを欠く選挙運動の運営よりも大きな影響を与えたとは考えにくい。今から考えると、そのマニフェストが、身の丈をはるかに超える悪評を得るにいたったのは、ジェラルド・カウフマン労働党議員が付けた切れ味鋭いあだ名「史上最長の自殺遺書」のためだった。労働党が一九八三年の選挙で負けたのは左派の政策のためとする主張に従えば、党が右に動けば勝利することになる。それを検証する実例がある。労働党は一九八七年の選挙ではずっと右傾化した――そして敗れた。一九九二年の選挙ではさらに右傾化して――そしてまた敗れた。「近代化推進者《モダナイザー》」の正しさが「証明される」には一九九七年まで待たなくてはならず、それも保守党が、欧州為替相場メカニズム(ERM)関連の相場暴落(いわゆるポンド危機、ブラック・ウェンズデー(暗黒の水曜日)を指す。メイジャー政権下の一九九二年九月一六日水曜日、英ポンドが急落し、その翌日、ERMを離脱した事件)、ひっきりなしのスキャンダル、内紛、ジョン・メイジャー首相の不人気によって、国民の信頼を全て失った後のことだった。

一九八三年についてはこれくらいにしておこう。もっと最近の証拠はあるだろうか。二〇一五年の夏、「選挙に勝てない」との非難を確実なものにしようとするコービンの敵対者は、コービンがまさに選挙の一つで勝とうとしている事実に直面していた。彼らの反論は、広範囲の有権者と労働党の有権者とは大きく異なるというものだったが、選挙戦たけなわに実施された世論調査はその主張の助けにならなかった。一般市民を対象にしたSurvation の世論調査では、コービンが党首候補の中で最も人気があったのだ。三二%がコービンが党首になれば、より労働党に投票したくなると答えたのに対し、アンディ・バーナムは二五%だった。(原注47) Opinium の世論調査では二三%がコービンを選び、バーナムは一八%だった。(原注48) YouGov が実施したロンドン住民対象の世論調査では、コービンが四六%と際立ったのに対してバーナムは二一%で、コービンが首都で最も人気ある候補だとの疑いのない結果が出た。(原注49)

誰かを指してその人では選挙に勝てないとレッテルを貼るだけで、その人が選ばれる確率は低くなる。しかし労働党の有権者に対してはその戦術はうまくいかなかった。戦術を展開した側が相手を見誤っていたからだ。YouGov は労働党員および登録サポーターに、党首に最も必要な資質は何かと尋ねた。「普通の人々の心配事に耳を傾ける人」が最も重要という結果になり、六二%の支持を得た。「選挙に勝つには何が必要かを理解していること」は五番目の優先順位に留まり、二七%だった。この結果は、一部の時事解説者が情報操作したように、労働党員が選挙の勝敗を気にしていない証拠ではなかった。そうではなく、ニューレイバーと同義になっていた「何が何でも選挙に勝てること」という信条に対する拒絶を暗に示していたのだ。「選挙に勝つには何が必要かを理解していること」を党首の資質として最も重視したのがリズ・ケンドールの支持者だけだったのは偶然ではない。(原注50)

「何が何でも選挙に勝てること」にもはや説得力がなかったのには、二つの立派な理由がある。一つには、「何が何でも」と言ってもイラク戦争のような大惨事まで含むのであれば、その代価は高すぎるだろう。二つ目に、事実として、結局選挙に勝てないのであれば、そんな取引は詐欺のように見えることだ。コービン陣営の報道担当ジェイムズ・ミルズが言ったように「過去二回の選挙で負けたのなら、それは敗北の専門家ということだ。大きな顔をして党員に『みなさんは我々の話に耳を傾けるべきです。我々は万事心得ているのですから』と言ったって、何をおっしゃる、前回は知らなかったではないか、となるだけだ」。

党が基本色をがらりと替えて装いを新たにしたいと考えていた時、バーナム、クーパー、ケンドールは三者三様に、失敗の色合いを微妙に替えていただけだった。労組ユニゾンの活動家アンドリュー・ベリーの持論ではコービン支持者には二種類の人々がいる。一方は左派の党首を望む人々、もう一方は「『ジェレミーでは選挙に勝てない』への反応として、他の三人を見て『この人たちでもダメだね』という」人々だ。

外交政策に関する中傷

二〇一五年八月一六日、ゴードン・ブラウン元首相は、ステージの端から端まで檻の中のゴリラのようにどしどし歩き回りながら演説した。党首選に決定的な影響を与えると銘打たれていたその演説で、ブラウンは、ジェレミー・コービンに鉄槌を下すものと期待していた聴衆を失望させた。「私は候補者の誰かを攻撃するためにここに立っているわけではありません」と演説を始めたからだ。そう言いつつ、しかし本当はそのためだった。「もし我々の世界的な同盟がヒズボラ、ハマス、ウーゴ・チャベスのベネズエラ、ウラジミール・プーチンのロシアを含むようであれば、貧困、不平等、気候変動、あるいは金融不安と取り組むための世界的な協力関係を築くことは絶対に不可能です（原注51）」

ブラウンの攻撃の路線が多くを物語っていた。外交政策は、労働党エリートやメディアがコービンに対して最も苛烈な攻撃を加えている分野だった。コービンの立ち位置の多くが国家としての英国にとって国益とみなされるものに真っ向から反していた以上、猛攻撃は不可避だった。選挙戦の最中、コービンは、自分が軍隊派遣を命じるような状況は考えにくいと言い、シリアへの爆撃に反対し、トライデント核兵器の更新に反対し、北大西洋条約機構（ＮＡＴＯ）の「世界的な役割」について批判的だった。

歴史的に、労働党には常に帝国主義に反対する勢力がいた。しかし、党の最上層部は、とりわけ与党の時は一貫して国家の信奉者だった。ＮＡＴＯ支持で、核兵器支持で、たいてい戦争支持で、かつて英国が世界の四分の一を支配していた時には帝国支持だった。党がコービンのような考え方の人に率いられる可能性に直面して、エスタブリッシュメントは心底震え上がった。

コービンはＮＡＴＯから脱退したがっているとして、お決まりの非難を浴びた。選挙戦の間、コービンがそんな提案を一度もしていないことは問題ではなかった。

同盟に対して批判的であること――「NATOは冷戦の産物だと思う。歴史的に言って、一九九〇年に、ワルシャワ条約機構〔西ドイツの再軍備およびNATO加入を受けて一九五五年に結成された、ソビエト社会主義共和国連邦を盟主とした東ヨーロッパ諸国が結成した軍事同盟。一九九一年に廃止〕とともに解散しているべきだった」――が常軌を逸していたのだ。（原注52）

コービンは背信的な親ロシア心情を長年抱いている、という伝説化した通念が、『タイムズ』紙を皮切りにメディアの至るところで断定的に主張された。コービンは八月二一日にBBCラジオ・フォーの番組『何かご質問は？』に出演した時、共演していたジャーナリストのポリー・トインビーにその件で面と向かって非難された。「私がプーチンに甘かったことなんてありましたっけ？」とコービンが面食らって尋ねると、「えーと、ロシアのテレビに出て」とトインビーは答えた。（原注53）コービンは確かにロシア国営英語ニュース放送局RTのインタビューに答えて、自身の選挙戦について話した。しかし、ニューレイバーの内務相だったチャールズ・クラークが同じ番組で、コービンの少し後にインタビューに答えていたことに関しては、興味深いことに何の非難もなかった。違いがあるとすれば、コービンがそのとき踏み込んだ問いをたてたことだろうか。「安全保障とは何ですか。爆撃して、一生残る傷を負わせて、殺害して、破壊する能力が安全保障ですか。それとも、他の人とうまくやって、お互いに敬意ある存在として認め合う能力のことですか」。（原注54）この男は止めなくてはなるまい。

コービンは欧州連合（EU）を離脱するキャンペーンを張りたがっていると、しばしば誤って報道された。コービンによる実際に最も踏み込んだ発言は、当時の首相デイヴィッド・キャメロンのEU再交渉に先立って、「その可能性を排除しない」と言ったものだが、それは首相に対し、「交渉で、労働者の権利を売り払い……環境保護を売り払い……欧州社会憲章〔欧州評議会による国際人権条約。「人権と基本的自由の保護のための条約」からこぼれた社会権の保障と補充のために結ばれた。労働権と社会保障の権利について詳細〕に記された権利の大部分を売り払う」白紙委任状を渡さないためだった。「私たちは、キャメロンが交渉から持ち帰ったものを

内容に依らず全面支持するのではなく、要求を出していくべきです」と七月二五日にコービンは述べた。(原注55)

コービンはその政治人生において一貫して反戦国際主義者であり、人権擁護の唱道者だった。国会議員になってからは、ヒラの議員として権力の不均衡を正す努力を重ね、しばしば時の政府と対立しながら国際問題を取り上げる役割に道を切り開いてきた。例えば、一九八八年、まだ英国の同盟相手であったイラクの独裁者サダム・フセインが同国北東部のハラブジャでクルド人に毒ガス攻撃を行った時、コービンはそれに抗議したごく少数の議員の一人であり、〔英国の〕イラクとの武器取引中止を要求する先頭に立った。トニー・ブレアをはじめ、後年、〔毒ガスによる〕虐殺にどれほど戦慄したかを公言した政治家の多くは、当時何も発言しなかった。

国際問題に直接関わる人は誰でも、国内の問題であれば仲間に選ばないような人とも対話せざるを得ない。この現実は、解放運動の代表者と面会する国会議員にも、サウジの王族と面会する首相にも等しく当てはまる（ただし平和を目指した活動と武器を売り込む努力との間には大きな違いがあるが）。国、政党あるいはグループが何か非合法な手段を使ったとしても、求める大義が正当でなくなるわけではない。指導者の主義が歪んでいるからといって、苦しんでいる人々が不正を正す自分たちの権利を失うことはない。

コービンに対する最も執拗な攻撃――すなわち、コービンは、武装組織であるパレスチナのハマスとレバノンのヒズボラを「友人」と見なしている、とするもの――は、こうした文脈に位置づけられるべきだ。コービンは二〇〇九年にその語を使ってイベントを告知し、「院内集会で、ヒズボラの我々の友人が話します。ハマスの友人も招待しました」と表現した。後に、言葉の選択を悔いていると述べ、以下のように説明した。「あれは包含的な言葉だった。ただし、今から思えば使うべきではなかった」。(原注56) 社会主義でも世俗主義でもフェミニストでもなく、LGBTの権利擁護もしないハマスやヒズボラと、コービンが政治的姿勢を共有すると本気で信じる人がいるとは思えない。コービンは、両組織のメンバーを議会に招く理由を、「世界の他の場所から人々を招くことで、私たちが平和、理解、対話を推進することができるように」と、彼らを友人と呼んだすぐ後に述べている。

選挙戦の間に展開された最も強力な中傷は、あらゆる文脈を隠して、ある特定の文言や関係だけを抽出し、それをコービンの極悪さの証拠として示すものだった。その最も醜悪なものは、コービンに反ユダヤ主義の汚名を着せるために、長年にわたるパレスチナの人々の人権擁護活動から例を取り出したものだ。(原注57)攻撃を先導したのはユダヤ人コミュニティの週刊紙『ジューイッシュ・クロニクル』で、二〇一五年八月一二日付の一面に社説を掲載し、「[コービンが]ホロコースト否定論者、テロリスト、いくつかのあからさまな反ユダヤ勢力と結びつきを持ち、支持し、――ある一例では資金さえ提供したとされる――圧倒的な証拠がある」と主張した。(原注58)

その中で最も耳目を引いた主張は、その数日前に『デイリー・メール』紙に掲載された記事を基にしたもので、コービンが、ポール・アイゼンという名の「悪名高い」ホロコースト否定論者と「長年にわたる結び付き」がある、とするものだ。同記事では、アイゼンの組織「デイル・ヤシーン村の記憶」にコービンが献金したとされていた。この組織は表面上、一九四八年にパレスチナの同村で起こった悪名高い大虐殺を追悼するために存在した。コービンは同組織のイベントに「何年も前に二、三回」出席したことがあり、お金を出したとしても、募金バケツにコインを投げ入れたことがあったかも知れないだけだ、と説明した。しかし、アイゼンの〔ホロコーストを否定する〕見解が明るみに出る前は、他にも有名人が何人もそうしていた。アイゼンがホロコースト否定論者と知っていたかと問われてコービンは、「知っていたら一切関わらなかったでしょう」と答えた。(原注59)

コービンは、八月一八日に『ジューイッシュ・クロニクル』紙に掲載された、著名なユダヤ人約五〇名連名の公開書簡で支持された。署名者には、詩人のマイケル・ローゼン、女優のミリアム・マーゴリーズ、歴史学者のアヴィ・シュライム教授、イラン・パッペ教授などが名を連ね、先の同紙の申し立てを退けた。(原注60)「パレスチナ人の正義を支持するユダヤ人」という団体もまたコービンの弁護に立ち上がり、八月二〇日付

『ガーディアン』紙への投書で、「イスラエルの政策への著名な批判者を中傷するために、マッカーシズムのテクニックが使われた」と非難した（原注61）。

　コービン自身は、八月一九日にラジオのインタビューでこう語った。「私を人種差別主義者《レイシスト》、反ユダヤ主義者などとする見解は、これ以上ないほど不快なもので、大変な侮辱です。私は人生を人種差別反対に捧げてきました。死ぬその日まであらゆる人種差別に反対し続けます」（原注62）。反ユダヤである証拠を探して、コービンの過去の言動をしらみつぶしに調査したジャーナリストは、マスコミの論調と相反する例を見つけるのに、それほど過去まで遡る必要はなかった。しかし、そんな反証の報道はなかった。例えば、二〇一五年六月二五日、北ロンドンにある名高いユダヤ人コミュニティのゴルダーズ・グリーンで計画されていた反ユダヤ主義ネオナチのデモへのカウンターデモを呼びかけるにあたり、呼び掛けの筆頭署名者がコービンだったことを報道する記事はなかった。カウンターデモは「この吐き気を催させるファシストの動きは、今年がアウシュヴィッツ解放七〇周年であることに鑑みれば、いっそう許しがたい」と、「反ファシズムで団結を」の名のもとに呼びかけていた。「ユダヤ人コミュニティがこのネオナチのデモに異議を唱えるあらゆる権利を持つと主張することは極めて重要である……私たちには、ナチズムが圧倒的多数に拒絶されていると示すために大きな抗議活動が必要だ」（原注63）

　ユダヤ人に対する偏見に抗して戦うとは、路上に出て隊列に身を投じることだとするならば、コービンは――一九三六年の「ケーブル・ストリートの戦い」（同年一〇月四日、オズワルド・モズレーを党首とする政党「英国ファシスト連合（黒シャツ隊）」が、ユダヤ人の集住するロンドンのイーストエンドで計画した二〇〇〇～三〇〇〇人規模の示威行進を阻止するために、ユダヤ人を含む近隣住民、社会主義者、共産主義者、労働組合員等約一〇万人が結集、「奴らを通すな（スペイン内戦での反ファシズムのスローガン）」の旗印の下に、バリケードを築くなどして対抗した。示威行進の監視と警護のために警官約六〇〇〇人が出動したが、黒シャツ隊は行進を続けられずケーブル・ストリートから撤退。警官と反ファシスト運動家の間で乱闘になり、約一五〇人が逮捕された）に参加した親の足跡を継いで――、しばしば最前線に立っている一人だった。政治的利益のために、偽って、人を反ユダヤ主義だと糾弾すれば、反ユダヤ主義という言葉の深刻さを削ぎ、その害悪がもたらす脅威を過小評価することになりかねない。

コービンの国際的な世界観は、労働党の内外を問わず、エスタブリッシュメントにとって忌まわしいものかもしれないが、多くの党員にはそうではなかった。労働党内のコービン糾弾派による外交政策の前歴は、二〇〇一年以降、実に惨憺たるものだった。根本的に異なる姿勢になりそうだとの見通しは、コービンの魅力の一部をなしていた。労働党支持者の間でパレスチナ人に対する深い同情が顕著になっていた。(原注64)コービン支持者の大半はトライデント核兵器に反対している。(原注65)コービン支持層の多くが、再入党したか、もともといた党員で、イラク戦争の恥に今でも嫌悪感を持っている。そういった人々は、さまざまな中傷よりも、労働党を代表してイラク戦争について謝罪するとしたコービンの誓約に関心を持っていた。コービンはそうした人々の票によって、実際、イラク戦争を検証した「チルコット報告書」〔一九一ページ参照〕発表後の二〇一六年七月六日、党首としてその約束を果たすことができた。

国内政策の曲解

選挙戦中にジェレミー・コービンが発表した国内政策とアイデアの膨大な量からみると、その中でしつこく批判にさらされたものはそう多くはなかった。その一部は些細なことにすぎず、一例が、女性専用車両の導入可能性の提案だ。二〇一五年八月二五日に発表された政策文書『街なかでのハラスメントの撲滅』の中で、コービンは留保付きで述べている。「公共交通機関における暴行とハラスメントの増加に対する解決策として、女性専用車両の導入があり得るという提案を幾人かの女性からいただきました。公共交通機関を全ての人にとって、より安全なものにしたいと私は考えています……しかしながら、まず女性のみなさんのご意見をうかがいたく、女性専用車両が歓迎されるかどうか広く見解を募ります(原注66)」

この無害な短文に激烈な反応が寄せられることになった。コービンは「性別による分離」を奨励しており、

「男女共用車両では女性に対するハラスメントは許容される」と暗に言っている、と非難された（原注67）。党首選の対立三候補全員がコービンを非難した（原注68）。『ガーディアン』紙は特に息巻いた。八月二六日午前七時三七分に同提案に関するニュースを配信し、午前一一時五〇分にコラムニストのアン・パーキンズが陰険な攻撃を、午後二時一二分に批判の声を採り上げたニュースを、午後二時五五分に乗客の反応を、午後四時二五分にこのアイデアへの賛意を示すコメントを（バランスを取った！）、午後四時四七分にロンドン在住者の反応の映像を、午後五時三五分に世界の女性専用車両のまとめを報道した（原注69）。まもなくソーシャルメディアで、女性専用車両のアイデアは一年前に他ならぬ政府の運輸相が浮上させており、そのときには今回のような激怒の声はあがらなかったとわかり、この大騒ぎはちょっとやりすぎだとなった（原注70）。

　一方で、コービンの国内政策の中で主要な攻撃目標に定められたのは大物だった。「コービノミクス」とあだ名されたコービンの反緊縮経済政策だ。その肝は、緊縮による財政削減より、むしろ公的な投資をどんどん奨励し、また国民投資銀行を使って成長を刺激し、経済を作り替えることだった（原注71）。「削減の先に繁栄はない。成長の先にこそ繁栄がある」はコービンが繰り返し用いたお気に入りの一文だ。借金あるいは富裕層課税につきまとう政治的烙印を避けるために、「コービノミクス」はそれ以外の仕組みを強調していた。課税回避および脱税に対する厳重な取締り、法人への補助の削減、「人々の量的緩和」だ。

　コービンの批判者は、この最後の提案に矛先を集中させた。政策文書『二〇二〇年の経済』の中でこのアイデアはそれほど重要ではなく、たった一行が割かれていたにすぎない。「一つの選択肢は、イングランド銀行（英国の中央銀行）に命じて経済を格上げし、大規模な住宅事業、エネルギー、交通機関、デジタル関連計画などに投資させることだろう。すなわち、銀行ではなく、人のための量的緩和を目指すことである（原注72）」。これは、陣営顧問の税制専門家リチャード・マーフィーの新案だった（原注73）。「人々の量的緩和」は従来の量的緩和と同じように働くだろうと考えられた。違いは、資産の価値を釣り上げて大金持ちの利益にする代わりに、

役立つものに資金が使われることだ。[原注74]

最初の攻撃は党内右派から来た。影の財相クリス・レズリーが提案を公然と非難したのだが、レズリー自身が「経済学の理解の乏しさ」を露呈しているとして、元イングランド銀行のエコノミストに強く批判された。[原注75]ニューレイバーの閣僚を歴任したジャック・ストローが珍しく議論に参戦し、ラジオで「人々の量的緩和」を「経済学の無知」と非難した。しかし、一方で、まさに通貨を発行できないことが問題であるギリシャを奇妙にも引き合いに出し、自身の経済学の理解の怪しさを図らずも示した。[原注76]

イヴェット・クーパーが八月一三日にマンチェスターの〝重大〟演説で攻撃的な新戦略を初めて展開した時には、「人々の量的緩和」への攻撃が主題の一つだった。そして夏じゅうずっと同じだった。スカイニュースが主宰した九月三日放映の最後の政見討論会《ハスティングズ》で、クーパーは、かつてなく「熱のこもった」長広舌でコービンに言った。「あなたは人々に偽りの希望、偽りの約束を与えています。それはステロイド剤で強化された『ＰＦＩ（民間資本即進政策）』にほかなりません。不公平なものであり、労働党は人々を失望させることになります」[原注77]

これらの批判の多くは、「人々の量的緩和」とは何かを誤解しているようだった。「うちが何を話しているか、連中が理解していたとは思えない」とジョン・マクドネルは言う。「比較的目新しい考え方だったから、うちが実際に総合的な経済政策について言っていたことがわからなかった。つまり、ＱＥ（量的緩和）が、経済のサイクルの中で適切なタイミングで用いられる単なる一つの仕組みであり、道具であるってことを……連中はそれを国民投資銀行と結びつけなかった」

労働党有力議員や政治ジャーナリストが、提案を及び腰で非難するか、嘲るかしかできなかった一方、驚くほど多岐にわたる経済問題の有力解説者が、慎重姿勢を示しながらも真剣に受け止めようとした。[原注78]『フィナンシャル・タイムズ』紙のマーティン・ウルフ、『デイリー・テレグラフ』紙のアンブローズ・エバンス＝プリチャード、『ガーディアン』紙のロバート・スキデルスキーなどだ。[原注79]「コービンは、国家の役割と国が実施する事業の資金を確保する最善の方法とに関する重要な問題について広く注目を集めたことで、褒められこそすれ、酷評されるべきではない」とスキデルスキー政治経済学教授は書いた。「重要な問題を提起したコービンが一笑に付されている事実を見れば、今日の政治エリートが危険なほど独り善がりになっているのがよくわかる。ヨーロッパの何百万人もの人が、現在の経済秩序は自分たちの利益に貢献していない、と感じているのも無理はない。そういう人々が、抗議をただ無視されたならば次はどうするだろうか」(そういう人々はEUからの離脱に投票すると、後に判明した)

実は、ケインズ派経済学に基づいて「人々の量的緩和」を否定する有力な論拠が存在した。しかし、クーパーもその取巻きも怖くて主張できなかったのだ。いたって単純な話で、従来の方法での借金のコストが非常に低い時には、「人々の量的緩和」は不要な回り道になるのだ。(原注80) 労働党上層部の誰も、党を制するための死闘の最中にあってさえその論点を持ち出さなかった事実が、赤字削減に妄執する緊縮政策の統一見解に、党上層部がいかに強く縛られているかをよく示している。一方、ケインズ派経済学の批判はコービンのキャンペーンには確かに影響を与えた——「人々の量的緩和」が手放したい政治的なお荷物になっていたからだ。マクドネルが振り返るように「うちが議論の方針を一部変更してQE(量的緩和)の代わりに借り入れる、と言うと、連中は、今度は借金が多すぎると、保守党のような攻撃をかけてきた。私にとってそれは、連中がいかに既存の考え方に囚われているかの顕れだった」。

コービンの反緊縮政策の立場を、レズリーが言うところの「非現実的なハード・レフト」だとする攻撃は、ノーベル経済学賞受賞者のジョゼフ・スティグリッツとポール・クルーグマンが支持を表明する状況では、継続しにくかった。(原注81) さらに四二人の経済学者が連名でコービンの「緊縮への反対は、実は経済学の主流だ」と主張する公開書簡が、八月二三日付の『オブザーバー』紙の一面を堂々と飾った。(原注82) 対抗して五五人の経済学者が連名で「コービノミクス」は「真剣に精査されていない」と主張する書簡が『フィナンシャル・タイムズ』紙に掲載されたが、彼らにしても、公的投資は「多くの分野で強く必要とされている」と認めざるを得なかった。(原注83)

コービンは知的潮流に沿って泳いでいた。二〇〇八年の金融危機とそれに続く緊縮財政実験の失敗によって、新自由主義《ネオリベラリズム》が必然的なものだという見かけが剝ぎ取られていた。新自由主義はもはや現実の出来事を、説得力をもって説明することができなかった――こういう状況ではどんなイデオロギーも衰退する。「コービノミクス」――「人々の量的緩和」だけでなくその全体像――は、その教養からの控え目な脱却だった。

実のところ、コービンの経済計画について特筆すべきは、それが急進的だったことではなく、大変控え目だったことだ。コービンは選挙戦を通じて、コービンらしからぬことに、自身の提案がいかに保守的かを強調した。自分の計画が新しいと見なされ得るのは英国だけだ、と繰り返し述べた。「こうした案をドイツで提唱したら、あまりにも手ぬるく、おそろしく古臭いと言われるだろう。ドイツには、すでに国営投資銀行があり〔ドイツ復興金融公庫、同国第三位の銀行。資本の八〇%を国が、二〇%を各州が所有し、中小企業、個人事業主、ベンチャーキャピタル、公的な環境・住宅事業等に投資する。第二次大戦後のマーシャルプランにより設立された金融機関が基礎になっている〕、公的サービスに投資しているからね」と選挙集会で述べた。（原注84）

コービンは、三〇年間立ち位置を変えていない先祖返りだ、と頻繁に指弾された。しかし、それはまったく違った。政治学者のアンドリュー・ギャンブルが論じたように、一九七〇年代にトニー・ベンが推奨した「新経済政策（AES）」と比較して、「コービノミクス」は、「似ているとは言ってもはるかにか弱く」て「控えめな」制度上の改革を促進するものだった。（原注85）後にマクドネルの顧問となる経済学者ジェイムズ・ミードウェイは、コービンの経済計画は、中道のSDPが一九八三年総選挙で掲げたマニフェストの内容より右寄りだと論じた。（原注86）その理由は、コービンが軟化したからではなく、状況が大きく変化したからだった。労働党活動家のジェイムズ・ドランは「ジョンとジェレミーが提唱した綱領は、二人が政治家になった頃だったら二人とも反対したはずだ」と述べる。「当時の労働運動は今よりずっと強く、もっと急進的な要求を出せたから」

マクドネル自身は「コービノミクス」を「一つひと

つは政治的に急進的ではない考えをたくさん打ち上げ、しかしそれによって、議論をいかに前進させられるかを示したもの」と表現する。マクドネルは、党内の一部からの敵意に満ちた反応に驚愕したと言い切る。「議会労働党の主流の思想がどれほど大きく退歩したかがよくわかった」と言い、「連中は骨の髄まで新自由主義に染まっているんだ」

しかし、党の外は別だった。コービンの反緊縮綱領への攻撃は、労働党有権者の雰囲気を完全に読み間違えていた。陣営上級顧問の一人の考えでは、コービンの対立候補者、とりわけクーパーが経済政策において「本当に強く」出ることにしたのは「裏目に出た」。なぜならば「候補者たちが〝マイルド〟緊縮にあまりに傾倒している」ことを示していたからだ。「そうだね、『フィナンシャル・タイムズ』紙とか何人かの経済オタクの御用エコノミストからお褒めの記事でも頂戴したかも知れない。でも、アピールできたのは本当にそういうところでだけだった」とその顧問は言う。「他の候補は誰も、自分の支持基盤が誰なのかまったくわかっていなかったと思う……それが敗北の一因だった」。クーパーの戦略が少しでもコービンのダメージになったたか、しばらく考えた後、こう付け足した。「もしも戦略が功を奏していたなら、じゃあ、うちが勝ったのは一体全体、何のおかげだったのか」

第一三章　勝利と試練

二〇一五年九月一二日

「私は、エイブラハム・リンカーンが大切なことを言っていると思います。アメリカの内戦が終わったときにリンカーンは言いました。『なんびとに対しても悪意をいだかず、すべての人に慈愛をもって』前進しよう、と。それが取るべき正しい道であると私は信じています」

—ジェレミー・コービン

ジェレミー・コービンとジョン・マクドネルが席についている。後に労働党の首席戦略担当顧問になったシェイマス・ミルンは、フランスから回線経由で参加している。コービンのキャンペーン本部を率いていたサイモン・フレッチャーとアナリーセ・ミッジリーも同席し、ジョン・ランズマンもいる。ダイアン・アボットとジョン・トリケットもいる。後にコービンの秘書官になるケイティ・クラーク元議員は、不可思議な舞台設定だが、パリのディズニーランドから電話で参加している。

労働党の新党首が選出されるまで二週間を切った二〇一五年九月初めのことだ。これは、もし陣営が勝ったら、ではなく、勝った後に何をするかを模索するために、将来の体制の重要人物が一堂に会した初めての、そして唯一の戦略会議だ。ただし戦略については議論されていない。論点はほぼ一点に絞られている。マクドネルが影の財相になるべきか否か。

「四大《ビッグ・フォー》」労組——ユナイト、ユニゾン、GMB、CWU——は反対を決定している。ユナイト書記長補佐で、労組と同盟する組織「民衆会議《ピープルズ・アッセンブリー》」議長でもあるスティーブ・ターナーが、四大労組の使者として派遣されていた。マクドネルは長らく労働組合の活動家と肩を並べて運動してきたものの、組合幹部には昔からマクドネルを嫌っている人物が何人もいた。関わった運動のなかに、組合幹部と対立するものが時折含まれていたことも影響しているかもしれない。マクドネルは無闇に声が大きすぎ、大きな反感を買う恐れがあると考えられている。党の最高位の地位に最左派二人が就くことは議会労働党への挑発であり、メディアには挑戦的に映ることになるだろう。

労働組合から反対の要求があったからには答えは一つしかない。マクドネルは影の財相にならなくてはならない。もうすぐ党首になろうという人が、四大労組から何をすべきかを指示されるようなことがあってはならない。コービンは、経済の責任者に自分が信頼できる人間が必要だと主張して譲らない。そうしなければ麻痺状態に陥るのはトニー・ブレアとゴードン・ブラウンを見ればすぐわかるし、主張が少しずつ変わってしまうのはエド・ミリバンドとエド・ボールズを見ればわかるじゃないか。説得力のある主張だった。

しかし、誰が影の財相になるべきかについては角突き合わせて議論されている一方で、左派が労働党を率いていくという、ほとんど想像を絶する離れ業をどのように成し遂げるかという「些事」(原注1)については議論されていない。残るはわずか数日だけだ。

勝利後に予想される困難

確かに、二〇一五年九月一二日のジェレミー・コービンの勝利は驚くべき成果だった。しかし、コービン陣営も、どんな意味においても、まったく準備が整っていなかった。通常、政党の長の座を争う人は勝つ気でいるものだ。コービンにはそんな基本的な常識さえ当てはまらなかった。党首を狙う人はほとんど何が何でもという野心にあふれ、その野心ゆえに準備を怠らない――議会の同僚、財界や組合の黒幕、プロの顧問団、ジャーナリストや新聞の編集長との同盟関係を築きあげることに力を注ぐ。そしておそらく何年もかけて独自の「目玉政策」を準備し、「未来」「英国」「前進」「共に」といった言葉をどう組み合わせてスローガンとするか、大学時代に薬物を摂ったかと聞かれたらどう答えるか考えるものだ。コービンが勝利した理由の一部は、このどれとも無縁だったからだ(他の三候補者と異なり、薬物の経験もなかった)。しかし、それはほとんど対処不能な立場に放り込まれることも意味した。

勝利の瞬間の気分は格別だったにせよ、その前後の数週間は、チーム・コービンにとって選挙戦の中で最も緊張を強いられ、ストレスの多い日々だった。それまでの三カ月は、何があったにしろ、ほとんどそよ風に吹かれているようなものだった。しかし、コービンは今まさに嵐の真ん中に放り込まれようとしていて、誰もがそれを知っていた。「うちの陣営が勝てば、誰が何と言っていようが、議会労働党のあらゆる派閥から抵抗があるだろう」と選挙戦最終盤の数週間、ジョン・マクドネルは考えていた。「その上、〔党の〕官僚機構の中には、歓迎する人も、様子見する人も、また破壊工作に着手する人もいるだろう」

仮に明快な戦略とよく練られた計画があったとしても、この壁を越えるのは不可能に近かったかもしれない。ところがコービン陣営は、そのいずれも持ち合わせていなかった。理由の一部は、コービンとマクドネルが一つの大きな目的を優先したからだった。マクドネルを影の財相に据えることだ。それがコービン執行部の中核になる重要性を考えれば、二人がその実現に成功したことは過小評価されるべきではない。「全員から反対された」とマクドネルは振り返る。「全方面からだ。レン・マクラスキー〔ユナイト書記長〕や、オーウェン・ジョーンズ〔左派ジャーナリスト〕のような人々まで――そのときは知らなかったが。周りにいた、もののわかった左派も。言い分は理解できたけれどね」

キャンペーンで、労働党を反緊縮の党へと変革すると訴えてきた以上、影の財相の仕事は普通よりいっそう重要だった。コービンはかなり早い段階から盟友マクドネルをその役に就かせたいと決めていた。「党首と財相が一心同体であることが必要なんだ」とマクドネルは言う。

しかしまた、他の閣僚も割り振る必要があった。大多数がコービンに敵対している議会労働党から影の内閣を組閣するのは、始める前から気落ちするような仕事だった。ジョン・ランズマンによると「ジョンとジェレミーは、その件について徹底的に話し合った」。

有力議員が幾人もコービン内閣には入らないと新聞に公言していた状況で、二人が最優先したのは十分な数の協力的な議員を見つけ出すことだった。「要するに、どのポストであっても、引き受けてくれる議員を探すのに必死だった」

早くも八月の初めには、派閥をまたいで組閣したいとコービンは示唆していた。『オブザーバー』紙のインタビューの機会に、議会労働党の「優秀な人材」に「一緒にやろう」と呼びかけた――ブレア派までも含めて。「もちろん意見の相違はあり、違いを受け入れるだけの器量が私に求められている、それはわかっています」とコービンは言った。(原注2)

コービンが国中をまわって集会で演説している間、マクドネルは新たな人間関係を築いていた。「八月中ずっといろんな人に会っていた」とマクドネルは振り返る。「トム[・ワトソン]、ジョン・アシュワースといった人々に会って、『ジェレミーが勝ったら入閣する気があるか』と聞いて回った。会う人会う人にそう持ちかけていた。イエスと言ってきた人もいれば、結局何も言ってこなかった人もいる。イエスと言ったジョン・ヒーリーとかそういう人には、『ではどの役を引き受けたいか』ときいた」

副党首戦ではワトソンの勝利がほぼ確実視されていたので、もし左派候補のコービンが勝てば、必然的にコービンと働くことになる。だから、両者いずれにとっても話し合う理由があった。いつ何時でも複数の思惑で動きかねないワトソンと交渉するのに、タフで抜け目のない政治家であるマクドネルは適役だった。ワトソンは影の閣僚候補について助言を与えた。誰が入るべきで（首席院内幹事〔自党の方針に沿って自党議員の票を取りまとめる役職〕としてロージー・ウィンタートンなど）、誰を入れるべきでないと自分が考えるか、だ（意外にも、自分の友人のマイケル・ダガーは混乱を引き起こすとワトソンは予想した――この警告が気に留められることはなかったが）。

殺人的なスケジュールでさすがに疲労の色が濃くなった頃、コービンは毎週末に半日の休みを取るようになった――が、結局その時間はマクドネルと話すことに当てられた。二人は、議会労働党の左派が情けない現況で、どのようにしてその政治的影響力を最大化するか考えをめぐらせた。「ジェレミーとジョンが合意した計画は、全部署に左派を配置することだった」とランズマンは言う。期待の若手のリチャード・バーゴン、クライブ・ルイス、レベッカ・ロング＝ベイリー、ケイト・オザモー、キャット・スミスは、いきなり影の閣僚に就任するには経験が浅すぎたが、閣外相ポストに分散させることで、コービンとマクドネルは、影の内閣《シャドー・キャビネット》に一定の政治的枠組みを持たせようとした。

　もう一つの懸念材料は、党の統治機構《パーティー・マシーン》だった。新執行部にとって、自分たちを党内官僚機構よりも上位に位置付けることは、自らの安全と統治の有効性のためにきわめて重要だった。ニューレイバーは、労働党本部内で依然「覇権」を握っており、ヤング・レイバーのマックス・シャンリーの言葉によれば、トニー・ブレアは今も「多くの党職員が耳を傾ける音色を奏でる笛吹き男」だった。（原注3）八月中旬頃からランズマンは、「党内で、また全国執行委員会（NEC）でやるべきことは何か、アイデアを書き留め始めた」。しかし計画がしっかりと議論されることは一度もなく、ランズマンはいら立ちを募らせた。「およそ戦略というものがなかった」。後にコービンは、党を支配するために卑劣な計画を実行していると繰り返し非難されることになった。しかし、実のところ、コービンにはそもそも計画などなかったのだ。

　陣営の中では、執行部体制を準備する仕事に集中しにくい雰囲気が醸成されていた。新体制のもとで仕事が得られる期待が高まるにつれて、元々は目指す政策の一致という一点で集まった人々の間で、ポストをめぐる策謀が繰り広げられることになった。選挙結果が出る二、三週間前、コービンはサイモン・フレッチャーを首席補佐官に任命すると請け合った。他の人々にはそれほどの運はなかった。ランズマンはこの期間を振り返り、「締め出されたとか無視されたとか感じた人たちにわだかまり」が残って、「気持ちの良いものではなかった」と言う。

　ランズマンは、九月二日にBBCの『ニューズナイト』で、議員候補再選定の義務づけ（三六ページ参照）についてインタビューに応じるという失態を犯した。再選定の義務は、議員が党員に対して、より説明責任を負うようにする仕組みで、ランズマンはその導入を目指して何十年も運動してきた。コービンを代弁して話しているわけではないとはっきりと断ってはいたが、未来の党首の見解同様に見なされる「恐れを十分理解していなかった」。フレッチャーは激怒した。議員は再選定の義務を、議会労働党を脅かす亡霊のように見なしていたので、議員の恐怖を和らげるため、陣営はすでに大変な努力を払ってきた。「歓迎されざる人物として干されることになった」とランズマンは言う。(原注4)

投票締切前夜

チーム・コービンは、まだ実際に選挙に勝ったわけではなかった。内部のデータは勝利に向かっていると示唆していたが、あまりに驚くべき予想なので誰も確信をもてなかった。「残りあと二、三週間になって、うちが勝つ確率が一番高そうに見えた」と陣営の一人は言う。「まだ完全には信じられなくて、気を緩めず、できることは文字どおり何でもしようと思った」

一方、敵対していた議員の一部は、勝負がついたことを遅まきながら理解しつつあった。コービンが勝ったら「その日のうちに」、「クリスマスまでには」あるいは「(暖かくなった)二〇一六年五月の統一地方選後」に、議会労働党がコービンに対するクーデターを起こす話がささやかれた。(原注5)別の脅威として、党への大口献金者や団体のいくつかが、コービンが党首になれば今後の献金を打ち切ると公言した。(原注6)そのような報道を受けて、コービンは、人々の力を結集すると約束した。「私は、エイブラハム・リンカーンが大切なことを言っていると思います。アメリカの内戦〔南北戦争〕が終わったときにリンカーンは言いました。『なんびとに対しても悪意をいだかず、すべての人に慈愛をもって』〔高木八尺訳〕前進しよう、と。それが取るべき正しい道であると私は信じています」(原注7)

九月のはじめには、即座にクーデターを起こそうという熱病は沈静化していた。「レジスタンス」と呼ばれ、喧伝された議員グループのリーダーであるトリストラム・ハントとチュカ・ウムンナは、予想される結果を受け入れて団結しようと仲間たちに呼びかけた。(原注8)報道によれば、イヴェット・クーパーは激怒していた。(原注9)選挙戦残すところ二週間を切り、クーパーは調子を上げてきたところだった。実際、選挙戦最終盤に、声高なメディアの一部は「イヴェット・ブーム」なるものが存在していると自ら信じ込んだ。クーパーは、英国は中東から一万人の難民を受け入れようと呼びかけて人気を上げた。中東を覆っていた大惨事に慄然としていた労働党員と登録サポーターにアピールする政策を、ようやく打ち出したのだ。クーパーとコービンの立ち位置の最大の違いはコービンの方がさらに踏み込んでいる点にあったとは言え、クーパーは熱意と慈愛をもって訴え、一定の支持を集めた。(原注10)

七月中旬以降で初めて、コービン以外の候補者が存在感を示していた。クーパーはテレビ放映の政見討論会《ハスティングズ》で積極的なパフォーマンスを見せるようになり、また『ガーディアン』紙と『ニュー・ステーツマン』誌の強力な後押しもあって、上昇気流に乗っているような感じが出てきた。一部の時事解説者は興奮で舞い上がったほどだった。しかし、「イヴェット・ブーム」が現実ではないと疑う二つの理由があった。一つには、郵便投票が半月以上前の八月一四日に開始されていたことが挙げられる。クーパーが勝負の土俵に登ってきた頃には、ほとんどの人はすでに投票していたのだ。もう一つは一般則だ。ウェストミンスター付きジャーナリストの集団思考はたいてい誤っている。

投票は九月一〇日に締め切られ、その二日後に結果が発表されることになっていた。コービンの運命がそれに委ねられている——もっとも、「労働党粛清《レイバー・パージ》」を考慮すると、コービンの運命は党の法令遵守監視部門に委ねられている、と穿《うが》った見方をした皮肉屋もいた。(原注11)その翌日、ジョン・ランズマンには、コービンが敗れた場合に支持者に送る電子メールの草稿を書くという「気の滅入る仕事」が待っていた——陣営は、敗戦書簡の用意が必要と考える程度には、まだ勝利の確信がなかったのだ。その日のお昼どき、労働党がロンドン市長選に擁立する候補選考の結果が発表された。「穏健左派《ソフト・レフト》」とみなされるサディク・カーンが、有利とされていたブレア派のテッサ・ジョウェルに快勝した。ダイアン・アボットは期待以上で三位だった。この結果は、少なくとも首都においては、労働党が左傾化した確かな証拠だった。(原注12)その知らせを受けて、ランズマンは、敗北に備えたメールを書くのはやめにした。

圧勝

「労働党の党首選挙の結果は以下の通りです」

二〇一五年九月一二日、全国執行委員会議長のジム・ケネディがロンドンのエリザベス二世会議センターに集まった聴衆に告知した。(原注13)

「第一選択投票の得票数は、アンディ・バーナム、八万四六二票」

儀礼的な拍手が起こった。しかし会場の人々は、全投票数の四二万二六六四票から見れば、それは少ない数字だと直ちに理解した。拍手が鳴りやむと、ケネディがそれを裏付ける。

「これは第一選択投票の一九％に相当します」

わずか一九％。これは、「イヴェット・ブーム」の唱道者たちが予言したように、バーナムの支持者が大量にクーパーに流れたことを意味するのか。

「イヴェット・クーパー、七万一九二八票、一七％に相当」

違った。クーパーへのメディアの支持と、ブレア派の一部が追い込まれたリズ・ケンドールからクーパーに乗り換えた事実からして、この数字は驚くほど少なかった。意味することはただ一つ。

「ジェレミー・コービン、二五万……」

歓声が巻き起こったが――聴衆の一部からだけだった。ベン・セラーズによれば、前から二、三列目のコービン陣営が座っていたあたりで、イングランド南西部地域オーガナイザーのジョージ・エイレットが座席から跳び上がって「豚みたいな雄叫び」をあげた。ケネディ議長が場内を鎮めるのに丸一分かかった。

「ジェレミー・コービン、二五万一四一七票、五九・五％に……」

さらなる歓声と拍手。コービンは五〇％の閾値《しきい》を突破した。第一選択投票で勝ったのだ。しかし、ケネディはまだ発表を終えていなかった。

「リズ・ケンドール、一万八八五七票、投票数の四・五％に相当」

会場に同情の拍手が広がる前に、人々が「息を吞む音が聞こえた」とユナイトのマーティン・メイヤーは振り返る。「そこまで惨敗するとは誰も思っていなかった」

四・五％とは！「統計的に有意とさえ言い難い」とその場にいた労働党の活動家マイケル・コールダーバンクがジョークを言う。

衝撃はそれだけではなかった。ケネディの後ろの大スクリーンに、党員、登録サポーター、提携団体サポーターに分けた得票数の内訳が映し出された。コービンは、正規党員一二万一七五一人の支持を勝ち取った。他の候補者全員を合わせた数にほとんど並ぶものだった。

登録サポーターに関する半狂乱の騒ぎがさんざんあったが、選出に主導的役割を果たしたのは党員だった。党員の投票数二四万五五二〇票が全投票数の五八％を占めていた。これこそがコリンズ報告の選挙制度変更が実際にもたらしたことだった――従来の選挙人団制度下での党首選びで三三％に抑えられていた党員の力が、はるかに増したのだ。

コービンは党員票の四九・六％を勝ち取った。四候補者による選挙戦で、過半数にあとごくわずかに迫った――大勝だ。(原注14) コービンは心底驚いた。「私が党員の支持を得るのは難しいだろうと予想されていました(原注15)」。仮にコービンが正規党員の投票では負けていながら登録サポーターと労働組合員の投票によって勝利していたら、エド・ミリバンドにつきまとった正統性批判に――それも何倍も悪い形で――直面することになっていただろう。(原注16) ジョン・マクドネルは、得票数内訳の中でとりわけ党員の投票割合をしきりに見たがっていた。結果は「最も楽観的な予想よりはるかによかった」と言う。

コービンの党首当選が発表された数日後、YouGovは開票前最後の世論調査に実際の投票結果を反映して調整した結果を発表した。その結果は、二〇一五年の総選挙から「コービン・ブーム」が始まる前の七月中旬までに入党した党員による第一選択投票で、コービンは圧倒的な六二％を得たと示唆した。ミリバンド党首時代に入党した党員の間でも四九％がコービンを選んだ。いずれの結果も、党が左傾化し、急進的な人々を惹きつけているという意味で共通する。しかし、二〇一〇年以前に入党した――良いときも悪いときもずっと忠実だった――党員でも、四四％がコービンに投票していた。いずれも二五％の得票率だったバーナムとクーパーを大きく上回る（ケンドールが、これらブレア主義の黄金時代からの古参党員から得た票は惨めにも六％にとどまった）[原注17]。仮に労働党が、マンデルソン的パニックに陥って、この世代の党員以外の全投票を排除していたとしても——労働組合との結びつきを切り、登録サポーターを禁じ、ニューレイバーが党執行部を明け渡して以来入党した全ての人の投票資格を剝奪したとしても——、コービンは第二選択投票で勝っていた可能性がある[原注18]。これは勝利と言うより、ブレア派の大敗走だった。

三ポンド払った登録サポーターによる投票は一〇万五五九八票で、全体の投票数の二五％に相当した。大波ではあったが、一般的に描写されたように党員を圧倒する洪水ではなかった。ほとんど信じ難いことに、そのうち八三・八％もの人がコービンに投票した——バーナムの全得票数を上回る八万八四四九人だった。かくも一方的な結果だったので、党外選挙登録者制度は運動による政治《ムーブメント・ポリティクス》を推進するために特別にあつらえたものだ、と考えてもいいぐらいだ。その目的はほとんど正反対だったという事実は、毛沢東が、スズメが穀物を食べるとして全滅指令を出した結果、イナゴが大発生した故事を思い起こさせる。

労働運動としての不安要因は、提携団体サポーターの寄与が全投票数の一七％にしか相当しないことだった。投票した労働組合員の中では五七・六％がコービンを選んだ。この数字は過半数ではあるが、コービンを支持した労働組合の一覧が示唆するものに比べて目覚ましいものとは言えない。つまり、労働組合員は必ずしも所属する組織の指示どおりに投票したわけではないことを示している[原注19]。

結果発表後のYouGovによる解析が示したのは、八月中旬にコービン・ブームが最高潮だったときの属性別分布との類似だった。コービンへの支持は年齢層が若いほど高く、二五〜三九歳群では六七％がコービンに投票した。男性（五七％）よりも女性（六三％）からの支持率が高い傾向も継続していた。というのも、女性の方が緊縮政策の悪影響をより強く受けており、それに対する方策を約束する候補者に投票したからだ[原注20]。

総体として、この選挙結果から見えるものは、コービンへの巨大な是認だった。コービンが得た五九・

五％の得票率は、投票制度は異なるものの、一九九四年の党首選でトニー・ブレアが得た五七％を上回った。「これは非常に大きな信任です」とその日、コービンは言った。「選挙期間中に私が前面に出した問題点への信任であり、党内の新しい民主制度に対する信任です」(原注21)

祝杯と敵意

ロンドンのハイド・パークで開かれていた非公式の祝勝会では、結果が発表された途端、大歓声が沸き起こった。約一〇〇〇人が集まり、大出力の大型ラジカセ二台で、不釣り合いにもBBCラジオ・フォーの中継放送を大音量で聞いていたのだ。ダンスとスパークリングワインでの乾杯があり、お祭り気分のまま、ロンドンの中心部で進行中だった「難民歓迎」デモに参加するために移動した。

国中の自宅の居間でテレビのニュース速報を見ていたコービンの支持者は、タガが外れたように喜びを爆発させた。二〇一五年五月に反緊縮の候補者を求める署名活動を開始した党員のミシェル・ライアンは、ワージングの自宅で家族と緊張して待っていた。「みんなで手をつないで、一列にソファーに並んで座っていた」とライアンは言う。「テレビを見ていられなかった。結果が発表されると、みんなひたすら叫んでた。お隣も政治に興味がある人だといいのだけど——家中、大声で叫ぶわ泣くわだったから。夢みたいだった。こうやって話しているだけでも思い出して涙が出てくる。歴史的だった。たぶん、人生で最高の日、結婚した日と子どもが生まれた日と同じぐらい」

ライアンの署名活動で中心になって働いたレベッカ・バーンズは、オーピントンで同じ経験をした。「子ども二人と一緒に座っていて、みんなほんとにただただ大喜びした。部屋の中を跳び回って、それから涙がボロボロ溢れてきた。起きていることがほんとに信じられなかった」

ソーシャルメディアでは、夏の間に築かれたネット上のコミュニティがバーチャル空間でパーティーを開いた。得票数が読み上げられている時、エリザベス二世会議センターの三列目に座っていたベン・セラーズは「ありがとう」の報告ミームを送信するべく、どうかWi-Fiが落ちないようにと願いながらスマホにタイプしていた。「うちがソーシャルメディア活動で重視していたことの一つが」とセラーズは言う、「ちゃんと人々に感謝することだ」。

多くの人にとっては、この結果が労働党に入って活動する動機になった。コービンが党首に決まって二四時間のうちに、一万五五〇〇人が正規党員として入党した。(原注22) しかし、別の反応を示した人々もいた。ほとんど知られていない影の保健閣外相ジェイミー・リード議員は、名を上げようとしたのか、まだコービンが勝利演説している最中に辞任書簡を発表した。出世の邪魔になる不都合なことを初めて経験し、気落ちして居場所を失ったと感じたのだろう、そうそうたる顔ぶれが、無遠慮にも、打診されてもいない閣僚職を辞退すると発表した。トリストラム・ハント、クリス・レズリー、シャバーナ・マフムード、レイチェル・リーブス、エマ・レノルズ、ジョン・ウッドコックらだ。(原注23) 元副党首〔副首相〕のジョン・プレスコットは、そういう人々に「ふくれっ面のブレ〔ア〕ない面々」とぴったりのあだ名をつけた。そんな面々のお気に入りの戦略が——それを戦略と呼べるなら——ただちに開始された。新聞に匿名で不満をぶちまけるという、たゆみない破壊活動で、ある「元閣僚」は自分たちが党執行部に加わらないことを弁護して、こう予言した。「悪魔〔コービン〕と粥をすするものは誰であれ、永久に汚名を着せられるだろう。信頼が地に堕ちるだろう」(原注24)

労働党本部にも不穏な兆候があった。結果発表の日、本部職員は、自分たちが失った党の喪に服し、黒服を着ていた。(原注25) 新党首への手助けはほとんどなく——陣営の報道担当官ジェイムズ・ミルズは急ごしらえで記者会見を設けなければならなかった。人だかりを避けてコービンを移動させるための車も用意されていなかった。(原注26) 結果発表のしばらく後にコービンとミルズとが労働党本部に到着すると、「通夜の席に来た」ようだった。いくつかのデスクの上に「カビの生えたポテトチップスと何本かの安物ワインの瓶が」散らかっていたことをミルズは覚えている。場の雰囲気は「ほんとに陰鬱で、礼儀も親しみもなかった」。職員の一人がミルズの方にやってきて言った。「あそこにファイル棚が三つあるでしょう。労働党の運営の仕方です。では失礼します。また月曜朝に」

コービン陣営が祝杯をあげたサンクチュアリー・パブにも、喜びだけではなく今後への懸念が漂っていた。「ああいう状況だと、有頂天って感じではなくて、次に何をするべきかとか他のことを考え始める」とセラーズは振り返る。「噂があった……ジェレミーに決まった時、本部では誰一人拍手しなかったって。だから、うちが執行部になったけど、本当に招かれざる客として、本当に敵意に満ちた環境に突っ込んでいくことになる、と考えるのは妙なもので、これをどうすりゃいいんだ?」

しかし、いかに前途多難であろうとも、コービンを中心とする政治運動は世紀の番狂わせを成し遂げたところだった。「祝いの日だった」とジョン・ランズマンは振り返る。「本当に最高だった。翌日にはうって変わって厄介事が待っているのがわかっていたから」

影の内閣

影の内閣〔一八ページ参照〕を組閣するのは、理想的な状況のもとでも困難な仕事だ。まして、閣僚席《フロントベンチ》に座った経験がなく、多くの有力議員との間に親密な関係もなく、ほとんど準備らしい準備もなしに、史上一度も党を率いたことがないばかりか構造的にも弱小な政治的系譜に属していて、完遂までにわずか一日あまりという極端な時間的制約のもとで、議会労働党の大半による露骨な骨折りに抗して選ばれた新党首が組閣を行うのを、悪夢と呼ばずして何と呼ぼう。

この仕事に取り組むにあたり、ジェレミー・コービンには一つの優先事項があり、一つの事前の約束があり、一つの明確な——たとえ失敗が不可避だとしても——戦略があった。幅広い人材で影の内閣を組閣することで議会労働党の支持を取り付ける戦略だ。コービンの問題は、この三つの目標が互いに邪魔をし合いそうなことだった。

優先事項とは、ジョン・マクドネルを影の財相に据えることだった。しかしそのために、コービンが求めた幅広い参加を確保するのがいっそう困難になった。何人かの議員は、もしマクドネルが影の財相のポストを得たならば、それは「宣戦布告」にあたると新聞に語った。あるいは、財相がマクドネルには行かないと

の言質がコービンから取れるまでは、影の内閣には加わらないと語った人も数人いた。(原注27)

事前の約束とは、組閣する影の内閣において、史上初めて、女性が少なくとも半数を占めるというものだった。これは達成された。しかしコービンが、いわゆる最重要閣僚《グレート・オフィス・オブ・ステート》、すなわち影の財相、外相、内相のいずれにも女性を任命できなかったことで、見劣りするものになった。これは、コービンの影の財相職へのこだわりと、他の閣僚ポストをやり繰りする余地が小さかったことに因る失策だった。

派閥を問わずに影の内閣を組閣する戦略――いわゆるカレッジ方式――は、コービンの立場の弱さへの現実的解決策であるとともに、コービンが物事を行う適切な方法だと感じたやり方への回帰でもあった。マクドネルはこう説明する。「従来の労働党党首はみな、幅広い政治的立場の閣僚を選んできた……左派、右派、中道。それによって政治はよくなる……一方で、現実を見れば、議会労働党の中でジェレミーに投票したのはたった二〇人だった。どのみち原則として賛成だが、実際問題、必然でもあったんだ」

コービンにとっては、一九八〇年代に「社会民主党(SDP)が結成され、国政選挙で労働党に大惨事となったことが教訓と」なり、議会労働党のどの派閥も締め出されたと感じないように気を配るべき、という考えを持つに至った。(原注28) この理論は、コービンの仲間のキャット・スミス議員の大まかな説明によれば、「党全体から人を入れることによって、全員が何らかの形で当事者になる」ものだった。コービンの戦略は「多くの人を驚かせた」とスミスは言う。というのも、あらかじめ決められた政治的方針に表だって忠誠を誓うことが入閣の前提条件だったニューレイバー政権下の慣習とはあまりに大きく異なっていたからだ。コービンの手法は、「党の公式見解に従う人限定」文化と対照的に、見解の不一致と議論とに寛容な「新しい政治」を推進するものだった。

これが機能するために、党首は既存勢力の有力者を影の内閣に引き留めておく必要があった。選挙結果が発表された直後、マクドネルは、コービンに破れた対立候補全員に「引き続き閣僚として働いてもらえたらありがたい」と言った。三人の中で、最終的に同意したのはアンディ・バーナムだけで、それも即決したわけではなかった。
　コービンの勝利演説の数時間後、バーナムと同陣営の人々がエリザベス二世会議センターの長い廊下で迷って出口を探していた時、ＢＢＣの政治風刺ドラマ『The Thick Of It』が風刺映画『スパイナル・タップ』に捧げたようなドタバタの一幕が展開された（『The Thick Of It』は英国政治の、特にスピンドクターと呼ばれる情報操作を得意とする裏方に焦点をあてた風刺コメディ。『スパイナル・タップ』は、架空の英国へビメタロックバンドの米国ツアーに密着した音楽ドキュメンタリーという設定の、カルト的人気を誇る風刺コメディ映画（一九八四年製作）。建物内で道に迷ったバーナム陣営の様子が後者の一場面に似ており、そこで展開するできごとが前者のコンセプトに似ている）。「エレベーターを乗り間違えて、ボイラー室に出てしまった」とバーナム陣営の報道担当官ケイティ・マイラーがジャーナリストのローザ・プリンスに語る。「上の階に戻ってホールを横切るとそこはロビーで、コービンにインタビューしようと待ち構えている報道陣の真ん中で……その後、コービンにばったり会った。こちらは目当てのエレベーターに乗っていたところで……コービンはボタンを押しまくって一緒に乗ろうとした。そのとき、コービンのチームの一人が割り込むようにすぐ前に立った……コービンはその人の肩越しに叫んでいる格好になった。『アンディ、力を貸してくれ！』」（原注29）
　九月一三日の日曜日は、交渉と決定で消耗する一日となり、影の内閣が少しずつ形になっていった。それこそまさにコービンが毛嫌いするタイプの仕事だった——これに先立つ六月の議員推薦取り付けに奔走していた時を彷彿とさせるもので、あの時コービンは仕事の大部分を他の人に任せた。今回は大半がコービンの肩にかかっていて、わずかに首席院内幹事のロージー・ウィンタートン——コービンはウィンタートンを完全には信用していなかったものの、同職に据え置いていた——とサイモン・フレッチャーの手を借りられるだけだった。「コービンにとっては非常に厳しかったと思う」とマクドネルは言う。「本当に難儀だった」
　ウィンタートンによって、マクドネルは予想外にも選考作業から締め出されることになった。ウィンタートンが、影の内閣は党首と首席院内幹事によって指名されなければならないと公式内規に明記されていると主張したのだ。ただし、とマクドネルは言う。「三人に任せていた。誰かが来た時、私がうろついていたら嫌気がさす人もいただろうから」[原注30]

コービンとフレッチャーには影の内閣の組閣経験はまったくなかった。有力議員は、打診されたポストをただ受けることはなく、自分の仲間にもそれぞれの地位を——最上位職から閣外閣僚職にいたるまで——与えられることを条件として出してくるものだ。そのようにして議員は議会内での支持ネットワーク——贔屓によるちょっとした利益供与体系——を構築する。コービンはその類の政治を今まで気にかけたことがなかった。

候補者一覧と計画が仕上がったところで、コービンは、議会内の院内幹事の執務室に閉じこもって仕事に取りかかった。コービンの最優先事項はマクドネルを影の財相に任命することだったかも知れないが、それは待たなくてはならなかった。「全ての指名をまず済ませたかった」とマクドネルは振り返る。「その後、人々が指名受諾したら、私のことを発表する。私の指名で誰かに二の足を踏ませるようなことは避けたかったから」

コービンは、なんとしても早い段階で影の内閣に大物の名前を載せたかった。アンディ・バーナム、ヒラリー・ベン、アンジェラ・イーグルが入閣に同意したことで希望がかなうと、この三人の入閣が他の議員の不安解消に用いられた。「アンディは入りました、ヒラリーも入りました、アンジェラも入りました」[原注31]と、閣僚候補者にウィンタートンは電話でもちかけた。

バーナムが影の内相、ベンが影の外相になったことで、コービンは、最重要閣僚を全て男性に割り当てるという誤りをすでに犯していた。党首選で次点だったバーナムが加わることは重要だったが、バーナムの参加は高くついた。バーナムはベンとマイケル・ダガーにも当然ポストが与えられる条件で職を請けた、と取りざたされた。バーナムの選対部長であったダガーは影の文化相になった。ダガーは混乱を引き起こすだろうとトム・ワトソンが警告したとおり、二〇一六年一月まで在任し、クビになった。

とどのつまり、最悪の大惨事は、ベンを影の外相として留め置くことへのこだわりだった。ベンを別のポストに移していたら女性を任命する余地が生まれ、その後の多くの問題を避けることができていただろう〔二七二ページ参照〕。ひょっとしたらコービンには、師であり友人でもあったトニー・ベンの息子を降格することに一片の感傷があったのかも知れない。また政策的な根拠もあった。マクドネルによれば、外交政策の決定ではコービンが「主導的役割」を果たすと想定されていたため、ベンを影の外相に就けておくことができたのだった。

憶測はできる。コービン新体制は、議会労働党内で最も鋭く意見が食い違っていた分野である外交問題について、宥和的であることを選んだように見える。それは、労働党を反緊縮の政党へ転換するという直近の目標への雑音を避けようとしたからではないか。ベンはトライデント核ミサイル賛成であり、総じて爆撃賛成の立場だ。また筋金入りの親NATO、親EU派だった。これは議会労働党を安心させる好材料になった(原注32)。人選が最も難航したのは影の防衛相だった。コービンは、トライデント核ミサイル容認派を任命することもやぶさかではなかった。一時はクリス・ブライヤントに打診したが、ブライヤントが「もし英国がロシアに侵攻しなければならなくなったらどうするか、という問題について三〇分の話し合い」を要求したのでお流れになった(原注33)。結局マリア・イーグルが任命された。

日曜晩の午後八時、コービンが院内幹事室から出てきてトイレに立った。外に詰めていた記者が夜遅くなりそうかと尋ねると、コービンは「夜はまだ浅し」と答えた。翌日に控えていた議会労働党の集会までに、組閣を終えていることは必須だった。それは実際に新体制が走り始めたと示すためであり、また緊急の議会議事が待ち構えていたからでもあった。

影の閣僚ポストが埋まっていくにつれ、コービンはようやく――労働組合書記長や議員の間で続いていた抵抗を押し切って――マクドネルを任命する自信を持った。「日曜夜になっても……まだ説得の電話がかかってきた」とマクドネルは言う(数週間後にマクドネルが影の財相として初めての党大会演説を成功させた後、ユナイト書記長のレン・マクラスキーは、「歴史的」演説を聞いて自分の間違いを悟ったと言い、個人的にマクドネルに謝罪した(原注34)。

午後一〇時に、最初の任命者リストがマスコミに公開された。最も重要なポストに女性がいなかったため、すぐに反発を受けた。マクドネルは言う。「本当に衝撃だった……上級職とさえ見ていなかったポストだったから……実は、もっと重要なのは教育相と保健相と労働年金相だと思っていた。予算の額が大きいからね」。もしその説明で納得がいかなければ、マクドネルの次の言葉が核心を突いている。「ジェレミーが気にかけていたのは、影の財相を何とかして思ったとおりにすることだけだった。そうなれば、あとのポストの重みは同じだった」

院内幹事室の中にいた人々には与《あずか》り知らぬことだが、部屋の外に集まっていたジャーナリストはドア越しに聞き耳を立てていた。報道によれば、フレッチャーは次のように述べたという。「女性閣僚のポストについて、クソみたいな批判をかなり受けている。マンデルソンのあの手を使うべきだ。アンジェラを筆頭国務大臣にしよう〔首相〔影の内閣では党首〕に継ぐポストで、どの省庁に対しても特定の権限を持たない名誉職。首相が外遊などで議会を欠席し、それが毎週水曜にある首相質疑にあたった場合に首相の代理を務める。慣例として、首相が欠席すると影の内閣党首も欠席し、野党の筆頭国務大臣が党首の代理を務める〕。そうすれば、マンデルソンがやったように、アンジェラは議会の首相質疑で、野党党首の代役として質問に立つ機会がもてる。〔本来なら野党党首の代役を務める副党首の〕トム〔・ワトソン〕にはもう話してある。アンジェラの件をさっさと片付けよう(原注35)」

午前零時一九分、イーグルが筆頭国務大臣のポストに就いたと告知する電子メールが新聞に送られた。コービンはようやく帰宅の途につく。建物を出るとき、「お疲れでしょうか」と尋ねられると、「不眠不休です。何カ月も前から睡眠とは縁がなくなっています」と答えた。数分後、スカイニュースのカメラマンとレポーターが深夜のウェストミンスターの人気のない通りを歩いているコービンを追いかけた。質問に答えるのを拒否する映像は痛々しかった。疲労困憊しているように見えた(原注36)。

最後の閣僚指名は翌日に行われた。コービン内閣は、左派のダイアン・アボットから元祖ブレア派の〔チャーリー・〕ファルコナー上院議員まで、労働党内の政治方向性を広くカバーしていた。男性よりも女性が多く任命された。マクドネルは影の財相だったが、それでも空は落ちてこなかった。コービンは記者に言った。「私たちの影の内閣は女性が多数派で、あらゆる分野の政策と人々の生活をカバーしています。素晴らしい内閣だと思います。この内閣は党全体と手を携えています。ちょっとした成果だと思います、自分で言うのもなんですが」

その後の経緯が示したように、コービンのカレッジ方式はうまくいかなかった。大半の影の閣僚は九カ月しか持たず、党の民主的選択を転覆する企てで辞任した。議会労働党の全ての派閥を包含したいという望み自体は、コービンが労働党の伝統的な党首たちと共有するものだったかも知れない。しかし、そこには大きな違いがあった。たとえばハロルド・ウィルソンがカレッジ方式を採り入れた時、ウィルソンは比較的強い立場にいて、そのため異なる派閥同士が競合しているときに〝興業の親方〟役を務めることができた。一方、コービンは弱い立場にあって、皮肉にも、コービンの影の閣僚の大半はすでに結束していた――コービンに敵対して。

何か別の方法があっただろうか。左派の影の閣僚はわずか四人、アボット、コービン、マクドネル、ジョン・トリケットだけで、圧倒的に少数派だった。選挙で大勝したことを考えれば、おそらくコービンはあと数人入れるだけの政治的余地はあっただろう。しかし、ジョン・ランズマンが問うように、「入閣したかったのに取り残されたと言う人が誰かいただろうか。〔新人議員の〕誰もそう思わなかった〔経験不足だと自ら感じていたから〕」。とはいえ、コービンの立場を強化できたであろう中堅議員の仲間がいなかったわけではない。なかでもエミリー・ソーンベリー――コービンと主張を同じくする左派グループではないとは言え、協力的で極めて有能だった――が二〇一六年一月まで顧みられなかったのは不可解だった。

「ジェレミーの手札はとても難しかった」とマクドネルは言う。「手持ちの人材を使い、自分のおかれた立場で最善の選択をした……完璧なものなどない。でも議会労働党からわずか二〇人しか票を得られなかった状況で、最初の議会労働党集会に影の閣僚を揃えて臨んだのは、とてつもない偉業だ……何でも改善はできるものだけれど、あの時点ではあれがベストだった」

コービンはやり遂げた。党首になった。影の閣僚を任命した。議会労働党との最初の集会に向かった。

そして、ありとあらゆる問題が噴出し始めた。

第一四章　夏のクーデター

二〇一六年六月二七日

「陰謀やってるくせに、奴らはとんでもねえ役立たず」
――ジョン・マクドネル

意図するところは一つだけ、「人として彼を破壊すること」。同僚議員が代わる代わるジェレミー・コービンに悪意に満ちた言葉を投げつけるのを見て、ダイアン・アボットはこう言った。

二〇一六年六月二七日、コービンが党首として初めて議会労働党の集会で演説をしてから九カ月半が過ぎていた。議員たちは、この機に、党首コービンにとどめを刺そうと決意している。この夕方、議事堂ビルの第一四委員会室にはあまりに多くの人が詰めかけているので、コービンのスタッフは外の廊下で待たなければならない。室内は暑く、むっとしている。スティーブン・キノック議員が「圧力釜のようだ」と言う。キノックが言っているのは気温のことだけではない。

長いこと予期されていたコービンに対するクーデターの真っ最中である。アボットによると、議員また議員が次々と立ち上がり、党首を「可能な限り軽蔑的な言葉」で攻撃し、「一時停止するのは、外に待機するジャーナリストに、自分たちの悪罵をテキストメッセージで送るときだけ」だ。

「あなたは首相にふさわしくない」と、ほとんど無名に近いブリジット・フィリップソン議員がコービンに言う。

「胸に手を当てて考えるべきときだ。あなたはリーダーではない。党のために辞任しなければならない」とアイバン・ルイス議員が述べる。

「あなたは労働党の将来に対する重大な脅威だ」とジェイミー・リード議員が割り込む。

「あなたは党を団結させていない。ビジョンが無い。あなただけがこの行き詰まりを打開できる、辞任によってだ」とクリス・ブライヤント議員が宣告する。

「あなたは党だけでなく国全体を失望させている」と労働党唯一のスコットランド議員であるイアン・マリーが宣言する。自分のエディンバラ事務所のスタッフがコービン支持グループ「モメンタム」の複数のメンバーに「脅されている」と――証拠も示さずに――マリーが主張すると、他の議員が「くそったれどもが！」と叫ぶ。「犬どもを呼び戻しなさい」とマリーはコービンに言う。

何でも自分にかかわる話にするのが得意なジェス・フィリップス議員が追従し、党員を犬と決めつける。「私はソーシャルメディアで、シオニストのカネを受け取っているとか何とか非難されている」とフィリップスは言う。「あなたの手下です。犬どもを呼び戻すよう、今、頼まれたでしょう。それなのに、あなたは何もしない、辞めもしない」

それらの長広舌が一時間を超えて続く。コービンの政策について話す者は誰もいない。全てが人となりにフォーカスしている。「血祭り、最悪、今までに見たことがない」と一人の議員がコメントする。「残忍」と別の人が言う。「あれほどひどいものは見たことがなく」そのために「泣きたい」気持ちになると、コービン支持派ではない議員の一人。いつものように事件現場にいるマンデルソン上院議員は、「労働党の歴史の中でも」こんな集会は前代未聞だと評する。

フィナーレとして、マーガレット・ホッジ議員とアン・コッフィ議員が、翌日に投票を実施することになる党首不信任動議を提議する。「一年前にあなたに信任を与えた党員たちだけの問題ではないのです」とホッジは言う。確かに、議員について言えば、党員が重要視されることをまったく望んでいない。労働党に票を投じた何百万もの人たちに比べて党員の数はあまりにも小さいと、ホッジは党員への軽視をあからさまに言葉にする。労働党投票者の利害を理解できるのは議員のみだとでも言いたげだ。「ジェレミー、持ち合わせておいでだと思いますが、最低限の礼儀を示して辞任することを強く求めます」とホッジは言う。「その簡単な行為によって、労働党に最も重要な貢献をされることになります」。ホッジは熱のこもった拍手を受ける。

ついに集会が終わると、コービンは第一四委員会室の閉塞した空間をあとにして、ゴシック様式の国会議事堂の暗い廊下を通り抜け、真夏の宵の太陽の中に現れる。コービンはそこで、道を挟んだ反対側にある議事堂前広場に集まった群衆の、地鳴りのような轟きとコールを耳にする。一つの権力の中心、閉じた部屋の中で行われた二〇〇人程度の人による非公開の集会からもう一つの集まりに、空の下の数千人の集会にコービンは向かっている。

コービンが道を渡って広場に近づくと、磁石に引き寄せられる砂鉄のように人が集まって来る。群衆を分けて警官が人垣を作り、コービンを通らせる。行き先はおなじみのところだ。消防車に向かっている。二〇一五年八月にカムデンで演説したときに使ったのと同じ車輌で、臨時のステージにするために再び任務に呼ばれたのだ。

この「コービンを守れ」集会は、わずか二四時間前に通知されたものだった。影の内閣《シャドー・キャビネット》の閣僚が一人また一人と辞職した六月二六日の日曜日に、共謀行動が進行中であり、一夜明けた、この日の議会労働党集会で党首の地位が危うくなることが明らかになった。クーデターはテレビ・スタジオという反民主的な闘技場《アリーナ》で行われている。物語《ナラティブ》の方向性を変えるために、草の根からの力を行使するために、コービンへの支持を目に見える形で示すことが不可欠だった――それも素早く。そのイベントを呼びかけたとき、運動家のマーシャ・ジェイン・トンプソンは、最大でも二、三千人が来る程度だろうと予測した。しかし集合時刻の午後六時の時点で、もう倍の人出があり、その数は仕事帰りに到着する人でどんどん膨れ上がっている。今や広場はすし詰め状態だ。警察の見積りによると一万人がここにいる、とステージから発表があった。

群衆はもう、それを聞くためにここに来たメッセージをジョン・マクドネルから聞いている。「絶対的にはっきりさせましょう」とマクドネルは言った。「ジェレミー・コービンは辞任しません。彼は……」、その声は群衆によってかき消される。

デニス・スキナー〔労働党議員、一九三二年生まれ、一九七〇年初当選〕の話が聞こえてくる――スキナーはその場にいること自体に驚いている様子だ。「何しろ五分前まで知らなかった」と演説を始める。群衆に温かく迎え入れられ、見るからに驚いている。「今、この目で見ているのは、一九七四年に炭坑夫が勝利したとき以来最大の群衆だ」と宣言する〔一九七四年の炭坑労組ストライキで、四週間のストにより三五%の昇給を勝ち取った。スキナーは元炭坑労働者〕。「労働党党首としてのジェレミーを守る闘いを続け、勝利しよう！」

その宣言は自然発生的な「コー・ビン、コー・ビン、コー・ビン、コー・ビン」のコールを呼び起こす。コールが続くなか、群衆のほとんどが気づかないうちにコービンは消防車の後方に到着し、車輛の屋根までステップを上り始める。

「一〇月までに」とスキナーは続ける。「ドッジー・デイブは議会を去り、ジェレミーは戻っているだろう！」〔ずるいデイブ《ドッジー》とは、パラダイス文書漏洩時にキャメロン首相の亡父の関与が明らかになり、これを揶揄してスキナーがキャメロンに与えたあだ名。キャメロン首相はEU国民投票で自らが率いた残留側の敗北を受け、二〇一六年六月二三日に首相職の辞意を表明、七月一三日首相辞任。九月一二日には議員辞職し、スキナーの予言通り、一〇月になる前に議会を去っていた〕。まるでそれが合図のように、その男自身が姿を現す。議事堂前広場の轟音は耳を覆うばかりだ。スキナーは何が起こっているか知ろうと見回す。二人の男は握手をする。スキナーは話し続けているが、もう誰にも聞こえない。誰もが頭上に手を挙げて拍手している。涙ぐんでいる人もいる。本物の集団的感情が高まった瞬間だ。

傍目には、リーダーに対するカルト的な献身のように見えるかもしれない――そのように報道するメディアも確実にあるだろう。しかしそうではない。なるほど人々は、人間として恐ろしいものであったはずの、その状況でコービンが示した勇気に敬意を表したい。しかしそこにはもっと何かがある。政治的な力として自分たちが生き延びるためには、コービンの生き残りが不可欠なのだ。労働党の小さな部分に過ぎない議会労働党が、自らの意志を残りの大部分に押し付けようとするのをはねつけるとき、コービンは議事堂前広場にいる全ての人々が――そしてそこにいない人々も、ともに手を携えて――つい前年の夏に築き上げたプロジェクトを擁護しているのだ。（原注1）

予測されていたクーデター

危機の時には日常の政治の見せかけが剝ぎ取られ、その背後にある本当の権力構造が剝き出しになる。二〇一六年夏のクーデターの企てをよく見ると、ジェレミー・コービンの最初の党首選がどのような支柱の上に構築されたかと、どのような勢力が党首としての初日からコービンを圧迫し続けていたかを確かめることができる。

そのクーデターの特徴は、一言でいえば反民主的ということだった。それは、労働党の中の二つのパワーセンター――議会労働党と党の官僚機構――がメディアの後押しをたっぷり受けて、党員と登録サポーターがその九カ月前に為した民主的な選択を取り消す企てだった。クーデターの目的は、党員が自分たち自身で判断を下す機会を拒むために、コービンに辞任を強要するか、彼の名前を投票用紙に載せないようにすることで、コービンが党首選に再び立候補するのを阻むことだった。クーデターは、その後に続く党首選とはまったく別物だった。党首選になったのはクーデターが失敗したからにほかならない。しかし、現職に不利になるように選挙を歪ませようとあらゆる努力が払われたので、党首選には最初から汚点が付いていた。

挑戦は予想されていたものであり、コービン陣営に驚きはなかった。本書の執筆にあたり、二〇一六年四月に行ったインタビューで、ジョン・マクドネルはこれを予測していた。「クーデターの企てに関しては、欧州連合［EU］国民投票後に、連中はリスクを冒したくなるかもしれない。しかしもし連中がそうすれば、ジェレミーは投票用紙に載り、うちがもう一度勝つ」。コービンが投票用紙から排除される可能性について尋ねたところ、「法的にはできない」とマクドネルは答えた。「ルールははっきりしている。ジェレミーは投票用紙に載る。思うに、クーデターの企てや一揆のリスクを冒したい連中は、普通の労働党員がどんな反応をするか考える必要があるんじゃないか。なにしろジェレミーは、これまでの党首の中で最大の信任を投票で得たばかりなんだから(原注2)」

　クーデターを正当化する主要な理由の一つが、コービンは無能だとの想定だったので、敵の愚かさは皮肉だった。後にマクドネルが「とんでもねえ役立たず」な陰謀者たちとレッテルを貼ったが、これに異論をはさむのは難しい(原注3)。まず第一に、策謀は一つではなく二つだった。最初の一つは、EU国民投票の翌日に、マーガレット・ホッジによる党首不信任投票の提案――労働党党規に根拠のない方策――として飛び出した。これが勢いを加えている同じ頃、ヒラリー・ベンは、影の内閣の同僚閣僚たちの辞任を調整しようとせっせと電話をかけていたが、コービンがその計画を聞きつけ、六月二五日夜遅く、ベンに電話をかけて解任する。その先制的行動がベンの出鼻をくじき、影の閣僚の相次ぐ計画的な辞任は六月二六日と二七日に繰り越されたようだ――どれも生放送中に、一時間おきの毎正時に発表された。この計画は、できるだけ多くの政治的ダメージを与えるために、誰にでも見えるやり方で巧みに組織化されていたが、その一方で、コービンは、六月二七日夕の議会労働党の集会までに新しい影の内閣を任命できていた〔つまり、もはやクーデターは失敗していた〕。そのため議員たちはやけくそになり、不快ないじめをしてみせたのだ。この全てが、不信任動議が提議もされないうちに起きていて、それゆえに、その翌日に一七二名の議員が不信任を〔説明責任を回避するために無記名投票で〕支持しても、余計なジェスチャーに見えてしまった。

　国民投票によるEU離脱《ブレグジット》決定に引き続いてキャメロン首相が辞意、保守党は互いに攻撃し合っており、経済は不安定に見え、人種差別事件が増加中のタイミングでは、多くの人に、クーデターは無責任で、戦術的に弁護の余地がないように見えた。行動を起こした議員たちが選んだ口実――EU国民投票の結果――は、ほとんど詳細な検討に耐えるものではなかった。コービンがEU残留に熱心ではないとの噂のために一〇〇万人が離脱の選択へと動いた、とする見解には説得力がない。直後に得られた世論調査によると、労働党投票者の約三分の二が残留に投票しており、スコットランド国民党（SNP）の有権者に見られたのと同じ割合を示していた。(原注4) しかし、ニコラ・スタージョンSNP党首が断固とした残留にスコットランドを導いたと評価されているのに対し、コービンはEU離脱《ブレグジット》で非難された。選挙動向学者のジョン・カーティスによる分析は、「国民投票の結果のパターンには、残留側の敗北にコービン氏が個人的に責任を負うことを示唆するものはほとんどない」と結論づけた。政党に対する政治的忠誠よりも、居住地域や属性といった人口統計学的な要素が、個人の投票行動を決めた可能性が高かった。(原注5)

いずれにせよ労働党議員は、党首の努力が足りないと非難する立場にはなかった。ラフバラー大学の調査によって、コービンは、影の内閣の他閣僚全員を合わせたよりも多くメディアに出演したが――六月六日から二二日の間に一二三回――、その一方で、労働党の残留キャンペーン「レイバー・イン」を率いたアラン・ジョンソン議員（二四ページ参照）は、お粗末にも一九回のみだったことが明らかになった。(原注6)

現実には、国民投票の結果がどうであれクーデターが発動した可能性が高い。議会労働党の大部分はコービンの左翼政治を共有しなかったので、コービンが党首であることに強い不満をもっていた。コービンが党首に選出されて以来、敵対的なメディアへのコメントや中傷が続いていた。マクドネルは二〇一六年六月二九日の演説で、早ければ二〇一五年一二月のオールダム西&ロイトン選挙区の補選の後に一揆が起きると、執行部は予測していたと明らかにした。メディアの時事解説者たちは、この補選で、労働党がUKIP《ユーキップ》（UK独立党）（一八ページ参照）に票を取られて議席を失うと推測していた。しかし労働党は得票率を七ポイント増やして快勝した。策謀者は他日を期さなければならなかった。(原注7)

次の機会は、二〇一六年五月の統一地方選――地方自治体議会選挙、内政権委譲議会（スコットランド、ウェールズ、北アイルランド議会）選挙、市長選挙――の後と予想されていた。コービンの敵対者は労働党の惨敗を確信していたので、まだ一議席の結果も公表されていないうちからクーデターを開始すべく、ニール・コイル議員がＢＢＣの『ニューズナイト』（週日夜一〇時半放送の旗艦ニュース解説番組。選挙結果の第一報が番組内で明らかになる）に送り込まれた。それは世界一筋の通らない政治的介入となった。労働党は全国の得票率見積りで保守党を破り、地方議員の数ではエド・ミリバンドが得た最高水準に迫り、ウェールズ議会の主導権を維持し、ロンドン議会ではこれまでで最高の成果を記録し、大金星となるブリストルとロンドンを含む四つの市長選の全てに勝った。（原注8）

選挙結果には明暗が混在していた——スコットランドでは労働党の長期的な崩壊が継続し、三位に後退した。全体的な成績も、政権奪還に向かっている野党に期待される結果には及ばなかった。しかし、コービン批判派が確信していたメルトダウンは起きなかった。労働党党首が投票日直前に口を滑らせ、自分の党は地方議会の議席を失わないだろうと予測したとき、『デイリー・テレグラフ』紙のエイサ・ベネットは「ジェレミー・コービンは、あらゆる世論調査機関や専門家よりも自分のほうが賢明だと思い込んでいる」とあざ笑った。この件について言えば、コービンの予測は専門家よりかなり現実に近かった。労働党は一八議席を失ったが、選挙動向学者のコリン・ローリングスとマイケル・スラッシャーが予測した一五〇議席減でもなければ、ジョン・カーティスの予測である一七〇議席減でもなかったからだ。（原注9）

そんなわけで、ついにクーデターが開始されたとき、議員たちの二番目にお気に入りの口実である、コービンが選挙の疫病神なのは火を見るより明らかだ、は望んでいたほどの説得力を持たなかった。世論調査の平均値では保守党に少し遅れをとっていたものの、EU離脱投票《ブレグジット》後に実施され、影の閣僚の連続辞任が開始された六月二六日に公表されたSurvationの世論調査で、労働党は三二％の支持率を得て保守党と並んでいたからだ。（原注10）それがクーデターによって急落したのが誰にでもわかる以上、その後の世論調査における労働党支持率の低下をコービンのせいにすることは難しかった。

「チキン・クーデター」から再びの党首選へ

労働党の議員たちは、コービンを降参させ、辞任を強要できると決めてかかっていた。コービンがきっぱりはねつけるとうろたえた。代替案はなく、コービンに民主的な選挙への参加機会を与えないことを前提に、全体の計画が立案されていたからだ。そのあとに、責任逃れの茶番めいた見せ物が二週間近く続いた。六月の終わりまでに、議員たちの反乱は「チキン・クーデター」〔臆病者のクーデター。coup(クーデター)とchicken coop(鶏小屋)をかけたダジャレ〕とレッテルを貼られていた。一人の対立候補も進み出なかったからだ。

アンジェラ・イーグル議員は確かに立候補したがっていた――ただし、コービンの対立候補としてではなかった。そこで正式に挑戦者として事を起こす代わりに、彼女は〝泣く子も黙る〟最後通牒で脅しつけた。もし党首が辞めないなら……、もし辞めないなら……、もう一度辞任を促してみると。(原注11) イーグルがそんなこんなをやっているあいだ、労働党副党首のトム・ワトソンは労働組合との交渉に取りかかった。おそらくはコービンに対する労組支持の切り崩しを望んでのことで、党員を関与させずに党首を取り除くための、もう一つの切羽詰まった試みだった。その話し合いが不調に終わった七月九日、イーグルはすかさず、これまでにも何度か発表すると発表していた発表を月曜日に発表すると発表した。しかし日曜日に放送局を回ってのインタビューの出来映えは惨憺たるもので、イーグルの立候補話の中に少しでも期待感が残っていたとしても、それは目に見えて萎んだ。「当て馬候補をスタジオに連れ込むことはできても、演技させることはできない」とコービンの味方の一人がジャーナリストにコメントした。(原注12) イーグルの失敗は、同じ日の朝、BBCの『アンドリュー・マー・ショー』で今までで最も自信に満ちたパフォーマンスを見せたコービンと著しい対照を示した。コービンは、再び党首選が行われる見通しについて、この上なくリラックスしているようだった。

翌日、ついにキャンペーンが公式に立ち上がったとき、イーグルをさらなる災難が見舞った。わざとらしい熱狂的な拍手のなか、ぎこちなく演説し終えたイーグルは、保守党党首選の急展開〔このとき保守党では次期党首(すなわち次期首相)の選出が行われていた。テリーザ・メイと決選投票を争うと目されていた対立候補が撤退を表明したのが、イーグルの党首選立候補演説の最中だった〕を報道するために現場に急行してしまった報道陣にうち捨てられ、もはやそこにいないジャーナリストの名前を悲しげに呼び上げたのだった。

イーグルの立候補は空中分解してしまい、議会労働党は代替案を検討せざるをえなくなった。オーウェン・スミス議員の登板だ。この動きは新たな不条理――二人の「統一」候補による内輪もめ――をもたらした。スミスはたちまち勢力を増し、議員の支持を掻き集めた。七月一九日、とうとうイーグルはお払い箱になった。この顚末の全体が彼女にとって屈辱となった。

公式に党首選を開始してしまったので、議員たちは、コービンを辞任に追い込むという、そもそもの目標達成に失敗した。バトンが党の官僚機構《マシーン》に引き継がれると、まず党首を投票用紙から排除する方向に動き、それが成功しないとなるや党員の投票権を制限し、全地方支部の集会を停止した。これらの行動を取ったことで、労働党の官僚や職員は、自分たちがこれまでにコービンに対する抵抗の中心として果たしてきた役割を剝き出しにした。党首にダメージを与える彼らの手腕は周期的に確認されており、例えば、二〇一六年春にあった反ユダヤ主義騒ぎのときには、当事者の党員が調査対象であることを知らされる前に、申し立てられた事案の詳細が報道陣に漏れていた。(原注13) コービンの同盟者によれば、党の職員は党首事務局が非難されていた非効率性に対しても責任があり、例えばプレスリリースの公表が意図的に遅らされ、つまりは「朝刊の締め切りに間に合わなくなる」ようなことが発生していた。〔この後に続く〕コービンの二〇一六年党首選の運動関係者は『バズフィード』に以下のように語った。「労働党本部と各地域事務所で雇われている人々の八〇%はよく仕事をやっているが、トップ二〇%が、コービンのメッセージを伝える努力に対し、政治的に干渉している」(原注14)

党首の任に就くにあたり、コービンと同盟者たちは、党の権力構造《マシーン》改造には取り組まないと決めていた。「本当に誰ひとり真剣に党の構造改革に取り組んでいない」と二〇一六年一月にジョン・ランズマンは言い、それを「非常に心配して」(原注15) いた。二度目の党首選が発動するやいなや、その危険性が目に余るほど明白になった。党の官僚たちは全国執行委員会(NEC)の一部と手を携えて、知られているあらゆる手を使い、さらに奥の手もいくつか加え、党首の追放を確保しようとした。

二〇一六年六月一二日のNEC緊急会議は二四時間前の通知で一方的に呼び出され、コービン支持者の二人の労組代表は休暇で遠出していた(二人は会議に出席するために急いで戻った)——その会議で、コービンが党首選に出るために、議員と欧州議会議員から五一人の推薦を確保する必要があるかどうかを判断することになっていて(党首のポジションに空きがない時は挑戦に必要な推薦者数が増える)、一年前に三五人しか掻き集められなかったコービンがその人数の都合をつけられるとは予測しがたい芸当だった。報道によれば、これに先立つ数日間、党の官僚はコービンの事務局との話し合いを拒否したという。会議では、コービンが合否の投票に参加するのを妨げる試みがあった——これは退けたものの、コービンは議論そのものからは除外された。また、NECの各委員は党のさまざまなセクションの代表者であるにもかかわらず、無記名投票という前例のない手段が取り入れられた。無記名投票は、コービン支持者からの脅しを防ぐためとの理由が示されたが、本当の目的は、労働組合代表が、人目につかない形で、各労組内で合意した立場に反した投票ができるようにするためだと勘ぐられた。(原注16)

報道によると、労働党書記長のイアン・マクニコルは、コービンの自動的立候補を不可能にするために「自分の職を賭ける意志」があり、これによりNECの過半数を自分の側につけられると信じていた。(原注17)マクニコルは、党規に関して、コービンが議員推薦をあらためて確保する必要があると解釈する法的助言を得ることができた。これは後に高等裁判所で確認されたように、法的に間違っていただけでなく民主主義に対する公然の侮辱だった。しかし、それまでに相反する四組の法的助言が回覧されていたにもかかわらず、NECの会議で、マクニコルは初見の、これまでと異なる指針の執筆者のみを招いてプレゼンテーションを行ったので、一部の出席者から即座に抗議された。(原注18)

五時間に及ぶ討論のあと、NECは、一八票対一四票で現職は自動的に党首選に参加すべき、との結論に達した。コービン支持者の間には喜びと同じぐらい大きな安堵があった。ついにクーデター側が敗北したかのように見えた。しかしマシーンは代替プランを持っていた。コービンが勝ちにくくなるようにルールを設定できたのだ。コービン自身を含むコービン派の一部委員が会議を去った後、NECは六カ月の遡及的凍結期日を可決した——これは二〇一六年一月一二日以前に労働党に加入した党員だけが投票権を持つことを意味する。労働党は、クーデターの開始以来二週間で加入者一三万人という、英国政治史上最も急速な党員増の最中だった（原注19）。その大多数がコービンを守るために党員登録したと広く考えられていた。この新加入者を除外しない限り、党首への挑戦は無益に見えた。遡及的凍結日の決定により、正規党員の四分の一が投票権を奪われた（原注20）。

　NECは他に二つの重要な決定を行った。第一に、登録サポーターになる手数料が、二〇一五年の三ポンドから二五ポンドに引き上げられた。これはこのサポーター制度を名ばかりのものにする企てだった（原注21）。しかし、ふたを開けてみれば、人々の投票参加への意欲は引き上げられた登録料をものともせず、そのうえ党がサポーター登録期間をたった四八時間に制限したにもかかわらず、なんと一八万人もが登録した（原注22）。

　二つめに、NECは、党首選の期間中、全ての選挙区労働党および支部の集会を禁止するという異常な手段を取り、事実上、党の活動を停止した（原注23）。これは脅迫防止との理由で正当化されたが、いくつかの党地方支部がその選挙区の議員に対する不信任動議を通す過程にあったことは、偶然の一致ではないように見えた。党員の間に起きた強い反発に対する党の既得権益層《エスタブリッシュメント》の解決策は、単に党員が互いに話すのを止めさせることだったのだ。これに続く数週間のうちにマシーンはさらに踏み込んで、コービン支持の地方支部であるウォラシー支部およびブライトン&ホーブ支部を運営停止処分下に置いた（原注24）。

　すぐに「労働党粛清《レイバー・パージ》」第二弾が始まった。今回は、ソーシャルメディアで単に「スト破り(scab)」「ごくつぶし(scum)」「裏切り者(traitor)」という言葉を使っているだけで排除の根拠になった（原注25）。ある党員はフェイスブックへの「不適切な」投稿——「私はフー・ファイターズ〔米国のロックバンド〕がすごーく(fucking)好き」——により投票を拒否されたと報じられた(ソーシャルメディアのユーザーの一人が即座にニーメラー牧師をもじり警句をはく。「最初彼らはフー・ファイターズに向かって来た、しかし私は声を上げなかった——私はフー・ファイターズではなかったから」)。(原注26) クロイドンの党員たちは「ブレア派」という用語が侮辱にあたると言われた。(原注27)

　そのような見え透いた手続き上の策略を用いた結果、コービンの反対者は民主主義にほとんど価値を置かない往生際の悪い敗者との烙印を捺されることになった。そのふるまいは、労働党のブロガー、フィル・バートン＝カートリッジがブログに書いたように「舞台裏の策略」であり、彼のような長年の党員に、「他人への配慮に欠ける、利己的で、愚かで、反民主的な党風」への抗議として、「不承不承のコービン主義」を受け入れさせることになった。(原注28) あたかもクーデターが、党のマシーンを包む覆いを割り開き、誰でも内部の働きを見られるようにしたかのようだった。

　予想されたことではあったが、これらの権謀術数が行われている間、メディアは、以前は維持していた、なけなしの見かけ上の客観性さえも放棄した。メディアのバイアスについての苦情の申し立ては、コービン支持者の慣例になっていたが、このクーデターの頃には学術研究によって実証されていた。コービンの誹謗中傷という確立された編集方針を持つ新聞が、別の研究報告で「権力を監視する番犬というより闘犬」と指摘された役割を引き続き行ったことに驚きはなかった。しかし、より重要なことは、何百万人もが視聴するＢＢＣの夜の定時ニュースでのクーデターの報道もまた、コービンの敵対者側寄りに歪んでいると指摘する研究があったことだ。これがジャーナリズム上の必然性からではなく、編集上の選択であることを示すために、研究者たちは公共放送であるＢＢＣが出した情報と民放のＩＴＶのそれとを比較し、後者の方が、コービンに対する賛成・反対の声に「はるかに平等な注意」を払っていると指摘した。(原注29)

　主流メディアとの同盟関係は、議会労働党の力の行使に不可欠だった。自分たちが報道機関に持っていく事実上どんなストーリーでも、偏向していようが些細なものだろうが何でも喜んで増幅してもらえることが議員にはわかっていた。議員たちは特に、自分たちがコービンとその支持者にいじめられている、とのイメージをせっせと構築した。何人かの議員にとり、これは、子どもの頃の遊び場での記憶を伝えることと大した違いがないようだった。労働党の院内幹事（議員の腕を捻り上げるタフな人のために指定された仕事）であるコナー・マッギンは、自分がインタビューで述べた誹謗コメントのことで父親に電話するとコービンが脅したと非難した〔この件は議員自身のツイートがきっかけでニュースになったが党首事務局は否定、後に議員本人も出所不明の噂だったと認めた〕。(原注30) 前影の財務長官のシーマ・マルホートラは、コービンの事務局マネージャーが自分の事務室に無断で入ろうとしたと、下院議長に言いつけると述べた——影の閣僚辞任後に明け渡すべきだった部屋である。議長はコービンに罰則を課さないと決め、「書面には……これらの出来事が違反にあたる可能性があるとの申し立てを正当化することは……何も書かれていない」とマルホートラに告げた。(原注31)

ジャーナリストは政治の冷静な観察者であって、そのドラマに出演している俳優ではない、との虚構は、極度の緊張の高まりのなか、維持しにくくなった。六月二七日、クーデターの熱狂が絶頂に達した日、『ニュー・ステーツマン』誌の政治記者ジョージ・イートンが、国民投票で「コービンが離脱に投票したのはほぼ確実だ」との有害な主張を報じた。その暴露は又聞きのゴシップであることが判明した。イートンはクリス・ブライヤント議員からそれを聞き、ブライヤントはコービンから聞いたと称する市民の一人から聞いたと主張し、その市民は、南ロンドンのタパス・レストランである晩コービンと会ったと吹聴していた。(原注32) 六月二六日に左派ジャーナリストのレイチェル・シャビがスカイニュース出演中に、コービンは辞任すべきとのメディアの合意的見解に従うことを拒否すると、憤慨した聞き手のアナ・ボティングは「全体主義だ」と——つまり、選挙された党首が、民主主義を覆すことを目的としたクーデターに抵抗するのは「全体主義だ」と——宣言した。そしてその全てのさらに上を行くものとして、『フィナンシャル・タイムズ』紙政治コラムニストのジャナン・ガネシュの八月二三日付ツイートがあった。「誰にでもコービンとその運動を分析することができる(私はやった)。で、全ての物事の本質は、要するに奴らは単なるうすのろだ(原注33)」

党員と組合の揺るがぬ支持

議会労働党、党の統治機構《マシーン》、そしてメディアが手を結んだ〝トロイカ体制〟は、強大に見えたが、ジェレミー・コービンはクーデターを持ちこたえることができた。コービンが、党員、組合、そして運動の中に持っていた力の源泉の方が、相手よりも強大だったからだ。議会と報道を通して昇進し、党首選に勝った従来の政治家であれば生き残れなかっただろう。しかし、コービンの勝利はこれらの慣例にもかかわらず達成された。コービンはウェストミンスターのルールに従わなかった。

クーデターの核にあったのは、いま労働党のどこに力があるかだった。議会労働党か、それとも党員か。そして、党の組織構成から見て決着をつける可能性をもつ労働組合はどちらの側に立っているか。コービンが生き残ったことでこれが明確になった。パワーはいま党員の側にあった。コービンがクーデターに対抗することができたのはただ党員から得た正統性のゆえだった――そのためコービンは、自分は大幅に増大した党から一人一票制のもとで巨大な信任を受けたと、たびたび念押ししたのだった。

西欧化された現代社会では、個人に託された一人一票の民主制は、いかなる代替法よりも大きな正統性を持つ。集団による取り決め、たとえば伝統的に労働運動を特徴付けるようなものは劣っていて、うさんくさく、不正とさえ見なされる。議員や時事解説者は、個人に託された民主主義の理想を追求する姿勢を毎度のように表明する。ところが、この基準において、コービンの信任は鉄壁だった。結果的に、民主主義を標榜する当の議員と時事解説者が、自ら信じると公言した民主主義原則を貫くコービンに対して怒りを噴出させる奇妙な光景が生じた。辞任を拒むことでコービンがどのように間違ったかを、彼らは理路整然と説明できなかった。彼らができるコービンへの非難は、所属議員が党首に忠実な野党がないことは国にとって有害だとの、組織構成上の不適当性の議論だけだった(原注34)。

この混乱の背景には、労働党の二つの相反する概念が横たわっている。元党首のニール・キノックが二〇一六年七月四日に議会労働党集会の演説で解釈したように、党は議会で労働運動を代表するために設立されたと、労働党のエスタブリッシュメントが述べた点は正しかった。したがって、とその議論は進む、何よりもまず議会労働党が上にあり、党首は議員の信任を得なければならないと。「これは私たちの党だ！」とキノックは大声を上げた〔原注35〕。しかし、労働党が初めて創設されたとき、個人の党員はいなかった。その後に続く現在までの一一六年間に、党は、民主的な党員組織へと、徐々に、紆余曲折を経ながら変化していた。クーデターのわずか二年前、全ての党員および有資格サポーターは党首を選ぶ際に平等な発言権を有すると――議会労働党の完璧な支持を受けて――圧倒的多数で決まったとき、この行程に沿って最新の一歩を踏み出していたのだ〔原注36〕。

二〇一〇年に、労働組合員によってエド・ミリバンドが勝利を手にしたときに、分割選挙人団制〔五六ページ補注参照〕の問題点への解決策として促進された規定変更が、議会労働党と党員の間に、はるかに大きな溝が生じるのを助長したのは皮肉なことだった。しかし、これは新しい規定のせいだけではなかった。二〇〇八年の金融危機の余波の中で、党員は新しい政治状況に適応していたのだ。ミリバンドの下での左傾化は、その後、二〇一五年の党首選中および選挙後の新党員の流入によって大きく強調された――この間に党は、党員数二〇万から四〇万へと規模が倍増した（クーデター中に、五〇万人以上へと急増した）〔原注37〕。

柔軟かつ敏感な正規党員とは対照的に、議会労働党は、主としてニューレイバー時代の遺物であった。国会議員候補の選定における長年の不正の結果、より広範な党の価値観とつながりを持たない議会労働党になっていたのだ。急速に変化する時代に応じて素早く組成を変えるメカニズムはなかった。これは組織構成上の難点だった。ほとんどの選挙区が安全区になる単純小選挙区制下では、所属する政党が、例えば候補再選定を義務化するなどして議員を解職するプロセスを実施していない限り、多くの議員が、事実上、議員を一生の仕事にできる。これが変化に対する遅れ《ラグ》を生む。

議会労働党は常に過ぎた時代の産物である。これは左右両派にあてはまる――コービン自身が議会に存在するのも、一九八〇年代初期の選挙区労働党における左派の強さの遺産だった。しかし党首としてのコービンが相対したのは、歴代の労働党党首が相対したものより、はるかに政治的多様性の小さい議員集団であり、また、間違いなく、党全体を代表しているとは言い難い集団だった。

議員たちは投票者からの個人的な委任を強調することで、選挙された党首に対する自分たちの反抗を正当化した。議員には、党員に対してよりも高次の使命があり、それは選挙区民に対してのものだ、というのだ。しかし、これは政党政治というシステムの現実を無視していた。(原注38) ほとんどの有権者は投票所に行くとき、投票用紙に、候補者個人ではなく自分の好ましく思う党の名前を探している。また、候補者の当選可能性は、しばしば所属する党のキャンペーンでの骨折りとリソースにかかっている。

党員がコービンを選んだのは、部分的には、党員に力を与えるという約束のためでもあった。(原注39) 議会労働党はクーデターで、あからさまにその約束を無効にしようとした。労働党のエスタブリッシュメントが、何が何でもコービンを倒そうとしたのを見れば、もし左派がここで党首《リーダーシップ》を失った場合、「三〇年間、箱の中に入れられるか、あるいは党を追われることになる」という元影の閣僚の一人の言葉が現実味を帯びた。(原注40) トム・ワトソンによる二〇一六年八月の選挙人団制復活の提議は、議会労働党の最優先事項が一般党員の力を弱めることである明白な兆候だった。(原注41)

クーデターの間、コービンが享受した支援の制度的な基盤は(その後の党首選では少しばらばらになったが)労働組合の書記長たちだった。労働組合にとって、クーデターは、労働党の中で自分たちの位置を回復し、党をブレア主義から遠ざける、一〇年ごしの党改革プロジェクトを危険にさらすものだった。(原注42) 組合が続けざまに二人の、多くの議員が望んでいなかった党首の後ろ盾となったので、コービンが非民主的に打ち倒されると、勝ち誇った議会労働党が労組を骨抜きにしようとした可能性が高い。それと同時に、コービンが追われた場合、ユナイトをはじめ複数の組合の中で、労働党との提携を解消しようとする大きな圧力が作られただろう。

コービンにとって労働組合の支援は生命線だった。労働組合の存在は、コービンの無能さは、モメンタムという「烏合の衆」を除けば誰にとっても自明だとの労働組合は、労働党の中心勢力として広く認識されていた。労組が――EU国民投票の翌日に一二労組の共同声明で――「労働党にとって最も必要ないものは、党首をめぐるでっちあげられた争いである……我々は、全ての労働党議員に、そのような道楽に関与しないよう呼びかける」と主張するとき、その見解を世迷い言として無視することは困難だった。(原注43) 意義深いことに、その声明の共同署名者には、英国第三の組合GMB(NHS職員、地方自治体職員、流通産業、防衛産業等を含む総合労組。核兵器およびフラッキングについて、それに反対するコービンと対立している)をはじめ、前年の党首選でコービンを推薦しなかった五組合が含まれていた。

とにかく自分たちの計画した行動を進めようとした議員たちはどうやら、危機を作り出せば労組は再考を余儀なくされると踏んでいたようだ。ところがそうはいかなかった。労組は六月二九日に再び党首支持を表明し、議員に「党首の権威を尊重するよう」促した。(原注44) その一方、ユナイト書記長のレン・マクラスキーは、電波媒体と新聞に曖昧さのカケラもないメッセージをたっぷり送り込み、コービンを投票用紙から外そうとするどんな試みも「労働党の分裂につながる」と警告し、「党そのものだけでなく国益も裏切っている」として陰謀者をさらし者にした。(原注45)

組合の表立った支持よりもさらに重要性が高かったのは、舞台裏での揺るぎない姿勢だった。組合がコービンの辞任問題について意見を変えることを拒否したので、ワトソンは自分で始めた労組との交渉――この動きをマクラスキーは「破壊活動」と表現した――を、自ら一方的に打ち切らざるを得なかった。(原注46) 組合がそれほどまでに支配力をもっていた究極の理由は、七月一二日のNEC緊急会議で行われたコービンを投票用紙に載せるか否かの投票で、一二人の労組代表者が結果を左右したことで明らかになった。無記名投票の夜陰に乗じて、いくつかの組合代表が立場を変えるだろうとの仮説をもとに全ての手が差されていたからだ。もう習い性となりつつあるが、労働党エリートは計算違いを犯していた。(原注47)

「コービンを守れ」とモメンタム

二〇一五年の党首選でコービンを、あの目を見張るような勝利へと押し上げたのは、コービンの立候補を中心に形成された政治運動だった。しかしコービンの上昇スピードはあまりに早く、どのような安定した基盤を作るにも時間が足りなかった。基礎が築かれる前に超高層ビルが建ち上がってしまったので、吹き付ける風に対して脆弱なままだった。

こう考えれば、議会労働党が、なぜコービンを引っくり返すのは容易《たやす》いと予想したか説明がつく。しかし、そもそもコービンがどのようにして党首になったか議員は十分に理解しておらず、その結果としてクーデターの企ては惨めな失敗に終わり、理解不足の実証にもなった。運動が逆境のなかで成長したのは前年の夏の間にも示されたとおりで、労働党議員の行動は、時により、運動を活性化すべく設計されているようにも見えた。

コービン運動は労働党員と重なっていたが、一方で、それとは別のものだった。(原注48)はっきりと識別できるその特質は、物事の流れを変えるために集団の力を素早く使えることだった。コービンの立場は、この前代未聞の早さで急成長した支援に現れている活力と政治的圧力《ピープル・パワー》に大きく依存していた。

危機が到来したとたん、例えば二〇一六年六月二七日の議事堂前広場の一件のように、何千人もの人々が「コービンを守れ」集会に集まって来た。これらの出来事は、クーデターを、閉鎖的な政界・メディア界の一群によって企てられたパフォーマンスから、普通の人々が即興で台本を書くことが可能な実写の体験に変えた。一揆が溶解して党首選が始まると、運動それ自体が国中のあちらこちらで、コービンの選挙集会として目に見えるものになった。それは前の年の夏に見られたものよりはるかに大きかった。リバプールのセント・ジョージ・ホールの外には雨の中、七〇〇〇人が集合した。ハルでは三〇〇〇人が集まり、市にとって過去数十年来で最大の政治集会になった。リーズには三〇〇〇人、シェフィールドには二五〇〇人、ロンドンのキルバーンには四〇〇〇人が繰り出した。(原注49) これは偽造できない本物の現象だった。ちょうど、オーウェン・スミスがリバプールの野外政治集会で無料のアイスクリームをふるまったにもかかわらず、ほんの少ししか人を集められなかったときに露わになったように。(原注50)

　運動はまたオンラインでも活性化した。突発的に物事が動くクーデター型の状況下で迅速に支援を動員するツールとして、ソーシャルメディアを超えるものはなかった。その可能性はEU国民投票の翌日に実証された。マーガレット・ホッジが発表した不信任動議の計画に対応して、「EU離脱《ブレグジット》後のジェレミー・コービン信任投票」が、六月二四日の午後、三八度《ディグリーズ》（四一ページ参照）キャンペーンのウェブサイトで開始されたのだ。(原注51) 署名開始から二時間以内に四万五〇〇〇人が署名した。夜九時までに合計一〇万筆以上に増加していた。(原注52) 翌日の演説でコービンは、自分への支持の証拠として、メディアも認めざるを得ない一五万筆の署名を指し示すことで、自身のリーダーシップについての疑問に答えることができた。(原注53) 七月一日までに二五万人以上が署名し、これは二〇一五年の党首選でのコービンの得票数を超えていた。(原注54)

　ソーシャルメディアの出現は、クーデターの推移にもさらなる影響を与えた。議会労働党や党のマシーンの古臭い裏工作を白日の下にさらし、対抗するためのプラットフォームとして、である。すべての紆余曲折がライブでツイートされていたのでは、不正な行為を見とがめられずにやり遂げることはより困難だった。以前なら士気を下げていたかもしれない既成事実の積み重ねが、動員のための拍車に変わる。その最もよい例が、最終的には失敗に終わったが、クラウドファンドで資金を調達した五人の新党員が、党首選で投票できないことを意味する六カ月の凍結日に異議を申し立てる訴訟だった。この訴訟が控訴審で逆転敗訴した後、労働党はその法廷費用の支払いを五人に請求したが、この請求額三万ポンドはオンラインで一晩のうちに調達された。(原注55)

　運動は自発的なものだが、しかし、コービンが党首の任に就いた当初から、それに組織的な核を与える意識的な試みがあった。二〇一五年の党首選キャンペーンの「後継」として創設されたコービン支援グループ「モメンタム」である。[原注56] 勝つとは思っていなかったので、ジョン・ランズマンは始めから党首選を新しい左派のハブを構築する手段として見ていた。そのため、この党首選キャンペーンは法律に則って組織化されており、一二万人分の強力な連絡先リストをはじめ、全データとリソースを新しい組織が確保することが可能だった。

　創設以来、モメンタムは二重の役割を担っていた。一部の人は、ブレア派圧力団体「プログレス」の左翼バージョンとなり、党首の立場を強化するための労働党内派閥になることを望んでいた。エド・ミリバンドは「自分自身の支持ネットワークを何ひとつ構築しない」という「とんでもない間違い」を犯し、もしコービンがそれを繰り返せば命運が尽きるだろうとランズマンは考えた。[原注57]

　その一方で、モメンタムは、他の運動やキャンペーングループとの同盟を構築し、地域社会に根を下ろす存在として確立した外向きの社会運動によく似たものになることを望んでもいた。労働党は「既得権への異議申し立てを独占しているわけではないことを理解しなければならない」と、コービンの勝利後わずか一カ月の二〇一五年一〇月八日、組織の立ち上げの告知にクライブ・ルイス議員は書いた。[原注58] ルイスにとって、モメンタムは以下の問いに答える挑戦だった。「どのようにして大衆社会運動になるか。どのようにしてこれら全ての人々、Avaaz、三八度、環境活動家、反租税回避活動家など、シングルイシューに特化し、キャンペーンごとに断片化されていたさまざまなグループの全てを結集し始めるか」

　モメンタムの二つの役割はすぐに、互いに緊張を帯びた。「今すぐ必要だと思ったジェレミーとジョン〔・マクドネル〕にせっつかれた」とランズマンが言うように、慌ただしく発足したために管理運営のための適切な構造なしに立ち上がった。自律的なモメンタム・グループが、本物の社会運動スタイルで国のあちらこちらに自然発生的に突然出現した。しかし、ほとんどの新生運動と異なり、関与した活動家たちはただちにのるかそるかのシリアスな政治の沸騰水に投げ込まれた。些細な不心得や政治的な失策のどれもが報道陣に押収され、コービンが非難された。モメンタムは潜入《エントリズム》〔二二一ページ参照〕のための導管として、また、議員の自動的立候補の阻止を唯一の目的とする組織としてただちにレッテルを貼られたが、いずれも正確ではなかった。(原注59)

モメンタムの中央組織が形をとり、突然発生した自発的なネットワークに対してオーソリティを主張するまでしばらく時間がかかった。その過程で、当初の熱気を帯びた雰囲気の一部が失われた。政治の焦点が中央政界《ウェストミンスター》での日々の単調な仕事になったとき、前進し続ける感覚を維持しにくくなった。

その全てがクーデターで変わった。モメンタムは支持者を動員し、「コービンを守れ」集会の手配を助け、報道戦略を増強することでその潜在力を発揮した。ひとたび党首選が始まると、各自が自分の投票資格をチェックする手助けとなるデジタルツールを用意し、二五ポンド登録サポーターとなる人を何万人も集め、二〇一六年版コービン選挙運動の中心を成す部分のほとんどを提供した。

再びの勝利

ジェレミー・コービンが投票用紙に載ったからには、党首選の結果に疑いの余地はなかった。誰が挑戦してもコービンが勝つと世論調査は示唆していたが、最終的な対戦相手となったオーウェン・スミスの、なんとしても期待を下回ろうとする断固たる決意にも助けられた。コービンの優勢は選挙区労働党の推薦指名――コービンは二八五を勝ち取り、スミスは五三だった――でますます明らかになった。興味深いことに、コービンへの支持は、二〇一五年にはロンドンで最も強かったのに対し――そのせいでコスモポリタンな自由主義者《リベラル》に労働党が乗っ取られたと対立候補たちは主張できた――今回はイングランド北部で最も好調で、逆にスミスの強みは首都とスコットランドに偏っていた。(原注60)

コービンの党内での訴求力が衰えていなかったのを見れば、議会労働党が、なぜスミスを「統一」候補に選んだかの説明がつく。表向き「穏健左派《ソフト・レフト》」を標榜するスミスの当初の戦略は、自分はまさにコービンと同じだが、自分の方が如才ないのだと売り込むことだった。しかし、このために真剣な政策議論が不在となり、スミスにできることは、党首とその支持者への、ますます醜悪さを増す攻撃のほかには何もないことになった。この戦法は、もしスミスに、一連のほとんど信じがたい失言がなければ、もう少しマシに機能したかもしれない。スミスの失言には、スコットランド第一書記のニコラ・スタージョンは大きな飴《ゴブストッパー》〔何層も違う味のキャンディを重ねた丸く硬く大きなキャンディ。性的な隠語の意味もある〕を口に詰め込んで黙るべきだとの提案や（「おふざけだ」と彼は弁解した）、スミスを、コービンより左側に位置する数少ない主流政治家の一人にした回答「もちろんＩＳ〔イスラム国〕とも交渉します」などがある。コービンの支持者は不思議に思った。もしスミスが議会労働党が提供する最良の手持ちの候補者なら、なぜ議員たちは無能との理由で何カ月も党首を批判し続けたのだろうか。

　コービンが悩まされた唯一の攻撃はスミスからではなく、奇妙なことに、複合企業ヴァージン・グループ会長のリチャード・ブランソンから来た〔アントレプレナーとしてニューレイバー時代の労働党とは強い結びつきがあったが、公共部門のテコ入れを主要政策とするコービン労働党とは、ヴァージン・トレインの運営やヴァージンケアなど公共部門への参入をめぐって、どちらかと言えば敵対関係にある〕。ブランソンは、コービンが満員のヴァージン・トレインの床に座っているビデオはお芝居だと労働党党首を非難したのだが、それは嘘だった。[原注61] おなじみのパターンではあるが、世論調査によると、「トレインゲート」スキャンダルは、支持者たちの間でコービンの人気を高めただけだった[原注62]〔コービン一行がヴァージン・トレインで移動中、満員のためコービンがデッキの床に座っている映像を同行していたビデオジャーナリストが公開した。列車の混雑は広く知られた問題の一つで、コービンの主要政策の一つが鉄道の再公有化でもあったためにブランソンがすぐに反発、空席の有無をめぐって討論になった。ヴァージン・トレインのこの長距離路線は、二〇一八年春、国の管理下に戻った。株主配当を十分に確保できないのが経営権返上の理由〕。

　一方、コービン陣営は、前年に概略を作った政策アジェンダを静かに練り上げた。コービンの綱領は大まかに言って同じだったが、より一貫性があり、政策の全ての分野を網羅した「一〇の誓約」にきちんと整理されていた。(原注63)

党首選の一部始終は、二〇一六年八月一七日にBBCの番組『ヴィクトリア・ダービシャー』で行われた二候補者テレビ討論の最後の瞬間に要約された。どういうわけかコービンの責任であると考えられていた党内のいじめの告発に主な焦点をあてた二時間のダラダラした議論のあとで、司会のダービシャーは、参加していた聴衆のうちの投票先未定だった人たちに、コービンまたはスミスの支持者が座っている場所に歩いて移動することで投票してくれと頼んだ。大多数がコービン支持集団に加わり、盛大な歓声と拍手が起きた。(原注64)

スミスは、やることなすこと功を奏さないまま、コービンのキャンペーン責任者である党首選の最後にやったサム・タリーが「焦土作戦」と表現したものを党首選の最後にやった。「過去六週間にわたって［スミスのキャンペーンは］本質的に勝つことをあきらめ、ただ党を全焼させようと心に決めていた」とタリーは言った。「『さあ、党を粉々に砕こう。うまくいけばジェレミー・コービンだけを取り除けますよ』と。それは許されないと思う」(原注65)。スミスはモメンタムを寄生虫にたとえ、こう言った。「私たちの運動を宿主として使い、占領して、食い尽くそうとする。そしてしまいに何の役にも立たなくなると、抜け殻のように投げ捨てる」(原注66)。アンディ・バーナム、イヴェット・クーパー、リズ・ケンドールのいずれも、このようなやり方で党の一部分を侮辱したことはなかった。

党首選の唯一の不確定要素は、スミスに投票するためにサポーター登録した非党員の数だった。突然出て来た不透明な反コービン・グループの「セービング・レイバー」が、七万人の登録サポーターと五万人の労働組合員をリクルートしたので、選挙は「勝敗を宣するには接戦過ぎる状態」になったと主張した。(原注67) 大真面目で報じられていたが、これらの数字はまったくの作り事だったと判明した――スミスは、登録サポーターから合計三万七〇〇〇票、労働組合員から四万票を得られただけだった。

党首選の結果は九月二四日に、リバプールで行われた労働党の年次党大会で発表された。コービンは再び勝っただけでなく、自分への委任を前年の五九・五％から六二％に拡大し、三一万三〇〇〇票を集めた。正規党員の間での得票率は一〇ポイント増加して五九％になった。面白いことに、コービン陣営はこの結果に「ある種の失望」を覚えた。タリーによれば、六五％を超えることを望んでいたからだ。(原注68) 非常に多くの党員の投票権が否定されていたので、この結果が、コービンへの本当の支持より少なめになっていたのは間違いなかった。

クーデターと党首選の結果、皮肉なことに党首の権威が強化された。この過程で、国内政策の議論においては、コービンとその支持者がまさに断固たる勝利を収めていたことが明らかになった。対立候補たちは、コービンの反緊縮アジェンダに異議を申し立てようとさえしなかった。アンジェラ・イーグルは、その短い出撃中に、党首との間に全く政策的な断絶を開けないよう労を惜しまなかった。スミスの政策は、わかりきっていたことだが、コービンの政策の希釈版だった――ただ、それに加えてEUについて二回目の国民投票を行うと約束し、同時に、国の一部では移民が多すぎるとも述べていた。スミスは公共投資のための借入金二〇〇〇億ポンドを約束しさえした。二〇一五年党首選の候補者の誰かが――コービンを除けば――そうした構想を主張するなどとは想像もできなかったのだから、政治的地形がいかに劇的に形を変えていたかの証左だった。党首選の初期段階にスミスが二〇の政策リストを発表したとき、コービンのキャンペーンは皮肉で応じた。「オーウェンが、結果の平等、空洞化した産業地域の再興、労働者の権利に注目し――ジェレミー・コービンとジョン・マクドネルが、ここ数カ月間に発表した政策の数々を支持してくださることを歓迎します……オーウェンは今日の演説で、ジェレミー・コービンが経済的正義と公正を労働党政治の中心に戻すことにより、リーダーシップを発揮したことを示してくれました(原注69)」

第一五章　解散総選挙

二〇一七年四月一八日～六月七日

「この選挙キャンペーンは、まるで二つの相反する物語のようです。一つは、ひどく冷笑的な多くの全国メディアによる一連の予測です。そしてもう一方には、驚くべき一体感がある。この選挙では、あらかじめ決まっていることは何一つありません」

――ジェレミー・コービン

うまくいかないわけがないだろう？　六七歳の政治家が、ザ・リバティーンズのコンサートのステージに登壇して……二万人の若者たちの前に立つ……タフな北イングランドの町の土曜の夜は……総選挙の真っ最中なのだから。

二〇一七年五月二〇日、テリーザ・メイ首相が解散総選挙を決定し、政界に衝撃を与えた日から一カ月ちょっとが過ぎている。投票日まであと一九日間。ジェレミー・コービンはウィラルにいる。ウェスト・カービーの海岸であった数千人の労働党支持者の集会で演説したところだ。ここから程近いプレントン・パーク・スタジアムでは、ここはバーケンヘッド・トレンメア・ローヴァーズ・フットボールクラブのホームグラウンドでもあるのだが、ミュージック・フェスティバルが進行中だ。ソーシャルメディアでは、コービンが今夜のスターたちとともに現れるとの噂が飛び交っている。「もしコービンがリバティーンズといっしょに登場したら、こりゃあ今までで最高のコンサートになるぞ」と観客の一人がツイートする。「コービンがリバティーンズといっしょに出て来たら、保守党《トーリー》に投票するぞ。冗談じゃないよ」と別の誰かが投稿する。

実のところ、コービンが出るかどうかまだ決まっていない。労働党の選挙運動に取り組む若い顧問団によってコービンのために考案されたその計画では、ザ・リバティーンズではなく前座のバンドの一つとともに現れることになっている。しかし企画は各方面からの反対に遭っている。野党党首の警備を担当する特別班の警官たちは保安上のリスクについて納得していない。その計画を知ったとき、警官たちはコービンの首席補佐官であるキャリー・マーフィーに「そんなことはできっこない」と言った。

「問題ないです」とマーフィーは言った。

「つまり、やらないってことですか」

「絶対にやりますとも」と彼女は答えた。「リバプールで民間の警備会社を手配するつもりです」

労働党の報道担当班には別の懸念がある――ザ・リバティーンズのリードシンガーであるピート・ドーハティのことだ。ドーハティと彼のバンドはとても協力的だ。しかし、芳しくない新聞の見出しについて心配するために雇われているこの人々は、ドーハティが芳しくない見出しになることを憂慮している。ドーハティのこれまでの評判からすると、何か予測もつかないことをしでかしかねないからだ。この心配は、シンガーがコンサートに遅れて来るとわかって静まった。

ほかにもコービンが受けるであろう反応の問題がある。もし聴衆がブーイングしたら？　ここはバーケンヘッドであって、グラストンベリー〔大規模野外ロック・フェスティバルが開かれる〕じゃない。聴衆のほとんどは労働者階級の北部人で、コンサートのために金を払ってプレントン・パークに来ているのだ。選挙集会のためにではない。もし聴衆がブーイングしたら？　もしビール瓶を投げて来たら？

通常は、これらのリスクのどれか一つでも、政治家をそこから遠ざけておくには十分だ。しかし、労働党執行部は異なるやり方で物事を進めている。世論調査を信じるならば、労働党は保守党に最大二五ポイントも差をつけられた状態で選挙運動を開始した。慎重になる理由は何もなかった。労働党執行部はあらゆる政治的なルールを破ってきた。若者や無投票者、疎外されたグループを動員するという選挙戦略の概要を立案したとき、全ての専門家や評論家、さらに労働党の高官たちさえも大笑いした。それにもかかわらず、保守党との差は半分に縮まっている。労働党は上昇中だ。

コービンはコンサートに出るつもりだ。

「特別な人がきみたちに話をするためにここに来ているんだ」とレヴェランド・アンド・ザ・メイカーズのシンガー、ジョン・マクルーアがバンドの演奏をやめて言う。「みなさん、ジェレミー・コービンさんです」

その瞬間に観衆がどっと沸く。これはよい兆候だ。女の子の黄色い声さえ聴こえる。予想外だ。

「いいかい」と、三〇秒の喝采を待ってコービンが言う。「この同じ場所で、フットボールもやるしコンサートもやる」。聴衆が喝采を止めないので、コービンは自分の話を聞いてもらうために短く区切って話している。その場にふさわしいようにメッセージは簡略化されている。「私はフットボールが大好きだ！ スポーツが大好きなんだ！ みんなにやってもらいたい！ プレミアシップのすごく裕福なフットボールクラブは放映料の五％を払ってくれ、そうすればみんなのための草の根フットボールクラブがやれるんだ！」

群衆はこれが気に入っている。頭上に挙げられた無数の手が拍手するのをコービンは見渡している。うまくいっている。

「若い人たちに音楽もやってもらいたいんだ」とコービンは続ける。

ステージから離れた右手の群衆の間で唱和《チャント》が始まっている。最初はほんの数人が歌い始め、やがて山火事のように広がって行く。まもなくステージからも聴こえるようになる。

コービンは話し続けている。「子どもたち全員が……」と騒音に抗しながら繰り返し、チャントの元をちらっと見る。「子どもは誰でも想像力を持っている、希望を持っている。そして……」

スピーチがつかえる。チャントの声はさらに大きくなっている。今では前方の群衆全体がチャントに参加している。

「……だから、私がやりたいことは」とコービンは粘り強く話し続ける。「全部の学校に……全部の学校に……予算をつけて、全部の子どもが……楽器を学べる……学べるようにすることだ」

群衆はコービンの言うことなど聞いてはいない。チャントが彼の声をかき消している。コービンは話すのを止める。ステージからは、みんなが何を唱和しているか知るのは難しい。もしかしたら、自分に対して帰れと言っているのかもしれないと考えている。もしそうなら大失敗だ。「チャントしている人たちをよくよく見たら」と、後にコービンが回想する。「笑っているのがわかった。だからちょっと間を置いてみた。そして、何をチャントしているのか気がついた」

そのメロディはおなじみのものだ。ザ・ホワイト・ストライプスのヒット曲『セブン・ネイション・アーミー』の一節で、世界中のフットボール・スタジアムでファンたちに歌われている。しかし、いまだかつてこの歌詞で歌われたことはない。

「オオオオ！　ジェ、レ、ミー、コー、ビン」

聴衆が自分の名前を唱和しているとわかったとき、コービンは「たいへん心を動かされた」。チャントがスタジアムを満たすまで、二〇秒間、コービンは何も言わない。チャントはますます大きくなり、チャントにあわせて手拍子でリズムを取る者も出てくる。一部の群衆は歌に合わせてジャンプしている。肩車されて、歌い上げながら天に腕を突き上げる者もいる。何か魔法のようなことが起きている。アリーナの左端から右端まで、最前部から最後尾のバー・カウンターまで、プレントン・パークの群衆が、自分たちに話すためにここに来た政治家に、音楽で敬意を表している。

ステージの袖では、コービンに付き添って来たスタッフが笑い続けている。「こりゃすごい」と考えている。これはコービンの政治集会ではない。抗議集会ですらない。二万人の、その多くは若い音楽ファンだ。どういうわけか、労働党には、大きな野外コンサートのステージに予告無しで現れて、ビールを投げつけられる代わりに名前をチャントされるリーダーがいることがわかったのだ。

「みんな、ありがとう」、ついにコービンが言葉を挟んだ。五分間のスピーチの残りの部分をなんとか前に進めようと試みる。「私はザ・コーラルを怒らせてしまうだろう。スピーチを終えられなければ、ステージに出て来るのが遅れてしまうからね」。しかしチャントはずっと続き、コービンがスピーチを終える時には再びボリュームが上がる。「私に話す時間をくれてありがとう。でも忘れないでほしい。この選挙はきみたちのものだ！」

コービンがステージを去る頃には、群衆の反応を記録した動画が、すでにソーシャルメディアに火をつけている。これは、自然に沸き上がった、常識を覆す瞬間の一つだ。若者が政治思想を受け入れられないという考えは間違っている。コービンがみんなにバカにされているという考えは間違っている。労働党は壊滅的な敗北に向かっているという考えは――突如それほど確かなものではなくなった。ステージを降りたコービンを歓迎するスタッフの一人は、何週間も「地中深くで何かが起きている」と言い続けていて、それがいま何だかはっきりした。地盤が動いているのだ。(原注1)

第一節　解散総選挙　第一幕

解散総選挙を決めたその日に、テリーザ・メイが「コービン・プロジェクト」を救ったのかもしれない。党首は四面楚歌であり、物事はうまくいっていなかった。二〇一六年六月のクーデターは、労働党は分裂した党だと有権者に広告するネオンサインのようなものだった。同年九月に二度目の党首選に勝った後も、ジェレミー・コービンの世論調査に弾みがつくことはなかった。それどころか、クーデターとともに始まった労働党支持率の緩やかな下降がコービンの再選後も続き、メイがダウニング・ストリート一〇番地〔首相官邸〕の外で解散総選挙を発表する頃には、二五％を記録するまでに沈んでいた。(原注1) コービンの党首再選以来、労働党議員たちは沈黙を守ると公言したものの、メディアへの匿名の概要漏洩《リーク》や批判コメントは止まらず、メディアで労働党の見解を擁護するときも、閣外の議員が熱意を見せることはめったになかった。(原注2)

党首としてのコービン

党首でありながら、コービンは一度も党をコントロールできていなかった。新しい方向性を示すコービンの努力は、絶え間ない内部の妨害にあっていた。労働党の体制エリート層《エスタブリッシュメント》は、議会労働党だけでなく全国執行委員会（NEC）でも、幾つかの労働組合のトップでも党の地方支部でも、サウスサイド――労働党ロンドン本部が置かれているビルディングの名前で、党首の支持者には「ダークサイド」とあだ名されていた――の職員の間でも、党首事務局を除く党内のあらゆる領域で強大な存在感を維持していた。このように、どこにでもエスタブリッシュメントが配置されているのは、隠謀というよりも(隠謀もあったが)、文化的かつ政治的な親和性の結果だった。しかし構造的に確立してもいた。党職員は書記長のイアン・マクニコルによって任命され、当の書記長は全国執行委員会(NEC)の互選で選ばれていた。コービンの支持者はNECでは少数派で、三五人の委員のうち、党員投票で選ばれるのがたった六人だけであることから、変化は容易ではなかった。二〇一六年夏、一人一票の投票で選ばれ得る六委員のポスト全部を左派が勝ち取り、突破口を開いたかに見えたが、スコットランド労働党とウェールズ労働党両執行部のたっての願いで二委員が追加され、NECのバランスが右派側に引き戻された。

党首としてコービンは、党について、三つの目標を立てた。左派の政策綱領を持つこと、党の民主化、そして、党をより社会運動的なものにすることだ。職に就いて一年半、コービンは一番目の目標を進捗させることしかできなかった。他の二つを前進させるための骨折りは、官僚組織の公然たる反抗に出くわしていた。党を社会運動にしようとするコービンの願いは、労働党にとってとりわけ急進的であり、広汎な組織は議会労働党の永続に奉仕する選挙のための機構《マシーン》にすぎないとする旧来の議会中心の観点への直接的な侮辱だった。コービンは、党を、選挙に勝つために必要な同盟関係を築き上げるものとしてだけでなく、社会を変える糸口になり得るものにしたかった。それは実践面では、各地方の労働党が地域社会での運動に関わることを意味した。この過程を押し進めるために、党首は、組織化の首席監督官を雇うよう労働党本部に指示した。サウスサイドは、党の構造を危険にさらすとしてこれに異議を唱えた。実際のところ、官僚機構は、権力の牙城を脅かすものである草の根の組織化という理念に対し、いつもながらの恐怖を示していたのだ。

労働党のエスタブリッシュメントがなんとしても左派を妨害しようとしていたため、党の実効性に直接の影響が及んでいた。議事堂ビル内に本拠地を置く党首事務局の日々の経験は、ヴィクトリア通りを下ったところに位置する労働党本部との「塹壕戦《サウスサイド》」の一つだった。貴重な時間とエネルギーが、例えばスタッフの採用や資力の配分などをめぐって、官僚主義的な闘争に費やされた。報道の敵意が最も激したクーデターの最中、党首のメディアチームは人手不足だった。四人のスタッフを確保するのに四カ月も要したからだ。「報道ロビーに対応する担当者は私一人だけだった」と、コービンの元報道官のマット・ザーブ＝カズンが回想する。「一時期は、ジャーナリストから、日に八〇件から一〇〇件の電話やテキストメッセージが来た。主に我々の側の人間がリークした話に関する問合せだった」(原注3)

かつて、第一次コービン内閣では閣僚たちのリークが日常化しており、執行部は慣れっこになっていた。ときには、影の内閣《シャドー・キャビネット》でのディスカッションの詳細が、その会議がまだ進行中に報道されることもあった。この機能不全は、二〇一六年六月に、コービンの最も危険な批判者たちが全員、大量辞任したとき、突然の終わりを迎えた。彼らが権力ある地位を自発的に放棄するという興味深い決断をしたために、党首は、はるかに自分を政治的に有利にする影の内閣を組閣せざるをえなくなったのだ(ありがたいことに)。第二次内閣の、この同盟者たちは水も漏らさぬ口の堅さを見せた。コービンが二度目の党首選に勝利した後の内閣改造で、閣僚の人選をいくぶん広げるとリークが再開したが、第一次内閣よりも頻度はかなり減った。

しかし、閣僚からのリークが減っても、党の別の部署が、その仕事を十分以上に肩代わりできた。二〇一七年二月の『サンデー・タイムズ』紙へのリークはとりわけ不快な例だった。イングランド北部選出の二人の女性閣僚、レベッカ・ロング＝ベイリーとアンジェラ・レイナーに対する北部の有権者の反応を試験するために、フォーカス・グループを対象に行われた非公開の調査結果が同紙の第一面に掲載されたのだ。(原注4)そのデータは、労働党の上級職員のうち限られた人のみに閲覧が許されたもので、公開の意図は、党首チームのメンバーの見解では、二人の女性の自尊心を打ち砕くためだった。

全てのリークのなかで最も途方もないものは、妨害行為から一線を超え、労働党の選挙での可能性を摘む、あからさまな破壊工作だった。カンブリアのコープランド選挙区における補選で、党が落選コースにあることを示す戸別訪問で集めた内部データが、二〇一七年一月に『デイリー・テレグラフ』紙によって報道されたのだ。これは労働党の勝利の機会をさらに弱めただけだった。記事にはデータとともに、そのような悪しき調査結果はコービンが「無能」なせいだとする「労働党の上層部情報筋」の言葉が引用されていた。有能な官僚が補選の前に損害を与える情報を敵対する新聞にリークするものかどうか、その情報筋は果たして考えたのだろうか。(原注5)

これら内部からの妨害に加え、二〇一七年初頭には、コービンに共感する人々の間に初めて重大な分裂が生じるのが見られた。争点は欧州連合(EU)からの離脱手続きを開始するリスボン条約第五〇条発動にあたっての議決で、執行部が議会労働党に対し、賛成するよう党議拘束を決めたことだった。四人の影の閣僚が辞任し、その中にはコービンの重要な支持者であるクライブ・ルイス、ドーン・バトラー、レイチェル・マスケルが含まれた。辞任した四人は五二人の労働党造反者に加わった。「気分のいいものではなかった」とコービンの顧問の一人は言う(この後に続くいくつかの引用のように、この情報提供者は匿名を希望した)。(原注6)「『自分の議席を守るためにはやむを得ない』と考えて辞任した、残留票が過半数だった選挙区の議員が数名いた。あとからみるとそうする必要はなかったが、当時の世論調査の結果と議員自身の心配を考えると理解できた」

これ以前の数々の場合と異なり、議会におけるこの分裂は、コービンの支持基盤の亀裂を反映していた。党首の支持者の多くはEU残留のために精力的に運動したので、国民投票の結果を大惨事と考えていた。労働党が反対に党議拘束をかけて五〇条発動を阻止することを望んでいる者もいた。これは実際的に不可能だった――労働党議員の三分の二が離脱多数の選挙区の代議員であることから、もしそうしていたら、五二人ではなく一五二人が造反することになり、労働党は議会内集団として機能しないほどの分裂状態になっただろう。(原注7)より現実的な人の中には、時の大問題に実際上固定したポジションを取らないことで運動を一つにまとめ続けるために、労働党は五〇条の議決を棄権するか、自由投票を許すべきだと議論する者もいた。この二つのポジションはまったく相容れないにもかかわらず、ソーシャルメディアではしっかりと結びつき、とりわけその上にコービンの批判者と騒々しい残留支持者が合流して、怒りの洪水のような印象を作った。この意見の食い違いを時事解説者たちは運動の破局的な分裂と見て、喜々として騒ぎ立てた。

実のところ、党首の支持者のほとんどは、第五〇条をめぐるコービンのきわどい立ち位置を認識しており、その多くは、議会には、市民に下すよう求めた決断を批准する民主的な義務があるとする点でコービンに同意した。(原注8)しかしこの一連の物語は、すでに運動を苛んでいた士気の落ち込みを増大させた。さらに、コービン支持派の組織モメンタムの内部で少し前に厄介な闘争が起き、左派がセクト主義的な分裂と官僚的な策謀といういつもの道程をたどるのではないかと予想されたことも、事態を悪化させた。(原注9)

こうした不和と、芳しくない世論調査の渦中にある党にとって、最も避けて通りたいのが二つの厳しい下院補選を闘わなければならないことだった。わずか二年足らず前に投票で選出されたばかりだというのに、ブレア派議員のジェイミー・リードとトリストラム・ハントは、自分たちが傍流となった党の議員を続けることに、明らかに飽き飽きしていた。選挙区を代理する名誉は、突如、提供された実入りのいい仕事と競えるものではなくなり、かねてから嫌っていた党首に最大の損失をもたらす好機でもあったので、二人はともに議員を辞した。これは、党への献身を自覚するあまり、二〇一五年には自ら党を率いようとしたハントについて特に驚くべき行動だった。

ハントの元選挙区であるストーク・オン・トレント中央区での選挙戦は苛烈だった。右翼政党UKIP《ユーキップ》(UK独立党)(一八ページ参照)の新党首であるポール・ナッタルが、UKIPがイングランド北部で「労働党に取って代わる」と宣言して出馬した。時事解説陣はナッタルの言葉を〝律儀に〟真に受けた。「EU離脱《ブレグジット》の中核地帯ストーク・オン・トレントはコービンのワーテルローになろう」と『ガーディアン』紙のジョン・ハリスは宣告した。(原注10)しかしナッタルは妄想家であり、北部の労働者階級と心を通わせているとの申し立てを真面目に受け取るべきかと言えば、自分はかつてトレンメア・ローヴァーズの職業フットボーラーだったとか博士号を持っているとか、ヒルズバラの惨事〔一九八九年四月五日、シェフィールドのヒルズバラ・フットボール・スタジアムで発生した群衆事故。立見席に収容能力以上の観客を入れたことにより、圧死者九六人の惨事となった。警備責任者の業務上過失が原因〕で「親密な友人」が死んだとか、そのとき自分はそこにいたとかといった偽の主張と同じ程度の妄想にすぎなかった(原注11)。ナッタルの選挙運動が笑劇に堕すころ、労働党とモメンタムはメンバーを動員し、数百人のボランティア運動員が街に押し寄せた。この大規模な取組みは功を奏して二〇一七年二月二三日に勝利をもぎとり、UKIPに瀕死のダメージを与えた。

ストークに注目が集まっていたために、ジェイミー・リードの元選挙区コープランドにおける労働党の惨事が見えにくくなった。その選挙区に名乗りを上げた党首が推す候補者は――地元の病院運動家で、ある年の「カンブリアの女性大賞」に選ばれたこともあるレイチェル・ホリデイで、コービンの地域密着型運動ビジョンを体現する人物だったが――、別の現役地方議員を支持する選挙区労働党に排除された。地理的に孤立した選挙区で、対立候補としてのUKIP党首のような呼び物も欠いていたので、コープランドに出向いたボランティア運動員はだいぶ少なかった。長期的傾向も労働党にとって明るいものではなく、コープランドでの労働党の得票率は一九九七年以来選挙のたびに下がり続けていた。とは言え、いかに情勢が不利だったとしても、保守党への七％の変動による選挙区の喪失は労働党にとって衝撃的な敗北だった。政権政党が補選で議席を増やしたのは一九八二年以来初めてだった。この結果は、コービンが党を破滅へ追いやっている証拠として、得意そうに打ち振られた。

コービンが党首になって以来、EU国民投票とクーデター前の最初期における労働党の補選結果はたいへんよいものだったにもかかわらず、コープランドでの結果は――選挙には勝ったものの労働党の得票率がわずかに低下したストークでの結果とを考え合わせると――何かが変わったことがうかがえた。それが何か想像するのは簡単だった――EU国民投票が政治的風景を一変させていたのだ。保守党のEU離脱《ブレグジット》党としての〝衣替え〟はうまくいっているようで、コープランドではUKIPの得票率が九ポイント落ち、一方で保守党は八・五ポイント上昇し、右派を統一しつつあった。労働党にとり、事態はずっと厳しかった。EU離脱《ブレグジット》は党のあらゆる亀裂にくさびを打ち込んだ。国全体でみると、労働党投票者の三分の二は国民投票で残留を支持し、三分の一は離脱に投票した。労働党は全国政党であるとの方針に沿えば、国民投票での五二％側〔離脱側〕でも四八％側〔残留側〕でもなく、一〇〇％の人々を代表しようというわけだが、ゼロ％になるリスクがあると揶揄する時事解説者の嘲笑を呼んだ。

情勢が荒涼としてくると、以前はコービンに共感を示したり支持したりしていた少数のジャーナリストのうち数人が、プレッシャーに耐えかねて折れた。コープランドのあとで、オーウェン・ジョーンズは、コービンを党首とする労働党は「破滅的な」敗北に終わり、それを「左派のせいにされる」かもしれないと述べ、後任党首選で別の左派候補に出馬の機会を認めるように党首は労働党右派と交渉をまとめるべきだと議論した。[原注12] ジョーンズの同僚ジャーナリストのジョージ・モンビオ、エリー・メア・オヘイガン、アビ・ウィルキンソン、ゾーイー・ウィリアムズらはみなコービンへの信頼を失ったと公言した。[原注13]

その他の時事解説者はあらゆるところで揃いも揃って敵対的だったため、その中で人目を引こうとするなら『オブザーバー』紙のニック・コーエンのように、自分の面目を汚すような虚辞を吐き散らす一片の知性もない酷評でも書かなければならないほどだった。「敬意を表しつつ意見を言わせていただけるならば」とコーエンは想像上のコービン支持者に語る。「あなたにできる唯一の名誉ある対応は、クソ忌々しい考え方を変えて、クソ忌々しいアホをやめることだ」。[原注14] メイ首相が終わりのない蜜月を謳歌するニュースの紙面では、状況が上向くことはなかった。そこでは野党のほうが政府よりも余計に精査され、ジャーナリストは非力な側に対して敢然と説明責任を求めた。

二〇一七年五月の統一地方選が近づくにつれ、予測される悪しき結果の後に、労働党内で再びクーデターが起きる可能性についての憶測が膨らんだ。四月半ばまでのいくつかの世論調査によると、保守党は労働党を二〇ポイント以上も上回っていた。EU離脱《ブレグジット》をめぐる交渉が始まると乱気流が強まることが予想され、また、経済が弱体化する中、過半数を大きく超える地滑り勝利を得る今よりよい機会はもうめぐって来ないかもしれないと保守党は考えた。これが、メイが宿命的な決意をした政治的な背景である。

突然の解散総選挙

「解散総選挙を求めるつもりはありません」と、二〇一六年九月四日にテリーザ・メイは言った(原注15)。「たったいま閣議を持ち、六月八日に総選挙を実施すべきだとの合意に達しました」と、二〇一七年四月一八日にテリーザ・メイは言った(原注16)。

労働党の党首事務局に衝撃が走った。党はここ何カ月間も「選挙体制」にあり、コービンの首席戦略コミュニケーション顧問であるシェイマス・ミルンは、任期満了前の選挙が浮上すると確信していた。しかし、最も可能性が高いのは統一地方選投票日の五月四日で、その日に同日選を行うための最終期限は過ぎていた。解散総選挙が発表されたとき、「みんな『わーお、こう来るとは思わなかった』ってなった」とコービンの副官の一人が言う。「初日はさすがにとても落ち込んだ……みんな立ち直るのに二四時間かかった。でもそれだけ。それから、『わかった、じゃ何をすべきか』とか、そんな感じだった」

選挙の見通しは時事解説者の一部にとって恐ろしいもので、たとえ保守党政権を権力の座に置き続けることを喜んで認めるなどという、政治的には申し開きのできないことになったとしても、労働党は解散総選挙を議会で阻止すべきだと信じていた。「コービンは労働党の絶滅を受け入れるためにまっしぐらに走っている」と四月一九日の『ガーディアン』紙にポリー・トインビーは書いた。「ジェレミー・コービンほど甚だしく無能な政治家は他にいなかった。やることなすこと全てが間違っていた」。コービンは「間違って、間違って、また間違った」と宣言していたが、トインビーのコラムは――選挙は政策を争うものにはならない

という点から自民党の復活予想にいたるまで――ほぼ一文残らず、結局のところ間違いだった。(原注17)

しかし、狼狽はコービンの支持者の間にも深く浸透していた。多くが、その選挙によって自分たちの夢に終わりが告げられることを恐れていた。ユナイト書記長のレン・マクラスキーでさえ、メイが国民に向けて話す予定であるとのニュースが速報されて、それを待つ間、強い不安を感じた。「たぶんフィリップ殿下〔エリザベス女王の夫君、エディンバラ公〕の死去とか何かそういったものの告知をするのだろうと、一縷の望みをもっていたんだ！　だが違った。それで相当、落胆した」。世論調査はマクラスキーの恐怖を裏付けているようだった。前言を翻したメイの解散総選挙の決定は当初ギャンブルと見なされたが、一連の世論調査で保守党が四八％前後までの上昇を見せたことで、すぐに正しさが立証された。とりわけ不吉なComResの世論調査で保守党は途方もない五〇％の支持を得て、労働党の二五％のちょうど二倍になっていた。(原注18)ここから挽回する方法などあり得るだろうか。

この憂鬱のまっただ中においてさえ、それでも希望の曙光はあった。公の場に出て来たコービンの明るさは、一時的に恐怖で縮み上がっていた運動に自信を与えた。四月二〇日、選挙キャンペーン最初の演説でジャーナリストから質問を受けたとき、コービンが労働党を「汚点の付いたブランド」にしたのではないかとの指摘に対して党首が情熱を込めて答えると、スタンディングオベーションが自然に沸き上がった。「キア・ハーディ〔一八九二年初当選。労働党創設者の一人〕は誹謗されました――労働党初の議員に当選した時、信じ難いほどの誹謗中傷を受けました……よりよい、より公平な、よりまともな社会を創造するために立ち上がる者は誹謗されるのです。私たちの党は誹謗されています。しかしこう言えます。私たちはかつてないほど大きく、かつてないほど強く、かつてないほどの決意を持っている、と！」

ＩＴＶの記者が尋ねた。「少数の者ではなく、多くの者を代表したいと言っていますね。しかし支持率からすると、ごく少数の人からしか信用されていないようです。エリートを攻撃しておられますが、ご自身も単にイズリントンのエリート〔二二九ページ参照〕の一部にすぎず、全国各地の人の見解を反映していないのではないでしょうか」
「たいへんありがたいことに、世論調査に言及してくださった」とコービンは返答した。「私に言えるのは、二〇一五年、ほぼちょうど二年前の今頃、私はまったく見込みのない候補者として、二〇〇対一の賭け率〔五ページ参照〕をつけられていた、ということだけです」(原注19)

解散総選挙は与党に有利なはずである——先んずれば人を制す、だからだ。しかし迅速に着手したのは労働党のほうだった。選挙キャンペーンの最初の数日間は、これ以上うまくいくのは不可能なほどうまくいった。保守党が自らも不意打ちを食らって影を潜めている間、労働党が電波媒体での報道時間で優位に立った。これほどまでに素早いスタートを切ることができたのには理由がある。統一地方選に向けて党の立ち位置を改善するために必死で、コービンのチームはミニ総選挙運動のようなものをすでに始動していたからだ。復活祭の期間、労働党は、見栄えが良くて人目を引く一連の政策を発表していた。そのなかのいくつか、例えば一〇ポンドの生活賃金や、私立校の授業料に課すVAT(付加価値税)でまかなう初等学校の子どもの無料給食プランなどの、わかりやすくてインパクトのあるアイデアは、コービンの労働党とは何かを完璧に伝えていた。実のところ、それらの政策はとてもよい反響を得て、この総選挙キャンペーンの看板的政策になった。

この復活祭の攻勢は、党首事務局の運営の有効性を一段高めた——党首事務局は、コービンの党首当選以来、無能との非難につきまとわれていたのだ。スタッフはこの非難を猛然と否定し、自分たちは不可能に近い状況で働いていると主張してきた。党首事務局を運営した経験もなく、労働党本部からの助けやガイダンスもほとんどないなかで着任したコービンのチームは、メディアと自党の一部の二方面からの前例のないほどの敵意に対処しなければならなかった。しかも、この全部に加え、慢性的に人手不足だった。

この状態は、二〇一六年六月に新任の首席補佐官が任命されて改善され始めた。サイモン・フレッチャーからキャリー・マーフィーに交替したのだ。マーフィーは、二〇一三年、候補者としてファルカークの大騒ぎの中心にいた（皮肉なことに、あの騒ぎがなければ、ジェレミー・コービンの首席補佐官という職務は決して存在しなかった）〔五六ページ補注参照〕。フレッチャーは対立を好まなかったが――目下の状況では理想的とは言えない――、一方、マーフィーはケンカ慣れしていた。「キャリーが来たことで確かに物事の動きが加速した」と同僚は言う。「テキパキと物事を片付けるんだ」〔シェイマス・〕ミルンと政策顧問の〔アンドリュー・〕フィッシャーに、マーフィーを加えて側近トリオが完成し――全員が執行役員として同格で――党首の作戦を運営する。三人はすぐに固い絆で結ばれたチームになった。「性格とスキルのユニークな組み合わせ」とマーフィーは言う。

> シェイマスは戦略のブレーンで、途方もないビジョンを持っている。アンドリューは政策の中心人物で、その政見はジェレミーにとても近い。私は活力そのもので、物事を先に進める。思い上がりたくはないけれど、この組み合わせが重要だと心から思う。それに三人とも互いを好いている。互いに敬意を払い、でもそれだけではなく――互いをとても気遣っている。こういう類いの関係は、みなが同志として、目的と、互いに対して全面的に献身している左派の間でしか見られない。

党首事務局の任務の遂行が目に見えてすぐに向上したわけではなかった。マーフィーの着任後、サウスサイドとの数え切れない闘いを経てチームが完全に揃うまでに六カ月を要した。それから第五〇条の論争に引きずり込まれた。党首事務局が全気筒で走ると何ができるかようやく見せられたのは、やっと復活祭の政策発信からだった。マーフィーは統一地方選の計画の構想を練る新しい「枠《グリッド》」システム――毎日どこで何が発表され、意図される目的は何かが示されるもの――を導入し、誰もがその計画に忠実に動くように「グリッド規律」を敷いた。メイがサプライズ解散総選挙を発表するとすぐに、そのグリッドは総選挙のキャンペーン用に改造された。労働党は離陸した。

選挙体制の規律のもとで、労働党の内紛を大っぴらに見せることを控えるよう求められた――これは、その後に党の人気を挙げるための必須条件である。しかし、この新しく見出された団結は表面的なものだ。一皮むけば、前と同じく激流が渦巻いていた。選挙戦開始後、第二日目に、全国の選挙区労働党書記宛てに送られた一通の電子メールはこんな書き出しだった。「全国執行委員会（ＮＥＣ）は、この総選挙における候補者の例外的な選定方法について合意しています」。現職議員は自動的に再立候補の資格があり、また、たとえ欠員があっても、候補者は「ＮＥＣの委員と地域役員によって直接選定」されることになる。「きわめて遺憾なことですが」と電子メールは主張する。「地元の労働党員が議員候補を選ぶことはできません」。舞台裏ではコービン本人が、ある補佐の描写によると「地元の労働党が候補者選びになんらかの形で関与できる方法」を確保しようとしていたが、ＮＥＣの会議で反対の壁にぶつかっていた。

解散総選挙では候補者選定の時間がないとして、この処置が正当化された。しかしコービンの側近の一人は、これは労働党の体制エリート《エスタブリッシュメント》層による「もう一つのクーデター」の一部だと見なす。あとから考えてみると、この方法による選定は、党首側が恐れたほどには悪くなかった。労働組合が大きな影響力を行使できたからだ。「この候補がいいとか、あの候補がいいとかいった、右翼からの重大な圧力はなかった」とレン・マクラスキーは言う。総選挙後にも労組――と、そのカネ――を味方につけておくために、労組の思いどおりにさせておこうという決断が下されたのではないかとマクラスキーは考えている。「落下傘」候補は「候補者選定のベストな方法ではない」と認めつつ、労組の推す候補がみな左派とは限らないとしても、少なくとも労働運動にどっぷり浸っていた人々ではある、というわけだった。ユナイトそのものは明らかに左派の候補者を好んだ。「けっこうな数を得た」とマクラスキーは言う。「つまり、今存在するニューウェーブの議員たちのことだが……この議員たちが議会労働党の本質を変え始めている」（最終的に、この選挙では、強くコービンを支持する一〇人程度の議員と、他にもおおむね支持的と予想される複数の議員が議会に入った（原注20））

その一方で、長年の議員のなかには、自動的に候補者に選定される立場を失うことなしに、どんなことまでやってのけられるか試している者もいた。ジョン・ウッドコックは、四月一八日に「ジェレミー・コービンを英国の首相にするために票を投じることには絶対に賛同しない」と公表したにもかかわらず、労働党の公認候補名簿に名前を載せることを許された[原注21]。この発言は党内の（左派からだけでなく）激しい怒りを呼んだが、五月三日にこの問題を検討したとき、NECは何の制裁も科さなかった。報道によると、副党首のトム・ワトソンと、スコットランド労働党党首のケジア・ダグデイルが、ウッドコックを支持して電話でロビー活動したという[原注22]。

　ウッドコックが最大限コービンから距離をとっている頃、他にも労働党議員の一群が後に続いた[原注23]。ある者は、自分の選挙区民に、労働党は選挙に負けるから労働党に投票すべきだと勧める異様なメッセージを送った。他の一人は「戸別訪問するとき、人々にこう言います。私が好きなら私に投票してください。ジェレミーが首相になるという恐れは無用、絶対にそんなことは起きないから」とITVのロバート・ペストンに語った[原注24]。別の者は、自分の投票者に「穏健派」の再選のみが選挙後にコービンを厄介払いする唯一の方法だと知らせた――この一節には非常にニッチな魅力があったに違いない[原注25]。一方で、ウルトラ・ブレア派のベン・ブラッドショーは自分の選挙区民に、あなたがたは「党首」を選出するわけではないと伝える書簡を送った[原注26]。トム・ワトソンまでが、「最も重要な質問は、何によって最高の首相たり得るかではなく、誰が最高の議員たり得るかだ、という場合もある」とつぶやいた[原注27]。

　背後では、イヴェット・クーパーが、来るべき総選挙での労働党敗北に続く党首選に向けて準備運動を開始、フェイスブック上の有料広告を介して自分自身を宣伝していた[原注28]。上級情報筋によると、党首事務局はクーパーの党首選出馬は「一〇〇％」確実だと考えているとし、「四つか五つの別々の方向」から聞いた話として、クーパーは資金、スタッフ、選挙運動のマネージャーを準備していて、労組ユニゾンの支持を得られそうだ、とのことだった。

　これらの全てが、選挙は大惨事になるだろうとの、広く信じられていた確信を反映するものだった。この感情を労働党本部も共有した。選挙敗北後にコービンが党首に留まった場合、党の職員はストライキを計画していると、複数の情報源が『タイムズ』紙に語った。(原注29)労働党職員が支持する最初のストライキになるだろうと、コービンの支持者は冗談のネタにした。

サウスサイドの非公開データは厳しい見通しを描いていた。内部で使用するために作成された初期のリストの一つは、労働党が失う可能性が高い順に選挙区をランク付けしていた。党が委託した世論調査会社ＢＭＧの調査では、党の支持率はその時点で二七％と、保守党に一八ポイント引き離されていた。労働党が保持していた四〇選挙区に一種の印が付いていて、情報源によると「失う議席」であることを意味した。それは次点との差が最も少ない接戦の四〇議席というわけではなかった――リストのトップはホーンジー&ウッドグリーン選挙区で、労働党の大差を膨大な票の移動《スウィング》で自民党が引っくり返すと予測されていた――サウスサイドがＥＵ離脱《ブレグジット》の劇的な影響を予想していることがうかがえた。さらに二一議席に――失う可能性が高い議席として――二種のマークが付いていた。これらの選挙区には、たとえばタインマウス選挙区のような、労働党と次点との差が八〇〇〇票を超えているものもあった。その勝敗モデルが示唆したのは、労働党は全部で八〇議席を失うが、三種の選挙区には勝つ可能性が残っているとのことだった。(原注30)

そのデータは、党がリソース――カネと人――をどこで使うかの決断に役だった。なぜ失う議席である一種の選挙区でカネを無駄にすることがあろうか。二種の選挙区は限定的な支援を得るだろう。上級職員たちはコービンのチームに、党首は労働党の現役議員が勝つ可能性がある選挙区を訪問すべきだとアドバイスした。僅差で保守党が保有する多数の議席はターゲットにする意味がないとのことだった。党首事務局には別の考えがあった。「『いいえ、私たちは攻撃的戦略を取りたい』と言った」と主要副官が振り返る。マーフィーと、コービンの選挙運動責任者ナイル・スークーは、まったく異なる判断基準で、党首遊説先の構想を練った。協力的だった議員のいる選挙区に行く――一人も見捨てない、その議席がどれほど危うくても問題ではない――そして、その近隣の、保守党または労働党が僅差で保持する議席に手を広げるのだ。

党首事務局のスタッフは、サウスサイドの防御的戦略に批判的だ。その時の労働党の貧弱な世論調査に基づけば、その戦略は正当化されるかもしれないが、それは執行部が共有しない、ある特定の政治概念を反映していた。労働党本部は「過去の投票傾向や、過去の選挙運動様式、過去の組織化の思考回路に捕われていて、そこにはジェレミーの党首選で私たちが学んだことが何一つ取り入れられていなかった」と補佐の一人が言う。コービンのチームはその代わりに、「いかさま」の経済システムの下で苦しむ人々にアピールするように設計された大胆な政策をもって、人々の暮らしを変える提案をするつもりだ。重大なことは、普段は投票しない人々に訴えるつもりでいることだ。これは二〇一五年のコービンの党首選でのやり方を力強く繰り返すもので、そもそもその時の最初のリーフレットは、党員ではない人々に三ポンドで投票してもらうことをターゲットにしていた。あの夏、フェビアン協会が、労働党が勝つためには五票に四票は保守党から直接獲得しなければならないと断言する分析を出した時に、コービンのリーダーシップの下で党はどうやって前進できるかコービンは尋ねられた。労働党は以下に述べるような人々にアピールしなければならない、とコービンは答えた。

投票者登録をしておらず、そのため投票しなかった若者たち……続いて、労働党が自分たちの聞きたいこと、やりたいこと、言いたいことを何も代表していないと感じて、UKIP《ユーキップ》の腕の中に姿を消したり、棄権したりした、多くの信頼できる労働党投票者たち。その方法で支援を増やすことができると私は考えています。他の党に投票した人々の票を取り戻さなければならないか。もちろん。ですが私たちは人々に、非常に明確に、私たちが何を提供できるかを言わなければなりません。(原注31)

二〇一七年五月四日に、サウスサイドの高級幹部たちとの会議で、この戦略の磨きをかけたバージョンが議論されたとき、怒りが沸騰した。「連中はみなテーブルの周りに座り、クソ無礼にも『そんな戦略は理解できない』と言った」と、補佐の一人が思い出す。マーフィーがそこで声を荒げた。「あんたたちはこの戦略が何かわかっている。この戦略が好きじゃない。要らないと思っている。でも、この戦略のことはよくわかってるんだ」

それどころか、その戦略は、前任の選挙コーディネーターだったジョン・トリケット議員の書いた文書で概説されていた。その文書では、労働党は「そのとき政治から見捨てられ、疎外されたと感じている異なるグループに希望を差し出す……変革的な提案を」推進すべきだと述べられていた。(原注32) 五月四日の会議でその文書を見せたとき、トリケットはこう議論したと補佐は思い出す。労働党は「投票のために登録を要する若者たち、黒人と民族的少数者、公共部門の労働者、そして脱工業化で置いて行かれた労働者階級のコミュニティ」にアピールしなければならず、「もしこれらの人々を一つにまとめられれば四〇%を得られるだろうと。みんな嘲笑した」。

サウスサイドの代表団は、これが機能するとは単に信じられなかった。その場にいた別の顧問が振り返る。

全国展開する選挙運動について自分たちが知っていることが二つあると向こうは言った。一つは、選挙運動で移動させられる投票は、たった二%か三%までだということ。公正を期すと、これは歴史的には真実です。異なるアプローチによって、もっと多くを移動させられる強い自信が私たちにはあった……二つめは、投票者の登録運動は機能しないこと。無投票者は投票しない、したがって無投票者に訴える意味はないってわけです。実際のところ、そういう人たちは、投票に値するものがあれば投票するんです。

この、まるで違う二つの取り組みの背後には異なる目的があった。サウスサイドが気にしているのは、なんとか嵐をしのいで党を無傷に保つことだった――たとえちょっとぼろになったとしても。あるいは、コービンの補佐の推測によれば「単にこれだけですよ、『終着点までたどり着いて、クソども［執行部］をここから追い出そう』」。だが党首側は前進しなければならなかった。「コービン・プロジェクト」を生かし続けるには、ミリバンドが二〇一五年に得た得票率――三〇%――を超えなければならないと感じていた。もしそれができたら、党は支持を回復し、正しい方向に進んでいると主張できる。たとえ保守党がＵＫＩＰ票を取り込み、そのために労働党が議席を失ったとしても。

政策を一つひとつ浸透させる

総選挙はあっというまに一つのパターンに落ち着いた。保守党のキャンペーンは一つの決まり文句《サウンドバイト》――「強く安定した《ストロング・アンド・ステイブル》リーダーシップ」――に基礎を置いていて、他にはほとんど何もない。テリーザ・メイはそのフレーズを選挙の発表で三回使い、キャンペーン最初の演説で一一回、議会における総選挙前最後の首相の質疑応答《クエスチョンタイム》に一六回配置し、メディアへの露出では数え切れないほど使った――ボリス・ジョンソンがジェレミー・コービンを侮辱するために「マグワンプ」〔mugwump 政治的に独自の立場を取る人に対する侮辱的表現〕という言葉を用いた後のインタビューで、「マグワンプとは何でしょう?」と聞かれたときにもメイ首相はこう返答した。「私が認識していることが何かと言えば、この国に必要なものは、強く安定したリーダーシップです[原注33]」

誰が最もよい首相ですかと市民に尋ねた世論調査で、メイは最高水準の支持率で選挙戦を開始し、コービンを大幅にリードしていた[原注34]。この優位を最大限に利用しようと、保守党の選挙キャンペーンは全てメイを中心に構築された。「保守党への一票一票が私をより強くします」とメイは言った[原注35]。保守党の新人候補は「地元における私の候補者」または「テリーザ・メイのチーム」の一員といった具合だ[原注36]。しかし一般的に共有されたそのイメージは、欠陥のある政治家としての実像に一致しなかった。これは注意を払っている者には明白で、それには保守党の選挙運動マネージャーも含まれるようだ。真実を隠すためにリスク回避策が採用された。メイは一般市民との直接のやりとりから遠ざけられた。工場で行われた選挙行事では、労働者たちが従順な保守党活動家に入れ替えられた[原注37]。ジャーナリストが質問する機会を制限する試みもあった[原注38]。質問を受け付けたときには質問に答えず、ストレートに返答する能力が無いように見えるという評判が立つほどだった。(原注39)セールスポイントが強いリーダーシップであるにもかかわらず、メイはコービンとテレビで討論しないと保守党はただちに明らかにした。

保守党は選挙キャンペーンをEU離脱《ブレグジット》とコービン攻撃に絞り、他の全ての問題を排除しようとした――労働党に対する伝統的な攻撃の勘所である経済問題さえ取り上げなかった(しかし、おそらくこれは、財相を前面に出さないとメイが決めていたからだろう)。首相が総選挙の決断を正当化した理由は、欧州に対する自分のアプローチが議会であまりにも多くの障害に直面していたことだとされていた。労働党は弱くて無能な野党だと陰険に文句を言い続けて数カ月も過ごした保守党の支持者は、突如、労働党が強大すぎると主張を替えた。(原注40)『デイリー・メール』紙は第一面に「破壊活動家たちを叩き潰せ」と大見出しを掲げ、そのメッセージを明確に打ち出した。(原注41)欧州の政治家たちが英国の選挙に介入しようとしているとメイが非難した時、事態はさらに非現実的になった。(原注42)しかし、これらの全てがうまくいっているようだった。EU離脱《ブレグジット》が話の中心になっている間は、メイは高い支持率を維持していた。元残留派のメイは、いまや離脱派の権化となり、五二%の票を容赦なく取りにいった。これによりUKIPは急落に追い込まれた。

しかし、その戦略がどれほど「強く安定した」ものに見えたとしても、危険性はあった。その強硬なレトリックが、EU離脱《ブレグジット》に対立の少ないアプローチを望む人々にとって警鐘となったのだ。議会に対するメイの劇的な攻撃は、労働党が第五〇条発動に賛成票を投じていたために、ヒステリー気味に聴こえた。実のところ、すぐにはわからなかったが、労働党の第五〇条に対する立ち位置は、選挙の名人芸だった。EU離脱《ブレグジット》は起きるのです、と労働党が言っている以上、保守党は怒りの拳を中空に振り上げることしかできなかった。原則問題を別にすると、労働党には「雇用最優先ブレグジット」という明快なスローガンと、EUを離脱するときに移動の自由は終わる、という事実を淡々と述べたフレーズ、英国内に住むEU市民の権利保障という人間的な約束、そして、協調精神による交渉アプローチという合理的な響きの要望があった。

この立場をとれば、排除することになるのは最も熱烈な離脱派と残留派だけだった。両陣営の有権者を抱える党ゆえの政治的なごまかしであり、三角測量的でないことで有名な党首による究極の三角測量戦略として説明されてもいるが、コービンの側近の一人によると、単に「現実主義的」なだけだった。党首と側近たちは隠れたブレグジット熱狂者だとの申し立て（コービンの議会投票歴がこれに真実味を添えている）とは裏腹に、顧問は国民投票の文脈の中でこう強調する。「彼らは欧州は諸悪の根源と述べる派閥にはおらず、左派バージョンのそれでさえなく……欧州は啓発と驚嘆の根源だという派閥にもいません……影の内閣でさえ、キア・スタマー、ダイアン・アボットなどは強硬な残留支持者でも離脱支持者でもありません。正直言って、ほとんどの人はこのポジションに落ち着くと思います」

労働党の立ち位置の大きな利点は、EU離脱《ブレグジット》を選挙の争点としてほぼ無力化し、替わりに、国内の課題《アジェンダ》について話すのを可能にしたことだ。(原注43) かつての労働党で戦略的賢人と見なされていた、例えばトム・ボールドウィン（エド・ミリバンドの顧問）やアラスター・キャンベル（トニー・ブレアのスピンドクター）が、テレビスタジオをせわしなく出入りして労働党は抽象的な論点であるEU離脱《ブレグジット》問題を焦点にすべきだと訴えたが、党首は、より具体的な課題にフォーカスし、日々の生活を変えられると人々の説得に取りかかった。

労働党のキャンペーンは保守党の反転バージョンのようだった。開かれていて、明るく、政策が盛りだくさんだ。「ジェレミーのアイデアや構想はとても重要だった」とチームの一員が言う。「ジェレミーはポジティブなメッセージをほしがった。保守党を攻撃するときは、向こうが何をやったかを取り上げ、労働党はその代わりに何をしようとしているかを必ず併せて伝えて、前向きであろうとした」

うちの陣営には、たいていその日のニュースがあって、それは何かの政策だった。その政策に関係する影の閣僚に午前中の番組を回らせた。前日に説明しているから、どこかの印刷媒体が書いてくれている――『ミラー』紙が他のどこよりいい書き方をしてくれる。それから、その日の画像は全て選挙集会に出ているジェレミーになる。ジェレミーは、たいてい朝のうちにその争点についてインタビューを一つ受ける。そうすれば、その声が一日中ニュースとして放送される。こうやってメディア枠《グリッド》を構築した。

新聞の敵意を考慮して、労働党は放送媒体による報道、特に音楽ラジオに焦点を合わせた。「車での通勤時間帯に聞く音楽ラジオの冒頭で放送される短信ニュース九〇秒間のうち、最初の三〇秒間をとれたら、実際問題、『タイムズ』紙の紙面の議論よりも多くを国民の意識に送り込める」と補佐が言う。労働党の、パンチのある個々の政策は、この媒体に理想的だった。ときにはそういった政策の一つが離陸して「急速な拡大」を成し遂げた。例えば、イングランド、スコットランド、ウェールズ、北アイルランド四国それぞれの守護聖人の日を四つの新公休日にするプランとか、民間医療保険に課税して病院の駐車場代を廃止する公約などだ。比較的安上がりのアイデアが大いに受けたことにコービンの政策チームは驚かされた。

その間、コービンはと言えば、巡業に出て、自分が最も得意なことをした。キャンペーンだ。「ずっと外にいたから、ジェレミーはますます自信をつけた」と副官の一人が言う。「週に一日外に出て、残りは議会に引きずり戻されて、議会労働党によって落ち込まされ、足元を崩される替わりに、外に出て支持者の中に入り、それを実感するんです」。人々と接する時のくつろいだ態度は、保守党党首とはまったく対照的だった。さらに、議会の足かせから解放されて、コービンの表現はまた急進的かつ魅力的になった。四月二九日の若者たちへの演説では、「一段階上がって」投票登録するよう聴衆に促し、この時点でコービンのメッセージが変わり始めたのが見えた。それまでのように「置き去りにされている」ことに焦点をおくのではなく、自分たちがどのように「脚を引っ張られている」か考えてくれと頼んだ――これは選挙中に何度も繰り返されるテーマとなる。珍しいことに、コービンは自分自身と、自分がリーダーシップというコンセプトをどうとらえているかを語った。「今から、これまでの政治人生の中で一度も口にしたことのないことを言いますよ」と前置きし、「あなたの話は十分聞いた。今度は私の話をしよう」と冗談を言った〔"enough about you, what about me?"――日常会話で、話の変わり目などに使われるフレーズの一つ、「私については十分話しました。今度はあなたに(何か他のことに)ついて話しましょう。"enough about me, what about you (something)?"」を逆転させたジョーク〕。そして、アパルトヘイトに抗議して逮捕された話をした。聴衆は大いに沸いた。

しかし、こういったことが起きていた選挙戦初頭の数週間、テレビのニュースを視聴した人には、労働党党首がみなに――ありとあらゆる人に――嫌われているとの印象が残っていただろう。形式は飽き飽きするほどおなじみになった。一人の記者が、最新の労働党の政策に一文を割いたあとで、どこかの街の中心部で三人を選んでインタビューする。うち二人は生涯労働党の支持者だったがコービンには絶対に投票しないと言い、そして残りの一人はコービンについて確信が持てないと言う。BBCジャーナリストのジョニー・ダイモンドが後に認めたように、街頭インタビューの人選は正確に世論を反映したものではなく、記者の編集上の判断による選択だった。[原注44] メディアは気付かなかったようだが、実際には、コービン個人の支持率はじりじりと上がっていた。実のところ、支持率が上昇していた党首はコービンだけだった。Opinium の世論調査によれば、コービンの支持率は四月一九日から五月二日の間に三ポイント上昇した。対照的に首相は八ポイント落とした。二人にはまだ大きな開きがあったが差は縮まっていた。一方で、他の党首はみな後退していた。自由民主党《リベラル・デモクラッツ》党首のティム・ファロンが最も悪かった。リベラルが、どういうわけか社会問題に関してリベラルではない党首を見つけ出してきたのだと人々が気づくと、ファロンの評価は一一ポイント低下した。多くが話題にした「自民ブーム」は実現せず、自民党はもうほとんど姿を消した。[原注45]

対照的に、労働党は上昇していた。予想がどん底だったのが有利に働いた。労働党の数値の回復は党員の士気を高め、勢いを生み出した。四月二九日の晩に、三つの別々の調査が党に三〇%以上の支持率をつけたとき、大興奮が起きた。これは、コービンの労働党が、エド・ミリバンドが成し遂げた結果に匹敵するだろうと示唆しただけでなく――大きな安堵だった――たった一週間で五ポイント上昇したようだったからだ。「今夜のOpinium調査によると、コービンは二〇一五年から一ポイント失うだけの位置にいる。これは空想的な夢にすぎない」と『メール・オン・サンデー』紙の「選挙の教祖《グル》」であるダン・ホッジズがツイートした。実は、労働党は二〇%だろうとホッジズは予想し、「この選挙のニュースは労働党のメルトダウンだ」と書いていたのだ。(原注46)

失望の統一地方選

ダン・ホッジズは、わざわざコービンの支持者を落ち込ませる必要はなかった。差し迫っていた地方選挙と市長選挙が代わりに手を下したからだ。総選挙が事実上選挙戦に突入した二週間後に、厄介な幕間劇のごとく行われた統一地方選は、労働党にとって大惨事と言える結果だった。党は英国全土にわたって地方議会の三八二議席を失い、一方で保守党は――政権与党としては驚くべきことに――五〇〇議席以上を得た。選挙のあった六つのメトロ市長選のうち、ティーズ・バレー圏〔イングランド北東部〕とウェスト・ミッドランズ圏〔イングランド中部〕での労働党に対する予想外の勝利を含め、保守党は四つを制した。唯一のなぐさめは、リバプール市のスティーブ・ロザラムと、大マンチェスター圏のアンディ・バーナムの勝利だったが、バーナムは勝利後、祝うために出向いたコービンを冷たく扱った。ブリストルとバース一帯をカバーする西イングランド圏のメトロ市長選には労働党への潜在的支持の兆しが見られ、そこで党は意外にも強い次点の得票数を得た。キャンペーンの資力が足りていれば一位になれたかもしれなかった。

全国的な得票率推計は、保守党が三八%、労働党はわずか二七%だった。この一一ポイント差は、ほとんどの世論調査の数値より縮まってはいたが、評論家たちは、総選挙では政府の得票率が確実に上昇し、その一方で、公式野党は後退することを示す歴史的パターンを指摘した。労働党にとり、「ここがピーク、ここから先は下り坂」と『ニュー・ステーツマン』誌は警告した。(原注47) この結果は、総選挙がすぐそこに迫っていなければ党内の紛争と非難を引き起こしただろう――党首事務局のスタッフは、再びクーデターになることはないだろうとは思ったが。

わずか五週間後の総選挙で得票率四〇％を勝ち取る政党が、なぜ地方選ではこんなに悪い結果に終わったのだろうか。この質問に答えると、コービンの後の成功に顕著ないくつかの特徴が明らかになる。第一に地方選は投票率が低い――たとえば、ティーズ・バレー市長選では二一％しかなかった。投票所に行く信頼できる有権者は年齢が高めの傾向があり、この年齢区分は最も保守党に引き付けられている(原注48)。労働党が引き入れたいと望んでいた無投票者は、対照的に、地方選では助けに来なかった――地方選の投票登録はだいぶ前に締め切られており、また、通常、総選挙で投票しなかった人が地方選に投票する可能性は低い。労働党がアピールしていたタイプの人々――特に若者たち――は単に地方の政治に興味がない。「それはただの地方議会、ゴミ収拾とかくだらないものだけど、総選挙では投票する」との若者の声が報道された(原注49)。

第二に労働党はまだマニフェストを公表していなかった。地方議会選に先立って打ち立てられた政策の数々はきちんとしていて人気もあったが、一つの選挙公約として積み上げられていなかった。総選挙は、現状維持と、社会を変革する革新的な計画との間での、正真正銘の選択の機会となる。そのような変革が地方議会によって提供される可能性は決してない。

三番目に放送媒体のルールが挙げられる。国政総選挙時には放送媒体に特別のルールが適用され、公式野党(一八ページ参照)にも与党と平等な放送時間が保証される。しかし、五月三日に議会が解散するまでは、そのルールはまだ実施されていなかった。二〇カ月に及ぶ否定的な報道が残した影響が長い影を落としていた。メインイベントである総選挙はまだ少し先で、おそらくほとんどの有権者は、これまでの一般通念に疑問を持って自分の意見を変えるほどには政治と密接に関わっていなかった。数百万の有権者が、ジャーナリストのフィルターを介さずに自分の目で直接コービンを見る機会となる複数のテレビイベント――総選挙の大きな見せ場となる――はまだ起きていなかった。

最後に、総選挙に比べて、地方選ではかかっているものが少ないことは、労働党員の動員の低さにも反映されていた。家々のドアをノックし、リーフレットを配達してまわる何十万人もの人の存在は労働党の巨大な潜在的利点だった——が、多くの地域では、それはまだ単なる可能性に留まっていた。コービンは残念な結果に終わった場所で実施された戸別訪問の数に関するデータを要求したと報道された(原注50)。党首の支持者にも責任の一端がある——しばしば見られることだが、新しい党員はそれほど行動的ではない。

　緊急事態がないと活気づかないように見える点が、おそらくコービン運動の厄介な特徴だった。労働党の選挙運動は地方選の前に勢いを増していたが、それはまだ二〇一五年と一六年にあったコービンの党首選の時のような「ウイルスのように爆発的に広がる《バイラル》現象」にはなっていなかった。この運動が、党内部の戦い以外で、あの時と同じようなエネルギーを再現する能力を持っているか否かは、まだ答えが出ていなかった。コービン支持者は地方選の失望によって少しの間打ちのめされ、動揺した。運動を再び始動させるためには劇的な出来事が必要だろう。支持者たちは、まもなくそれを経験することになる。

第二節　解散総選挙　第二幕

二〇一七年五月一〇日水曜日、午後九時四分、『テレグラフ』紙がウェブサイトに「特報：ジェレミー・コービン労働党の左翼マニフェストが漏洩《リーク》」と見出しを付けた記事を掲載した。誰かが同紙に、労働党の選挙綱領の草稿全四三ページを渡したのだ(原注1)。これに類するようなことは、かつて一度も起きたことがなかった。それだけでなく、『ミラー』紙もまたその書類を入手していた。翌週まで公開される予定ではなかった党の政策の詳細が、突然、インターネットの至るところで見られるようになった(原注2)。

　誰がやったのだろう?　ジェレミー・コービンの元報道官マット・ザーブ＝カズンが素早くツイートした。「マニフェスト全体が労働党本部によってリークされたと聞いた。党首の脚を引っ張るお家芸を続けてくださるとは、ありがたいことだ」(原注3)。しかし、サウスサイドの情報筋は、書類は「党の選挙キャンペーンを損なっていると労働党本部を非難する目的で、党首事務局自身がリークした」ものだ、とやり返した。(原注4) ゲリラ的なメディア戦略の一環として、政策に注目を集めるために執行部がリークしたと推測する人々もいた。しかし、そのリークを知ったとき、党首事務局は驚愕した。「コービンの腹心たちは心底混乱しているようで……当初は党右派の人物たちを疑った。それには副党首のトム・ワトソンも含まれていた」と『ガーディアン』紙が報じた。(原注5)

筋書きはさらに込み入ってきた。というのも、党を構成するさまざまな分野から人が集まり、マニフェストに最終決定を出す労働党の「第五条」会議が、その翌日に行われる予定だったからだ。執行部内の誰かが、コービンの急進的な政策を受諾させようと、会議に圧力をかけるために文書を出したのだろうか。あるいは、左翼の計画書《プロスペクタス》に対して大きな反発が起き、党首批判派がその機を捉えて中身を骨抜きにするだろうとの思惑でリークされたのだろうか。後者は最も説得力のある説と思われたが、本当のところは誰も知らなかった。

マニフェスト漏洩、その意外な効果

選挙後に行われた内部調査で、最終的に、リークしたのはスコットランド労働党党首ケジア・ダグデイルのチームの一員と判明した。「悪意によるものだったと確信している」とコービンの補佐は言う。「通常、どんな党も自らを破壊しようとはしないものだ」。しかしマニフェストの信用を落とすことが目的だったとしたら、その隠謀は目も当てられないほど裏目に出た。

メディアはいつも、どんな種類のリークにも興奮するもので、明けても暮れてもこの話でもちきりとなり、労働党の計画を国民の意識の中に浸透させた。草稿と共に綱領の算定見積がリークされなかったので、全てのの焦点は、どのように予算をつけるかよりも政策そのものに注がれることになった。ジャーナリストたちは、案の定、コービンは「英国を一九七〇年代に引き戻そうと」しているのだとさんざん冷笑したが、このマニフェストは、過去数十年間にどの主要政党が出したマニフェストより大胆なものだと渋々認めざるをえなかった。(原注6)「このマニフェストによって、有権者は『どの政党もみな同じ』とは言えない選挙になるでしょう」とBBCのローラ・クーンズバーグは認めた。(原注7) ソーシャルメディアはたちまち騒然となった。コービンの支持者にとって、このリークの一幕は、破壊工作に対する激怒と、急進的な青写真の大胆さによる高揚という、強力な感情が入り混じるものとなった。労働党員のなかのコービン懐疑派にとってさえ、このニュースはアドレナリン注射のように効いた。

おそらく、この結果として、翌日の第五条会議ではマニフェストを切り刻むような試みはなかった。全国執行委員会(NEC)と影の内閣《シャドー・キャビネット》、議会労働党、スコットランドとウェールズの労働党、全国政策フォーラム、そして労働組合の代表からなる八〇人以上の会議は、冒頭で党首の言葉を聞いた。「ジェレミー・コービンは、〔リークについて〕非常に落胆していると言いました。ジェレミーの言葉遣いでは、たいへん怒っているという意味です」とNEC委員のアン・ブラックが記者に語った。(原注8) 別の出席者によると、その後、影の外相エミリー・ソーンベリーは「生まれてこの方、このような背信行為は見たことがありません」と宣言するという「最も素晴らしい貢献」をした。

会議が本題に入ると、水圧破砕《フラッキング》法禁止計画についていくらか議論があったが、可否の投票には至らなかった。変更と追加がいくつか提案されたほかは、マニフェストは総体として無傷で泳ぎ切った。党首事務局が当初予測していたよりも、はるかに楽に乗り越えたが、会議に臨むまでに「相当な駆け引きをしていた」と関係者は言う。レン・マクラスキーの意見では、「かなりの数の右翼がこう突き放していた。『党は粉砕されるだろう。〔一九八三年より〕さらに長い遺書を書きたいならご自由に。あとはこっちで破片を拾うから』」〔一三四ページ参照〕。しかし、マクラスキーから見ると、反対の少なさは、コービンとジョン・マクドネルが労働党を反緊縮政党へと、いかにしっかりと作り替えていたかを反映するものでもあった。「右派は何一つ提供できなかった」とマクラスキーは言う。「このマニフェストにどうやって反論できる？『緊縮はすべきだと思います、給与据え置きを支持します、投資銀行には同意できません』ってか？向こうには代替案も解決法も、何もなかった。だからこそ、この上なくスムーズにいった」

その夜、それらの政策群が途方もない人気を得ているとの世論調査を『ミラー』紙が発表した。ジャーナリスト一派が、忌まわしき時代への逆戻りの証拠として大喜びで並べ立てた、鉄道、ロイヤル・メール（郵便事業）、エネルギー産業の再国有化は、それぞれ約半数の国民に支持されており、約四分の一が反対していただけだった。七一％がゼロ時間雇用契約の禁止を望んでいた。公共部門の契約に入札する企業は、被雇用者の給与最高額と最低額の比率を二〇対一以内とする要件を満たさなければならないとの急進的なアイデアを六三％が支持した。英国の政治で長いことタブーとなっていた富裕層への課税は大当たりだった。八万ポンド以上の収入に対する所得税増税の構想は六五％に支持されており、これには保守党投票者の絶対多数も含まれる。そして他にも、政策に次ぐ政策が大きな支持を惹きつけた。(原注9)

漏洩者は「ひどい見込み違いをした」とコービンの側近の一人が言う。「拷問のような二四時間だったけど、今は心穏やかに微笑んでいますよ。これがカルマってものだから。トラブルを起こしたいがためだけにリークした人がいて……その結果、党として、リークがなければありえなかったほど左にいる。ワクワクしています。リークした人物と握手したいぐらいです」

第五条会議を経て現れたのは、国民の全ての層のために作られた政策を盛り込んだマニフェストのスイス・アーミーナイフだった。大学授業料の廃止は若者に、給与据え置きの解除は公共部門の労働者に、年金額の三段階防御《トリプルロック》の維持は高齢者に、給与格差を縮めるための大企業への平等賃金監査は賃金差別を受けている女性や黒人やアジア系の労働者に、憎悪されていた労働能力アセスメントの廃止は障碍を抱える人々に、といった具合だ。しかし、全体は、それぞれの部分の総和以上のものだった。全て合わせると、根本的に異なる方針でどのように社会が運営されうるか一つの「像」を描いていたからだ。一線を画すテーマは共同体主義と普遍主義だった。何年もの個人主義と収入調査による受給資格審査体制の後にそれが来たのだ。

これがコービンのビジョンだった——二〇一五年と二〇一六年の党首選キャンペーンで提示された綱領の

進化形だ。二〇一五年の夏にアンドリュー・フィッシャーによって大急ぎでまとめられた政策提案書から引き継がれたものが、同じ執筆者の手による新しい計画書の中にも――国民教育サービス、一律無料保育サービス、家賃の制限、国民投資銀行ほか多数が――欠けることなく残っていた。「とてもよく似ているが、もっと発展があって、いっそう詳しくなっている」と党首の顧問が言う。

二〇一六年の党首選でコービンが立脚した「一〇の約束」が、正統性の重要な拠り所となった。「一〇の約束はNECに承認され、二〇一六年の党大会を満場一致で通過した。全代議員がその全てを信じたわけではないが、ジェレミーは六二%の得票率で再選されたばかりであり、代議員はそれを信任として受け入れなければならなかった」と顧問は言う。「それを下敷きにした。党の政策だから、そのアジェンダを中心にしてマニフェストを作ればいい」

マニフェストに統一性を与えたのは、二年にわたって磨かれ、失敗に終わったクーデターで図らずも強固にされた、この一貫した方向性だった。英国政治の文脈から取り出せば、その綱領は社会主義的というより社会民主主義的と言え、ある意味とてもマイルドだ。しかし、現在の政治的介入としては、サッチャー主義の正統教義からの根本的な脱却にほかならなかった。

二〇一五年党首選での経験に見られた特色のうち二〇一七年に繰り返されなかったのは、参加型政策作りの重視だった。党首就任後の二〇カ月間はNECや党大会で過半数を得ていなかったので、コービンはほとんど党を民主化できなかった。全国政策フォーラムは改革できず、そのままだった。マニフェストに魂を入れるために、土壇場で電子メールによる党員への調査が実施されたが、それは「信じられないほど限定的なものだった――でも時間の限られた解散総選挙で他にどんなやりようがあっただろう」。フィッシャーと少人数の政策チームが、影の内閣および労働組合との緊密な協力の下で起草を進めていたなかで、第五条委員会の形式的な手続きはあったものの、二〇一七年の綱領は、その構築において、それまでのマニフェストより民主的にはならなかった。

実のところ、任期満了前選挙は党首事務局に、普段よりも余計に行動の自由を与えさえした。「全国政策フォーラムは、マニフェストの起草に向けて、五年間かけて作り上げる手順を踏むように設計されている」と顧問が言う。「解散総選挙になったときに使えるシステムではない。ある意味、任期満了の選挙のときよりも自由裁量の余地があった」

しかし、マニフェストには、コービンの党首選から大きく逸脱した領域があった。もっとも明白なのはトライデント核兵器の維持である。「トライデント維持は労働党の政策だ」と顧問は言う。「多くの事柄を、大きな異議なしにマニフェストに入れ込むことができた。でも労働党の政策は変えられなかった。トライデント〔更新反対〕に関しては党大会で過半数を得られていない。というのも、〔防衛部門の労働者を代表する〕労働組合があるからね。ジェレミーの見解ではないという意味では妥協だが、交渉の末に譲歩したわけではなく、単に党の政策だからというにすぎない」。同様に、防衛にGDPの二%を充てるというNATOの要件を順守するのも、党の政策だった。

EU離脱《ブレグジット》についてのマニフェストの見解は、影の内閣で長い進化の過程を経た産物だった。左派党員の多くは、移民に関する一節――「移動の自由は、私たちが欧州連合を離脱する時に終わる」――を重大な敗北と見た[原注10]。影のEU離脱《ブレグジット》相であるキア・スターマーと影の内相ダイアン・アボットは、この件に関して何カ月も異なる見解を公にしており、特にアボットは移動の自由を諦めるのは気が進まなかった[原注11]。アボットが闘いに負けたように見えた。しかし、その一節には可能性が開かれていた。「最終的な見解は、ただこう言っているだけです。『いいですか、欧州連合から出たら移動の自由を失いますよ』」と顧問は思い返す。「何か、EU市民の優遇や移動の自由といった要素をもつことを交渉できないとは言っていなかった」

二〇一五年の総選挙で、労働党は、移民に対して甘くないという印象を与えつつ移動の自由を支持した。一方、二〇一七年に労働党が移動の自由は終わるだろうと述べたときには、主要政党に見られたもののなかでは、移民について最も前向きな言葉を伴っていた[原注12]。「労働党は、移民の経済および社会への貢献を高く評価します」とマニフェストは述べる。「私たちは移民の労働者を誹謗しません……公共サービスを削減せず、また、削減は移民の影響であるとのふりもしません」。EU離脱交渉《ブレグジット》における労働党の判断基準は、保守党と逆のものとなるだろう。すなわち「私たちが優先するものは成長、雇用、繁栄です。この目標を、偽の移民数削減目標より優先することについて弁明などしません」。(原注13)

二〇一五年の党首選で福祉法案論争がコービンの台頭に重要だったことを考えると、マニフェストの中で最も意外な分野は社会保障だった。「保守党政府による変化のうち最悪の過ち」、すなわち寝室税や規定違反制裁制度を終わらせると約束しながら、福祉削減の全てを覆す公約は入っておらず、メディアやシンクタンクがすぐにそれに気づいた。(原注14)顧問によれば、これは「妥協ではなく」、どちらかと言うと、自分たちの意図を伝えきれなかった政策チームの失敗だった。労働市場と住宅問題に関する、より広汎な対策を通して、低賃金の雇用主や民間の賃貸業者への国の補助金を減らすことで福祉支出を大幅に節約できると、政策チームは考えていた。その余剰金は福祉予算に「リサイクル」することが可能だ。しかし、そのような包括的な変革のための予算を大急ぎで算定するのは不可能だった。「避けたかったのは、添付した見積書で全てを逆転させると言いながら、余剰金を積み上げられないことだった」と顧問は説明する。「約束をあまり明確にしないで、それで全てうまくいく』と言える方法を探っていた、明確な約束はしないでね。マニフェストの中でそこだけが、たぶんちょっと混乱していた部分だった」

欠点は避けられなかった――なにしろマニフェストはわずか三週間半で書かれたのだ。注目すべきことは、それにもかかわらず、記憶される限りで予定どおりに印刷所に送られた最初の労働党のマニフェストになったことだ――これは、党首事務局に浴びせられていた無能との非難に対する適切な反論であり、フィッシャーのあっぱれな成果だった。(原注15)フィッシャーが、キャロライン・フリントとシヴォーン・マクドノー両議員による、二〇一五年の追放の企てを生き延びていたことを党は感謝した方がいいだろう。(原注16)

「少数のためにではなく、多数のために」と題されたこのマニフェストは、五月一六日に、ブラッドフォード大学の明るく広々とした大きなアトリウムで正式に公表された。労働党は大学授業料を廃止する、とコービンが発表する時に大きな歓声が起きることは間違いない場所だった。その計画書に入っている多くを誰もがすでに知っていたことで発表が台無しになるどころか、かえって関心が高まったようだった。リークのおかげで、労働党は二週連続して提案を発表することができ、そのうえ、リークの日から公式発表日までの間に広く報道されてもいた。どの政党も、自分たちのマニフェストの発表が単なるニュースとしてでなく、イベントとなるように懸命に働いている。しかし労働党の場合はそれを超えていた――それは大河小説だった。完成した文書へのシンプルなリンクは、フェイスブック上でウイルス《バイラル》のように爆発的に広がりさえした。(原注17)労働党のウェブサイト上のマニフェストは、選挙中に五〇〇万ヒットを集めた。(原注18)マニフェストがこれほどの注目を集めることはめったにない、仮にあったとしても。

マニフェストは労働党員たちに対する強烈な刺激となった。全国で展開する戸別訪問で、党首への口やかましい批判者たちが、自分たちが信じていた全てが詰め込まれていると言うのが聞かれるだろう。綱領への明白な誇らしさがあった。党員たちが気持ちを込めて売り込める政策がここにあった。その効果は党員を動員し、キャンペーン活動を活性化した。

しかし誰もが感心したわけではなかった。大胆不敵な労働党議員のいつもの面々がいて、新聞にコメントを漏らし、マニフェストを「子どもっぽい」「高価な欲しい物リスト」「一〇歳児からサンタクロースへの手紙のよう」と決めつけた。「私たち現実的な者は、党が策定したこのマニフェストを守れないことがわかっているので、自分のリーフレットでも戸別訪問でもこれについて言及しません」とある傑物は言った。「誰にでもユニコーンを約束することはできるが実現することは絶対にない」と別の大人物は宣言した。「このマニフェストはお笑いぐさで、戸別訪問する労働党議員にとって役立たずだ。どっちみち世間は私たちの言うことにほとんど耳を貸さないし、真面目に受け止めることもない」(原注19)

少し分別のある批判者は、もっとましな攻撃ラインを持っていて、政策はとても人気があり、うまくいくだろうと力説した――ただし、あの党首がいなければ、の話だ。これに対し、コービンの副官の一人は「奴らはとんでもねえ阿呆？」と疑問を返す。「ジェレミーがいなかったら、このマニフェストは絶対になかった。一〇〇万年かけても無理。ジェレミー以外の誰にも、このマニフェストを作るに至る状況は引き起こせない」

保守党の「悲惨なマニフェスト」

もし保守党が、自分たちの提案で、労働党と同じ程度の関心を引き起こしたいと願っていたのなら、自分たちがいったい何を望んでいるのか、もっと気を付けておくべきだった。後から振り返れば、例外なく大惨事と見なされた「悲惨なマニフェスト」――ソーシャルメディアに出回ったあだ名――は、基礎票は当然取れるものと見なすブレア派の傾向をなぞっていた。(原注20) まるで傲慢さの発作のように、保守党は自党票の基盤を成す家持ちの年金生活者への攻撃を決意し、その人たちの家が死後にソーシャルケアの支払いに費やされること、その人たちの年金はもはや毎年少なくとも二・五％上昇しないだろうこと、その人たちの冬の燃料手当ては、どの程度かヒントさえない収入調査で決まるだろうことを発表した。

それでもまだ飽き足らずに、保守党は、所得税と国民保険料の上昇を排除しないことで、低税率政党としての名声の解体に取りかかった（突拍子もない政治的愚行として、防衛相のマイケル・ファロンはその後、所得税引き上げを排除した――ただし高所得者に限って！）。(原注21) さらに仕上げとして、キツネ狩り合法化の可能性を示唆して、「卑劣党《ナスティ・パーティー》」の看板の奪還に全力を挙げた。その政策は素晴らしい勢いで国民の間に瞬く間に浸透したが、保守党にとっては不運なことに七八％が反対だった。(原注22) 従来のメディアではほとんど取り上げられなかったが、ソーシャルメディアではどこにでも見られ（フェイスブックでは、EU離脱《ブレグジット》よりもキツネ狩りの記事がより多くシェアされた）、ある層の人々にとっては、特に保守党に反対票を投じる気持ちをかき立てられる争点となった。(原注23) 同様に、幼児の無料給食を廃止する計画は――代替として提案された一食あたり六・八ペンスの予算がついた無料朝食が出現する前でさえ――冷淡さの表れと受け取られた。「カレン、六・八ペンスで何枚のコーンフレークが買えるだろうか」と影の通商相バリー・ガーディナーが、テレビ出演時に、保守党閣僚のカレン・ブラッドリーに極めて真剣な表情で尋ね、「それほど多くはないね」と自答した。(原注24)

保守党のマニフェストに、自傷願望以外に政治戦略らしい政治戦略があったとすれば、昔ながらの労働党地盤のうち国民投票で離脱に投票した地域で労働者階級の票を勝ち取ることだった。五月一八日の発表会場がその表れだ――ハリファックスの接戦選挙区にある陰鬱な元工場だった（その選挙区での労働党と次点保守党との得票差は、この選挙で、四二八票から五三七六票に開いた）。しかし、労働者をターゲットにした実際の政策は恩着せがましいものだった。マニフェスト発表に先立って誇らしげに説明された一つの対策は、病気の家族の世話をするために、労働者に一年間の――無給の――休暇を取る権利を与えるというものだった。(原注25) 労働者には収入無しで一年間の休暇を取る余裕がないかもしれず、国家が慈善行為のふりをして自らの責任を労働者に肩代わりさせると見なされるかもしれないと、マニフェストの起草者の頭に思い浮かんだかどうか、さだかではなかった。

明らかにメイはEU離脱《ブレグジット》の闘士として位置取りしていたが、労働者階級のうち離脱に投票した人の動機は、移民問題と愛国心だけだと見なしているようだった。多くの人が、EU離脱《ブレグジット》をすれば公共支出により多くの財源を回せると――NHSに週三億五〇〇〇万ポンド〔EU離脱キャンペーンが用いた非常に議論の多い宣伝〕――信じて投票したという認識はなく、そのためマニフェストにはそういう人たちに向けた約束は何もなかった。緊縮財政からの後退はありそうにない。「保守党は法人税を一七％まで下げ続けるつもりであり、同時に『これをやるための金がない、あれをやるための金がない』と言っていた」とコービンの顧問が思い出す。「それは実によく響き渡っていた」。傲慢さの印象は、提案書の算定見積を公表できなかったことでいっそうひどくなり、一方の労働党がマニフェストの公式発表時までに公表できていたのでなおさらだった。これで、労働党の閣僚《スポークスパーソン》たちは、自党の見積に対する保守党からのあらゆる攻撃にいつでも反撃できるようになった。財政学研究所が、労働党の見積のうち、いくつかの数値のもととなる仮説に異議を唱えたが、少なくとも同党はその数値を提供してあった。

保守党のマニフェストの旗艦政策はソーシャルケアの危機に取り組むプランで、誰であれ一〇万ポンドを超える資産を持つ者——もち家所有者の大部分——は、上限無しで自分の介護費用を負担しなければならないとするものだったが、五月一八日に保守党がマニフェストを発表すると、コービンは即座に「認知症への課税」と烙印を押した。(原注26)「認知症税」のレッテルが貼られるやいなや、その政策はおしまいになった。『デイリー・メール』紙はその政策に肯定的なひねりを入れようと果敢に試み、第一面で「ついに、あなたに対して正直であることを恐れない首相が現れた」と見出しを付けたが、生来の保守党支持者からの批判の津波を鎮めることはできなかった。保守党投票者は、影の財相ジョン・マクドネルとの異例の共闘に気付いた——マクドネルは、またとない機会を得て、保守党投票者の財産所有権は不可侵であると、自らの固い信念を披露した。(原注27)この政策は、選挙で掲げるには説明のつかないものだっただけでなく、ほとんど検討されてもいなかった。「まったくの素人芸だった」と労働党の政策チームの一人が言う。「とてつもない独りよがりだった」

政治的苦悩に満ちた週末を過ごしたあと、五月二二日、首相はこの政策に関して方針を一八〇度転換するという致命的決断を下した。主要政党が選挙前にマニフェストの公約を——ましてや旗艦政策を——撤回するなど前代未聞だった。労働党のキャンペーンチームは、ほとんど信じることができず、「オフィスで話してた、『こんなこと今までにあったっけ?』って」。

さらに悪いことに、それはきちんとした方向転換でさえなかった。ジャーナリストたちから敵対的な質問を浴びせられ、動揺したメイは「何一つ変わっていません！　何一つ変わっていません！」と大声をあげた。明らかに首相は正直であることを恐れていた——誰の目にも政策が変わったことは明白だったのだから。今では誰にとってもソーシャルケアの支払上限額が設けられていた。しかしメイは、この上限がどの程度に設定されるか述べることを避けたので、保守党は最悪中の最悪の状況に残された。すなわち、放棄しかけた、すでに信用を失った政策を擁護しながら、その政策を自分の全財産に対する脅威と見なす人々に安心を与えることもできないのだ。

メイの実体が露わになっていた——それも考え得る限り最悪の時期に。メイが首相職を禅譲されて以来、迎合するメディアによって経験していた対応の容易さを、思慮深い保守党関係者は後悔しているかもしれない。「選挙戦に入るときにわかっていたキャンペーンの重要な側面は、テリーザ・メイがとても逆境に弱いことだった」と党首事務局の関係者は言う。「それはムスリム禁止令をめぐる大失態から得た経験的知恵で、[二〇一七年一月にメイがホワイトハウスを訪問した直後に、トランプ大統領が問題の多い大統領令を出したとき]保守党はニュースの流れに先手を打てず、惨憺たるありさまだった。それに比べると、こちらは危機対応はお手の物だ。ほぼ二年にわたって、メディアから絶え間なく襲撃され続けてきたから」

メイの「強く安定した《ストロング・アンド・ステイブル》」指導者としてのわざとらしいイメージは一気に打ち砕かれ、スローガンは国民的ジョークになった。テリーザ・メイはいまや「弱くてぐらぐらした《ウィーク・アンド・ウォブリー》」首相だった。強い個性も魅力も無しに個人崇拝を構築しようとした危険性が剝き出しになってしまったのだ。メディアへの露出は悲惨な試練になった——見せ場となるBBCのアンドリュー・ニールによるインタビューは、政策をUターンさせた日の晩という不運なタイミングに当たってしまい、あまりの嘆かわしさに保守党の新聞でさえ美化しようとしなかった。(原注28)

マニフェストの公表は労働党にとっては大成功に、保守党にとっては未曽有の大惨事になっていた。公表直後に労働党の支持率は最大三四%にまで上昇し、一方、保守党は公表前夜に記録した四九%を叩き出すことは二度とないだろう。労働党のアイデアが、より多くの人に認知されたことが調査で明らかになった——例外が一つだけあり、他のどの政策よりも知っている人が多かったのは認知症税だった。(原注29)

ソーシャルメディアの威力

労働党の選挙戦《バトル》バスが、リーズのブルードネル・ソーシャルクラブの外に停車する前に、すでに三〇〇〇人もの人が集まっていた。その会場で行われる選挙イベントでジェレミー・コービンが演説するとの告知は、ついその前日に公表されたばかりだったが、フェイスブックで拡散された結果、とても多くの人がやって来て、イベントの企画者は集会の場所を駐車場に替えていた。そこも膨れ上がった群衆ですぐに埋まってしまい、人々はクイーンズロードまでこぼれ出した――そのため警察が道路を車輌通行止めにした。まもなく道路脇の草で被われた川岸にも人々が並び、まるで野外劇場のような雰囲気になった。よく見えるように屋根の上に立っている人たちや、木の上に腰掛けている人たちもいた。みなが名前をコールする中、コービンはバスを降りて群衆の中を抜け、スピーチをするために、ぐるりと人々に囲まれたベンチの上に立った。

二〇一七年五月一五日、労働党のマニフェスト公式発表の前日だったが、あれほどの興奮を巻き起こしたリークのあとだった。群衆は若かった――リーズ北西選挙区にあるハイド・パーク地区は学生に人気があった。コービンは、投票登録をすませた人は挙手してくれませんか、との質問から演説を始めた。「もし誰かまだ登録していない人を知っていたら、その人を登録させて」。リーズ北西選挙区は、二〇一六年一二月からこの選挙までの期間に選挙人登録数が一五％以上増加した三選挙区の一つだと、選挙管理委員会は後に発表した（もちろんコービンがここで選挙集会をもったからだけではないが大いに役立った）[原注30]。労働党は自由民主党からこの議席を奪った。

労働党の政策を、医療、教育、そして住宅問題と一通り述べたあと、コービンは、この選挙戦がどう描かれているかと、実際に自分が経験していることとの間にギャップが生まれていると語った。「この選挙キャンペーンは、まるで二つの相反する物語のようです」とコービンは言った。「一つは、ひどく冷笑的な多くの全国メディアによる一連の予測です……そしてもう一方には、驚くべき一体感がある――今日の群衆と今周りにいる人たちを見てください……この選挙では、あらかじめ決まっていることは何一つありません」。締めくくりまで来ると、コービンは集まった人々を三六〇度ぐるりと見渡しながら、一語ずつ言葉を発した。「私たちは。できる。やる。この。ことを。みんなで！」大歓声が上がった。まるで映画の一場面のようだった。(原注31)

コービンが特定した「二つの物語」はまったく相容れないものだった。報道によると、労働党は全般にわたって人気がなく、絶えず「メルトダウン」に陥り、確実な絶滅に向かっている役をあいかわらず割り当てられていた。しかしひとたびウェストミンスターを離れると、労働党のキャンペーンは成功していた。リーズでの選挙集会にも、同じ日の少し前に小さな町、ヘブデン・ブリッジであった選挙イベント――コービンが話すのを見ようと川の中に立っている人々がいた――にも、二〇一五年党首選キャンペーンの感触と興奮が再現されていた。運動が復活した目に見える証拠だった。「違うね」と専門家たちは言い、コービンは「信者に説教している」に過ぎないと断じた。参加者は人口のほんの小さなひとかけらを代表するだけ、あるいは、マイケル・フット党首〔三三二ページ参照〕も大群衆に演説したなどとも評した。たいていは最大限、小馬鹿にした口調で展開されるこうした議論は、今起きている現象を頑として理解すまいとする奇妙な態度の反映だった。選挙集会は運動に自信と連帯をもたらした。支持者を鼓舞し、外に出てキャンペーンする気を起こさせた。大群衆の動画や写真がオンラインやテレビ――地方局のテレビニュースも含まれる――で遠く広く拡散され、コービンは孤立した存在だとする支配的な物語を切り崩した。支持基盤の人々を動員することで新しい人の獲得を目指す選挙戦略を展開すると、こうした様相を呈するものだ。(原注32)

二〇一五年と二〇一六年の党首選では、現実世界での活動とオンライン活動との間に共生関係があった。運動が結束を固めたのはソーシャルメディアにおいてであり、そこで連帯の絆が鍛えられ、士気が高められ、アイデアが共有された。運動の構築にソーシャルメディアがどう役立つかは、ほとんど議論されていない特質だった――ジャーナリストたちはソーシャルメディアを、情報源としての報道機関にどう置き換わるか書くほうがはるかに多かった。しかし、総選挙でソーシャルメディアが最も重要な役割を果たしたのは、運動が成長する空間を提供したことだったのだ。共通の目的と世界の終わりのような切迫感をもち、何十万もの個別の労働党支持ソーシャルメディア・ユーザーが群れとなってデジタル風景を席巻した。政敵と闘い、主流メディアの報道を批判的に精査した。共同して作業することにより、政治の議題《アジェンダ》を、かつて英国で見たことのないほどシフトさせることができた。

ソーシャルメディア上では労働党が選挙を支配したが、どのように達成されたかを把握するには、それが運動として行われたものであり、党の公式アウトプットによるものでも、ましてや有料広告によるものでもないことを理解することが不可欠だ。渦巻き、脈打ち、沸騰するオンラインコミュニティは、常にコミュニティ自身のコンテンツを製作し、ミーム〔六二ページ参照〕と動画を吐き出し、新しいスラングや仲間うちのジョークを一緒くたに混ぜ合わせた。選挙が進行するにつれて、運動は前二つの夏の党首選時に経験したどちらよりも拡大した。しかし、その中心は同じコービン支持者の一団だった――党内の闘いで強化され、今、党全体のために闘っている。

このグループには自発的な分業があった。この分業は、ツイッター――政治的勢いが得られることもあれば失われることもある、対立する物語《ナラティブ》の戦場――で、はっきりと見て取れた。ツイッターには、ドクター・オーイン・クラーク(@ToryFibs)――ある分析によれば、ツイッターで最も影響力のある選挙関連アカウントの一つ――のような啓発者がいた。(原注33) クラークは、膨大なリーチ〔情報などの広まる範囲〕を活かして、労働党の政策の概要を打ち出し、保守党からの攻撃を退けた。また、例えば、映像作家のサイモン・ベイカーが製作した力強くウィットに富む動画を発表する「ＥＬ４Ｃ(コービンを支持するイーリング選挙区労働党)」のような動画作家、あるいは、有益な断片映像をテレビからつかみ出し《クリップ》てソーシャルメディアで広く見られ易くする「I was a JSA claimant(元求職者手当の請求者)」のようなクリッパー、また、陽気なしゃべくり《ラント》動画の「アーティスト・タクシードライバー」こと、マーク・マクガワンのようなパフォーマーがいた。さらに、例えば、率直なメッセージのある手作りグラフィックの才能を持つレイチェル・スウィンドン、あるいは、鋭いフォトショップのスキルを持つ「ジ・アジテイター」のようなミーム制作者がいた。議論の枠組みを作る、例えば、アーロン・バスターニやリアム・ヤングのようなチーム内の時事解説者がいた。評論家に打撃を与えるのを楽しむマット・ザーブ＝カズンのような議論のボクサーもいた。そして、例えば、「ジェレミー・コービンを党首に」アカウントから進化し、現在は活動家のサラ・ヘニーが運営する「ジェレミー・コービンを首相に」のような運動のための非公式ニュース配信があった。注目すべきことは、これらの多岐にわたる才能――そして他にも多く――の広がりが自発的に高度な調整能力を発揮しつつ、一体として機能したことだ。

フェイスブックでは、コービン支持の運動は、個人よりも「グループ」「ページ」および友人のネットワークが中心だった。例えば「私たちはジェレミー・コービンを支持する」や「労働党フォーラム」などのグループに数万人が集まり、長いスレッドでニュースを共有し、議論した。ニュースや投稿は、これらのグループやページから個々のフェイスブック・ユーザーのタイムラインに振り向けられ《スピンアウト》、必ずしも労働党の投票者ではない友人や家族にも見られるようになった。本物のネットワークであるフェイスブックは、浮動票層に到達するためには、ツイッターよりはるかに強力なプラットフォームだった。

新しい左派のニュースサイト群――『スクァークボックス』、『カナリア』、『イヴォルブ・ポリティクス』など――が成長拡大できたのは、広大な聴衆に到達できるソーシャルメディアの技術的能力のおかげだった。こうしたサイトが制作したニュースは、資本に恵まれ、かつスタッフも整った新聞よりも、記事単位では、はるかに急拡散《バイラル》した。(原注34)『もう一つの怒りの声』ブログの一本の記事――「ジェレミー・コービンの政策のうち、あなたが実際に同意できないものはいくつありますか」――は三日間で一〇〇万ヒットを超えるほど人を引きつけ、選挙全体で最もバイラルした記事になった。(原注35)これら新興の左派メディア・アウトレットや、より分析的傾向のある質の高いコンテンツを制作する『ノヴァラ』のようなメディアの成功は、運動の自信を強化した。

予想できることだが、新聞の「オピニオン形成者」は、自分たちの独占権に対するこうした挑戦を受け、恐れおののいた。通常の報道の妨げになっていると、ソーシャルメディアを非難する声がよく聞かれた。ソーシャルメディアの重要な機能が情報選別の代替手段であることと、この機能が、有力新聞社主と新聞編集長の影響力を弱めたことは真実だった。しかし、新しい左派のニュース・アウトレットがそれほどまでに楽々成功した理由は、主としてテクノロジーのせいではなく、自分たちの世界観を反映した報道を促進しようとする機敏な運動が存在したからだった。ニューメディアと運動は相互に補強しあった。フェイスブックのアルゴリズム機能の仕方も一役買ってはいたが、臨界量の人々が共有しようとしなければニュースは石のように沈んだ――右派が発見したように。『バズフィード』の分析が示したように、「フェイスブック上で人々がシェアしたがったのは、親コービン、反保守党《トーリー》のニュースばかりだった（原注36）」。

しかし、職業ジャーナリストの多くは、親コービンのソーシャルメディアを、互いに同意している人々の間の会話ばかりの反響室《エコー・チェンバー》にすぎないと一蹴した。そして、それが政治的にどんな意味をもつかを、際限なく人々に吹き込んだ。なるほどソーシャルメディアは、思いを同じくする活動家が決定する労働党の党首選に勝つためには有用かもしれないが、総選挙では役に立たないと――実際には逆効果となった。「労働党の危険な安全地帯《セーフ・スペース》は」と『エコノミスト』誌は書いた。「ほとんどの有権者が何を考えているかについて、活動家に歪んだ印象を与える（原注37）」と。このような論考の一大ジャンルがあったが、その全てが完全に間違っていたことがわかった。反響室《エコー・チェンバー》と形容されたものは、実際にはオンライン運動が活動している音――すなわち、数百万のタイムラインに世界の別の視点を押し込むことを可能にする力――だった。それは反響室《エコー・チェンバー》ではなく、増幅器《アンプ》だったのだ。

『ダブル・ダウン・ニュース』の例を見ればよくわかる。テリーザ・メイが選挙を発表した時、その媒体はまだ存在していなかった。しかし投票日までには、英国のフェイスブック・ユーザーの半分が、その投稿のどれか一つを見ていた。[原注38]『ダブル・ダウン・ニュース』は、ゲストがカメラに直接話しかける様を巧みに撮影・編集した選り抜きの動画を公表するシンプルなフェイスブックのページとして設置された。「目的はただ政治を身近なものにすることで、もうこっち側にいる人に説教することではなかった」と、創立者の一人、ボビーは言う。五月一九日に投稿された最初のビデオは、ラッパーのロウキーが、コービンを支持する理由を説明する四分半のモノローグだった。それはバイラルし、四〇〇万回の再生回数を記録した。最初はコービン支持者の集団とロウキーのファンにシェアされ、すぐに一人歩きした。「フェイスブックのいちばんいいところ、なぜ人々に届く最良の場かと言うと、普通の人がいるからだ」とボビーは言う。「みんな友達をコメントでタグ付けていた。友達一〇人にタグ付けしていた。お互いに『共感する』と言って、有機的につながったんだ」。『ダブル・ダウン・ニュース』の二番目のビデオは、出演したコメディアンのガズ・カーンが、マンチェスターでの爆弾攻撃の後にテロリズムについて語ったもので、再生回数はさらに増え、八〇〇万を超えた。

ロウキーのビデオは重要だった。というのも、有名人による一般的な政治的支持表明とは異なり、特定のコミュニティに対して真の影響力を持つ人物が発したものだからだ。そのビデオは、当時ソーシャルメディアから飛び立っていた並外れた自発的文化現象と一つになった――「#Grime4Corbyn グライム・フォー・コービン」だ。グライム――英国で進化したヒップホップ――のジャンルに属する多数の大物アーティスト――ストームジー、ノベリスト、AJトレイシー、そしてアカラなどが、ツイッターとスナップチャットでコービンを支持すると告知した。[原注39]草の根キャンペーンが立ち上がった。当初はグライム・ファンに投票登録させるためだった。[原注40]ハッシュタグ「#Grime4Corbyn」はすぐに、ツイッターのトップトレンドになった。コービンはグライム・スターのJMEにカルチャーマガジン『i-D』誌〔音楽、ファッション、アート等、先端若者文化を取り上げるサブカルチャー誌、一九八〇年創刊〕でインタビューされた。二人が投票の重要性について語るビデオは、フェイスブックと他のプラットフォームで二〇〇万視聴を得た――テレビで放映されたほとんどの政治インタビューを超える視聴者数だった(原注41)。それに加え、そのビデオの視聴者は、まさに執行部が選挙戦略で票を勝ちとることを目標にしていた人々――若者とBAME〔黒人、アジア系、少数民族。英国の白人以外の人々を差す用語〕のコミュニティだった。

「グライム・フォー・コービン（Grime4Corbyn）」は運動の中の運動になった。六七歳のベテラン政治家と、英国で最もエッジーな地下音楽シーンの組み合わせは不自然に見えたかもしれないが、『ダブル・ダウン・ニュース』のボビーに言わせると、「コービンの上昇とグライムの上昇には相関性」があった。グライムのアーティストは、企業のレコードレーベルを避け、代わりにマテリアルを自分たち自身でリリースし、ソーシャルメディアで宣伝していた。「一〇年か二〇年前だったら、コービンみたいな人はいなかったかもしれない。ちょうどグライムがなかったかもしれないように」とボビーは言う。「コービンは、まさにグライムと同じようにやれている。ソーシャルメディアを使って価値を産み出し、みんなが見られるようにすれば、ひとりでに大きくなっていく――妥協なんかしなくていい」

五月半ばまでには、コービンその人自身が若者の間でバイラルしているようだった。どういうわけか、コービンは鍵を握る文化的環境《ミリュー》とつながりを築いていた。音楽界を結束させ、グライムだけでなくインディーとロックシーンからの支持を獲得しつつあり、老舗音楽誌『NME』〔音楽ジャーナリズム誌、一九五二年創刊、二〇一八年よりオンラインのみに移行〕とロック誌『ケラング！』〔ロックミュージック専門誌、一九八一年創刊〕の表紙を飾った。リリー・アレン、M.I.A.、ラグンボーン・マンをはじめ、多くのアーティストの推薦を受けた。コービンのフットボールへの愛は、プレミアリーグのテレビ収入の五％を草の根フットボールに投資するとの労働党の政策とあいまって、スポーツ・ファンと結びついた。FAカップ決勝の日に、コービンは、社会主義について語るブライアン・クラフなど、フットボール・レジェンドのミームとビデオをツイートし、ファン中心のオンライン・フットボール・チャンネル

「Copa90」でくつろいだインタビューを受けた(原注42)。選挙中に最も人気のあったミームの一つは、ニューカッスル・ユナイテッドの元監督ケビン・キーガンの顔にコービンの顔をフォトショップで貼り付けた動画で、キーガンは悪名高いしゃべくり《ラント》でこう宣言していた。「勝てたらいいよね、いいよね(原注43)」

ミームはソーシャルメディア選挙を定義づける特徴の一つで、ユーモアと創造性を政治にもたらし、急成長する運動を、参加したくなる、魅力的なものに見えるようにした。カメラに向かって話す自信ありげなコービンの短い動画《クリップ》は、第四の壁〔観客と舞台を永遠に隔てる透明な幕〕を破り、世論調査で労働党の支持率が上昇するたびに、至るところで見られるようになった。コメディ番組『ザ・ラスト・レッグ』のスケッチから抜き出した、白い毛皮風のコートとタキシードを着てスーパーカーに乗ったコービンの映像は、その時その時にふさわしい何かしらウィットに富んだキャプション付きで際限なく再利用された。「グライム・フォー・コービン（Grime4Corbyn）」運動は、エラぶったところがなく、縁の下の力持ちを引き受ける党首が、レイチェル・マスケル議員の声が群衆によく聴こえるようにスピーカーを高く持ち上げた写真を取り上げた。マスケルは、フリースタイル・ラップをクールなビートにのせていたわけではなく、政策について話していたのではあるが。しかし、エンターテインメント・ウェブサイト「Joe.co.uk」の広く見られたビデオでは、コービンはフリースタイル・ラップを演っていて、インタビューから抜き出されたフードバンク、ホームレス、法人税減税などについての言葉が、ストームジーの曲『Shut Up』にかぶせられ、ストームジーの体の上にコービンの頭がスーパーインポーズされていた。

コービンは一種の「庶民の英雄」になった。「絶対少年《アブソリュート・ボーイ》」だった。しかしこのステイタスは、まさにコービンがラッド〔頭に血の上りやすい体育会系青年〕でも煽動政治家《デマゴーグ》でもないからこそ機能した。底を流れていたのは、やんわりと皮肉な——とはいえやはり評価している——調子だった。「コービンは今夜プリングルを食べた」は、労働党党首が支持者からソルト&ビネガー味の一枚のチップスを受け取り、群衆に見せてから食べる動画に付けられた単に事実関係を説明するコメントだった。インターネットは狂乱した。このツイートは一〇〇万を超えるタイムラインに出現した。「ははは!!! これ見てみな!!」とアーティスト・タクシー・ドライバーは投稿した。「ジェレミー・コービン、オレたちの代表、ちょーやべー、いけてるプリングル」。別のツイッター・ユーザーは、「こんなに親しみを感じたことは、正直言って人生で初めて」と明かした。この出来事の一幕は、『ラジオ・タイムズ』誌がこう尋ねるまでに至った。「ジェレミー・コービンがプリングルを食べたのが、選挙のターニングポイントになりうるか」(原注44)

　コービンの特異性は、情報操作専門家《スピンドクター》なら誰でも弱点と考えたかもしれないが、運動に喜んで受け入れられ、強みに変わった。「今回はさ、若者が見ていたら、あらゆる点で自分たちと違うおじさんがいる、だけど、あれー、自分たちみたいでもあるじゃないかってことになった」とボビーが言う。「ジェレミーはジャムを作るけど、でも彼なりにクールなんだ。ジェレミーはクールだ。だって自分自身だから」。従来の報道機関が、コービンはみなに嫌われているとの思い違いをもとに、まだ奮闘を続ける一方で、選挙における「二つの物語」のもう一つの側では、コービンに深い親しみを感じる人々がますます増えていった。

　この、今まさに生きている、扱いにくい自発的なオンライン運動の中に、コービンと労働党とモメンタムは、公式アウトプット(動画やミームなど)をそれぞれ投入した。つまり、これら運動の中にあった全ての興奮は、ジャーナリストの一部の想像とは異なり、中央が出したメッセージによって魔法のように引き起こされたわけではなかったのだ。この思い違いは、ソーシャルメディアを単純な放送局《ブロードキャストメディア》と混同する傾向を露呈するものだった――重要なのは、公式チャンネルからのメッセージが、より幅広いオンラインネットワークとどう相互作用したかである。例えば、メイと保守党のフェイスブックとツイッターのアカウントが、コービンやダイアン・アボット、および労働党に対する非難を吐き出しても、比較的少数のシェアとリツイートを得るだけだった。というのも、彼らは空っぽの空間に向かって叫んでいたからだ――そこには、そういったコンテンツを拾い上げて拡声する、実のある保守党のオンライン会衆がいなかった(原注45)。しかし、ソーシャルメディアをホームとする運動の一部となった結果、コービンの個人アカウントは、大差をつけて、選挙で最も影響力の大きいアカウントになった(原注46)。労働党党首がフェイスブックで公表するどの投稿も、ツイートもスナップチャットの更新も、膨大なリーチを得た。より遠くまで届いた投稿は、より多くの新しい人々を連れて来て、その結果、それから先の投稿はさらに膨大なリーチを得た。選挙運動中に、ツイッターとフェイスブックの両方で、コービンのフォロワー数は約八〇万から一二〇万に増加した（首相であるにもかかわらず、メイは、フェイスブックで四二万のライク、ツイッターで三五万フォロワーと、はるかに遅れを取っていた(原注47)）。

オンラインにおけるコービンの最大の成功のいくつかは、特にユーモアや大胆さをそなえた選挙運動へのリアルタイムの介入で起きた。五月一五日に、ＩＴＶのロバート・ペストンが主催したフェイスブックでのＱ＆Ａライブにメイが参加したとき、コービンは視聴者の一人として自分のフェイスブック・アカウントに質問を投稿した。「さて、おそらく驚くべきことに、イズリントンのジェレミー・コービンから質問がきています」とペストンが告知した。「こんにちは、テリーザ・メイ、あなたは首相として、エリートのご友人たちに減税を差し出して仕えているわけですが、一方で、賃金は停滞し、住宅建設は一九二〇年代以来最低を記録、街の警官は二〇一〇年（保守党政権の開始時）より二万人少なく、そしてＮＨＳは危機にあります。英国民は、私たち二人がテレビの生放送で議論するのを見る資格があると思いませんか」。その人目を引く行動《スタント》は、その臆面の無さのためだけでなく、コービンのソーシャルメディア・チームが、すぐにその対戦動画をソーシャルメディア上に投稿してフォローアップしたせいもあり、破壊的な効果を上げた。労働党支持者を大いに喜ばせたその動画《クリップ》は支持者の軌道で共有され、すぐに重力脱出速度に達して、より広いサイバースペースに飛び出した。それは四五〇万回もの視聴を集めた(原注48)。数日後、その作戦の実施を助けたチームの一員であるベン・セラーズがダラム（イングランド北東部）で散髪してもらっていたところ、美容師は、選挙にうんざりしていると言い、「みんな下らないことばかり喋っているから」。しかしこう付け加えた。「でも最高のこともあったのよ、テリーザがライブ放送していた時に、ジェレミー・コーデン［ママ］がツイートで驚かせたの。あんなことをする政治家はそうはいない。あれは気に入った」

ソーシャルメディアで共有される動画のパワーを、執行部は、アメリカ合衆国のバーニー・サンダースの大統領予備選キャンペーンから学んだ。総選挙の期間中にコービンのアカウントから公開された二〇の動画は、それぞれが一〇〇万視聴を超えた。テレビニュースのシンプルな切り取り動画《クリップ》から、コービンがカメラに向かって直接語りかけるメッセージ、小気味よく編集された選挙イベントや集会のありのままの映像《フッテージ》、感情に訴える上質のフィルムまで、さまざまだった。テレビ討論をやろうとメイに挑戦した動画は確実な勝ち動画だった。フェイスブックでのライブ・スタントと並び、さらに四本のビデオがこのテーマで投稿され、それぞれ二〇〇万視聴を得た。キャンペーンの最後の週には、コービンのフェイスブックに投稿されていたビデオは合計二二〇〇万視聴を獲得していた(原注49)。

これほど巨大な視聴者を持つコービンの個人アカウントは、計り知れないほど貴重なキャンペーンのツールだった。党首のソーシャルメディア・チームは、労働党の政策を簡単にわかりやすく説明することを主目的としていた――感情的な結びつきを築くためだ。コービン自身が語っていたことで(魔法を台無しにする危険性があるが、全ての投稿を自分で書いたわけではなかったにせよ)、ときには無味乾燥な争点が人間味を帯びた。「年金生活者の方たちに、このメッセージを送ります」と始められたあるフェイスブックの投稿で、コービンは年金額の「三段階防御《トリプル・ロック》」と冬の燃料手当てを守ると約束した。「これを公約するのは、気前の良い行いとしてではなく、みなさんが生涯、制度に保険料を納めたからであり、みなさんにはその資格があるというだけのことです。これを公約するのは、労働党が、少数の側ではなく、多くの人々の側に立つ党だからです(原注50)」

コービンのメッセージがどれほど多くの人に到達したかが何よりも雄弁に物語っている。「テリーザ・メイと保守党のフェイスブックとツイッターのページを見てきました。人々に投票登録するよう促すメッセージはたったの一つも出ていません」という投稿はフェイスブックで五〇〇万人に届き、ツイッターで三七〇万回見られた。(原注51)「キツネ狩りは野蛮です」と宣言する別の投稿はフェイスブックで三〇〇万人に届き、『サンデー・タイムズ』紙が発表した富豪番付に保守党献金者が多いと指摘して、不平等についての労働党のメッセージを強く打ち出した投稿も同じく三〇〇万人に届いた。(原注52)コービンは、より若いユーザーの使う新しいソーシャルネットワークであるスナップチャットもうまく使い、一〇万人のフレンドがいた。キャンペーン中の舞台裏で見せるデッドパン〔ポーカーフェイス〕スタイルのスナップ写真は、コービンの風変わりなイメージとうまく合致した。

コービンの個人的なオンライン・チームが、党首と党員たちはソーシャルメディア上の労働党の最大の財産との前提で働いていたのに対し、党の公式発表からは別の見解がうかがえた。労働党本部《サウスサイド》のプロジェクトとしての党のソーシャルメディアの在り方は、コービン支持派のオンライン運動から距離を置いており、そのせいでリーチは限定されていた。そのコンテンツでは、選挙集会や、さまざまな問題について話す党員、あるいはコービン自身の映像さえめったに使われなかった。最初のうち、それにはどんな人間もまったく登場せず——無愛想なグラフィックスの投稿がほとんどだった。キャンペーンの早い段階で、コービンのチームは、比較にならないぐらい限られた予算だったが、党の取り組みの代わりに、自分たちで素材を作らなければならないと判断した。公平に見て、党の公式アカウントが達成できるものには制約があった——個人的な打ちこみ方においてコービンに匹敵することもできず、独立したグループほど大胆にもなれなかったからだ。やがてキャンペーンが進行するにつれて、労働党が発するものの質は著しく向上した。党のフェイスブックの「ライク」数は七五％増加し(マニフェストの打ち上げ前後に急増が見られる)、後半にはかなりの視聴者に到達していた。(原注53)

ただ、サウスサイドのデジタル戦略における主な焦点は、ソーシャルメディアの広告だった。二〇一五年総選挙時には大金を投じた保守党に大きく水を開けられており、労働党はこの新しい技術に一二〇万ポンドを注ぎ込んだ。サウスサイドは自分たちの高度に洗練された方法に誇りを持っていた――有権者への聞き取り調査《カンヴァシング》で得たデータから収集された情報を使って、特定の選挙区の特定の有権者のフェイスブックのプロフィールに、特定の争点についてのメッセージがフィードされるようにすること、などだ。(原注54)キャンペーンの最終盤、労働党は、若い有権者に到達するためにスナップチャット広告にかなりの投資を行い、労働党の選挙運動コーディネーターの一人、アンドリュー・グウィン議員によると、「驚異的な」結果を得た。「私は労働党に投票します」画像フィルターを、英国の全一二〇〇万ユーザーのうち七三〇万人が見たのだ。(原注55)

選挙中および選挙後に、政党による「特定層のみが見られる」「ターゲットを絞った」オンライン広告の使用が決定的に重要だとする報道があふれた――あたかもソーシャルメディアが、一〇〇万ポンドの予算に裏打ちされた謀略的な狡猾さによって征服され得るかのようだった。(原注56)これらの方法が実際にどれほど有効かを評価するのは容易ではない。報道によると、保守党は、労働党執行部を攻撃するネガティブなオンライン広告に一二〇万ポンドを使った。(原注57)これらは確かにＩＲＡ〔アイルランド共和国軍〕などの問題についての中傷を広めるのに役立ったが、ただ、保守党がそれを無料でやろうと思えば、英国の新聞の大半が自由に使えたのだ。とはいえ、そうした広告は、ソーシャルメディア最大のヘビーユーザーである多くの若い有権者を摑むことには明らかに失敗した。オンライン広告は疑いなく影響力をもっていた一方で、それで戦いに勝ったのではなかった。莫大な支出も、メッセージを熱心に広める多くの献身的な支持者に代わるものではなかったからだ。『ダブル・ダウン・ニュース』のボビーは説明する。「ターゲットを絞って広告を出したからって、シェアされるわけでも、ライクされるわけでも、話題になるわけでもない。ただタイムラインに、早く流してしまいたい迷惑な動画があるっていうだけだ」

保守党の攻撃ビデオの一つで、コービンがＮＡＴＯ〔北大西洋条約機構〕とＩＲＡについて語る切り抜き映像《クリップ》のモンタージュは、彼の言葉を元の文脈からはぎ取ったものだったが、「英国の政治史上最も多く見られたオンライン選挙広告」として広く誇大宣伝された。(原注58)その有料宣伝は、フェイスブックで二週間のうちに六六〇万回視聴を達成するのに役立った。しかし、モメンタムが作成したうちで最大視聴数を得たビデオは、保守党投票者の父親がローティーン風のわが娘《こ》に大嫌いだと伝える保守党のパロディ広告だが、わずか二日間で五四〇万回の再生回数に達した――制作コストは最低限だった[原注59]。モメンタムは党外組織なので、よりエッジーな制作物を公開することが可能だった。モメンタムは、そのメッセージを伝える最善の方法としてビデオに集中し、ビデオを広める最善の方法としてフェイスブックに重点を置いていた。しかし、成功を収めたのは、モメンタム自身も一翼を担っていた、より広い運動による増幅効果のおかげだった。

労働党のキャンペーン関係者が『バズフィード』に語ったところによると――有料広告ではなく――「有機的に」シェアされたコンテンツは「すでに関心をもっている人々は動員できるが、メッセージを見てもらう必要がある人に到達することを保証できるのは有料広告を通してのみだ[原注60]」。しかし、モメンタムの経験はその逆を示している。選挙中のモメンタムのリーチのうち九八%は有機的なシェアの結果であり、モメンタムがフェイスブック広告に費やしたのは合計二〇〇〇ポンド足らずだった。にもかかわらず、選挙の最後の週には、英国のフェイスブック・ユーザーのうち九八〇万人がモメンタムのビデオを視聴した――例えば、カーディフ市のユーザーの二八%、プリマス市の二七%、ダービー市の二三%で、この三市全てに選挙の趨勢を握る接戦選挙区があった。動画のいくつかは、特に活動家に向けてキャンペーンを促す目的を持っていたが、モメンタムのコミュニケーション担当官ジョー・トッドによると、最も目立つビデオは意識的に「左翼の枠を越えて大衆的なリーチを持つように設計されていた」。フェイスブックの統計を見れば、その戦略がどれほど成功したかがわかる。例えば、キャンペーンの最後の週にモメンタムのビデオを視聴した数百万人のフェイスブック・ユーザーのうち、コービン自身のページをフォローしていたのは五・三%にすぎなかった。「こういう人たちは、ジェレミー・コービンや労働党、モメンタムのページよりも、『英国軍と英国在郷軍人会に最大の敬意を』とか『アント・アンド・デック』〔人気コメディアンのコンビ〕とか『マッチ・オブ・ザ・デイ』〔BBCのフットボール試合解説番組、司会進行はギャリー・リネカー〕などをフォローしている可能性が高い」。反響室《エコー・チェンバー》といっても、そんなものなのだ。(原注61)

党首事務局 vs. 労働党本部

毎週日曜日、緊密に連携する議員と顧問の一団が、選挙戦略を議論する非公式な会合をもった。労働党の二人のキャンペーン・コーディネーターのアンドリュー・グウィンとイアン・レイブリーも出席していた。コーディネーターの役割は二つに分かれ、分業を形成していた。レイブリーは党の統治機構《マシーン》と闘い、一方、グウィンは選挙のキャンペーンを監督していた。ジョン・マクドネルとジョン・トリケットもその場にいて(ジェレミー・コービンはたいてい遊説に出払っていた)、三人の執行役員、アンドリュー・フィッシャーとシェイマス・ミルン、キャリー・マーフィーもいた。

二〇一七年五月初めに議会が解散したあと、党首事務局のスタッフは、議事堂ビル内の部屋から敵地サウスサイドへ移動しなければならなかった。到着してみると、執行部がアピールしたいと考えていた有権者のグループ――若者、BAME、障碍者、女性――の動員に、誰ひとり取り組んでいなかった。そこで、主に若い左派の影の閣僚の政治顧問チームをサウスサイドに連れて来て、例えば有権者登録、文化的な普及活動、異なるグループに向けたミニ・マニフェストの発表など、特定のプロジェクトで仕事をさせるよう、ある日曜日の会議で決定された。しかし、これでさえ、党のボスたちとの戦いの末にやっと達成されたのだ。「連中は、彼らに金だけ払って、家でじっとしてもらいたかったんだ」と党首事務局の上層部情報筋が言う。「これは私たちのキャンペーンだった。勘違いしてはいけない。サウスサイドは活力、想像力、才能、ダイナミズムのどれをとっても、まるで貢献しなかった」

そのデザイン的側面《ルック・アンド・フィール》において、キャンペーンは、冷笑家が予測したようなアマチュア左翼の産物からはかけ離れていた。労働党のビデオのいくつかは質的に傑出していた。パルムドール受賞者の映画監督ケン・ローチに、選挙公報を製作してもらったのもプラスになった。マキシン・ピーク、ジュリー・ヘスモンドホール、スティーブ・クーガン、クリーン・バンディット、ウルフ・アリス、レヴェランド・アンド・ザ・メイカーズなどの俳優やコメディアン、バンドの存在は、テリーザ・メイの陰気でわびしいイベントとの著しい対照を成した。「ジェレミーの選挙集会《ギグ》で、人畜無害なピアノ音楽ではなく、ザ・ファームに演奏してもらったときに初めて実感した」とマーフィーは振り返る。「今、キャンペーンを運営しているのは私たちなんだって。爽快だった。統一地方選の時にはあれをしろこれをしろと言われた。実際、ものを知らなかったから。総選挙までずっと学び続けていた」

　労働党本部は執行部のやり方を決して取り入れなかった。コービンの補佐によると、朝七時の日例幹部ミーティングで党のトップ高官が声を荒げた。「この有権者登録はお笑いぐさだ！　いったい何の意味があるんだ？　総選挙までに大学は休暇に入ってるじゃないか」。全てのスタッフが敵対的だったわけではないが、多くはささやかな抵抗を実行した――「ほんの少し足を引っ張る、ちょっとしたことです」とサウスサイドで働いた一人が思い出す。例えば、ケン・ローチが提供した映像素材《フッテージ》は一週間行方不明になった。

　「妨害されているのは知っていた」と党首事務局の関係者が言う。「決定がなされても、放っておかれているのがわかった」。支援が必要だと感じた党首のチームはレン・マクラスキーに助けを求めた。「みんな、大変な時期を戦い抜いて、ようやく落ち着き始めたところだったが、でもまだひっきりなしに塹壕戦をやらなきゃならなかった」とマクラスキーは言う。「それが突然、バン！　総選挙だ。誰も総選挙キャンペーンを運営したことなどない。だから『誰か私たちを手伝ってくれる可能性のある人はいますか』と聞いてきた」。マクラスキーはユナイトでの直属の首席補佐官であるアンドリュー・マリーを配置転換し、五月一四日からキャンペーンで働くようにした。マリーはつい最近まで共産党の党員資格があったので、これが新聞の見出しになるのは避け難かったが。「キャリーはまるでブーディカ〔ローマ帝国に闘いを挑んだケルト人イケニ族の女王〕みたいにサウスサイドと闘って――しだいに敬意を払われるようになっていった」とマクラスキーは言う。「アンドリュー・マリーは、それほど対立しないやり方で物事を調整できた」。マリーの役割は「両者の関係が確実に融合できるようにすること」だったとマーフィーも認める。「私たちのためにトラブルを解決したり、障壁を取り除いたり、物事を進めたりしてくれた」

マリーが助っ人に到着してまもなく、マクラスキーはあるインタビューで、もし労働党が二〇〇議席を得られたら「キャンペーンは成功した」ことになるだろうと言って、少々問題を引き起こした。(原注62) 報道陣と労働党議員たちはこのコメントに飛びつき、ユナイト書記長が党首のために「ハードルを下げた」証拠とした。(原注63) 実のところ、マクラスキーの介入と党首事務局とは何の関係もなく、マクラスキーの関心事は労働組合運動内の期待を管理することだった。しかし、自分の言葉が、労働党のマニフェスト発表日に否定的な見出しを呼び込んだだけでなく、コービンが達成できると予測されていない目標を設定することでユナイトがコービンから離れている、という憶測を招いたという点で「無分別」だったと自身も認める。(原注64)

実は、マクラスキーは、労働党の可能性について「まったく楽観的でなかった」のだ。「困難に陥ると思っていた」。マクラスキーの仕事は、「左派のプロジェクトを守る」ために、予測される選挙の敗北の余波に備えて準備することだった。舞台裏で、マクラスキーは、「ジェレミーが［敗戦後］すぐに辞任を強いられない立場を支持する」ようユニゾンとGMBの書記長の説得に動いていた。「六カ月とか九カ月とか、ジェレミーに時間があれば、別の候補を立てられるのじゃないかと思っていた」。マクラスキーは「これについてジョン・マクドネルと突っ込んだ話をして」いた。世論調査で労働党の形勢が改善しても「夢じゃないかと思っていた」とマクラスキーは思い出す。「揺らいで離れていける人たちもいるが、自分は六月九日に集中しなくてはならなかった……ジェレミーのために時間を稼がなくてはならなかった」

「左派のプロジェクト」へのマクラスキーの献身は、ユナイトが四〇〇万ポンドをキャンペーンに突っ込んだことではっきり示された――二〇一五年に総選挙があったばかりなので、まだ財政が空っぽだとする他の労組の貢献よりもはるかに多かった。ユナイトは、他の組合がもっと労働党に献金できるように融資を申し出たが、受けたところはなかった。

それでも、総選挙のさなかに「労組との新しい関係が生まれた」とマーフィーは強調する。党首チームにいた元NUM〔炭鉱労組〕議長のレイブリーの存在に助けられたという。労働党が、財政面で保守党に大きく水を開けられるだろうことはわかっていた。選挙管理委員会が後に明らかにしたところでは、保守党は、二〇一七年の第2四半期に裕福な個人および民間企業から二五〇〇万ポンドを受け取っていた——これは他の全政党が集めた合計額より多かった（原注65）。軍資金不足を予期して、マーフィーは、労働党と提携している組合を一つにまとめる組織であるTULOに訴えた。「私たちは高額の献金者を断った。この党では贔屓がカネで買われることはもうありません。労働党はみなさんの党、労組の党です。勝とうと思うなら資金を出すべきです」

党は「組合の支援に圧倒された」とマーフィーは言う。「全てを可能にした」ユナイトの四〇〇万ポンドに加え、CWUが一〇〇万ポンド出したのは「信じられなかった」し、「より小規模の提携労組がしっかりと私たちの後ろについていた」。GMBとユニゾンはそれぞれ一二五万ポンドと九〇万ポンドを献金し、そういった労組の指導部は「おそらく選挙後の代替案を持って」いたが「組合員はしっかりしていた」。USDAW〔小売・運輸・工場労働者等の組合。組合員四三万人〕は四〇万ポンドを拠出した（原注66）。労働組合は合計で、労働党が受け取った大口献金計九五〇万ポンドのうち八二〇万ポンドを出した（原注67）。しかもお金が全てではなく——組合はキャンペーンに貢献し、それぞれの組合員に参加と投票を促した。

労働党には他の資金調達源もあった。増大した党員の党費が恵みとなったのだ。グウィンは、党本部と全国執行委員会〔NEC〕による「労働党のたゆみない財政調達」を称賛した。「これは初めてのことですが、キャンペーン開始時にかなりの財源を頼りにでき、ロケットスタートを切ることができました（原注68）」。二〇一六年の党首選に投票するために一人二五ポンド払った登録サポーターの登録料は合計で三〇〇万ポンド以上に上り〔二七八ページ参照〕、財政増大に貢献したとして賞讃されうるかもしれない。コービンの補佐によると、「党には三五〇万ポンドがあり、これは最初の二週間に割り当てられ、早いうちに使われた」。

労働党には、ニューレイバー時代にあった億万長者の献金者も企業の後援もなかったが、各自が二〇ポンド程度を負担する何十万人もの個人献金者を頼りにすることができた。キャンペーン中に党は五〇〇万ポンド以上を小口献金で調達でき、六月一日――「英国政治でいまだかつてないオンライン資金調達最大の日」――には一日で五〇万ポンド近くが集まった。(原注69)これは、労働党の綱領が熱意を引き出した証左だったが、コービンの顧問たちはサウスサイドの資金調達方法を高く評価した。

党首事務局は、しかし、労働党本部がどのように資源を配分したかはあまり評価しなかった。世論調査の風向きは変わったが、党の官僚機構《マシーン》は重点区の見直しに抵抗した。投票日から数えてあと数週間というときに作成された選挙区一覧表の、外部の目に触れることを意図していないその内容から、サウスサイドの思考を非常に面白く垣間見ることができる。ある一定の議席にはソーシャルメディアとダイレクトメールに使う追加の資金――どの地方のキャンペーンにとっても貴重な資産――が振り向けられていた。UKIP《ユーキップ》(UK独立党)票の崩壊は、この段階で不安を引き起こしていた。リストでは、各選挙区に、二〇一五年総選挙時のUKIPの得票数が、今選挙に候補者を立てているか否かとともに記録されていて――もし投票用紙にUKIPの選択肢がない場合、UKIP支持者はそっくり保守党に移るかもしれないと懸念されていた。

リストは次点との得票差の順に並べられていて、いちばん上は労働党の最大安全議席であるリバプール・ウォールトン選挙区だった。党はそこにお金を注ぎ込む必要はほとんどなかったので、「ソーシャルメディア」「広汎なDM」および「ターゲットを絞ったDM」欄のどれもに「NO」と記されていた。同じことが、より安全な方の他の選挙区にも当てはまった――が、興味深い例外がいくつかあった。一つは特に目立った。それは三九番目に安全な議席であるウォラシー選挙区で、議員はアンジェラ・イーグルだった。これより上の全選挙区および、これより下の一九選挙区と異なり、ウォラシーは三つの追加支援全部が「YES」とマークされていた。イーグルが一万六〇〇〇票以上の素晴しく大きな次点との票差に恵まれているにもかかわらず、議席は「接戦の様相」に分類されていたのだ。しかし二〇一五年のUKIP得票数はわずか五〇〇〇票と、多くの似たような選挙区より少なく、UKIPはその選挙区にまた候補者を立てていたので、次点の保守党が全てのUKIP票を引き継ぐ可能性は低かった。

「接戦の様相」として、三つの支援形式の全てを受け取ることになっている選挙区で、次に安全なのはバーンズリー中央選挙区（次点との得票差：一万二四三五票）で、ときどき党首候補として話題になるダン・ジャーヴィスの選挙区だった。その次には、コービンの批判者であるケヴァン・ジョーンズ、ブリジット・フィリップソン、そしてもう一人、党首の座を目指しているイヴェット・クーパーの議席（三人とも次点との得票差は一万二〇〇〇票以上）が来た。リストの下の方に行くと次点との得票差はより僅差になり、多くの候補者に追加資金が振り向けられていた――そこには党首の追い出しを計画していない人もいた。しかし、次点との得票差が大きい（にもかかわらず追加資金を振り向けられている）候補者は、レイチェル・リーブス、トム・ワトソン、クリス・ブライヤントをはじめ、よく知られた懐疑派議員だった。

投票日に労働党が非常に悪い結果を出すと仮定すれば、これらの議席の大部分が脅威にさらされていると主張できないでもなかった。問題は、明らかに類似した状況、または、より厄介な状況にあるのに追加の支援を与えられなかった候補者が他に大勢いたことだ。例えばストーク・オン・トレント南選挙区では、労働党と次点との票差は二五〇〇票で、前回選挙でのUKIP票は八〇〇〇票を超えており、しかも今回UKIPは候補者を立てていなかったのに「接戦の様相」には分類されず、単に「注視――ソーシャルのみ」で、つまりソーシャルメディアの支援を受けられるがダイレクトメールは受けられないことを意味した。この選挙区は六月八日に労働党が失った、たった六議席の一つになり、保守党が六六三票差で議席を得た。同様の展開がウォルソール北選挙区にもあり、「注視――ソーシャルのみ」とマークされ、後に議席を失った。

なぜそんな不均衡が起きたのだろうか。その選挙区に特有な事情があったのかもしれない。例えばアンジェラ・イーグルは地元の労働党と緊張関係にあり、前年のクーデター以来、選挙区支部は活動を停止されたままだった。おそらく党員がイーグルのためにキャンペーンしないと危惧されたのだろう。いくつかの選挙区では、有権者聞き取り調査の結果が特に悪かったことが警鐘を鳴らしたのかもしれない。もう一つ、別の説明がある。資金を確保することができた候補者は、党の統治機構《マシーン》の操縦に長け、意思決定者の覚えがめでたいか、または最も強い政治的影響力を持っている場合だ。党首事務局の関係者は、証拠立てることはできないまでも、候補者と官僚制のトップにいる職員――中立的な「公僕」のはずであり、派閥絡みで動くことは一切ないはずの人たち――の政治的な相性によってなされた決定もあったのではないかと疑っている。

こういった動機がいろいろな組み合わせで働いていたようだ。フルコースの支援を受けられずに落選したストーク・オン・トレント南選挙区とウォルソール北選挙区はどちらの候補もコービン支持者ではないので、支援対象に選ばれなかったのは政治的処罰が理由ではないことを示唆している。しかし、政治に言及せずに説明するのが難しそうな選択もある。ホートン&サンダーランド南選挙区のブリジット・フィリップソンのケースは非常におもしろい。というのも、シャロン・ホッジソンが代議を務める隣接選挙区ワシントン&サンダーランド西との比較が可能だからだ。この二つの選挙区はほとんどそっくりだった。どちらも労働党と次点との得票差が一万三〇〇〇票で実質的に同じ、労働党の得票数も得票率も同じだった。UKIPの得票数は、フィリップソンの議席では八二八〇票、一方、ホッジソンは七三二一票、両方ともUKIPの候補者が立候補していて、両方とも同じ割合のEU離脱投票者がいる。人口統計の数値も同じだった。(原注70) どちらも二〇一〇年に初当選した女性議員で、党の同じ地域組織に属していた。しかし、ホートン&サンダーランド南は「接戦の様相」に分類され、一方、ワシントン&サンダーランド西は危険はないと――「注視」さえも必要ないと見なされた。二〇一六年六月の悪意に満ちた議会労働党の集会でコービンを攻撃したフィリップソンだけが追加資金を得た。ホッジソンはクーデター時に辞任した影の閣僚の一人だったが、コービンの再選後に閣僚席に戻っており、資金を得られなかった。

サウスサイドが安全議席にいる敵対的な議員に資金を送っているのを党首事務局が知ったとき、コービンのチームの一人が党の最上級職員の一人と会合を持った。「言いましたよ。『こういう連中にびた一文使うな』と。向こうは、『では資金を使ってほしくない人のリストをください』。だから言ってやった。『で、それを「タイムズ」紙に載せられるってわけか』って」

党首事務局はなんとか一部の資金の投入先を変えさせたが、補佐によると「要求して初めて変わった」。例えば、左翼候補者のクリス・ウィリアムソンは極端な接戦状態にあるダービー北選挙区に立っていたが、「私たちが介入するまで、まったく資金を得られていなかった」。党首事務局の別の上層部情報源によると、サウスサイドが防御議席のことしか頭になく、「資金がどこに行くかに慎重であること」は、選挙が進むにつれて「妨害行為」になりはじめた。「キャンペーンの後半では、それを正当化する根拠」がなかったからだ。

労働党本部がそのように防衛的姿勢を維持していた理由の一部は、党が雇った世論調査会社ＢＭＧが、労働党の勝機について、全世論調査会社のなかで最も悲観的な数字を出していたからだった。後に、調査会社の選挙予測成績で最下位に終わったＢＭＧの最終調査では、労働党の得票率は三三％と予測されていた。(原注71)候補者と党職員の間にある無数の悲観的な予測が信じられたとすれば、労働党の「有権者抽出」聞き取り調査も、党の状況の改善を拾うことに失敗した。(原注72)これはおそらく、新しい投票者と他党からの鞍替え投票者を特定するのではなく、以前労働党への投票に関心を示していた人の支持を再確認することに焦点が絞られたためだった――この傾向は、解散総選挙の時間的制約で増幅された。(原注73)このデータは、コービンは党を大惨事に導くと党内で常に言っていた人々の偏見を裏付けるには十分すぎるものだった。しかし、五月中旬からはムードが変わりつつある証拠がたくさんあった――それを見ようとしている人々にとっては。

「人々が資力を求めていた重要な時に、タイタニック号を方向転換させるのは永遠のように時間がかかった」とコービンの副官の一人が言う。機会が失われつつあると考えたマーフィーはレン・マクラスキーに助けを求めた。「資力を投じてほしいとずっと頼み続けているけど」とマーフィーは言い、「でも、もしどこにお金を使いたいかを言ったら、言う通りに出してくれますか」と尋ねた。マクラスキーは同意した。五月二四日、五〇万ポンドがユナイトから送金された。「労働党に行くのではなく、キャリー・マーフィーとアンドリュー・マリーが実質的に配分した」とマクラスキーは言う。「党は、どんなお金も安全な『穏健左派《ソフト・レフト》』や右翼の議席に注ぎ込みたがるから」

組合が一貫してやってきたことだ――うちは労働党にただ金を出すだけではない。「金の行先を知りたい」と「イアン・」マクニコルに言ってきた。以前は、労働党に年間三〇〇万ポンドを払って、労働党本部はそれで一五〇人を雇い、その半数がうちの組合を攻撃していたなんてこともあった……だからキャリーとアンドリューにそういう話を聞いたとき、「もちろん、絶対に」と言ったんだ……「サウスサイドの」当初の防衛姿勢はわからなくはなかった……だが、何かが起こっているとはっきりしたのに、連中はまだ腰を上げなかった。あけすけに言えば、私の見るところ、連中のかなりの数はコービンに勝ってほしくなかったんだ。

党の防御的姿勢に対する不満は、資金の割り当てに留まらなかった。労働党の最大の資源である「人」をどう使うかの選択について、さらに多くの苦情があった。これは党の地域組織の領域であり、党首事務局の手の届かないところにあった。「人的資源はコントロールできなかった。オーガナイザーがどこに出向させられるかコントロールできず、地域の責任者が何を言っているかもコントロールできなかった」と、コービンのチームの関係者は言う。地方の官僚は、サウスサイドの偏向を反映する傾向があった。散発的な報告からうかがえたのは、地方官僚も同じ悲観主義にとらわれていることだった。二人の職業オーガナイザーが、次点との差が七〇〇〇票もある(これは後に倍以上になった)リーズ北西選挙区に割り当てられた。一方で、近くのパッジー選挙区にはオーガナイザーは送りこまれず、この議席はわずか三三一票差で保守党が保持した。北西部の運動家たちは、ボランティアが、プログレス議長であるアリソン・マクガバーンのウィラル南選挙区に偏って配置されていると不満を訴えた。マクガバーンが守っていた得票差は四五九九票で、UKIPは候補を立てておらず、党の全ての選挙モデルは苦戦と示唆していた(が、誤りだった)。しかし、この選挙区に人を集中させたことで、僅差の選挙区であるウィラル西選挙区、シティー・オブ・チェスター選挙区とウィーバー・ベイル選挙区には、最小限の支援しか行われなくなった(いずれにせよ、労働党はこの全選挙区で勝った)。ロンドンでも同様の報告が続き、ボランティアは、例えばバタシー選挙区のような攻撃的議席ではなく、防御議席であるトゥーティング選挙区に回された(労働党は一万五〇〇〇票の大差で議席を守った)[原注74]。

「怒り心頭です」と、選挙結果を顧みて党首事務局の関係者は言う。「一二の議席で違う決定が下されてさえいれば流れが変わっていたはずなのに」。党の統治機構《マシーン》の内部に、結果を悪化させようとしていた人々がいたかどうか尋ねると、「みなの感情から見ると『イエス』で、おそらく当たっている……証明できるかって? 何よりも態度の問題です」。マクラスキーの意見によれば、「サウスサイドと〔マクニコル〕書記長がもっと注意を払っていたら、もっと鋭かったら、トンネルの出口に光を見たいと思っていたら……結果は引っくり返って労働党が勝ち、コービンが一〇番地〔首相官邸〕にいたかもしれない」

サウスサイドの職員は、そのような主張に異議を唱えている。『ガーディアン』紙へのコメントで、関係者はごまかしを重ねてこう言った。「私たちは二〇一五年に得た議席のうち六議席を失いました。もし防御的戦略がもっと強ければ、これらの議席を保持できていたかもしれず、保守党は組閣できていなかったはずです」[原注75]。これは、明らかになったことに照らすと奇妙な主張に見えるかもしれない。労働党が失った六議席のうち少なくとも二つの選挙区が、もっと安全な選挙区に振り向けられたのと同じ程度の支援を受けられなかったのだから。
　党には接戦選挙区に全てを投じる意志がなかったとしても、別の組織がこれをやった。モメンタムだ。コービン支持団体であるモメンタムは、事実上、代わりの草の根活動実行部隊だった。五月一三日付のモメンタム内部戦略書は、これが意図的であったことを裏付けている。「労働党本部の分子は防御的キャンペーンに焦点を当てているように見えるが、選挙期間中に労働党がナラティブを変える可能性を見落としているのみならず、防御議席だけに焦点を当てるように依頼することで、活動家に否定的なメッセージを送っている」と述べている。(原注76)代わりに、モメンタムは労働党員たちを、防御的、攻撃的の両方の接戦選挙区のキャンペーンに動員することに集中した。
　この戦略の最も実践的な形は、選択した三〇選挙区で、集中キャンペーンとトレーニング・セッションを実施することだった。選挙区は、勝利可能と判断されたかどうかで選ばれ、さらにまた、モメンタムの取り組みを「持続的な受け継ぐ形《レガシー》」として残せる可能性があるかどうかに応じて決められた——つまり、構築可能な活動家基盤があり、モメンタムの政治を反映した候補者がいる地域に優先順位が与えられた。しかし、モメンタムが左派ではない候補者を支援することも排除されていなかった。例えば、最大規模の運動日の一つで、何百人もの人を集めて戸別訪問して回った選挙区はクロイドン中央だった——この選挙区の候補者であるサラ・ジョーンズはプログレスの関係者だったが、地元のモメンタムグループは活動的であり、党の有給オーガナイザーも協力する用意があった。(原注77)
　モメンタムは、例えば、プリマス・サットン&デボンポート選挙区、バタシー選挙区、そしてクルー&ナントウィッチ選挙区などで、のべ五〇日以上の集中キャンペーンを計画した。モメンタムのメンバーにオンラインで、またテキストメッセージと電子メールで告知し、実施日には、地元の活動家に加えて何千人もの人々が通りに出た。モメンタムはまた三〇回以上の活動家トレーニング・セッションを手配した——バーニー・サンダースのキャンペーンから来たオーガナイザーによる「投票依頼で説得する」などのトークもあった。クリス・ウィリアムソンを当選させたキャンペーンを運営したルイス・バセットによれば、ダービー北選挙区でのセッションには「八〇人以上の支持者が集まり、その多くは今までに一度も戸別訪問のためにドアをノックした経験がなかった(原注78)」。

いくつかの地域では、労働党が残した穴をモメンタムが埋めた。自民党前党首ニック・クレッグ(保守自民連立政権の副首相)の議席であるシェフィールド・ハラム選挙区では、選挙区労働党は隣のペニストーン＆ストックスブリッジ選挙区と「姉妹化」されており、つまり、シェフィールド・ハラムの党員は、激しい反コービン派のアンジェラ・スミスを防御するために隣の選挙区に行くように言われた。結果として、ハラムではモメンタムが「全て」をやらなければならず、活動家のマックス・マンデイによると、「キャンペーンの公式写真からソーシャルメディアのミーム作り、ただ選挙資料の印刷物を整理することまで。……正直言ってカッコよくはなかった。本当に有り合わせのキャンペーンだった――モメンタムがなければ存在しなかった(原注79)」。それは、最後には、ニック・クレッグの二〇〇〇票差を引っくり返すに十分だったことが証明された。

「うちの戦略はより楽観的だった」とモメンタムのコミュニケーション担当官のジョー・トッドは言う。「勝てる議席は、各地域の労働党支部が考えていたより多いと思っていた。バタシーやシェフィールド・ハラムなど、地域の労働党が人を他所へ行かせた場所にうちが人を送り込んだ。乗り込んでいかないといけなかった」

モメンタムの草の根キャンペーンにおける最も顕著な貢献は、「最寄りの接戦選挙区」ウェブサイトだった。ユーザーが自宅の郵便番号を入力すると、最も近い五つの接戦選挙区を見つけられるツールで、予定されているキャンペーン・セッションや、移動のための車の相乗りをアレンジする情報も掲載されていた。サイトが立ち上がると論争が起きた――コービン批判派の議席が排除されていると批判派が申し立てたのだ(原注80)。実のところ、サイトは票差が七〇〇〇票以下の全接戦選挙区を示すように作られており、一時的に抜けていたのは、一部の選挙区労働党から情報を得ることが難しかったからだった。明らかな必要性を満たす簡単なツールとして――選挙中に一〇万人以上、言い換えると労働党員の五分の一が使用した――、本当の疑問は、なぜ党自体によって同様のものが何一つ提供されなかったかである（あるいは、ついでに述べるなら、選挙の勝利への関心を頻繁に口に出す労働党右派の組織からも提供されなかった）。（原注81）

労働党の新党員たちが選挙で潜在能力を発揮するのに必要な支援と技術を提供することが、比較的予算の小さい党外組織であるモメンタムに任されたことは、確かに注目に値する。バセットがダービー北選挙区で観察したように、「モメンタムは、コービンを支持する大勢の人々を組織するために必要不可欠だった。党自体はこれにほとんど関心を示さなかった」。（原注82）かなり基本的なキャンペーンのインフラを提供することで、モメンタムは、格別優れているはずだった労働党の草の根活動の欠陥――ターゲット議席の選択から、党のボランティア集団に対する体系立ったトレーニングの不在まで――を露呈させた。いくつかの地域はモメンタムの助けを受けるにあたり、まったく不可解な臆病さを示しさえした。国じゅうで最も接戦の議席であるガワー選挙区では、自分たちの選挙区が「最寄りの接戦選挙区」サイトに含まれることに、代表者たちが不平を言った。

モメンタムの取り組みの影響を数値化することは困難だ。ミドルスブラ南＆東クリーブランド選挙区など、いくつかの議席では、かなりのことをやったが労働党は負けた。他の選挙区、例えばカンタベリーでは、公式な関わりをもたなかったが労働党は勝った。もちろん労働党の全国キャンペーンの大部分は、党員と支持者からなる党の巨大な支持基盤による自己組織化された仕事だった。相関関係が因果関係を意味するものではないとはいえ、モメンタムが非常に活発で、かつ、労働党の得票率が平均以上の上昇を見た選挙区が、南から北まで連なっていた。例えば、ブライトン・ケンプタウン選挙区（一九ポイントの上昇）、ハムステッド＆キルバーン選挙区（一五ポイント）、そしてランカスター＆フリートウッド選挙区（一三ポイント）などである。モメンタムの貢献はそれだけではなかった。防衛戦略に沈むことなく、勝とうとしているように見えたことで、モメンタムのキャンペーンは草の根運動に心理的な励ましを与えた。世論調査は芳しくないように見えたかもしれないが、若者たちがこれだけ動きつつあるのだ。もしかしたら流れを変えられるかもしれない、もしかしたら参加する価値があるかもしれない、と。

第三節　解散総選挙　第三幕

突然、不可能が可能になる感覚があった。二〇一七年五月二〇日土曜日の晩だ。マニフェストが選挙の力学を変えた。何千人もの熱心な労働党員が、戸別訪問のために路上に出て一日を過ごしていた。ジェレミー・コービンは、マーガレット・グリーンウッドの接戦議席であるウィラル西選挙区の海岸で行われた非常に大きな選挙集会で演説していた。この選挙区は党に追加資金支援で弾かれた接戦議席の一つだった。数時間後、コービンはトレンメア・ローヴァーズのスタジアムで二万人の音楽ファンの前に立った——「オー！ジェレミー・コービン」が初めて唱和《チャント》されたのはこのときだ。その動画はソーシャルメディアに衝撃を与えた。「間違いなく何かが起きている」と元副首相のジョン・プレスコットがツイートした。（原注1）そして最新のYouGov世論調査が、労働党が三五％に乗ったと示した。党はコービンの下で、二〇〇五年にトニー・ブレアが達成した数値と肩を並べた。これは労働党が最後に総選挙に勝った年だ。テリーザ・メイが総選挙を決定したとき、YouGov世論調査は保守党に二四ポイントのリードを与えていた。いま選挙運動中で初めてギャップが一桁に縮まった。（原注2）興奮は伝染しやすかった。

勢いは労働党にあった。二日後、首相が、認知症税について、Uターンであるにもかかわらず Uターンではないと言い張るUターンをしたとき、ウェールズにおける労働党への大規模な支持率の移動を世論調査が明らかにした。これ以前の調査は、保守党が、過去一世紀以上の期間で初めてウェールズのほとんどの議席獲得に向かっていると示していた。わずか数週間の間に保守党は七ポイントを失って二位に滑り落ち、その間に労働党は九ポイント上昇し、二位との差を開けた——ウェールズ労働党の執行部がコービンから距離を置こうと努力したにもかかわらず。（原注3）

労働党が息を吹き返したのは絶妙のタイミングだった。五月二二日はオンライン投票登録の最終日だったたのだ。たいへんな数の人が投票券を申し込んだことは明らかで——最後の二四時間だけでも六〇万人を超えた、と後に確認された。選挙期間中に合計二九〇万人が申し込み手続きを行い、うち六九％(二〇〇万人以上)が三四歳未満だった。すでに登録していた人の重複登録がかなりの割合あったとしても、この数字は前代未聞だった。学生の多い選挙区——カンタベリー、ケンブリッジ、ブリストル西、リーズ中央——では、有権者数が一〇％以上も増加した(原注4)。

これは、ある程度は、労働党はじめさまざまなグループによって運営された有権者登録キャンペーンが実ったものだった。しかし、投票登録そのものがウイルスが拡がるような爆発的拡大《バイラル》現象になって、申し込み人数の規模は、どれか一つの組織の成果と言える範囲をはるかに超えていた。生活の現実——限られた機会、学費、法外な住宅費、低賃金——に対する若者のフラストレーションと、これらの懸念について、この時に限り一つの政党が若者に直接語りかけた事実とが、増幅要因になっていた。コービン自身による登録促進活動への貢献は非常に大きく、真夜中の登録締切時刻までの最後の数時間、ソーシャルメディアにカウントダウンを投稿し続けた。「時給一〇ポンドの生活賃金のための投票登録まで、残り七時間」「フードバンクではなく国民投資銀行を開設する投票登録まで、残り三時間」「祖父母や両親の一律冬期燃料手当を守る投票登録まで、残り一時間」「教育補助金を取り戻す投票登録まで、残り三〇分」といった具合だ。

そして、それから、登録締切の直前に、臨時ニュースが報じられた。ポップ・スターのアリアナ・グランデがコンサートを終えた直後のマンチェスター・アリーナに一人の男が歩み入り、ナットとボルトが詰まった爆弾のスイッチを入れたのだ。

テロと選挙戦

テロ行為で二二人が殺されたときに、いつもと同じように政治を進めることはできない。全政党の選挙運動が停止された。そのコンサートに居合わせなかった人には、恐怖の全体像を理解することは不可能だった。しかし、その裏にこめられた政治的意味を把握することは、はるかに容易だ。政治に関わる者にとり、この攻撃が選挙にとって何を意味するか、考えが先走りするのを止めようがなかった、そのような計算には、そんな問いを発することそのものに対する罪悪感がつきまとったとしても。

労働党の支持者がみな恐れ、しかし口にするのをはばかられたことは、その凶行の翌朝に一〇番地（首相官邸）の外で、二人のジャーナリストが――自分たちの話がスカイニュースのフェイスブックページでライブ放送されているとは知らずに――交わした会話に要約されていた。

「これでほんとに全てが変わるんじゃないか」と一人が言った。

「人聞きが悪いし、不謹慎だとは思うけど、この件はメイに有利に働く」と、もう一方が答えた。「ソーシャルケアの云々はもう全部終わりだ。それに、このところテロの同調者のイメージをもたされているのは誰か……。特にマンチェスターって地名に含まれる言外の意味もね。マンチェスターに対する最後の大規模な攻撃（一九九六年にマンチェスター中心部で発生したトラック爆弾テロ。一五〇〇キロ爆弾による大規模な破壊で再興に数年。九〇分前に予告電話。負傷者多数）はIRAによるものだったことを考えると」

「そこにつけこむまでもないね」

「ああ、話の流れはもうできてるんだから……メイは首相をやっているだけでいい」（原注5）

それまでの数日間、シン・フェイン党との過去の接触をめぐって、コービンに対する攻撃が、あたかも統制のとれた作戦のように増えてきていた。マンチェスターの凶行の翌朝、『サン』紙の第一面――爆弾テロの前に作られていた――には、大見出し「彼の手は血で汚れている：元IRAの殺し屋によるコービンへの『裁決』」とあった（『サン』紙の政治主幹であるトム・ニュートン・ダンが、以前、高等裁判所の判事に「熟練した詐欺師」と描写された元テロリストの「裁決」にそのような信頼性を与えたことは興味深い）。（原注6）このような状況にあって、党首事務局は、その日の夕方にマンチェスターで開かれる野外追悼集会にコービンは行くべきか否かの判断をも下さなければならなかった。「誰もかれもが、やめておけと言った。マンチェスター、爆弾、それから『サン』紙の一面に『彼の手は血で汚れている』（彼には責任がある」と書かれたその日だったから」とコービンの補佐の一人が言う。「ジェレミーを隠しておくか、飛び込んで行かせるか、どちらかだった」。コービンは行きたがっていたが、大マンチェスター市圏の市長であるアンディ・バーナムは来てほしくないと思っていた。舞台裏で進行中の苦闘をよそに、コービンは北へ向かった。何千人もの人がマンチェスターのアルバート・スクエアに集ったその集会で「深く心を動かされた」と、コービンは後に語っている。「目にしたのは不屈の人々でした。分裂に抗い、憎しみに屈することを拒む人々です」とフェイスブックに書いた。「その一人になれたことにたいへんな誇りを感じました。そして、マンチェスターと私たちの国全体が、この攻撃に対応したやり方も誇りに思っています」(原注7)

キャンペーンが中断されたことで、労働党の勢いが削がれたとの恐れがコービン陣営に忍び寄った。国全体の雰囲気は変わっていた。政府は兵士に街頭への出動を命じた。報道によれば、保守党はキャンペーンの一時停止を六日間続けたいと望んだ。これは、メイが国際会議に出席して、スカイニュースのジャーナリストが言ったように、首相らしく振る舞う間、労働党は沈黙していることを意味した。

次に起きたことは、この総選挙の重要な転換点の一つだった。労働党関係者の多くは、マンチェスターが党を守勢に回らせ、そのために、政治が再び動き始めたとき、コービンは薄氷を踏む慎重さを要するようになるだろうと思った。しかしその代わりに、党首と側近の顧問たちは、おそらくこのキャンペーンで最大の決断をした。彼らは、爆弾事件から四日後の五月二六日金曜日に、テロと安全保障についての党首の不屈の演説で労働党は選挙を再開すると決めた。テロ行為を外交政策と緊縮財政の文脈の中に置き、議題《アジェンダ》を奪い取るのだ。

「大胆だったし、危険だった」とコービンの顧問の一人は言う。「『キャンペーン・チームの中にも『おいおい、気は確かか?』みたいな人々がいた」。しかし、選択肢は、彼らがそう考えたように二つに一つだった——正面突破か、保守党が雇った戦略家のリントン・クロスビーが繰り出すこと必定の猛反撃で叩かれるのを手をこまねいて待つか。「何も言わなければ、守勢に回り、取るべき明確な方向性もなしに問いへの答えを求められる」とその顧問は言う。「総選挙のキャンペーン中は、状況に迎合して神妙にしているのは無意味であり、戦術的な見地からも何の役にも立たない」

「マンチェスターの後に安全保障の演説をすることは、シェイマス［・ミルン］が決めた」とキャリー・マーフィーが言う。「みんなビビった」。ミルン、アンドリュー・フィッシャー、アンドリュー・マリー、学者のジェム・ベンデル、そしてコービン自身によって作成された演説文の一部を、その前夜、報道機関に対して簡単に説明すると、反応は予想通りだった。「コービン：英国の戦争をテロの原因と非難」は、『デイリー・テレグラフ』紙第一面の大見出しだった。排他的なジャーナリスト集団は、コービンが飛んで火にいる夏の虫になったと考え、興奮を抑えられなかった。労働党内でも多くが同じことを考えた。コービンの演説の導入役を買って出ようとする議員を、党首事務局は一人も見つけられなかった。「演説の前夜、『コービンがこんなことを言ったら私たちはおしまいだ』という電話が労働党議員たちからかかってきた」とマーフィーは思い出す。「眠れなかった。気分が悪かった。こんな小さなグループで決断してしまったから……。責任の重さに圧倒され、不安だった。左派を失望させてしまうだろうか。こんなデリケートな時に、あまりにも正直すぎるだろうか。ブレア派への攻撃に見えやしないか」

五月二六日午前一一時にコービンが行った演説は、先立つ騒動から聴衆が予期していたよりも、はるかに慎重な議論だった。コービンは、テロリズムの「原因」を理解することが不可欠だと確かに言ったが、「原因を、外交政策の決定のみに帰すことができないのは明らかだ」と断じた。「過去一五年くらいの間に、ごく少数の主に若い男性の間で、イスラーム信仰から誤って権威を引き出した、しばしば自殺行為的な暴力の下位文化が現れて来ている……そして、どの政府の行動に基づく理由づけも、今週の大虐殺のような非道の言い訳にはならず、それどころか、適切に説明することさえできない」

しかし、ある地域を粉々に打ち砕くことでジハーディズムの温床を生み出したと、コービンは議論した。

「我が国の諜報および安全保障の専門家はじめ多くのエキスパートが、例えばリビアなどの他国で、我が国が関わったか、支持して戦った戦争と、国内のテロリズムの関連を指摘している」とコービンは言った。

演説の第二の目的は、コービンの顧問によれば「緊縮財政をめぐる、より広い枠組み」に、安全保障問題を位置づけることだった。内務大臣在任中に実施した警官二万人削減に責任を負うメイは、この問題に弱みがあった。「緊縮は、救急外来棟と警察署の扉の前で止めなければならない」とコービンは言った。「危険からの防護と医療は、安くあげることはできない[原注8]」

コービンの介入は、内容から見ると、予想されていたほどには物議を醸すものではなかったので、保守党の面々――報道によると、労働党党首の演説に注視するために予定を返上した――は、単純に、自分たちが望んだようにコービンが話したものとして演説を攻撃した[原注9]。首相以下、その反応は目に余るほど不誠実だった。「ジェレミー・コービンは、英国内のテロ攻撃は私たち自身の責任であると述べています」とメイは言い立てた。「ジェレミー・コービンと国民の皆さんに対して明確にしたいことがあります。テロリズムは決して言い訳できません。マンチェスターで起こったことにはどんな言い訳もできません[原注10]」。ボリス・ジョンソン〔外相〕は演説を「まったく醜悪だ」と宣言し、「テロリストの行動を正当化し、道理に適ったものにしようとした」と偽って主張した[原注11]。

しかし、その日の晩、チャンネル・フォー・ニュースでインタビューされた保守党の闘犬、マイケル・ファロン〔防衛相〕は、キャスターのクリッシャン・グル゠マーシーに恥をかかされた。グル゠マーシーはファロンに、イラク戦争がイスラム原理主義を創造したわけではないがジハード主義者に口実を与えていた、との主張を提示した。ファロンがその考えを非難すると、グル゠マーシーは、それはボリス・ジョンソンの古い記事からの引用だと証した。「これはジェレミー・コービンが今言っていることとまったく同じです」とグル゠マーシーは語調を強めて言った。「いや、それだけじゃないと思う、えー、それだけじゃない、コービンが言っていることは、あー、私が言った、そのことだ」と、不意をつかれたファロンはしどろもど

ろになった。（原注12）

保守党からの轟々たる非難に劣らず、新聞紙面でも憤慨の大嵐が吹き荒れた。しかし、メディアと保守党は術中にはまっていたのだった。コービンがテロリズムに関する政治的合意《コンセンサス》から逸脱したために、保守党とメディアは、広く共有されていた見解を攻撃するように――同時に広報にもなるように――仕向けられたのだ。五月二六日の YouGov 即時世論調査によると、「英国が支援したか、あるいは戦った戦争が、少なくとも部分的には英国に対するテロ攻撃に対して責任を負う」と五三％が信じており、反対はたった二四％だった。（原注13）政界－メディア界のお仲間たちが常軌を逸していると考えた立場を、国民の大多数が支持していた。

それは偶発的な出来事ではなく、敵対的メディアの扱い方の実践例だった。コービンの報道担当チームはそれを「カポエラ戦略」と呼んだ。「カポエラとは」と関係者が説明する。「ブラジルの格闘技で、対戦相手の攻撃の重さを利用して倒すんです」。そのアイデアは二〇一七年一月に、コービンが高収入に対して何らかの上限を設ける考えを提起したときにさかのぼる。「ほとんどのメディアや時事解説者、そして政治階級の大部分からの理不尽な反応は、少数に対する多数、という私たちのメタ・ナラティブを強調する効果があった」とその関係者は振り返る。その時の世論調査でも、テロリズムの演説と同様、コービンの発言が大きく支持されていることがわかった。「特に人気があるとわかっている問題についてメディアや評論家の嘲笑を招くことで、うちの立場を強化した。そういうことが何度も何度もあった」。例えば、労働党がマニフェストで提案した国有化についてもこの戦略が用いられた。「鉄道や水道光熱など公益《ユティリティ》産業の公営化は非常に人気がある政策で、それをめぐって論争が起きれば、より多くの国民が問題を意識するようになるのがわかっていた」とその関係者は言う。

例えば、リスナー参加のラジオ番組にシンクタンクの誰かが電話してきて、水道事業が民間運営でなければ大変だと言ったとします。私企業の独占でなければ、水道料金をインフレ率より五〇％も多く増大させ、一〇年にわたって一八〇億ポンドの配当をすくい取ることもできませんからねって、まあ、こちらは二つ返事で応じるわけです。たとえ連中に最低の人間だと罵られたとしても……物議を醸すようにやりました。物議と言っても、思想と権力と政策をめぐる物議ですから。それがうちの主要なアプローチでした。

テロリズムの演説の場合、コービンの報道チームはメディア状況に関するもう一つの特色を利用できた。五月三日の議会解散後は総選挙用の放送ルールが適用され、二大政党に同等の放送時間が与えられていたのだ。ニュースチャンネルはコービンの演説を生放送し、その意味するところを真剣に議論した。このルールにより、ニュースの語り口《ナラティブ》がどう作られるかが変わった。普段なら、と関係者は説明する。「新聞の報道が、放送で何を優先するかに大きな影響を与える……そのため、でっち上げられた個人的なうわさ話や、分析のように見せかけたでたらめの優先順位が高くなる」。しかし、と別の顧問が付け足す。「選挙中は違う。シェイマスにはそれがよくわかっていた」。演説にはリスクがあったが、コービンの側近はみな、それが広く報道されるだろうとの自信を持っていた。案の定、国民は、喧々囂々の騒音を通してコービン陣営のメッセージを聞いた。そして、全ての注目はコービンに集まり、メイは余興と化して労働党党首のあら探しをするほかなく、その間にコービンは国民と対話するただ一人の人になった——あえて言うなら首相のように。

コービン陣営は、放送局がひとたび労働党党首をもっと映さなくてはならなくなれば世論は変わるだろうと常に主張しており、それは本当だった。(原注14) 労働党の政策も同様で、いつもの否定的な扱いがはるかに減り、「まずまずストレートに放送され、ニュースのトップになった」と党首事務局の関係者は言う。「否定的扱いもあるにはあったが、うちには、それより優先されるべき肯定的なニュースがあった」

また、選挙運動の規律のおかげで、労働党のメッセージの焦点を、いつもよりはるかに絞っておくことができた。「誰が労働党の声かを、かなり厳密に管理した」と関係者は振り返る。「メッセージは何か、誰がそれを伝えるのかに関して管理を行き届かせた」。電波媒体で労働党を擁護する日々の仕事は、エミリー・ソーンベリー〔影の外相〕とバリー・ガーディナー〔影の通産相〕が一手に引き受けた。意図的だったかどうかはわからないが（とコービンの補佐の一人は言う。二人は「疲労困憊し」て、重荷を分担してくれる人が他にいたら感謝したことだろう）、これは労働党に強いアイデンティティを与えた――ほとんどの有権者は片手で数えられる程度の数の政治家しか認識しないものだからだ。ソーンベリーは不運なマイケル・ファロンに対して、史上最強の生放送中の待ち伏せを仕掛け、政治史に名を残す輝きを放った。アンドリュー・マー・ショーのソファーでファロンの隣に座っている時に、いつものＩＲＡにまつわるコービンへの中傷に対してこう言ったのだ。「誰と会っていたかによって人を裁くというなら、お尋ねしますが、二〇〇七年五月二七日にどこにいたか覚えていますか」

「ぜひ教えていただきたいものだ」とファロンは返答した。

「もちろんですとも！　シリアにいて、レセプションで、アサド大統領が九九％の得票率で再選されたのを祝っていました」

ファロンが「コービンのＩＲＡに対する非常にあからさまな支持」に話題を戻そうとしたとき、ソーンベリーは割って入り、「ＩＲＡに対するあからさまな支持なんかじゃないですよ。そんなでっち上げを吹聴して歩かれては困ります……例えばフォークランドの将来について交渉したいとさっき言われましたけど、そういうのこそ……」――ここでソーンベリーは声を出すのを止めたが、唇は「くだらねえ」と動いていた。[原注15]

一方ガーディナーは運動体の文化的アイドル《カルト・ヒーロー》になった。レン・マクラスキーの言葉を借りれば、「オー・マイ・ゴッド、彼は世紀の掘出し物だよ！」（党左派にルーツを持つわけではないガーディナーが、コービンのおよそあり得ない台頭があって初めて発掘されたのは一体なぜなのか、という疑問が湧いてくる）。コービンの支持者の間で「人民のガーディナー」と称された穏やかな、かつての哲学学徒が、メディアでのインタビューでは人間火炎放射器に変わった。「なぜ彼を逃してやったんです？」ガーディナーはスカイニュースに初登場したとき、キャスターのアダム・ボールトンに向かって開口一番こう発言し、そのすぐ前に行われていた保守党議員へのインタビューを批判した。「もし労働党の閣僚だったらどうだったか……さっきはとどめを刺さなかったじゃないですか！　スカイニュース看板の強面のはずなのに、逃してやったとは！」

「逃がしてなどいませんよ！」とあわてたボールトンは裏返った声で抗議した。[原注16]

新聞の迷走

労働党は電波媒体での報道を優先したが、これは党に対する新聞の否定的扱いと、ソーシャルメディア時代における印刷媒体としての新聞の影響力低下を反映したものだった。コービンの報道チームは伝統を破り、キャンペーンの移動中に新聞が党首に接近する機会を制限した。「たいていは異常に敵対的な新聞の仕事をしていて、公正さを欠き、底意地の悪いツイートばかりする一団を引き連れて遊説などしたいものだろうか」とコービンの補佐が言う。代わりに、党首へのアクセスは輪番制で許可され、『サン』紙のスティーブ・ホークスのような者たちから、当然ながら不満が噴出した。[原注17]

労働党がわずかでも肯定的な報道を当てにできたのは『ミラー』紙だけだった。『ガーディアン』紙は、コービンが党首に選出されて以降も、二〇一五年の党首選中に設定した方向性を維持していた。ジャーナリズム学のアンジェラ・スミス教授が指摘するように、「コービンを中傷する者たち（告白します、私もその一人でした）でさえ、右翼のニュース・アジェンダをやみくもに追う『ガーディアン』の手法――理解しようとする代わりに、極悪人に仕立て上げることに手を貸すやり方――には違和感を感じざるを得なかった」[原注18]。しかし、労働党の世論調査での評価が上がると、『ガーディアン』のパニックが始まった。同紙のほとんどの読者は熱心にコービンの党を支持していたからだ（選挙後の調査で同紙読者で投票した人の七三%が労働党に票を投じたと確認され、これはエド・ミリバンドが同紙から全面的な支持を得た二〇一五年より一一ポイント高かった）[原注19]。『ガーディアン』の奥深くで何かが起きている隠しおおせない兆候が現れ始めた。コービンの「冷静で慎重かつ警戒を怠らない」安全保障演説を受け、執拗に敵対的だったジョナサン・フリードランドさえも、コービンを中傷しないコラムを書くことができた。(原注20)何か望ましからぬことが起きたのだ。

案の定、六月二日、『ガーディアン』紙は公式な推薦を出した。「労働党は私たちの票を与えるにふさわしい」と。コービンは「可能性に対する馴染みのない感覚を引き起こした。それにより今一度、人々は政治に興奮している」――『ガーディアン』が自らの影響力の低下に感謝する幸福な展開だった。(原注21)コービンを二年間中傷し続けた挙句、同紙の大物コラムニストたちが列をなして称賛を浴びせた。ウルヴァーハンプトンの理髪店で「突然の洞察」を経験したジョン・ハリスは「国の基礎を成す条件について、率直かつ道徳的な、本質的に社会主義者の言葉で話しても、必ずしも政治的大災害を伴うものではない」と明らかにした(つまり、たった五カ月前に自分が予測した「ワーテルロー」ではなかったのだ)。(原注22)「過去一五年間の一般通念は間違っていた」とハリスは自らに結論を出し、そして続けた。「何が起きているかを説明する役目を担う人々の多くは、まだほとんど理解し始めていない」(ノーコメント)。(原注23)

『ガーディアン』紙の突然の方針転換は『ニュー・ステーツマン』誌の編集長を激怒させた。「『ガーディアン』はコービン派の『プラウダ』としての役割を果たしている――英国の新聞はあまりにも馬鹿馬鹿しく党派的だ」と六月五日、ジェイソン・コウリーはツイートを投稿し、すぐに削除した。(原注24)『ガーディアン』の裏切りにコウリーが怒ったのも無理はない。『ニュー・ステーツマン』は社運を賭けるがごとく、総選挙直前号の表紙で以下のように宣言していた。「求む、野党！　労働党は崩壊した」。(原注25)コウリーはまだ矛を収める気はなかった。ちょうど、労働党は「死の舞踏を踊っている」と主張する記事を書いたところで、その記事で『レイバー・アンカット』のブロガー、アトゥル・ハトワルの卓見に五段落を割いていた。ハトワルは、二〇一五年の党首選でコービンは最下位に終わると主張した〝賢人〟だった。今回の予測は？　労働党は「絶滅段階に向かって転がり落ちている」(原注26)だ。二〇一五年の時点ではコウリーも、コービンが党首になれば、労働党を「まったく無意味な存在」へと「転落させる」だろうと断言していた。しかし、今やそのような運命を迎える危険に直面しているのは、コウリーが編集長を務める『ニュー・ステーツマン』の方だった。

右翼の新聞各紙は、比類のない量の、前代未聞の悪意を吐き出した。しかし、毒の効き目は年代によって異なった。それは、まだ新聞を購読している高齢者の票を保守党に留めておく助けにはなりそうだった――まさに保守党の政策が高齢者の利益を攻撃しているときでさえ。しかし、注目に値するのは『サン』紙が効力を失っていたことだ。コービンに対する絶え間ない憎悪キャンペーンはほとんど共感を呼ばず――最終的に、新聞から言われたように投票したのは、読者のたった二八％だけだった（大多数は投票しなかった）（原注27）。ヒステリックなその第一面は若者の間で容赦なく嘲笑され、オンラインで批判された。多くは単に既存の新聞をもう信じておらず、オルタナティブな情報源に目を向けた。

『バズフィード』の分析によると「保守党支持の各紙が英国の主流となるニュース・アジェンダをあいかわらず支配しているが、それらのニュースはソーシャルメディアに影響を与えることに失敗している」（原注28）。コービンの顧問は論評する。「新聞は保守党のデモグラフィー〔人口統計学的に保守党支持となる人々〕のために機能し、ソーシャルメディアはうちのために機能した。二つの別々の世界だ」

新聞は辛辣なこき下ろしをさんざんやったものの、コービンに投げつける新しいネタを持っていないのがあからさまになった。ニュースストーリーの多くは、過去二年の党首選中に書かれた記事を再び刷ったものと変わりがなかったのだ。「土曜日、オフィスに座って、日曜紙の一筋縄ではいかない攻撃的なストーリーに対処しなければならなくなるぞ、と考えている」と労働党の報道担当チームのメンバーが思い出す。「そうすると結局こうなる。『お、これは見覚えがある。あ、こっちは去年の夏のだ。で、うちがその時にどう反論したか見つければいい。一丁上がり』だ」。過去二年にまたがる大量の敵対的な報道で、多くの有権者は慣れっこになっていた。そして、コービンがテレビで直接話すのを見れば見るほど、新聞での描かれ方がさらに馬鹿馬鹿しいものになった。

テレビでの闘い

「このマニフェストには、君主制の廃止について何も入っていませんね」と、まるでスキャンダルを明るみに出したかのように、ジェレミー・パックスマンはせせら笑った。

「ありません。そうしようと思ってないからですよ！」とジェレミー・コービンは微笑みながら返答した。スカイニュースとチャンネル・フォーが共同制作した番組『一〇番地〔首相官邸〕への闘い』の参加視聴者はどっと笑い、拍手した。「いいですか」とコービンは続けた。「それは誰のアジェンダでもない。当然私のアジェンダでもありません。それにね、女王とはたいへん話が弾んだんです」

選挙キャンペーンの最後から二番目の週に詰め込まれた、見せ場となる一連のテレビ出演でのコービンのパフォーマンスは期待を上回るものだった。期待の方が低すぎたのだ。二〇一五年の党首選で最初に放送されたナニートンでのテレビ討論〔八七～八九ページ参照〕から、コービンには人を引き付ける物腰で質問に答える才能があり、聴衆の前でくつろげるのは明らかになっていた。これまでの二つの夏を終わりのないマラソン政見討論会《ハスティングズ》に費やし、その形式については十分に練習を積んでいた。

しかし二〇一七年五月二九日の晩にあったパックスマンのインタビューは、コービンにとってこれまでで最大のテレビ放送での試験だった。一か八かの大勝負だった。労働党員たちはぴりぴりしていた。何だって起こりうる。二年前、同じ番組で、エド・ミリバンドは聞き手をドン引きさせる一文を発した。「決まってるじゃないか、私だってタフなんだ」。これに続く『クエスチョン・タイム』選挙特番では、ステージを去る時につまずきかけた。そういった些細なしくじりで党首が定義されてしまうのだ。

もしコービンが緊張していたとしても、そうは見えなかった。スタジオのセットに大股で登場した労働党党首は、これまで以上に自信に満ち、洗練されていた。明らかに準備万端で、これはアンドリュー・フィッシャーとシェイマス・ミルンによる党首事務局内の仕事だった。そのうえ見た目もいつもよりスマートで、これならデイヴィッド・キャメロンも文句を言えまいと思えるようなスーツを着ていた（首相質疑の際に当時の首相キャメロンがコービンの服装と着こなしをバカにしたエピソードによる）。これはキャリー・マーフィーの仕事だった。「頭の中で声が聞こえるんですよ。『でも、キャリー、それらしく見えるようにしないとね』って」。「スーツ大作戦」はミルンの担当だとの新聞の推測とは裏腹に、「シェイマスはジェレミーに服装の話をしたことは一度もない。全部私です」とマーフィーは言う。「『ジェレミー、そのスーツはむちゃくちゃひどい。それじゃだめ』と言って、奥さんに電話して『あのスーツを隠して』と言う。私がスーツもシャツも買った。ジェレミーの私設秘書のローラ・パーカーもずいぶん影響を及ぼしてる。二人でお互いを力づけあってる。それでジェレミーはかっかしているけど」

番組は、コービンが一人でスタジオの視聴者の質問に答えるところから始まった。驚くほど毅然として、自分の従業員に一〇ポンドの生活賃金を払わなければならないとの公約に不平を言う経営者に一歩も引かなかった。一方で、人々と自然に心を通わせる様子も見せた。一人の聴衆が彼の統率力に疑問を呈したとき、コービンはこう答えた。

　ジョン、人はお互いについての認識を持っているものです。でも、実はね。生きていると、実に多くの人と出会う。同意できる人もいるし、同意できない人もいる、まったく同意できない人もいます。でも、いつもその人たちのことを知りたいと思っている。誰かと会えば、誰でも誰かと会えば、その人は何かしら自分の知らないことを知っているからです。他の人の言うことに耳を傾けたり他の人から何かを学んだりできないほど、傲り高ぶってはいけない。私にとって、統率力《リーダーシップ》とは、これ（口を差す）を使うのと同じくらい、これ（耳を差す）を使うことです。

それは人々が政治家から聞かされることに慣れてきた類いの答えではなかった。観客は目に見えて好感を持ったようだった。パックスマンは尋問を引き継ぐと、どうやら自分のパロディを演じるつもりらしく、芝居がかった攻撃的な質問を炸裂させたが、ジャーナリストのロバート・ペストンが描写するように「コービンの驚くべきユーモアの魅惑的な力」が勝った(原注29)。「さて、ジェレミー・パックスマンとの対決はＪＣ《ジェレミー・コービン》の方が優れていた」とスカイニュースのアダム・ボールトンもツイートした(原注30)。

　自分に順番が回って来たとき、テリーザ・メイは木っ端微塵にはならずに済み、聴衆の中にいた幾人かの異常に興奮したＥＵ離脱《ブレグジット》支持者に助け船も出してもらった。しかしメイの態度は冷たく、よそよそしく、活気がなかった。最も記憶に残る場面は、労働党のマニフェストについてメイが「数値の計算があわない」と言った時に嘲笑が起きたことだ。何人かの聴衆が、保守党は自分たちのマニフェストに予算書を付けていないと指摘した(原注31)。

　このテレビ出演はコービンの勝利だった。バリー・ガーディナーが言うように「ジェレミーには一緒に笑う聴衆がいて、一方、メイは聴衆に笑われた――七回も！(原注32)」それは、この選挙でのコービンの最高のメディア・パフォーマンスだったが、よかったのはこの時だけではまったくなかった。ペストンやアンドリュー・マーなどとのインタビューでも、アンドリュー・ニールにＩＲＡについてまるまる八分三〇秒も非難されている間でさえも、コービンは――自分で名付けたように「ムッシュー禅」として――穏やかであり続けることができた(原注33)。実際のところ、これらのインタビューは、コービンが過去に関係したものごと――アイルランド、フォークランド、パレスチナ、三〇年前に自分で書いた雑誌記事――に延々と焦点を当てる傾向があった。これが一九八三年に行われた選挙なら、国民は時事問題に関するコービンの見解を非常によく知ることができたと言えるだろう。ＢＢＣの元政治主幹のニック・ロビンソンが『一〇番地への闘い』に対する評価として「今夜は既知のことを確認した。自分自身の過去に弱みのあるコービン、将来の党の政策に弱みのあるメイ」と述べたとき、ツイッター・ユーザーのアンドリュー・エバンスはこう返答した。「つまり、今、知る必要があるのは、現在、時間が前に進んでいるのか後ろに進んでいるのかってことだけですね(原注34)」

　突発事故が一度あった。五月三〇日火曜日朝にあったBBCラジオ・フォー『ウイメンズ・アワー』のインタビューで、コービンは二歳から四歳の全幼児に週三〇時間の無料チャイルドケアを提供した場合の見積額を言えなかったのだ。キャスターのエマ・バーネットに急かされながらiPadで答えを見つけようとする間、苦しい沈黙が続いた。「見積額がわからないんですか」とバーネットはピシャリと言った。「それでは有権者は投票する気が起こりませんね……見積額を知らないなんて……誰かがあなたにメールしてくれるといいんですけど」。このジャーナリスティックな審問の目的は、事実として情報を引き出すことではなく――バーネットはその数字を始めから知っており、ついに三分後、それを読み上げた――コービンをジタバタさせるためだった。その点では成功だった。

そのインタビューには「打ちのめされた」とマーフィーは思い出す。「チームとしてジェレミーの役に立てなかったから」。「ジェレミーは準備不足だと感じた。どんなタイプのインタビューなのかよく知らなかったと感じたし、望んだ形で説明を受けていなかったと感じた。ラジオのスタジオで撮影されることになると知らなかったし、切り抜けたとき、フォローする報道担当が一緒にいなかった……ジェレミーを酷使しすぎだった、あまりにも……あのインタビューはジェレミーの失敗じゃなかった。私たちの失敗だった」

その出来事に対する自分の反応をキャリー・マーフィーは後にスタッフに謝った。怒鳴りつけてしまったのだ。「動揺していた。ジェレミーは『キャリー、動揺してはだめだよ』と言ったけど。あのことを考えると今でも動揺する。恥をかかせてしまったから。『恥ずかしかったよ、キャリー』とジェレミーは言ったんです」

数時間後、「人種と信仰」についてのミニ・マニフェスト発表時に、コービンはいくらか挽回した。その場で、チャイルドケアの数値を知らなかったことを謝罪したのだ。ある記者から、バーネットが「あなたの支持者と称する人々からオンラインで罵られており、それには反ユダヤ主義的な誹謗も含まれる」と聞かされ、コービンはこれを明白に非難した。「いかなる状況においても、人が雇われた目的のための仕事をしているからという理由で、誰も他人を個人攻撃してはなりません」。政治家が全ての統計的情報を手元に持っていると期待するのは要求が高すぎるかと尋ねられ、コービンは冗談を言った。「政治家に対しては不公平にあたるようなことは何もありません」（There is no such thing as being unfair to politicians、サッチャーの述べた「社会などというものはありません（There is no such things as society）」の言い回しを借りた冗談[原注35]）

その晩、労働党党首はＢＢＣワンのトーク番組『ワン・ショー』にゲスト出演し、公営貸し《アロットメント》農場、ジャム、マンホールのフタなど多岐にわたる、非政治的かつ風変わりなインタビューを受けた。視聴率の高さからいって、コービンが最大数の視聴者と向き合う機会の一つだった。コービンのパフォーマンスは、『ラジオ・タイムズ』誌が「視聴者を魅了した」と報じたように、広く賞賛を呼んだ[原注36]。その番組の終了時刻までには、『ウイメンズ・アワー』の大失態は苦い思い出になっていた。「二、三日は引きずっていた可能性のあったニュースが、二、三時間のストーリーで終わった」と補佐の一人は評する。

翌日、コービンのチームはキャンペーンにおける、もう一つの大きな決断をした。ＢＢＣの七党テレビ討論への劇的な土壇場での出席の決定だった。コービンとの接近戦をメイは断固として拒絶し続けていた。メイが世論調査で大きくリードする人気のある党首だったときは、その姿勢は理にかなっていた。何も得るものがないのに、なぜコービンとディベートをするのか。労働党党首への期待はどん底だったから、ディベートをすれば当然期待を上回るだろう。メイにとっては逆が真実だった――メイの顧問たちは間違いなく彼女の弱点を認識していた。しかし、この計算も、メイが責任を逃れたがり、質問に答えられず、自分を精査されるのが嫌なのだと国民が認識してしまったからにはもう通用しなかった。コービンに必要なのは、メイに討論を申し込んでやすやすと勝利を収めることだけだった。彼はこれを何度も繰り返した。

コービン自身も、五月一八日にＩＴＶで放送された野党党首ディベートには、メイが出ないなら出席しないと述べて欠席した。利益よりもリスクの可能性があると彼のチームが感じたからだ。そのディベートの光景は、「野党のカオス連合」という保守党のスローガンを勢いづかせる恐れがあり、労働党が小政党と同じレベルにあるという印象を与えかねず、パネルの中ではただ一人、コービンは首相になり得る立場にあるために他党のターゲットになるだろう。同じ理由で、五月三一日の晩に予定されていた七党討論にも参加しない予定だった。しかし、コービンにとっても状況は変わっていた。彼は上り調子だった。確実に反響を呼ぶ方法でメイに恥をかかせるチャンスだった。

正午のすぐ後に、コービンは、その日の晩にあるBBCのイベントに参加すると突然、告知した。時事解説者は、この動きは前もって決めてあった計画だと推測した。実際のところ、その決断は一時間かそこら前に、コービン、ミルン、そしてマーフィーのたった三人でなされたものだった。マーフィーにとり、選択はいたって簡単だった。「今、優位に立ちつつあるけれど勝っているわけではない。得票率三七％でよしとするか、もっと大胆になるか、どちらかだった」。フィッシャーさえも地下鉄で移動中だったためにその決定に関する相談に参加できず、「ジェレミーのディベートの準備をする時間がなかったので怒って」いる。「とてもストレスの多い日だった」とマーフィーは思い出す。「アンドリューとシェイマスと私が、何にせよ同意できなかったのはこのときだけだった」

メイはその動きに驚いた。その午後にあったキャンペーン行事で、ジャーナリストの質問に答えるにあたって面食らっているようだった。もしメイがそれほど強く、コービンが弱いなら、なぜコービンとディベートしないのかと、スカイニュースのファイザル・イズラムが尋ねた。メイは不自然に笑うと、説明のつかない返答をした。「ジェレミー・コービンが、何回テレビに出演するかに、はるかに注意を払っているようだという事実は興味深いものです。コービンはEU離脱《ブレグジット》の交渉について考えるのにもう少し注意を払うべきであり、それこそがいま私がやっていることです」。メイは笑いを期待しているようだった。しかし聴衆は沈黙していた――もしもEU離脱《ブレグジット》のためにディベートの時間がないというのなら、なぜメイは期日前選挙を決めたのだろうと疑問に思っているのかもしれなかった。（原注37）

結局のところ、その晩にケンブリッジで行われた実際のディベートは目覚ましいものではなかった。七人が互いに議論しあったところで、素晴らしいテレビ番組にはなりようがなかった。しかし、何が重要かと言えば、それを取り巻く話の方だった――メイは怖じ気づいて出演しなかったのだ。ディベートの終了後に、保守党の閣僚への生放送のインタビューに割り込んだエミリー・ソーンベリーが「なぜメイはそんなに臆病なんですか」と尋ねた。[原注38] 如才ないはずだった保守党のキャンペーンは無様な姿をさらけ出し、さんざん誹謗されていた労働党の作戦に出し抜かれていた。

一〇時のBBCニュースで放送されたシーンは、労働党にとり、夢のようだった。「誰が来たのか、ともかく見てください。それにしても、何という登場でしょう」と、道沿いに並んで喝采を送る数百人の労働党支持者が歓迎するなか、車を降りるコービンの、まるで映画のような映像にかぶせてレポーターが言う。カンヌ映画祭のプレミア上映に到着した映画スターのようだった。[原注39] 会場に至る道すがら、ケンブリッジの「石畳の通りをゆっくりと」車は進んだと顧問の一人が思い出す。「ジェレミーは窓を開けていて、特別警備班の担当官はとても苛立っていたが……歩きすぎる人々が『ジェレミー！』と声をかけてくる。誰もかれも。『ジェレミー・コービンだ！ ジェレミー・コービンだ！』。罵りは皆無……確かにケンブリッジは労働党と自民党の接戦選挙区だが、革命の中心地じゃない。ここで何か奇妙なことが起きていると思った」

二日後の六月二日金曜日、BBCの『クエスチョン・タイム』党首特番で、コービンはあまり友好的でない人々の中にいた。その番組は二大政党の党首のみが、一緒にではなく、一人ずつ順番に質問を受ける構成だった。苛酷な七分間にわたって、核兵器を使用する意思があることを示せと詰め寄る一部の聴衆からの要求を、コービンは受け流した。答えを迫るため、司会のデイヴィッド・ディンブルビーが三度、話に割って入った。一人の男が、コービンは「北朝鮮かイランの阿呆が私たちを爆撃するのを許すのか」と尋ねた。人々はヤジり始めた。聴衆の中の別の男が「[トライデント核兵器を]持っていて使わない方が、まったく持っていないよりいいと思う、特に現時点では」と言ったとき、コービンは返答しなかった。気詰まりな沈黙があった。「何かコメントしたいことはありますか」とディンブルビーが尋ねた。「いいえ」とコービンが答えた。家で見ていたレン・マクラスキーには、コービンは「倒れて傷を負った」ように見えた。

ディンブルビーは別の質問者を探した。「そこの女性の方。この話を続けましょう」。親切そうな表情の若い女性は話し始めた。「実は人権に関する質問があるんですが」。コービンは真っ直ぐ立ち、間違いなく「助かった」と思ったはずだ。その女性は続けた。「でも質問の前にちょっと。ここにいる誰も彼もが、核兵器で何百万人もの人を殺すことに、これほどまでに熱心であるらしい理由が理解できません！」スタジオの聴衆の半分が驚きと拍手で大騒ぎになった。全ての緊張が一瞬で流れ去った。国じゅうの居間でテレビを見ていたコービンの支持者が宙に拳を突き上げた。あれは「今夜の一行」だったとBBCのジェレミー・ヴァインがツイートした。(原注40) そのたった一文で、視聴者が議論からどんな印象を得るかが一変した。(原注41) 誰であれ、その女性の介入がコービンを窮地から救い出した。

『デイリー・メール』紙はもちろんそうは考えなかった。翌朝の大見出しは「コービンの核メルトダウン」で、「労働党党首は悲惨なテレビ・ディベートで屈辱に甘んじた」とあった。しかし『メール』紙は世論から外れていた。緊急世論調査で（皮肉なことに『メール・オン・サンデー』紙の委託による調査だった）、三六％の人が『クエスチョン・タイム』を見た結果、前より労働党に投票する気になったと言い、二四％は投票したくなくなったと回答した。保守党にとって話は逆だった。メイのふるまいを見たあとで、保守党に投票したくなったと言った人はわずか二四％で、三二％は投票する気が減じたとした——二〇〇九年から昇給が止まっている看護師に「揺すれば欲しいモノを何もすぐに出してくれるカネのなる木はないのです」と話したのが、その夜のメイのハイライトだった。(原注42)

放送媒体への露出は、コービンの個人的評価にとって素晴らしいものとなった。集中的にテレビ出演した週の終わりに、Ipsos MORIの世論調査は、コービンへの評価がメイとほぼ同じ水準に達したと示し、その一方、首相に不満を感じている人が、満足している人を初めて上回った。(原注43) 驚いたことに、コービンに対する賛否差し引き後の満足度はわずか二週間で一六ポイントも上昇、一方メイは二七ポイントも急落していた。（原注44）これは間違いなく、英国の政治史における、党首に対する評価の最も劇的な逆転の一つだった。保守党はこの選挙でコービンこそが自分たちの秘密兵器であるとして、全てをコービン攻撃で組み立てようとしていたが、メイこそが労働党にとっての秘密兵器だったのだ。この逆転は、これほどまでの悪意と中傷と偏見に相対していたコービンにとって、目覚ましい個人的な成果だった。

党にとっても事態は好転しつつあった。マンチェスターの凶行後に勢いを失うとの労働党の恐れは杞憂だった。攻撃後に設けられた活動休止期間中でも、YouGov の世論調査は、労働党が、保守党をわずか五ポイント下回るだけの三八％の位置についたと評価していた。（原注45）五月三〇日、コービンが『ワン・ショー』に出演した晩、YouGov は選挙の結果を各議席ごとに推定したモデルを発表し、衝撃波を巻き起こした。結果は驚愕させるものだった。予測はハング・パーラメント〔二ページ参照〕だったのだ。「衝撃的な世論調査が、保守党の議席減を予測」と『タイムズ』紙は第一面で述べた。同紙は予想を報道しているにすぎなかったとしても、そのような見出しがあることが、まさに労働党が実施していた特筆すべきキャンペーンの明白な証拠だった。ほぼ全部のプロの政治評論家はそれまでそのような展開はあり得ないと見なし、口にしてはばからなかった。案の定、新情報への反応は嘲笑だった。（原注46）保守党の選挙キャンペーンに従事していた、かつてオバマの顧問だったジム・メッシーナもこれに加わった。「YouGov が出した、またもや愚かな世論調査を笑って一日を過ごした」と彼はツイートした。（原注47）

保守党および同盟するメディアは、世論調査間で予測に大きな開きがある事実から、いくらかの慰めを得ることができた。労働党がいまだに一〇ポイント以上離されているとする世論調査も複数あった。これは、若者が投票に行くかどうかについて、各世論調査会社が異なる見解を持っていたためだった。若者は大差で労働党支持であったため、若年層の投票率は重要だった——六月三日に公表されたＩＣＭの世論調査によると、一八歳〜二四歳群では六八％が労働党を支持しており、一方、二位の保守党はわずか一六％だった。（原注48）

労働党によいニュースは他にもあった。六月一日に発表されたロンドン市民対象の世論調査で、党は五〇％という途方もない支持率を得ていた――一カ月間に九ポイントも上昇したのだ。（原注49）六月二日、『クエスチョン・タイム』出演の日、労働党は全国調査で初めて四〇％を叩き出した。（原注50）これほどの支持率にコービンの支持者も批判者も仰天した。それは、可能と考えられていた範囲を大きく超えていた。

その翌晩の六月三日、Survation の世論調査が、労働党に三九％、保守党に四〇％をつけた――わずか一ポイント差だった。（原注51）さらによいことには、労働党は保守党にどんどん迫りつつあった。残り四日間のキャンペーンでリードさえあり得る。これは労働党の活動家たちにとり、夢の領域だった。

そして、それから、午後一〇時三〇分頃、臨時ニュースが流れた。ロンドン橋の歩行者にバンが突っ込んだのだ。

二度目のテロ事件

八人が殺されたロンドン橋テロ攻撃による予期せぬ政治的余波は、マンチェスターを早送りで再現しているようだった。労働党員たちは再び二重の感情――暴力に対する衝撃と恐怖、そして、自分たちの党の好機が損なわれるかもしれないという恐れ――に襲われた。これは、わずか二週間足らずの間に起きた二つ目のテロ攻撃だった。人々は怒っていた。常に右派から差し出される脊髄反射的な解決策の要求が出てくるのは不可避だった。選挙の緊急性と、アジェンダが安全保障に引き戻されるという避け難い事実から、絶望と諦めの波を行きつ戻りつする人もいた。

攻撃後の日曜の朝、どの政党も全国規模のキャンペーンを休止したが、労働党は投票日前最後の週末に繰り出すボランティア軍団の利点を失うまいと、各選挙区での戸別訪問の続行を決断した。投票日があまりにも近いので、いま一度の長い休止を唱える者はいなかった。民主的なプロセスを進めることが、テロリストに対する最善の対応だとの議論があった。保守党は自党のキャンペーンを六月五日月曜に再開するだろう。一方、労働党は、再び守勢に回らざるを得なくなるのを懸念し、日曜の晩にカーライルでコービンが演説を行うと告知した。それまでは首相がハンドルを握っている。労働党は乗客だった。

日曜朝一〇時三〇分、テリーザ・メイは声明を発表するためにダウニング・ストリート〔首相官邸前〕に姿を現した。首相として、国民を代表して話すのだろうと人々は予測した。マンチェスターの直後には、明白な政治的論点を立てずにその任を果たしていた。ロンドン攻撃後のメイの演説の前半は同じパターンに従っており、緊急サービス従事者への賛辞と犠牲者へのお悔やみの言葉があった。しかしその後、方針を変えた。「我が国は過激主義に対し、度を超えて寛容過ぎました」とメイは言った。「イスラム過激主義の邪悪なイデオロギー」と闘う方策が取られなければならなかった――警察と安全保障部門に、より大きな権限を与え、イラクとシリアで軍事行動を行い、テロ犯罪にもっと長い刑期を課し、インターネットの自由を抑制し、かつ「いくつものコミュニティへの分裂、分断」を終わらせる。「もう十分です」とメイは宣言した。(原注52)

労働党の支持者たちは激怒した。彼らの見解では、メイは選挙キャンペーンの中止に同意しておきながら、キャンペーン演説をしたのだ。メイが概説した対策は正当な議論が必要な問題であり、他の政党が沈黙させられている時にすべきことではない。人々がまだ生々しい感情の中にいるときに、メイは悲劇を政治化させることを選んでいた。無慈悲だった。

公式には、労働党は何も言えなかった。しかし、これこそ、ソーシャルメディア上の運動が本領を発揮するときだった。もしメイがこれを政治化するのなら自分たちもそうする。それは演説そのものに対する憤怒の爆発で始まった。「我が国は過激主義に対し、度を超えて寛容過ぎた」とは、どういう意味で言ったのだろう？　厳密には、誰が過激主義に寛容だったのだろう？　もしメイが言ったことが真実なら、内務大臣の任にあった六年間、なぜ何もしなかったのだろう？　メイは選挙に勝つために、ただ犬笛を吹いた〔ターゲットとするグループにのみ理解できる暗号的な言葉や意味を含む政治的なメッセージ〕のではないのか？　人種差別による憎悪犯罪の蔓延を経験している国で、偏見を煽る影響を考慮していただろうか。

しかし、オンライン運動には単なる批判以上のことができた。どのようにして政治的アジェンダをシフトさせるか、運動は過去数週の間に学んでいた。注目すべき規律と結束を持って、警官の削減問題と、英国とサウジアラビアとの関係に運動は狙いを定めた。削減の悪影響を訴える警察連合会（イングランド&ウェールズ警察連合会、役付を除く警官の組合組織）を「狼少年」〔でたらめを言っている〕と非難しておきながら、どうしてメイは国を安全に保つ人物を気取ることができるだろう？（原注53）　過激派グループにサウジが資金供与しているとの申し立てについての報告の公表を、自分の政府が差し止めているというのに、どうして過激主義を容認しているとして他者にケンカを売ることができるだろう？（原注54）

　スカイニュースがその日の昼の定時ニュースで、ロンドン警視庁の元上級捜査官ピーター・カークハムのインタビューを放送した。カークハムは、政府は武装警官の数について「嘘をついて」おり、また、一般警官の削減を元に戻す「緊急の」必要性に本気で取り組んでいないと酷評した。いつもなら、この挑戦的な場面を見たのは数十万人程度だったろうが、コービン派グループのＥＬ４Ｃによってその部分が「つかみ出さ《クリップ》れ」、ソーシャルメディアで再公開された。二分間に編集されたその動画はただちにバイラルし、フェイスブックで六五〇万回、ツイッターで一〇〇万回の驚異的な視聴数を得た（クリップがさまざまな著名人によって再利用されたので、見た人の数はさらに増えた）。（原注55）カークハムのインタビューは、インターネットの至るところで見ることができた——期限を一日に区切れば、おそらく、かの有名な保守党の攻撃広告より多くの回数見られただろう。ＥＬ４Ｃはそれを売り込むために二ポンド使っただけだった。

　このような集中したオンライン戦略が、公式アカウントの指導もなしに実行できたのは驚くべきことだった——その日、ジェレミー・コービン、労働党、モメンタムの公式アカウントは、何も政治的投稿を行わなかった。しかし、すでにマンチェスター直後の安全保障討論を経て、議論は十分に習熟されていた。比較的よく知られたコービン派のメディアユーザーが——このうちのいくつかは、このときにオンラインでのリーチが天井知らずに上がったと報告している——方向性を与え、他の人が倣う手本を示した。しかしこれはおおむね自発的な現象だった。

オンライン運動はまた、非難に対する反証という重要な仕事をしなければならなかった。その日の午後、ＢＢＣニュースのウェブサイトで四番目に多く視聴されたビデオは二〇一五年の古いニュース動画《クリップ》で、コービンが「射殺命令（政策）（容疑者の逮捕・拘束を意図せず銃殺する方法）には総じて賛成しない」と述べているものだった。そのクリップが抜き出された元のインタビューは悪名高かった。最初に放送されたとき、ＢＢＣ政治主幹のローラ・クーンズバーグは、射殺命令についての一般的な質問に対するコービンの答えを、襲撃の真っ最中に警察がテロリストを撃つべきか、との質問に対する答えと偽って提示した。ＢＢＣ理事会《トラスト》（一八五ページ参照）でさえ、その報道が正確性と公平性のルールを破ったと判断した（原注56）。しかしトラストの所見にもかかわらず、その日曜日にシェアされたクリップに付いていた文字情報にはまだ同じ虚偽が含まれていた（原注57）。コービンの支持者たちは、これを深刻な脅威とみなした。彼らは直ちに行動に移り、トラストの判決を報道したニュース記事を再共有した。

この全てのおかげで、コービンは、その晩カーライルで演説したときに、警官の削減からサウジアラビアの件まで、ソーシャルメディアで確立されたナラティブを、危ない橋を渡っているように見えることなく繰り返すことができた。また、射殺命令に対する見解の歪曲に対抗するために、自分が首相なら「警察が人命を守り、救うために、なんであれ必要な武力を用いる完全な権限」を与えるだろうと明白に述べた（原注58）。

メイは、朝の演説で、議題《アジェンダ》を国家権力へと固定しようとしていた。しかしコービンは、ソーシャルメディアで遂行された闘いのおかげもあって、自らの演説で人的資源の話に引き戻すことに成功した。いくぶん驚いたことに、既存のマスメディアもコービンのあとに続いた。翌日、メイはキャンペーンの行事で、警察の削減問題をめぐってジャーナリストに繰り返し問い詰められた。「首相、あなたは警官の削減を憂慮した人物を狼少年と非難しましたね。今、そう言ったのは間違っていたと認めますか」と一人が尋ねた。「武装警官の数が減ったのはあなたが内相の時でした……警官は合計二万人減りました……その削減を逆転すると言うことがリーダーシップではないでしょうか」と別の一人が言った。「地域警察への削減が実施されています。この過激なイデオロギーの増大を止めるために必要な、まさにその場所で削減が行われている……首相はそれについて何をするつもりですか」と三人目が答えを要求した。(原注59)

労働党は急遽、緊急サービス労働者(救急隊員、警官、消防士など)を代表する労働組合幹部の記者会見を準備し、削減の影響を証言することで圧力を増大させた。「ひどいことになるだろうと誰もが言った。悪趣味になるって」と、その会見を企画したキャリー・マーフィーは思い返す。「素晴しくうまくいった。マーク・サーウォトカ[PCS組合書記長]がスターだった……またリスクを取った甲斐があった」

政治評論家たちが驚いたことに、コービンは安全保障に関する議論に勝ちつつあった。警察官の削減は全国的な会話のトピックになった。(原注60) それは、労働党党首が、譲歩することなく実際に問題を論じたときに何ができるかをはっきりと見せた――とはいえ、左派が自らを熱心な警察支持者として振る舞うために、本人のタイプとは正反対の冷酷とさえ言える役回りを演じる必要があったが。メイは死にもの狂いで、議論の主題をEU離脱《ブレグジット》に戻そうとしたが無駄だった。「興味深いことに、首相が気分よく話せると思われている争点に選挙戦の関心がちょうど集中した時に、首相は防御的であることを余儀なくされ、そして議論することができない」とITV政治記者のエミリー・モーガンが報じた。(原注61)

六月六日火曜日の晩、メイはようやく対抗措置をとった。「もし人権法が過激主義やテロリズムとの取り組みの妨げになるなら、英国民の安全を保つために、私たちはその法を変えます」とツイートした。(原注62) 意味するところは曖昧ではあるが、その一文は、新聞の保守反動派を勢いづかせるには的を射たものであり、また一般にも広く人気があった。(原注63) それは間違いなく保守党への投票のテコ入れとなったが、労働党の投票を圧縮することはできなかった。「最近の複数の攻撃への正しい対応は、保守党の削減政策を停止することであり……私たちの民主的価値観を保護することだ。それには人権法も含まれる」とコービンは反論した（原注64）。顧問の一人は思い出す。「あの一節、『人々の安全を守ることは安上がりにはできない』は反響が大きかった。保守党はそれに答えられなかったので、何を言っても弱かった……犯罪と反テロリズムは左派の得意とする分野ではないが、うちはそれを自分たちのものにした」

我らは多数だ

「今夜、ここゲーツヘッドで雨の中、私たちは、まさにどれほど多くの支持があるかを明らかにしています」とジェレミー・コービンは、二〇一七年六月五日、セージ・アリーナ外側のスペースを埋める一万人の人々に言った。「ありがとう！　恐怖よりも希望を、分裂よりも連帯を選んでくださって！」（原注65）

キャンペーンの締めくくりに関する「昔ながらのアドバイス」では、選挙で相手側を選ぶ危険性にメッセージを再び集中させる——労働党の場合は「保守党を選んだ場合のリスクについてのネガティブキャンペーンに一点集中する」ものだと党首事務局メンバーの一人が言う。労働党はそのようなことはしないと、コービンは「きっぱりと主張した」。代わりに「希望のもてるメッセージで上昇を続けた」とその関係者は言う。

上昇するビジョンを投影することが目的なら、コービンの選挙遊説の最後の追い込みで見られたシーンは、まさにうってつけだった。党首のイベントのほとんどはぎりぎり間際に公表されていたので出席者の数が限られると考えられていたが、労働党の選挙集会はバーニー・サンダースの集会のように大きくなり、今やそのような危惧は吹っ飛んだ。ゲーツヘッドの集会の写真に「［トニー・ブレア率いるニューレイバーが圧勝した］一九九七年にさえ、このような大群衆を引きつけたことは決してなかった」とキャプションを添えてジョン・プレスコットがツイートした（原注66）。翌日のバーミンガムでもコービンは数千人に囲まれていて、その演説の映像は国じゅうの五カ所で同時に行われていた選挙集会に発信された（もともとのアイデアでは、各会場にホログラムで現れることになっていたが、準備の時間が足りなかった（原注67））。壮観を台無しにするほどの土砂降りに見舞われ、党の職員が中止を提案したぐらいだった（キャリー・マーフィーは拒んだ）。しかし、コービンが演説に立ったそのとき――神の御業でしかあり得ないことだが――完全な虹がその背後に現れた。

保守党が、選挙戦の最終盤に、労働党に対するネガティブキャンペーンにさらに集中するのは至難の業だった――キャンペーンの間じゅう、それしかしていなかったからだ。しかし彼らは全力を挙げて試みた。保守党は特にダイアン・アボットに狙いを定め、最後の数日間はこれまでにないほど激しく攻撃した。アボットのキャンペーンは、五月の初めにあったラジオでのいわゆる「大事故《カークラッシュ》」インタビューで、ニック・フェラーリのトレードマークである安っぽい落とし穴《ゴッチャ》ジャーナリズム〔引っ掛け質問を用いてインタビューされる人の人格や仕事の目的等の信用を傷つけることを狙ったインタビューの手法〕の餌食にされて以来ずっとぎくしゃくした状態だった。アボットの失敗は、労働党の政策である警官増員のための見積額を思い出せなかったことで、それはこの選挙で国民全体の意識に沁み込んだ重要な出来事の一つになり、しばらくの間、人々が投票先を決める際の主要な理由の一つになった――キツネ狩りがやって来るまでは（原注68）〔奇妙なことに、白人男性の保守党閣僚たちも、財務大臣までもが似たようなジャーナリズム手法の罠に掛かってボロを出したが、アボット〔ジャマイカ系黒人女性〕の数十分の一も注目されなかった（原注69）〕。

五月二八日にアンドリュー・マー・ショーで、もう一つ出来の悪いインタビューがあった後――アボットは同僚からやらないように頼まれたのだが出演した――党首事務局はアボットがあまり表に出るべきではないと主張した。「インタビューで、とてもうまくやっているとは私たちも考えていなかった」とコービンの補佐の一人が言う。「ダイアンらしくないと思った。みな昔から彼女を知っているし、好きだったから。でも、どういう状況なのかわからなかった」

アボットは、保守党、および、保守党と同盟するメディアの主要な標的にされ続けた。首相はキャンペーンの行く先々で行った全演説でアボットの名前を挙げた。ボリス・ジョンソン――かつて黒人を「スイカ笑顔」の「ピカナニー」と呼んだことがある、鼻につくほどお上品でお高い男――もアボットをしばしば攻撃対象にした（原注70）〔どちらも黒人に対する差別表現。「スイカ笑顔」は黒人の習慣に対する偏見を表し、「ピカナニー」は黒人の子どもを差す差別語〕。アボットは保守党の底意地の悪いオンライン攻撃広告でも特に標的にされた。これらの全てが、アボットがソーシャルメディアで受けていた人種差別的な猛攻撃をさらに燃え上がらせた。それは胸が悪くなるほど不快な類いのいじめだった。六月六日、アボットは二つの選挙行事から撤退した。その翌日、健康上の問題により、一時的に影の内相を退くとの発表があった。二型糖尿病に苦しんでいたことが後にわかった。(原注71)

労働党の戦術との対比はこれ以上ないほど大きかった。「私たちは個人攻撃はしません。そんなことをしても、私たちにとって何かよいことがあるとは思わないからです」と、六月七日に、保守党が議席を持つ接戦選挙区ウィーバー・ベイルであった選挙集会でコービンは言った。「私は知っていますよ、私についてひどく不親切なことを言っている人々がいることは。隣人が教えてくれますからね。みな許します！」(原注72)その日の『デイリー・メール』紙第一面には、コービン、アボット、ジョン・マクドネルの写真に被せて「テロの擁護者たち」とヒステリックな見出しが躍っており、中面では一三ページにわたって罵りが続いていた。

ウィーバー・ベイルは、キャンペーン最終日にコービンがマラソン遊説に回った六カ所の集会のうち、二番目の地だった。コービンが移動に使った赤い選挙戦《バトル》バスは「少数のためにではなく、多数のために。労働党に投票を」の言葉で飾られ、一方、保守党のバトルバスは「テリーザ・メイ：英国のために」と塗り立てられていたのは象徴的だ。保守党のキャンペーンは全てがメイ一色だったのに対し、コービンのキャンペーンは全てが労働党だった。にもかかわらず、選挙の過程で大衆が好意を寄せたのは、控えめな労働党党首の方だった。

その午後に公表された労働党の最後のビデオがそれを暗示していた。リリー・アレンの歌をフィーチャーしたシンプルな映像のモンタージュで、考えと感情を伝えるよう巧みに編集されていた。多様性の全てを映す英国人の肖像《ポートレート》が、社会を変革しようとする運動によって、人々に囲まれたコービンの映像に取って代わる。一言の語りかけもなしに簡単に理解できるこのフィルムのストーリーは、コービンが伝えていたメッセージの明快さの証左だった。この動画はあっというまに二〇〇万回も再生された[原注73]。

これら全てのポジティブな要素が、実際に票として現れるかどうかはまだわからなかった。労働党が雇用した選挙予測会社ＢＭＧは楽観的ではなかった。その日の午後遅く、コービンの最上級補佐三人が、サウスサイドの建物の中にある専用の小部屋、通称「北側の部屋」に座っていたところ、党の上級職員の一人が目を丸くして飛び込んで来た。「きっと信じてもらえないだろう！」とその人物は言った。

「何をです?」と補佐の一人がドキドキしながら返答した。

「一三ポイントも離されている！」

その場に居合わせた一人によると、その職員は「世論調査で一三ポイントも後れをとってるって考えで、すっかりイッちゃってた。厳しかった」。

他の世論調査会社の最終数値はもっと明るい情勢を描き出していたが、それぞれに大きなばらつきがあり、そのために実際に何が起きているのか言うことができなかった。ＩＣＭによれば労働党は三四％で、一二ポイントの差を追いかけていたが、Survation によれば四〇％で差は一ポイントだった。キャンペーンを通じて他の多くの会社より労働党を高く位置づけていた YouGov は、土壇場で責任回避に転じた。その方法論《メソドロジー》の変更により、労働党は三五％に下降した（結局のところ、世論調査会社は営利企業だ。評判は守らなければならない）[原注74]。最後の世論調査群は、総体的に、投票日が近づくにつれて労働党が後退していると示唆した。

しかしこれも、その晩、イズリントンのアッパー・ストリートにあるユニオン・チャペルの外に集まった、コービンの帰郷を歓迎する人々の熱意をくじくものではなかった。コービンにとって九〇回目にして最後のキャンペーン行事がある会場に到着した労働党のバトルバスは、声援を送る数千人の支持者に迎えられた。イズリントンに「オー、ジェレミー・コービン」のチャントが轟いた[原注75]。興奮があたりを満たしていた。群衆が主要道路にまで膨れ上がり、交通は止まった。警官たちは人の波を後ろに下がらせようとしたが為す術がなかった[原注76]。バスの到着を見物する以外に何もないのに――集会そのものは屋内イベントだった――人々はなにかの一部になりたかったのだ。

建物の中ではコービンの支持者たちが――文字どおり――通路で踊っていた。幸福感で満たされていた。翌日の結果がどんなものであろうと――まだ全てのエキスパートが大敗するだろうと言っていた――チャペルの中の誰もが、そして、さらに何十万人もが、コービンが実施したキャンペーンに大きな誇りを感じていた。今度ばかりは、自分たちの政治が正しく行われていた。心から信じた理想が国民に提供されており、そうした理想は跡形もなく消されるのではなく、政治の限界を押し上げていた。そこには祝うべき何かがあった。歓びに満ちた祭典だった。

「私たちは何十年にもわたり、さまざまなことに抗議したり、守ったりするために、ここユニオン・チャペルで集会をもってきました」とコービンが話すと声が反響した。「今夜は違います。どこまでも前向きだからです。何かを守っているわけではありません」。静かな声でもう一度言った。「何かを守っているわけではない。必要ないのです。私たちは主張している。自分たちの見解を主張しているのです」

演壇のコービンは、これまで以上に自信を持ち、くつろいでいた。いまだに偉大な雄弁家ではなかったが、秀でたコミュニケーターだった。大事なことを指摘したあとに漂流し、ふらつくセンテンスといった話し方の欠陥は魅力の一部だった。彼は人間であり、ロボットではなく、聴く人の集団的モラルの琴線に触れる稀な能力を持っている。

「私たちは億万長者のための党ではない」とコービンは宣言した。「企業エリートの党でもない。人々のための党です」。そして、ピータールーの虐殺〔一八一九年にマンチェスターで発生した虐殺事件。急進派が主催した選挙権拡大を求める民衆大集会にサーベルを抜いた騎兵隊が突入し、多数の死傷者を出した〕について書かれたパーシー・シェリーの詩『アナーキストの仮面』の最後の節を朗読した。

立ち上がれ、まどろみのあとの獅子のごとく
征服しがたき数となりて!
眠りの間に降りた露を払うがごとく
鎖を大地に振り落とせ、

我らは多数だ——奴らは少数だ！

群衆は大歓声を上げた。コービンは圧倒されていた。(原注77)

ただ一人彼だけが楽観的だった選挙戦の初日から、支持の波に乗った最後の数週間まで、コービンは自分にできることの全てをやった。労働党員の多くが感謝の気持ちを抱いていた。影の外相エミリー・ソーンベリーが、党員の気持ちをこの上なく力強く表現した。六月七日のフェイスブックへの投稿で、ソーンベリーはコービンをこう描写した。

一人の人間が、誰も耐えられないほど多くの批判と圧力を受けながら、終始立ち向かった。一人の人間が、熱意と勇気を持って、このキャンペーンの挑戦の一つひとつを受け止めていた。一人の人間が、政治的にどれほど好都合であろうとも、個人攻撃や嘘を利用するのを拒んだ。

一人の人間が、三〇年間、政界に入ったそもそもの理由である原則を貫き、メイを恥じ入らせる、高潔さと正直さと不屈さをもってそれを貫き続けた。このキャンペーンの間に、強靭さと安定性《ストロング・アンド・ステイブル》を証明した者がいるとすれば、それはコービンだ。(原注78)

投票日

投票が始まった。最後の一押しだ。キャンペーン中に支持政党の鞍替えがどれほどあっても、六月八日の投票日までは何一つ決まっていなかった。投票日の労働党の経験には二つの面があった。一つは大がかりな「選挙に行こう」作戦で、膨大な数の党員を動員し、党はその恩恵を収穫した。もう一方は、党とは何の接触もなしに、どこからともなく現れて労働党に投票する、まったく知られていなかった投票者の一団だった。

労働党の公式の「選挙に行こう」作戦は、常連の支持者の投票率を最大化するために不可欠だった。何週間ものキャンペーン中に行われた戸別訪問や電話での聞き取り調査で用紙に記録された情報から、労働党に投票する意志のある人のリストが作られた。ボランティアのチームが派遣されて、そうした人々を訪問して投票を促したり、投票所まで車で送るなどの助けを提供した。一方、他のボランティアは選挙区民にせっせと電話をかけ、投票をすませた人の名前をリストから外した。

それは労働集約的なシステムで、その有効性は、ボランティアをどれほど送り込めるかにかかっていた。五〇万人を超える党員——保守党のほぼ四倍——、これこそが労働党の最大の強みだった。膨大な数の党員がいたのは、言うまでもなくコービンが党首だからこそで、その党員たちが今、始動したのだ。

最も目を見張る現象は、接戦選挙区に押し寄せた何千人ものボランティアで、この人たちはしばしばかなり遠くからやってきた。次点との票差の大きい防御議席に党員を送り込む党地方支部の官僚との軋轢がしつこく残っていたが、多くの党員はそういった指示を無視した。例えばパットニー選挙区では、活動的な党員の大きな一団が、自分たちの選挙区と「姉妹化」されたトゥーティング選挙区ではなく、隣接するバタシー選挙区の応援に行った——そこではマーシャ・デ・コルドバ候補が保守党との八〇〇〇票差を引っくり返そうとしていた(後から考えると彼らはパットニーに留まるべきだった——労働党は、パットニーの議席を取って閣僚のジャスティン・グリーニングを落選させる機会を一五〇〇票差で失った)。[原注79]

多くの活動家に行き先を案内したのはモメンタムだった——「最寄りの接戦議席」ツールやソーシャルメディアで発信された呼びかけを通じて間接的に、あるいは、モメンタムのメンバーの場合はテキストメッセージで直接的に。手助けを提供するために、一万人がモメンタムのウェブサイトに設置された「投票日の誓い」を使い、その結果、モメンタムによると一二〇万のドアがノックされた。[原注80]

いくつかの議席ではボランティアの数は圧倒的だった。ケンブリッジの地域オーガナイザーは、モメンタムの会員オーガナイザーのベス・フォスター＝オッグに電話で文句を言った。「送って来た人が多すぎる！ [戸別訪問用の]ボードを全部使い果たし、それなのにまだ大勢がなだれ込んで来ていて、どうしたらいいかわからない」。リーズ北西選挙区では「あまりにも多くの活動家が来たのでこうなった。『わかった。戦略は全部、破棄しよう。その代わり、ただ選挙登録者を印刷しよう』。そして、労働党の投票者と思われる人に絞らず……投票登録者全員のドアをノックした。そんな話は聞いたことがない」とフォスター＝オッグは言った。もう一つのモメンタムのターゲット議席であるクロイドン中央選挙区では、七〇〇人から八〇〇人の労働党ボランティアが通りに出た。同じぐらいの数が他の接戦選挙区でも報告された(原注81)。

　訪問先を全投票登録者に拡大したリーズ北西選挙区以外では、こういったボランティアはみな、あらかじめ党の探知に引っかかっていた人々と話しており、それは重要な仕事だった。しかし二〇一七年六月には、二〇一五年総選挙では労働党に投票しなかった五〇〇万人以上が労働党に票を投じた(原注82)。多くの場合、党はその人たちが誰だか知らなかった。労働党左派の経験豊富な活動家であるジェニー・レノックスは、『ニューソーシャリスト』誌にこう説明した。

> 　労働党にとって(少なくとも党の統治機構《マシーン》にとっては)、このキャンペーンは現状を維持するための防衛戦としてスタートし、勝利をめざすものではなかった……[チングフォードでは]二〇一四年の地方議員選で勝ったか、最近の情報をもっていた地域に集中したが、接触すべき人々の情報は十分ではなかった。全てはひとりでに急増したもので、だからこそ驚くべきことだった。全国キャンペーンが本当に反響を呼んでいるに違いないと思う。多くの若者や黒人、民族的少数者の有権者が投票所にやってきて、ドアの外まで列を作っていたのを活動家たちが報告している(原注83)。

　新しい支持者、特に若者たちに届こうとする公式の取り組みがあった。労働党のスナップチャット広告のおかげで、七八万人以上が自分の投票所を示すツールを利用した(原注84)。モメンタムは「ワッツアップ・カスケード」を開始した――まずメンバーに投票のリマインダーを送信すると、受信した人は自分の持つ連絡先にそれを転送でき、最終的に推計四〇万人に届いた(原注85)。

　しかし、より重要だったのは、各地のコミュニティとソーシャルメディアでの自然発生的なおしゃべり《バズ》だった――自分がもう投票したことを話して、他の人にも投票を勧めていたのだ。「投票所に行って投票するところなど今まで見たこともなかった大勢の人がいた」と、『ダブル・ダウン・ニュース』のボビーは言う。ロンドンでのグライム・フォー・コービン運動の影響の反映だった。「カリブ海系の男たちがつるんで来ていた」

　これらの新しい労働党の投票者たちには、投票に行けというリマインダーは不要だった。なぜなら、コービンの実施したキャンペーンで投票する気になったとの話が多少なりとも耳に入ってきたからだった。クロイドン中央選挙区の議席を勝ち取ったサラ・ジョーンズは、プログレス派から認められた候補だったが、それを確信している。

> 　クロイドンでは、若者にリーフレットを手渡したり、ソーシャルメディアにいろいろ載せる人たちがいた――労働党とは何の関係もなかった。でもそういう人たちは、コービンがいるから労働党を支持していたし、膨大な数の新党員がいたからとか、モメンタムにいる友達が政治について話していたからとかいうこともあった。労働党が通常できる範囲を超えて届いていた。（原注86）

　労働党の「選挙に行こう」作戦と自然発生したブームという必殺のコンビネーションには独自の効果があった。放送局の出口調査を実施していた選挙学者は、投票日の時計が進むに従って、党の得票シェアが着実に上がっているのを見ることができた。しかし路上の運動員たちはそれを知らなかった。投票所が閉まる午後一〇時直前の最後の数十分でさえ、何千人もの労働党の活動家がまだ現場にいて、最後の一票まで確保しようと必死に活動していた。一場面にズームしてみよう。バタシーのドディントン団地では、午後九時半になってもまだ、夕闇の迫る中、三〇人のボランティアの小隊が歩き回り、ノックするドアを探していた。

　一方その頃、コービンと妻のローラ・アルバレズ、補佐のシェイマス・ミルンとキャリー・マーフィーは、イズリントンにある党首の自宅に集まった――到着したのは、運命を決する出口調査発表のわずか数分前だった。コービンはみなに予測を書くように頼んだ。マーフィーは労働党は三九％得票するだろうと予測した。次に高い予測を出したのはコービンだった。自分たちは知っていたとマーフィーは言う。キャンペーンの行程で、時事解説者が見逃している「何かを感じて」いたと。しかし、もしそれが蜃気楼だったと判明した場合、真実の状況が党の非公開世論調査が示すほど本当に悪かった場合、朝が来る前に次のクーデターと戦うことになるだろう。

「ジェレミーのテレビはとても小さい」とマーフィーが思い出す。「あちこちの家の壁にかかってるカッコいい大画面テレビとは似ても似つかない。そういうのじゃないの。積み上げた本の上のちっちゃいテレビ。シェイマスとジェレミーはテレビの真正面に突っ立っていた。そのぐらいちっちゃいの」

デイヴィッド・ディンブルビーが小さい画面の中でしゃべっている。「ビッグベンが一〇時を打つまで、わずか二〇秒あまりです……選挙学の魔法により、今夜、起きていると思われることを予測できます」。そして話すのをやめて、ビックベンの文字盤の巨大な映像の方を向いた。けたたましいバックグラウンド・ミュージックがしだいに小さくなった。全てが止まった。沈黙があった。

その一秒間の休止のなかに、ジェレミー・コービンの党首としてのこれまでが――運動の行く末とともに――運命の分かれ道にあった。二〇一五年五月のあの日、野心のないその議員が「私が立つのはどうだろう？」と思い切って口に出して以降の並外れた出来事の全てが、水泡に帰す可能性があった。何十万人もの熱心な支持者が注ぎ込んだ二年間の努力の全てが、無になるかもしれなかった。労働党を通じてこの国を変革しようとする左派の夢が打ち砕かれるかもしれなかった。

ビッグベンが時報を打った。画面上の文字盤が消えてテリーザ・メイの写真に替わった。文字が見えた。「保守党が第一党」。ディンブルビーがさらに言った。「ただし、保守党は絶対多数を獲得していません」

コービンの家で、みな息を呑んだ。

「なんてこった！」

「ハング・パーラメント！」

「オー、マイ、ゴッド！」

第四節　解散総選挙　エピローグ

労働党は二〇一七年六月の総選挙で勝つには至らなかったが、その結果は驚くべきものだった。党の得票率は九・五％増え、選挙間の増加幅としては一九四五年以来最大となった――直近の総選挙がわずか二年前だったことから、この増加は余計に印象的だ。ジェレミー・コービンは、一九七〇年以降では、トニー・ブレアを除いて四〇％の壁を破った唯一の労働党党首になった。一二九〇万という膨大な得票数に目眩がするようだ。一九九七年の地滑り勝利を除くと、労働党は一九六六年以降、これほど多くの票を得たことはない。

議席を失うどころか、労働党は差し引きで三〇議席を増加し（党にとって、議席数の増加は一九九七年以来初めてだった）、一方、保守党は一三議席を失い、議会過半数まで手放した。ハング・パーラメントという結果は――保守党三一七議席、労働党二六二議席――コービンの党に下院で大きな政治的影響力を与え、保守党のマニフェストの有害な部分――例えばグラマースクールやキツネ狩り再投票――の即時撤回に反映された。

労働党はイングランドとウェールズで非常によく、前者では党史上、二番目に多い得票数を獲得、後者では破滅を迎えるとの初期予測に反し、過去一世代（約三〇年）で最高の結果を出した。（原注1）スコットランドでの選挙はまったく違うものだった。スコットランド労働党は、保守党ではなくスコットランド国民党（SNP）の攻撃に焦点を当てた結果、漁夫の利を得た保守党が二番に着けた。コービンのキャンペーンは、選挙戦終盤にスコットランド労働党を惨敗から救出するという功績はあったが、二〇一五年の深刻な結果をわずかに上回る得票率を得ただけだった――しかし、SNPの運命が暗転したおかげで六議席を獲得した。（原注2）

テリーザ・メイは過半数を拡大しようと不必要な選挙を決断した結果、過半数それ自体を失うことになった。当然のことながら、この政治的に望ましからぬ結果の余波として、メイの博打の失敗と、彼女が実施したひどいキャンペーンに焦点が当てられることになった。世論調査によると、保守党は、マニフェストの公表と投票日の間に約五ポイント減らしていた。しかし、これに気を取られると、保守党がそれでも素晴らしい実績を挙げていたことが見えなくなる。保守党は英国全土で四二％の得票率と一三七〇万票を獲得した。これは一九九二年以来のどの選挙で得たものより多く、主として、UKIP《ユーキップ》(UK独立党)支持者の半分以上を取り込んだためだった。(原注3)これほどの数だと、通常なら大差の過半数超えになるはずだ。それを阻むには、労働党に何か素晴らしいことが起きている必要があった。

この選挙の大きなニュースは保守党が自滅したことではなく、労働党が、英国の政治史上最も驚くべき急増をもぎ取ったことだ。選挙アナリストたちを当惑させたのは——それまでの選挙の法則が木っ端微塵に砕けてしまった——、労働党の成功の全てがキャンペーンそのものから来たことだった。たった七週間の間に、少なくとも一一ポイント、最大一六ポイントの増加があった。(原注4)二つの恐ろしいテロ攻撃と、党内で紛争が進行中だったという背景を考えると、なおいっそう注目すべきことだ。ただ、キャンペーン中に起きる可能性があったのに起きなかった物事も重要だ。すなわち、国も財界も介入しようとしなかったことだ。おそらくコービンが負けると予測していたのだろう。あるいは、EU離脱《ブレグジット》での保守党の姿勢に強い反感を持っていたから、という可能性もある。

単純に言って、これほど短期間に、これほどの後れを盛り返した政党の先例はなかった。それは、労働党執行部が実施した異端のキャンペーンの正しさを目覚ましく立証するものだった。そんなことは不可能だと嘲笑した全専門家の予想を覆し、投票登録する人を増やそうとした意識的な試みは成功した。投票後の世論調査で、二〇一七年六月に労働党が獲得した得票の三八％——途方もなく大きな二〇〇万人もの人々——は、二〇一五年には投票していなかったことがわかった(うち約一五〇万人は資格はあったが投票登録していなかった無投票者で、残りは新たに投票資格を得た人だった)。(原注5)

若者の投票率に大きな飛躍があった。一八歳～二四歳群の投票率は六五％で、二〇一五年から一三ポイントの増加、二五歳～三四歳群は六三％で一一ポイントの増加だった。(原注6)これらの若い投票者の間で労働党への巨大な移動《スウィング》が記録された。これをひとえにキャンペーンだけに帰すことはできない——というのも、有権者の選択肢は二〇一五年の選挙で、すでに年齢層別に分かれていたからで、これは、若者の状況がはるかに困難になっていたことの反映だった。(原注7)しかし二〇一七年のスウィングはスケールが違った。労働党は三〇歳未満の六〇%以上を獲得しており、二年前の三六%と比べて驚異的な数字だ。(原注8)

BAME(黒人、アジア系、少数民族系)の人々の間で見られたパターンは、それほど顕著ではなかった。二〇一五年の選挙で、保守党は選挙人のこの分類枠で労働党のリードを切り崩しており、労働党の戦略担当者の気をもませる原因になっていた。しかし、その傾向は逆転した――投票率が上昇すると労働党の得票も増加し、一般集団における数値とは異なり、保守党の得票率は縮んだ。(原注9)

労働党が再建を目指していた労働者階級の地盤となると、特に「脱工業化コミュニティ」で情勢はあまり明確ではなかった。労働党中核地域のいくつかで、特にイングランドのミッドランズと北東部において保守党へのスウィングがあった――興味深いことに、ウェールズでは違ったが。このスウィングは党首が労働者階級との接点を失ったためであるとして、時事解説者や議員の怒りを招いた。実際には、これら昔ながらの地盤でも、労働党はコービンの下で得票を積み増しており、現にニューレイバー時代に発生していた衰退を逆転させる方向に進みつつあった。しかし保守党は、おそらくはEU離脱《ブレグジット》のポジション取りのためにUKIP票を呑み込むことが可能になり、さらに票を積み上げていた。この構図は、労働党が保守党に対して失った全選挙区に見られたが、労働党の躍進で、その数は六議席にとどまることになった。(原注10)

にもかかわらず、各階級の投票傾向に移動があったように見えた。両党の支持者の人物像《プロファイル》は、世論調査会社が寵愛する社会階層(AB、C1、C2、DE)(二五～二六ページ参照)のプリズムを通して見ると、大まかには似ていた。保守党は、C2とDEの有権者の間で支持率をかなり改善した。一方で、労働党支持者の分布は、二〇一七年には全ての社会階層で同党に投票した人が増えた点を除けば、エド・ミリバンドの下で獲得したものとあまり変わらなかった。しかし社会階層――職業によって決められる――は階級の代替物としては不正確なものでしかない。労働党の投票者を所得で分類すると、根本的に異なる像が現れた。労働党が、二〇一五年の実績と比べて低賃金層からの支持を大きく増やし、さらに、富裕層からもほぼ同程度の支持を獲得していたことがすぐに明らかになった(しかし保守党も賃金の低い層で支持を伸ばしており、これはＵＫＩＰからの鞍替え投票者のためだった)。また、社会階層を年齢別に分類すると、Ｃ２・ＤＥの有権者の間での労働党の低支持率は高齢層に特有のものであり、六四歳未満の人は同党を支持していたことがわかった――雇用分類のうちで保守党が勝ったのが退職者層だけだった、という驚くべき事実に通じるものだった(原注11)。

表面下では、労働者階級内部でも変化が起きていた。保守党は白人が大多数を占める、かつての製造業コミュニティの労働者階級に進出しており、一方労働党は、不安定な雇用形態にある労働者とサービス業で雇用されるさまざまな、いわゆる「新しい労働者階級」からの支持を高めていた。この層に、若年層、高学歴層、そして、依然として重要な「旧」労働者階級の支持基盤――これらは互いに重なり合っている――を合わせたものが、労働党の投票者連合だった(原注12)。

もちろん、労働党執行部の戦略は、特定の有権者グループをターゲットにする、といったことだけにとどまらなかった。社会全体がどのように変容する可能性があるか、というビジョンをもって選挙民に向き合ったのだ。「過去二〇年間、本当の選択肢を生み出す政策を提唱してキャンペーンを運営した者など他にいただろうか」とコービンの最高顧問の一人が尋ねる。「それをすれば、人々は身を乗り出して言うだろう。『ＯＫ、それじゃ何を提供してくれるのか』。世論を転換させられると確信していた」

労働党の政策綱領が創出したエネルギーと興奮は、運動を活気づけ、勢いを作り、他の人々を引き寄せた。雪だるま効果の重要性は、投票日近くになってから投票先を決めた人々の間で、いつになく印象的な労働党の結果に明白に現れている。一般通念によれば、浮動票はだいたい他の票のばらつきと同じような分布に落ち着くと言われているが、今回、労働党はその半分以上を獲得した。党はまた、選挙運動の期間に支持政党を変えた人々の五四％を拾い上げ、それに引き換え、

保守党はわずか一九％を集めただけだった。(原注13)

　労働党議員の中には、ジョーン・ライアンをはじめとして、人々が労働党に投票しやすくなるのはコービンが負けると考えた場合だけであり、したがって、終盤の数週間に世論調査で支持率が上昇すると、「投票先を決めていなかった人々が怖気づいて労働党への投票をやめた」と主張する人々がいた――これはナンセンスだ。労働党の勝機が高く見えるほど、より多くの人々がその勢いに乗ったことが、後の分析で確認された。(原注14)コービンのチームが予測したように、敵対するメディアを通してではなく、人々は自分の目で見てコービンが好きになった。キャンペーンの行程での気さくさと、テレビでの安定したパフォーマンスが認識を変容させた。コービンは労働党の大きな財産になった。(原注15)

　これらの全てが、サウスサイドの統治機構《マシーン》と党の地方支部にとっては、むしろばつの悪いものだった。というのも、労働党は、事実上、二つのキャンペーンを並行して実施したからだ――一つはモメンタムと何千人もの党員が現場で働いた執行部のキャンペーンであり、もう一つは党の高官たちが監督したキャンペーンだった。そのため、この選挙は、同じ条件下で二つのアプローチをテストするという、またとない歴史的機会になった。その成果についてはほとんど疑いはない。サウスサイドの防御的作戦は、当初の芳しくない世論調査に対しては合理的な対応のように見え、激戦が見込まれていたいくつかの議席のテコ入れになったことに疑いの余地はない。しかし、選挙の動向を変えたのは執行部の戦略だった。自分たちのみが選挙の成功への道を知っているとする労働党右派の揺るぎない信念を考えると、「選挙に勝てない」左派が、今回、右派に勝ち方を示したのは皮肉なことだった。

　コービンのチームにとっては、自分たちの正しさが証明された喜びとともに、労働党の選挙運動が二つに引き裂かれたために、党が持つ可能性の全面的な発揮が妨げられたことに対するフラストレーションが相半ばしていた。「選挙が終わった時の最大の思いは、誰も失望させなかった、ということだった」とキャリー・マーフィーは言う。「でもすぐに、もし党がうちの持っているものを信じてくれていたら、もし地域オーガナイザーを雇うまでに一年も無駄にせずに済んでいたら、どんな可能性があっただろうと思いめぐらすようになった」

労働党の躍進について、一部の時事解説者が面白そうに取り上げる別の説明があった。これは、選挙は実際のところEU離脱《ブレグジット》が全てだったと主張するものだ。労働党の大量得票はコービンに帰せられるものではなく、メイの計画を脅かすために、残留派が党に大挙して押しかけたためだ、と言うのだ。労働党が最も票を伸ばしたのが、EU残留を選んだ場所だったのは事実だ。保守党が最も増やした選挙区は離脱に投票していた。残留投票者の半数以上が労働党を支持した。離脱投票者の六〇％は保守党を選んだ。(原注16) これには顕著な相関があったが、因果関係を証明するものではなかった。例えば移民についてあまり気にしない人は、いずれにせよ労働党を支持する傾向が強く、いずれにせよ残留に投票する可能性が高い。選挙では、このような有権者と、移民への反感の強い人の間にあるギャップが広がるのが確かに見られ、後者では保守党を支持する人が増えた。しかしこれは国民投票で加速された可能性はあるにせよ、それ以前からあった長期的な移行《シフト》の直近の現れにほかならなかった。(原注17)

ほとんどの人は、国が直面する一番の問題を尋ねられるとEU離脱と答えたが、必ずしもそれで投票先を決めたわけではなかった。何を重要と考えるかと、その影響は、両党の支持者の間で著しく異なっていた。EU離脱は疑いなく保守党投票者の動機付けとなっており、世論調査の結果もそれが最大の関心事だったと示した。しかし労働党の投票者では、EU離脱が投票先を決めるための最も重要な要素だとしたのはたった八％だった。(原注18) もしも労働党ブームが、強硬な離脱を止めようとする人々によって力を得たのであれば、少なくとも、党が新たに惹きつけた五〇〇万人以上の有権者は、EU離脱を第一位に挙げると予想するのが合理的だろう。(原注19) だがEU離脱の順位は四番目で、ダントツで一位のNHSはもちろん、雇用と給与、教育より下だった。(原注20) 若者が国民投票の結果について高齢者に仕返ししたいとの願望で動機づけられた、というナラティブとは裏腹に、EU離脱の重要度は若い有権者ほど顕著に減少した。(原注21) 要するに、EUからの離脱は間違いなく労働党投票者の心中にもあったが、問題の一つにすぎなかったのだ。
保守党があれほどまでに驚異的な数の票を確保できたのは、メイによる離脱の党としてのブランドの付け替えが理由だった。ただし、他党から保守党への鞍替え票は適切な選挙区には集中しておらず、結果として議席増に結びつかなかった。離脱の党としてのポジションを取りは、しかし損失ももたらし、保守党は残留派有権者の間で後退した。メイとは対照的に、コービンはEU離脱について触れずに済むならなるべく話さず、言及する時は、国民投票の結果は尊重されなければならない、とだけ言った。このEU離脱を無化する試みの正しさは証明された。労働党は残留派の間で最大の支持を獲得し、二〇一五年より約一〇ポイント増やしたが、一方で、離脱派からも五ポイント増やした。党のスタンスは他党からの鞍替えの理由となり、元UKIP支持者と自民党から同程度、そして保守党と緑の党から同程度と、かなり多くの支持を集めることができた。[原注22]
あらゆるところから票を得る労働党の能力は「コービン因子」の「最も明確な印」だったと、『フィナンシャル・タイムズ』紙は大胆に論じた。[原注23]社会的諸問題《イシュー》に対するコービンのリベラルな姿勢——一九八〇年代以来ずっと嘲られてきた「イカレた左翼」を定義づける特徴——は、今そのような価値観と一体化している有権者を惹きつけており、そうした人々は数を増しつつあった。[原注24]その一方、七年間の緊縮で、経済に関するコービンのメッセージを聞く用意のある聴衆が大勢いた。「生活水準が低下し、インフレが進行し、賃金が下がっているときに、正真正銘、重責を担う人たちがトップにいると語れば支持が集まる」とコービンの顧問が言う。「中道でなければ選挙に勝てない」信者の断言にもかかわらず、投票を得るのに決まった方程式などないとわかった。何が効果的かは状況によるのだ。明白な反既得権益層《エスタブリッシュメント》感情が国じゅうで確固としたものになっていた。二〇一七年六月に労働党に投票した人の七一%が、エスタブリッシュメントに失望させられたと考えていた。[原注25]
その感情を労働党員と支持者たちは二〇一五年に感じていた。それが大きな理由となり、コービンを党首に選んだのだ。彼らはこの反抗の行いによって、時事解説者と政治家の同盟に嘲笑され、鼻であしらわれ、侮辱された。こうした専門職たちは、コービンの労働党を、まるでそれが制御された実験であるかのように見る習慣があった。奇妙な現象が観察され、異常な結果が記録されるかもしれないが、これには全体にわたるような教訓が含まれていない。コービンと支持者たちは説明する価値もない例外で、いずれにせよ、選挙で忘却の彼方に消える運命にあるのだ。「コービンが率いる労働党に投票するつもりの人はみな、すでに党員だ」と総選挙の早い段階でスカイニュースの誰かがあざ笑った。（原注26）

現実の世界に戻ると——党員数五〇万にも拡大した組織の話なのだから自明であってしかるべきだが——労働党は制御された実験ではなく、社会の一部だった。党員たちは、自分が生活しているコミュニティの人々と同じ圧力と不満を経験している。そういった条件に対する最良の応答がコービンを選ぶことだと党員が考えるなら、一般集団のかなりの部分が同じ結論に至ることは常にあり得たのだ。

二〇一七年六月の総選挙が示したのは、その二年前に労働党で起きたことは特異な結果ではなく、深く進行中のプロセスの兆候だったということだ。これによって、コービンの党首選と総選挙キャンペーンに共通する、顕著な特徴の説明がつきやすくなる。その特徴とは、膨張する運動であり、若者の存在感の大きさであり、反乱の感覚だ。最も重要なのは、両方のキャンペーンが基本的に同じ政策綱領を打ち出したことである。これらの政策は、二〇〇八年の金融危機の影がいまだに尾を引く国という文脈の中で反響を呼んだ。

選挙の結果は、時事解説者陣とほとんどのニュースメディアの信用を粉砕した。ジャーナリストの務めは大衆に政治を説明することだ。全体的に見れば、その務めを果たせていたとは言い難く、むしろ自分の政治的関心や雇い主の関心を満足させることに耽溺していた。わずかな例外を除けば、排他的なウェストミンスター村の外側で政治がどのように動いたかを把握していた者がいた証拠を見つけることは困難だ。

しかし、専門家だけが間違ったわけではなかった。ほとんどの労働党議員は、有権者の獲得方法を最もよく知るのは自分たちだと主張し、党による党首の選択を覆そうとしていた。総選挙は、党員の判断がいかに正しかったかの何よりの証明であり、一方で、議員にはそれが欠けていたことを明らかにした。コービンを党首へと押し上げるのに貢献したいくつかの労働組合にとっても、とりわけ躊躇しなかった者たちにとっても正当な報酬となった。自分は「見せかけの謙虚さなんか信じる人間じゃない」とレン・マクラスキーは前置きし、こう続ける。「うちの組合は困難な時もずっとジェレミーを支えた。もし他の誰かがユナイトの書記長だったらそうはならなかった。それを心底、誇りに思う。でも本当のヒーローはね、ジェレミーだ」

もしも議員たちが自らの意志を通していたら労働党が窮地に陥っていた可能性があることを示すのに、架空の歴史を持ち出す必要はなかった。他の社会民主系政党の選挙における有益な教訓が、海峡のすぐ向こう側にあったからだ。オランダ労働党は二〇一七年三月に完全なメルトダウンを経験した。二位から七位に転落し、四分の三の議席を失った一方で、オランダ労働党より左に位置していた複数の政党が票を伸ばした。フランスでは同年四月の大統領選第一回投票で社会党の候補が悲惨な六%を記録する一方で、独立系最左派のジャン＝リュック・メランションが二〇%近くまで増大し、決選投票まで二ポイント以下の差に迫る位置に着けた。選挙制度が大きく異なることを考慮しても、労働党がこの傾向に抗した事実からうかがえるのは、左派が既存の社会民主主義政党に挑むのではなく、その党首の座を獲得していた英国の経験のほうが望ましいということだった。

労働党の内部では、コービンの反対勢力が頑固な抵抗を正当化するために用いた三つの口実――選挙に勝てず、無能で、統率力《リーダーシップ》がない――が選挙結果によって粉微塵に砕かれた。自分の党に四〇%の得票をもたらした人間に対して、選挙に勝てないと主張しても、もはや真実味がなかった。保守党の作戦よりはるかに優れたキャンペーンの陣頭指揮を執ったのだから、無能との非難はトゲを抜かれた。リーダーシップについて言えば、コービンは数百万の新しい有権者にやる気を起こさせたのみならず、政治状況そのものを変えていた。コービンに反対する唯一残る根拠は彼の政治をめぐるもので――常に意見の不一致の真の根源だった。

しかし、二〇一六年にオーウェン・スミスが挑戦した際に用いたコービン軽量版の綱領からわかることは、党首の批判派がその土俵で戦うつもりなどないことだった。外交政策部門の分裂は残っていたが、コービンの内政議題は難攻不落だった。

労働党が左派のマニフェストに依って立つのを見ることは、党首の野望の一つだった。そして今、他の目標――党の民主化と、党を社会運動のような運動勢力に作り替えること――に取り組み始めた。支援には事欠かなかった。奮い立つ活動家たちは、党の構造の中で急速に勢力を強め、党内の選挙に勝ち、二〇一七年九月の歓びに満ちた年次党大会では圧倒的多数の代議員を確保している。(原注27)

英国の左派にとり、二〇一七年六月の総選挙における歴史的な成果は、一九八三年から背負い続けて来た重荷――三五年間、重くのしかかっていた敗北――を取り除くものだった。「生れてこの方、左派の綱領では支持を得られないと聞かされ続けてきた」とマクラスキーが言う。「コービンがくれたのはこれだ。将来の世代まで、しっかりつかまっていられる何か。それは生き続ける」

それがどのように成し遂げられたかは、何一つ複雑ではなかった。党首の補佐の一人は言う。「うちのキャンペーンはただ、うちの政治に忠実だっただけだ」。これは二〇一五年に党首選に名乗りを上げて以来のコービンのやり方だった。手の込んだ政治ゲームの一環として右派に譲歩したり、あるいは、まことしやかに語り継がれる伝説の中道基盤を探したりする代わりに、コービンは単に自分が――そして明らかに他の数百万の人々が――信じるもののために立ち上がった。誰かについて行くのではなく、意見を先導することで、プログレッシブな政治のための新しい場所を箱から取り出した。コービンが率いる壮大な反乱者のキャンペーンは、二〇一五年九月に労働党の党首になったときに述べたことを鮮やかに示すものとしてそこにある。

「物事は変わりうる、そして、変わっていくだろう」

訳者あとがき

本書は二〇一八年一月に出版された Alex Nunns 著 *The Candidate: Jeremy Corbyn's Improbable Path to Power* 第二版の訳である。二〇一六年に出版された同書初版は、万年ヒラ議員のジェレミー・コービンが労働党党首選に挑戦し、圧倒的多数の支持を得て二〇一五年九月に党首になるまでと、翌年六月に発生したクーデター及び再挑戦を退け、二度目の党首選に勝利するまでがまとめられていた(本書第一〜一四章)。

しかしその後、二〇一七年六月に実施された期日前総選挙で、コービン労働党は英国の全有権者(と言っても過言ではない)の予測を覆す善戦を繰り広げて得票率四〇%を達成、地滑り勝利が確実視されていたメイ保守党を過半数割れに追い込んだ。この選挙戦の報告(第一五章)を追加し、全編を改訂して出版されたのが本書の原本(第二版)である。コービンの前党首であるエド・ミリバンドと労働組合との葛藤、それを経て行われた党首選のルール改革を描いた章(原著第二章にあたる)は本書では省き、いきさつと新ルールのあらましを補注として五六ページにまとめた。

コービンが党首に就任すると、彼についての書籍が次々出版されたので何冊か読んでみた。とりわけ異彩を放っていたのが本書だ。コービン本人のみに焦点をあてるのではなく、彼の立候補を中心に生まれた運動がどのように成長していくかが、群像劇として活写されていたからだ。どんな人たちがそのうねりの中にいるのか、すさまじいメディアの悪意と党守旧派の妨害をどう推進力に変えていったかなどの記録と共に、英国の労働運動史や政治史にコービン運動をどう位置づけるかも分析されていた。中央政治に偏重するマスメディアが、ソーシャルメディアやニューメディアによって日々検証され、重要性を低下させていく様子も興味深い。ドライな政治運動の話とは思えないほど変化に富んだ展開が、随所にみられる英国人らしいユーモアや皮肉とあいまって、読み物としての完成度を高めている。自身が活動家でもある著者ならではの「運動としての政治」の入門書ともなっており、新しい政治の冒険に乗り出す日本の市民たちの励みにもなるだろう。なお、著者は二〇一八年秋、コービンのスピーチライターに就任した。

本書が英国で刊行されて以降の英国政治の動きを、労働党とEU離脱《ブレグジット》を中心に簡単にさらっておこう。

二〇一七年総選挙の後、「コービンが一〇番地〔首相官邸〕に近づくほど攻撃が強まる。これまでのものなど比較にならないぐらいの規模になるだろう」と映画監督のケン・ローチが予測したとおり、選挙後にあった半年ほどの休戦が明けると、党内の敵とメディアの攻撃が何倍にもなって再開した。以来ほとんどひっきりなしである。コービンに「チェコのスパイ」とか「プーチンの擁護者」とかいったレッテルを貼る試みはほとんど失敗し、最後に残ったのが、本書第一二章にも詳しく言及されているように、「反ユダヤ主義者」であるという糾弾だ。

反ユダヤ主義は言うまでもなく深刻な問題であり、欧州では極右の動きが活発化し、連立の一翼として政権についた極右政党もあれば、反ユダヤ主義のレトリックを用いて勝利した右派政党もある。欧州と米国ではシナゴーグが無差別テロのターゲットにもなった。しかしこれらは右からの攻撃であり、左派のコービンがこれにより糾弾されるいわれはない。

何をしてもコービンを辞任に追い込むことは無理だと悟った党内派閥は、今年二月半ば、捨て身の作戦に出た。チュカ・ウムンナ（四三ページなど参照）をはじめとするニューレイバー（ブレア派）の議員七人が、党内に蔓延する（と彼らが述べる）反ユダヤ主義を理由として集団離党したのだ。しかし、待望の中道政党の旗揚げに胸を躍らせて会見場に集まった記者たちは肩すかしを食うことになった。離党議員たちは「右でも左でもない」「これまでにない新しい」政治をめざすと主張したものの、新党立ち上げの用意はなく、ひたすら「党の反ユダヤ主義に嫌気がさした、私の知る党ではなくなった」と異口同音に述べただけだったからだ。

記者会見の二時間後、この無所属議員グループ（TIG）の一員がBBCの番組に出演、人種差別や女性差別についてのディスカッションの中で、普段から使っていなければ口から出て来ることはなさそうな時代遅れの差別表現「黒人とか、おかしな色の人たち」をうっかり口にした。TIGが全ての差別に関心をもっているわけではないことが明らかになった瞬間だった。

党に蔓延する（と彼らが述べる）反ユダヤ主義から受ける自分たちの被害感情を、好意的なジャーナリストに向けて、具体的な証拠も示さずに語ることは簡単だ。しかし政治家が、自分たちの政治の「新しさ」をこれといった政策も示さずに申し立てたところで説得力はない。それでもメディアは途方もない努力を払い、旗艦ニュース解説番組にTIG議員たちを出演させ続けたが、政策がないことそのものが新しいのだと言わんばかりに何も提示しなかったので、TIG発足直後にいきなり一五％を付けた支持率は、あっという間に半減した。世論調査の目的は調査よりも世論を動かすことだとよく言われるが、これは格好の例と言えるかもしれない。一一人（労働党離党者八人＋保守党離党者三人）しか議員がおらず、そもそも政党ですらない一集団を世論調査の選択肢に含めることが、世論誘導でなくてなんだろう。

これらの非難で反ユダヤ主義はどんな役目を果たしているのだろう。米国やフランスでも左派の政党や政治家に対して似た動きがある。左派を反ユダヤ主義として糾弾しているのは過去四〇年間、新自由主義を率いて来た勢力であり、しばしば反ユダヤ主義のマーカーとして用いられるのがパレスチナの人々への共感の表現だ。近年イスラエル政府がBDS運動（イスラエル製品のボイコットやイスラエルからの投資引き上げを推進する運動）打倒にリソースを注ぎ込んでいることが知られており、左派を封じ込めたい勢力と反BDS勢力の利害が一致した結果、反ユダヤ主義非難が用いられているように見える。米民主党左派は、新人のイルハン・オマル議員に対する反ユダヤ主義嫌疑を団結して巧みにハンドリングしたようだが、英労働党の場合、種火が大火になる前に問題視された人の党員資格を一時停止する傾向が強まっているのが心配だ。敵対する勢力が何年も前のツイートや古いビデオを渉猟して日替わりのように行う告発により、日常業務が支障を来しているのかもしれない。この件では、多くのジャーナリストが観察者・報告者の役割を放棄し、糾弾ドラマの役者と化しており、国そのものの破壊を助長している可能性さえある。コービンと彼の閣僚になんとしても重要な役割を担わせまいとするメディアの奮闘により、英国にとって目下の大問題であるＥＵ離脱交渉が影響を受けているように見える。

総選挙で議会多数を失ったのだから、それを国民の意志とみて、メイ首相はＥＵ離脱交渉を超党派で進めるべきだった。欧州の国々では連立政権は珍しくないため、ＥＵの高官たちは議会過半数を失ったメイ首相が超党派で交渉にあたるものと考えていたようだ。しかし彼女は他党どころか自分の閣僚にさえほとんど相談せず、交渉も柔軟性に欠けたために、ＥＵ側と合意した離脱案が議会で歴史的大敗を喫する事態に陥った。労働党は以前から超党派での交渉を呼びかけており、本来なら、メディアや識者がそれを強く勧めるべきだった。政府の監視機関であるはずのマスメディアがそれを怠っていたのは、何かの拍子に総選挙に至り、コービン労働党が政権につくことを恐れたからだと推測される。ＥＵ高官――ユンケル委員長、トゥスク理事会議長、フェルホフスタット委員会英国離脱コーディネーターなど――が、これなら交渉可能であり、有望だと評する労働党案についてもメディアで議論されることはほとんどなく、コービンにはどんな離脱案もないという嘘をいまだに口にする人もいる。

ここで参考までに、労働党における反ユダヤ主義の実際を数字で示しておく。過去一年間に反ユダヤ主義で党員資格を剝奪された者が一二人、審査中に自ら党を去った者を合わせても六〇人程度だ。労働党の党員数は現在五〇万から六〇万の間。これが「蔓延している」と糾弾されている労働党の反ユダヤ主義の実態である。これは英国民の平均値より低く、保守党支持者に見られる割合よりずっと低い。継続調査によると、コービンが党首になって以降、ミリバンド前党首時よりも、反ユダヤ主義の指標となるものの見方をする党員は劇的に減っている。

英国メディアの機能不全を象徴する例をもう一つ挙げてみよう。

二〇一六年夏に起きた労働党のクーデター(本書第一四章)の理由とされた、EU国民投票運動でコービンが熱心でなかったので残留が負けたという説に関係することだ。これは、コービンはEUから強硬離脱したがっているとの今でも広く信じられている説の裏付けにもなっている。しかし、これに根拠が無かったことが同年一〇月にBBC理事会が依頼した調査で明らかになった。BBCを含む主要テレビ五局の晩の旗艦ニュース(ほとんどの人がこれらで情報を得る)での報道を、運動期間一〇週間、五〇〇時間余にわたり調査した結果、残留側と離脱側の報道バランスは均衡のとれたものであった一方で、それらの報道に登場した政治家の七一・二%が保守党であり、労働党はわずか一八・四%だったことが明らかになった。コービンがニュースに出たがらなかったのではなく、メディアが労働党の政治家を被写体として選ばなかったのだ。テレビ局の興味がもっぱら、デイヴィッド・キャメロン(残留派)とボリス・ジョンソン(離脱派)をそれぞれの大将とする保守党の内戦に集中したためだと推測される。

これは特に超党派の運動だった残留側に不利に働いた。労働党、SNP、緑の党など革新政党の残留運動がメディアから排除された結果、保守党の残留運動が用いた経済の優位性という理由のみが前面に出て、他の残留理由(労働者の権利の保護など)に焦点が当たらなかったのだ(労働党を除く革新政党政治家の露出は合計でわずか二・八%だった)。コービンも他の労働党の政治家も国中を回って運動していたが、労働党支持基盤であるイングランド北部の投票者に党の残留理由を十分に提示できず、「コービンは残留に熱心でなかった」とする責任論は定着してしまい、修正される機会はいまだにない。

労働党の残留支持運動が緊縮財政を批判していたことも、報道にわかりやすいナラティブを求めるメディアが労働党政治家を避けた理由の一部かもしれない。労働党は、教育や医療の現場が圧迫されているのは、増えた移民のせいではなく、緊縮による予算削減が原因だとしていたからだ。この主張の正しさは、最近公表されたウォリック大学の調査で明らかになった。緊縮によって社会保障予算が大きく削られた地方では、予算削減が深まるほどEU懐疑政党UKIP《ユーキップ》の支持が増していたという。つまり、キャメロン内閣の推進した緊縮財政が、英国をEUからの離脱へ導く一因になったのだ。

二月末、著名な伝記作家のトム・バワーが非公認コービン伝を出版した（*Dangerous Hero: Corbyn's ruthless plot for power*）。内容の多くは過去三年半に新聞等が書き尽くしたゴシップの焼き直しであり、コービンを反ユダヤ主義者と非難する点は今さら珍しくもないが、出版のタイミングがブレア派議員の集団離党騒ぎと重なっているのは偶然だろうか。早々とベストセラーになっているので、日本の出版社が興味をもつかもしれない。この本を、経験豊富なジャーナリストのピーター・オボーンが「知的に不誠実であるだけでなく、虚偽とほのめかしの寄せ集め」と評したことを記しておく。自分の知る事実から外れた記述があまりにも多いので調べたところ、裏付けのない決め付けや憶測、情報の恣意的な取捨選択などが至るところにみられるとオボーンは述べる。彼はかつて『デイリー・テレグラフ』紙に在籍し、その後『メール・オン・サンデー』紙に移った筋金入りの保守論客で、政治的にはコービンの味方ではない。オボーンは、この伝記が名の知られた大手から出版され、批評家やジャーナリストが好意的に評価している事実に、ジャーナリズムが易々と真実を手放している実態をみて怒っているのだ。これは著者のパワー一人の資質の問題ではなく、英国のジャーナリズムと政治文化の核に何か腐ったものが淀んでいる証拠だと、ジャーナリスト各位に自省と自問を求めている。

英国政界は明日のこともわからないほど流動的である。しかし緊縮財政の悪影響は文字どおり人の生命を脅かすところまで来ており、平均余命が下降し始めている。英国には抜本的な社会改革が必要であり、労働党の綱領がきっと指針になるだろう。コービン労働党に対する攻撃が弱まる気配はないが、視線を外に向けると確実に変化が起きている。英語圏では、若いソーシャリストを首相に選んだニュージーランドに続き、今年はオーストラリアにも労働党政権が戻って来ると予測されている。米国でも若いソーシャリストたちが議会を席巻している。こうした政治の声は、マスメディアのフィルターを通すことなく、ソーシャルメディアのプラットフォームを介して時差なく英国の有権者に伝わる。左から追い風が吹いている。

コービンはいわゆる「強いリーダー」ではない。しかし逆風の中に三年半、立ち続けていることからわかるように、彼の強さは見かけで判断できない類いのものだ。コービンは常に運動の一部であり、それこそが彼の最大の強みである。

コービンの飼い猫「エル・ガット」が、一〇番地のネズミ捕獲長「ラリー」と対面する日は意外に近いかもしれない。

翻訳は、第一章から第九章までを荒井、第一〇章から第一三章までを坂野、プロローグと第一四章及び第一五章を藤澤が分担して訳し、相互に点検、最後に藤澤が全体の統一を図るという形で行った。なお原著は、著者自身によるインタビューは現在形（例：マクドネルは言う）、新聞など第三者によるものの引用は過去形（例：クーパーは言った）で書き分けられており、これが独特のグルーヴとリズムを作っている。翻訳では可能な限り、原著の時制に沿った。編集担当の清宮美稚子さん（『世界』前編集長）にこの場を借りて心よりのお礼を申し上げたい。

二〇一九年三月初旬　訳者を代表して

藤澤みどり

人名索引

ア　行

カ　行

サ　行

タ　行

ナ　行

ハ　行

マ　行

ヤ・ラ・ワ行

労働組合・労働党関係主要団体一覧

労働組合関係

ASLEF　鉄道運転士組合
BFAWU　食品業労働組合
CWU　通信労働組合*
FBU　消防士労働組合
GMB　全国都市一般労働組合*
NUM　全国炭坑労働者労働組合
NUPE　全国公務員組合
NUT　教員組合
PCS　公共民間サービス労働組合
PFEW　警察連合会
POA　刑務官組合
RMT　公共交通機関労働組合
TSSA　鉄道労働者組合
TUC　労働組合会議
TULO　労組・労働党連絡機構
Unison　公共部門労働者の組合*
Unite　民間企業および運輸業の組合*
USDAW　商店流通労働組合
(＊は 4 大労組)

労働党関係

CLP　労働党選挙区支部
CLPD　労働党民主化キャンペーン
LRC　労働党代表委員会
NEC　全国執行委員会
PLP　議会労働党

アレックス・ナンズ　Alex Nunns

ライター，編集者，活動家，ミュージシャン．政治記者として『レッド・ペッパー』『ル・モンド・ディプロマティーク』などに寄稿．共編書に『タフリール広場からのツイート』(2011年，未邦訳)がある．2011年の1月25日革命(エジプト革命)参加者が現場の逐一を伝えたツイートを編集，ツイートによる市民ジャーナリズムを現代史の中に位置づけた最初の書籍となった．「ツイッターに何ができるんだと期待もせずに読み始めたら，現場の若者の声が立ち上がり，深く心を動かされた」(ロバート・フィスク)等の賞讃を受け，同書をもとにアルジャジーラが同名ドキュメンタリーを制作．2018年秋，ジェレミー・コービン労働党党首のスピーチライターに就任．公立校出身，ケンブリッジ大学ロビンソンカレッジ歴史科卒．

〈訳者〉

藤澤みどり

ジャーナリスト、翻訳家、校閲者。Translators United for Peace(TUP: 平和を目指す翻訳者たち)メンバー。共同訳・校閲書に『冬の兵士——イラク・アフガン帰還米兵が語る戦場の真実』『調査報告　チェルノブイリ被害の全貌』(いずれも岩波書店)など。ロンドン在住。

荒井雅子

翻訳家。TUPメンバー。訳書に『これは誰の危機か、未来は誰のものか』『金持ちが確実に世界を支配する方法』(共にスーザン・ジョージ著)、『爆撃』(ハワード・ジン著、共訳)、『これがすべてを変える——資本主義vs.気候変動(上・下)』『NOでは足りない——トランプ・ショックに対処する方法』(共にナオミ・クライン著、共訳)(全て岩波書店)など。

坂野正明

翻訳家。TUPメンバー、2008年より同会代表。共訳書に『戦争中毒』(ジョエル・アンドレアス著、合同出版)、『冬の兵士』(岩波書店)など。主にオンライン上での英語↔日本語の翻訳、文章校正(英文、和文)、既存の翻訳文のチェックのサービスを提供するワイズ・バベル社を主宰。スコットランド在住。

候補者ジェレミー・コービン
「反貧困」から首相への道　アレックス・ナンズ

2019年4月4日　第1刷発行

訳　者　藤澤《ふじさわ》みどり　荒井《あらい》雅子《まさこ》　坂野《さかの》正明《まさあき》

発行者　岡本　厚

発行所　株式会社　岩波書店
〒101-8002　東京都千代田区一ツ橋2-5-5
電話案内　03-5210-4000
https://www.iwanami.co.jp/

印刷・理想社　カバー・半七印刷　製本・松岳社

ISBN 978-4-00-022963-0　Printed in Japan